普通高等教育汽车类专业系列教材

汽车底盘构造

主编　徐国艳
参编　张　辉　张　奇　姜　龙

机械工业出版社

本教材全面系统地介绍了汽车底盘的构造与技术，内容涵盖从传统燃油车到新能源汽车的各类底盘系统。首先，通过绪论部分，读者可以了解到汽车底盘的发展历程、现代底盘的功能组成以及智能底盘的前沿技术。接着，教材详细阐述了汽车底盘四个子系统的构造和工作原理，包括燃油汽车、纯电动汽车和混合动力汽车的驱动传动系统、行驶系统、转向系统和制动系统。教材特别关注了新能源汽车的底盘技术，如纯电动汽车和混合动力汽车的驱动传动系统、电控悬架、主动转向和线控转向、线控动系统等，充分展现了汽车底盘技术在新时代的革新与应用成果。

本教材主要适用于高等院校车辆工程专业的学生，作为他们学习汽车底盘构造与技术的主要教材。同时，它也适合汽车工程领域的工程技术人员和研发人员参考，帮助他们全面了解汽车底盘的构造原理和设计思路。此外，对新能源汽车和自动驾驶技术感兴趣的读者，本教材也提供了丰富的前沿技术和最新进展信息，有助于他们深入了解这些领域的核心技术和未来发展趋势。

图书在版编目（CIP）数据

汽车底盘构造 / 徐国艳主编. -- 北京：机械工业出版社，2025. 5. —（普通高等教育汽车类专业系列教材）. -- ISBN 978-7-111-78264-3

Ⅰ. U463.1

中国国家版本馆 CIP 数据核字第 2025HH4018 号

机械工业出版社（北京市百万庄大街22号　邮政编码100037）
策划编辑：王兴宇　　　　　　　　责任编辑：王兴宇
责任校对：邓冰蓉　杨　霞　景　飞　封面设计：张　静
责任印制：邓　博
北京中科印刷有限公司印刷
2025年9月第1版第1次印刷
184mm×260mm · 17印张 · 399千字
标准书号：ISBN 978-7-111-78264-3
定价：79.90元

电话服务　　　　　　　　　网络服务
客服电话：010-88361066　机 工 官 网：www.cmpbook.com
　　　　　010-88379833　机 工 官 博：weibo.com/cmp1952
　　　　　010-68326294　金 书 网：www.golden-book.com
封底无防伪标均为盗版　机工教育服务网：www.cmpedu.com

前　言

随着汽车技术的飞速发展，汽车底盘的电动化和智能化程度日益提升。本教材旨在系统介绍汽车底盘的构造原理、设计思路及最新技术进展，为读者提供一个全面、深入的学习平台。

汽车底盘作为汽车动态性能的核心载体，不仅承载着车身、发动机、电机等各大部件，还负责实现汽车的驱动传动、转向和制动等基本行驶功能。随着汽车工业的不断进步，底盘技术也在不断创新，从传统的机械结构逐渐演变为集机械、电子、液压、智能控制、信息技术等多种技术于一体的复杂系统。

在此背景下，北京航空航天大学车辆工程一线专业教师和来自比亚迪汽车股份有限公司一线技术人员共同编写了本书。本书主要特点如下：

1. 系统性整合，兼顾传统与现代

在内容编排上进行了系统性的整合，保留汽车底盘各系统（包括驱动传动系统、行驶系统、转向系统和制动系统等）的基础知识，同时，大幅缩减了传统燃油车部分的内容，以腾出篇幅深入探讨新能源汽车底盘技术。这一调整旨在反映汽车行业的发展趋势，使读者能够紧跟时代步伐。

2. 前沿技术引领，突出新能源汽车技术

本书紧跟汽车技术的最新发展，重点介绍了新能源汽车底盘技术的最新成果和应用，如纯电动汽车驱动传动系统、混合动力驱动传动系统、线控系统等。通过详细阐述这些前沿技术，本书可激发读者对新能源汽车技术的兴趣和探索精神，培养其前瞻性的视野。

3. 实用案例分析，强化理论与实践结合

本书结合实际案例和工程应用，对底盘各系统的构造及原理进行了深入浅出的剖析。通过引入真实案例，帮助读者更好地理解理论知识，并将其应用于实际工作中，从而增强实践能力和问题解决能力。

本书在编写过程中参阅了大量文献、网站资料等，并引用其中部分论述，有些参考资料未能一一列出，在此谨向相关作者表示谢忱和歉意。

本书主要知识点配有微课视频，读者可扫描对应的二维码观看。

由于编者水平有限，书中难免有错误之处，恳请读者提出宝贵意见。

编　者

目 录

前 言

第1章 绪论 ·········· 001
1.1 汽车底盘简要发展历程 ·········· 001
1.2 现代汽车底盘的功能和组成概述 ·········· 003
1.3 智能底盘概述 ·········· 008
思考分析题 ·········· 010

第2章 汽车传动系统概述 ·········· 011
2.1 汽车传动系统的功用 ·········· 011
2.2 燃油汽车传动系统概述 ·········· 011
2.2.1 燃油汽车传动系统类型 ·········· 012
2.2.2 燃油汽车传动系统布置方案 ·········· 014
2.3 纯电动汽车传动系统概述 ·········· 019
2.4 混合动力汽车传动系统概述 ·········· 022
思考分析题 ·········· 025

第3章 离合器和手动变速器 ·········· 026
3.1 离合器 ·········· 026
3.1.1 膜片弹簧离合器 ·········· 026
3.1.2 离合器操纵机构 ·········· 031
3.2 手动变速器 ·········· 033
3.2.1 两轴式变速器 ·········· 033
3.2.2 三轴式变速器 ·········· 034
3.2.3 同步器 ·········· 035
3.2.4 变速器操纵机构 ·········· 037
思考分析题 ·········· 040

第4章 自动变速器 ·········· 041
4.1 自动变速器功能和类型 ·········· 041
4.1.1 自动变速器的功能 ·········· 041
4.1.2 自动变速器类型 ·········· 042
4.2 液力机械式自动变速器 ·········· 043
4.2.1 AT的档位和组成 ·········· 043

	4.2.2	液力变矩器	043
	4.2.3	复合式行星齿轮机构	045
	4.2.4	换档执行机构	047
	4.2.5	液压操纵系统	049
4.3	机械式无级变速器	051
4.4	双离合器自动变速器	052
思考分析题	054

第 5 章　万向传动装置　055

- 5.1　万向传动装置的组成和功用　055
- 5.2　万向节　056
  - 5.2.1　十字轴式刚性万向节　056
  - 5.2.2　等速万向节　058
- 5.3　传动轴和中间支承　061
  - 5.3.1　传动轴总成　061
  - 5.3.2　中间支承　062
- 思考分析题　064

第 6 章　燃油车驱动桥与四轮驱动　065

- 6.1　驱动桥的组成、功用和类型　065
- 6.2　主减速器　066
- 6.3　差速器　069
  - 6.3.1　普通锥齿轮差速器　070
  - 6.3.2　摩擦片限滑差速器　072
  - 6.3.3　黏性联轴器　073
  - 6.3.4　托森差速器　073
  - 6.3.5　冠状齿轮差速器　075
- 6.4　半轴和桥壳　077
  - 6.4.1　半轴　077
  - 6.4.2　桥壳　079
- 6.5　变速驱动桥　080
- 6.6　四轮驱动　082
  - 6.6.1　分时四驱　082
  - 6.6.2　全时四驱　084
  - 6.6.3　适时四驱　086
- 思考分析题　088

第 7 章　纯电动汽车驱动传动系统　089

- 7.1　纯电动汽车驱动传动系统组成及功用　089

7.2 电动汽车动力电池 ·· 090
   7.2.1 动力电池基本概念 ·· 090
   7.2.2 动力电池系统组成与结构 ·· 091
   7.2.3 动力电池热管理系统 ·· 097
7.3 驱动电机及其控制系统 ·· 102
   7.3.1 驱动电机类型与特点 ·· 102
   7.3.2 驱动电机的构造与工作原理 ··· 103
   7.3.3 驱动电机控制系统 ·· 108
7.4 电驱动桥 ·· 110
   7.4.1 集中式电驱动桥 ·· 110
   7.4.2 轮边电机驱动桥 ·· 114
   7.4.3 轮毂电机驱动桥 ·· 117
7.5 纯电动汽车动力传动系统案例分析 ··· 119
   7.5.1 特斯拉电动汽车动力传动系统 ·· 119
   7.5.2 奥迪电动汽车动力传动系统 ··· 123
   7.5.3 比亚迪电动汽车动力传动系统 ·· 126
思考分析题 ··· 129

第8章 混合动力驱动传动系统 ·· 130

8.1 混合动力驱动传动系统的组成及功用 ·· 130
8.2 混合动力汽车传动系统关键部件 ·· 131
   8.2.1 电子无级变速系统 ·· 131
   8.2.2 动力控制单元 ··· 131
8.3 插电式混合动力系统 ·· 133
   8.3.1 串联式插电混合动力系统 ·· 133
   8.3.2 并联式插电混合动力系统 ·· 133
   8.3.3 混联式插电混合动力系统 ·· 134
8.4 混合动力系统典型案例 ··· 135
   8.4.1 丰田混合动力系统 ·· 135
   8.4.2 本田混合动力系统 ·· 140
   8.4.3 比亚迪混合动力系统 ·· 142
思考分析题 ··· 147

第9章 汽车行驶系统 ·· 148

9.1 汽车行驶系统概述 ··· 148
   9.1.1 汽车行驶系统的功用 ·· 148
   9.1.2 汽车行驶系统的组成 ·· 148
9.2 车架和承载式车身 ··· 149
   9.2.1 车架的功用和分类 ·· 149

9.2.2 边梁式车架 ·· 151
9.2.3 中梁式车架 ·· 153
9.2.4 承载式车身 ·· 153
9.3 车桥 ··· 154
9.3.1 转向桥 ·· 155
9.3.2 转向驱动桥 ·· 157
9.3.3 支持桥 ·· 158
9.4 车轮定位 ·· 159
9.5 车轮与轮胎 ··· 163
9.5.1 车轮 ··· 163
9.5.2 轮胎 ··· 164
9.6 悬架 ··· 168
9.6.1 悬架的功用、组成和类型 ·································· 168
9.6.2 弹性元件 ··· 169
9.6.3 减振器和横向稳定器 ·· 171
9.6.4 非独立悬架 ·· 175
9.6.5 独立悬架 ··· 175
9.6.6 电控悬架 ··· 178
思考分析题 ·· 182

第 10 章 汽车转向系统 ·· 184

10.1 汽车转向系统概述 ··· 184
10.1.1 汽车转向系统的定义和功用 ······························ 184
10.1.2 汽车转向系统的类型及组成 ······························ 185
10.1.3 两侧车轮偏转角之间的理想关系 ························· 186
10.1.4 转向系的角传动比 ··· 187
10.1.5 转向盘的自由行程 ··· 187
10.2 转向操纵机构 ··· 188
10.3 转向器 ··· 191
10.3.1 齿轮齿条式转向器 ··· 191
10.3.2 循环球式转向器 ··· 193
10.4 转向传动机构 ··· 194
10.5 动力转向系统 ··· 195
10.5.1 液压助力转向系统 ··· 195
10.5.2 电控液压助力转向系统 ···································· 198
10.5.3 电动液压助力转向系统 ···································· 199
10.5.4 电动助力转向系统 ··· 200
10.6 主动转向和线控转向 ··· 204

　　10.6.1　主动前轮转向系统 ………………………………………………………… 204
　　10.6.2　整体式主动转向系统 ……………………………………………………… 206
　　10.6.3　线控转向系统 ……………………………………………………………… 208
　思考分析题 ……………………………………………………………………………… 212

第 11 章　汽车制动系统 ……………………………………………………………… 213
  11.1　汽车制动系统概述 ………………………………………………………………… 213
　　11.1.1　汽车制动系统的功用和工作原理 …………………………………………… 213
　　11.1.2　汽车制动系统类型 …………………………………………………………… 214
　　11.1.3　典型汽车制动系统的组成 …………………………………………………… 214
  11.2　制动器 ……………………………………………………………………………… 215
　　11.2.1　鼓式制动器 …………………………………………………………………… 215
　　11.2.2　盘式制动器 …………………………………………………………………… 219
  11.3　驻车制动系统 ……………………………………………………………………… 223
　　11.3.1　机械式驻车制动系统 ………………………………………………………… 223
　　11.3.2　电子驻车制动系统 …………………………………………………………… 224
  11.4　液压制动系统 ……………………………………………………………………… 226
　　11.4.1　液压制动系统工作原理及布置形式 ………………………………………… 226
　　11.4.2　制动主缸和轮缸 ……………………………………………………………… 228
　　11.4.3　真空助力器 …………………………………………………………………… 230
  11.5　制动力调节装置 …………………………………………………………………… 232
　　11.5.1　制动力调节阀 ………………………………………………………………… 233
　　11.5.2　防抱死制动系统 ……………………………………………………………… 234
　　11.5.3　电子制动力分配系统 ………………………………………………………… 239
  11.6　车身电子稳定系统 ………………………………………………………………… 241
　　11.6.1　车身电子稳定系统的功用 …………………………………………………… 241
　　11.6.2　汽车驱动防滑系统 …………………………………………………………… 242
　　11.6.3　ESP 组成部件及工作原理 …………………………………………………… 242
  11.7　汽车线控制动系统 ………………………………………………………………… 244
　　11.7.1　电子液压制动系统 …………………………………………………………… 245
　　11.7.2　电子机械制动系统 …………………………………………………………… 248
　思考分析题 ……………………………………………………………………………… 250

附录　汽车自动驾驶系统 ……………………………………………………………… 251

参考文献 ………………………………………………………………………………… 263

第1章 绪 论

汽车底盘，承载着车辆前进、倒车、制动、转向等功能的实现，它不仅是汽车性能与安全的基石，更是汽车技术不断创新的关键领域。如今，当我们站在新能源智能网联汽车这一新时代的前沿，目睹着它正在以前所未有的速度引领汽车行业的深刻变革，这不仅是技术的飞跃，更是对未来出行方式的重新定义，在这场变革中，汽车底盘正向着更加智能化、高效化、安全化的方向不断迈进，为汽车的未来发展开辟了新的道路，也为人类生活带来了无限可能。

1.1 汽车底盘简要发展历程

汽车底盘，作为汽车构造中的重要组成部分，承载着车身、动力装置、传动系统等关键部件，并确保汽车在行驶过程中的稳定性、操控性和安全性。汽车底盘的发展历程，紧密伴随着汽车技术的不断进步和革新，大致经历了机械时代、电子时代、软件时代和智能网联时代四个阶段。

1. 汽车的诞生与早期底盘形态

19世纪末，随着内燃机的发明和机械制造技术的进步，汽车这一划时代的交通工具应运而生。1886年，卡尔·本茨成功制造出世界上第一辆三轮汽车，如图1.1所示，这标志着汽车的正式诞生。同年，戈特利布·戴姆勒成功研制出四轮汽车，如图1.2所示。这一时期的汽车底盘结构相对简单，主要由车架、驱动轴、车轮等基本部件组成。由于技术和材料的限制，这些底盘通常采用木质或铁质材料制造，缺乏现代意义上的悬架系统、制动系统和转向系统。因此，早期的汽车行驶性能有限，驾驶体验也相对粗糙，只能在较为平坦的道路上行驶，且速度较慢。但是，早期汽车的诞生为后续汽车底盘技术的发展奠定了基础。

图1.1 卡尔·本茨发明的第一辆三轮汽车

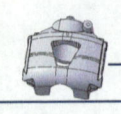
汽车底盘构造

图 1.2　戈特利布·戴姆勒发明的第一辆四轮汽车

2. 20 世纪初至中叶：底盘技术的初步发展

进入 20 世纪，随着全球汽车工业的蓬勃兴起，底盘技术也迎来了其初步但意义深远的发展阶段。这一时期，汽车制造商开始意识到底盘对于汽车整体性能的重要性，因此加大了对底盘技术的研发力度。

首先，在材料方面，汽车制造商开始采用更坚固、更耐用的钢材来制造车架。这种钢材不仅提高了底盘的承载能力和耐久性，还使得汽车能够在更恶劣的路况下行驶，大大扩展了汽车的使用范围。

其次，在底盘系统的改进上，悬架系统、制动系统和转向系统都得到了显著的优化和提升。悬架系统的改进使得汽车能够更好地吸收路面激励产生的振动，提高了行驶的平稳性和舒适性；制动系统的完善则使得汽车能够更迅速、更准确地停车，提高了安全性；而转向系统的优化则使得驾驶员能够更轻松地控制汽车，提高了操控性。

这一时期的底盘设计虽然仍然以机械式为主，但已经开始向更复杂、更精细的方向发展。汽车制造商开始注重底盘的整体布局和结构设计，通过优化底盘各部件之间的连接和配合，提高了底盘的整体性能和稳定性。同时，一些先进的底盘技术也开始出现，如四轮驱动、独立悬架等。

3. 20 世纪中叶至末叶：电子化与模块化的兴起

20 世纪中叶以后，随着电子技术的飞速发展，汽车底盘开始融入越来越多的电子控制元素。电子控制技术的应用，使得底盘系统的响应速度更快、精确度更高，从而提升了汽车的安全性和操控性。此外，模块化设计也开始在底盘制造中得到应用，通过将底盘系统分为独立的模块，提高了生产效率，降低了成本。这一时期的底盘技术，已经逐渐从机械式向电子化、模块化转变。

20 世纪中叶以后，随着电子技术的飞速发展，汽车底盘领域迎来了一场深刻的变革。这一时期，电子控制技术开始被广泛应用于汽车底盘系统中，为底盘技术的发展注入了新的活力。电子控制技术的应用，使得底盘系统的响应速度得到了显著提升。传统的机械式底盘系统往往存在响应滞后、精确度不高的问题，而电子控制技术则通过精确的传感器和执行器，实现了对底盘系统的实时监测和精确控制。这种精确控制不仅提高了汽车的操控性，还使得汽车在紧急情况下能够更迅速、更准确地做出反应，从而提升了汽车的安全性。

除了响应速度的提升，电子控制技术还使得底盘系统的精确度得到了大幅提高。通过精确的传感器数据和先进的算法，电子控制系统能够更准确地感知车辆的状态和周围环境，从而实现对底盘系统的精细调整。这种精确控制不仅提高了汽车的行驶稳定性，还使得汽车能够更好地适应不同的路况和驾驶条件。

与此同时，模块化设计也开始在底盘制造中得到广泛应用。通过将底盘的不同部分分为独立的模块，汽车制造商能够更灵活地组合和调整底盘结构，以满足不同车型和配置的需求。这种模块化设计不仅提高了生产效率，还降低了制造成本，使得汽车更加经济实惠。

这一时期的底盘技术，已经逐渐从机械式向电子化、模块化转变。电子控制技术和模块化设计的应用，使得汽车底盘更加智能、高效和灵活。

4. 21世纪至今：轻量化与智能化的趋势

进入21世纪，全球面临着日益严峻的环保挑战和能源危机，这使得汽车行业不得不重新审视其发展方向。在此背景下，轻量化成为汽车底盘发展的新趋势，旨在通过减轻汽车重量来降低油耗和减少排放，从而响应环保号召并提高能源利用效率。

为了实现轻量化，汽车制造商开始广泛采用铝合金、镁合金等轻质且高强度的材料来制造底盘部件。这些材料不仅具有优异的力学性能，还能够显著降低汽车的重量，从而提高燃油经济性、减少碳排放。此外，一些先进的复合材料也开始被应用于底盘制造中，进一步推动了底盘的轻量化进程。

与此同时，随着自动驾驶技术的快速发展，智能底盘也逐渐成为汽车行业研究的热点。智能底盘不仅具备传统底盘的基本功能，如承载车身、传递动力等，还融入了更多的智能控制和感知能力。例如，线控转向和线控制动等技术的应用，使得汽车能够实现更精确、更灵活的操控和制动，为自动驾驶的实现提供了重要支撑。

此外，智能底盘还具备高度集成化和模块化的特点。通过将各种传感器、控制器和执行器等部件集成在一起，智能底盘能够实现更复杂、更智能的功能，并提高系统的可靠性和稳定性。同时，模块化设计也使得智能底盘更易于生产和维护，降低了制造成本和使用成本。

1.2 现代汽车底盘的功能和组成概述

经过100多年的发展，现代汽车主要有四大组成部分：车身、动力装置、底盘、电子电气部分，如图1.3所示。

汽车上所有的运动都是依靠底盘来完成的，底盘实际上是一个大系统。作为一个系统，就要有输入，因此汽车除了动力装置的动力输入之外，还有操控汽车运动状态的信息输入，驾驶员操纵的转向盘、手柄和踏板就是汽车运动状态控制信息的输入源。驾驶员通过这些装置发出指令，这些指令会通过汽车上的部件传递到汽车和路面相接触的轮胎底部的小块地方，使得轮胎和路面相接触的小块地方产生各个方向上的作用力。这些作用力通过汽车的行驶系统，使得汽车的运动状态（车速、纵横向加速度等）发生变化。驾驶员会在汽车上一直持续地监测汽车的运动状态，并调整他的信息输入，这样驾驶员的信息输入实际上形成了汽车闭环的控制信息流，如图 1.4 所示。

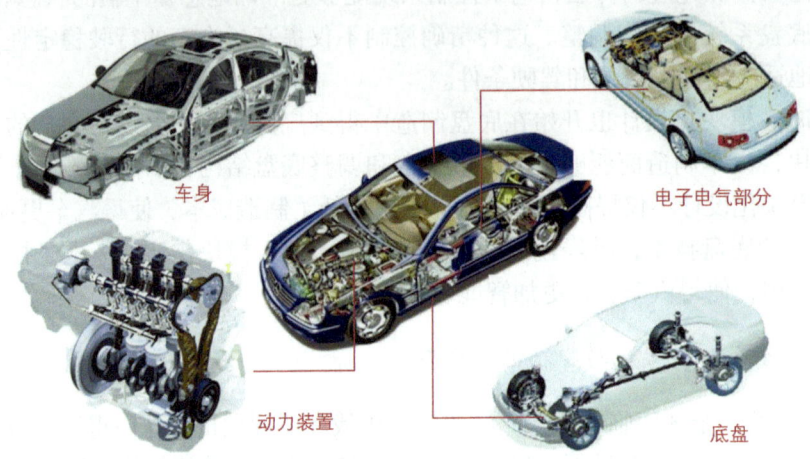

图 1.3　现代汽车组成部分

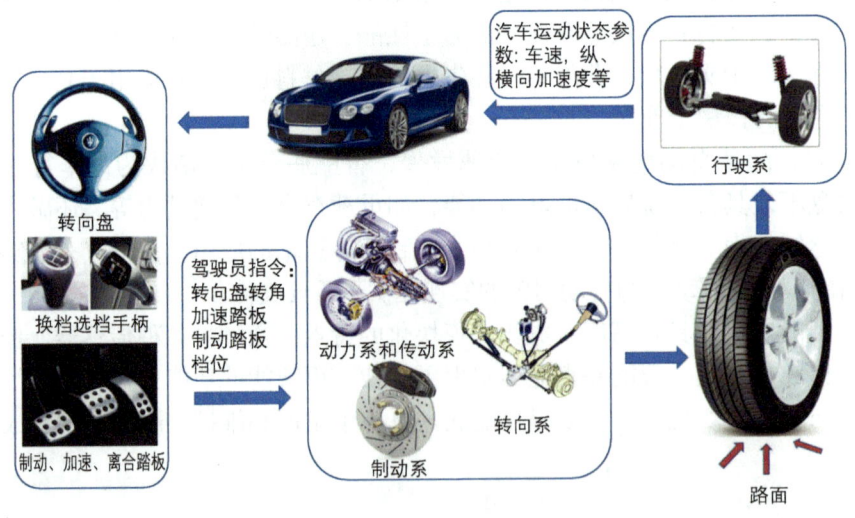

图 1.4　驾驶员对汽车闭环控制信息流

1. 底盘的组成

一般把汽车底盘分成四大系统：传动系统、行驶系统、转向系统和制动系统，本节先对四大系统做一个总体介绍。

1）传动系统的作用是将动力装置输出的动力按汽车行驶的要求传给驱动轮。传统燃油汽车采用内燃机作为动力装置，内燃机有怠速要求，另外，低速时输出的转矩比较大，输出的功率刚开始时是随着转速升高的，如图 1.5 所示。

图 1.6 所示为内燃机输出功率与汽车行驶时实际要求功率的对比，显示出两者之间的差别是比较大的，内燃机低速时输出的功率低，高速时输出的功率高，到一定转速后输出功率到达峰值，然后就开始降低了。而汽车实际要求是：在汽车起步或者低转速时要求的功率高，在接近巡航速度时需要的功率逐渐变小，而巡航时需要的功率更小，类似于让一个不动的物体动起来需要比较大的力，而动起来以后就不需要太大的力了。

因此，传统燃油汽车对传动系统的要求颇为复杂，需集成多种部件以调整和优化发动机的输出特性，确保其与汽车行驶的实际需求相匹配。传动系统部件包括离合器（或变矩器）、变速器、万向传动装置以及驱动桥等。

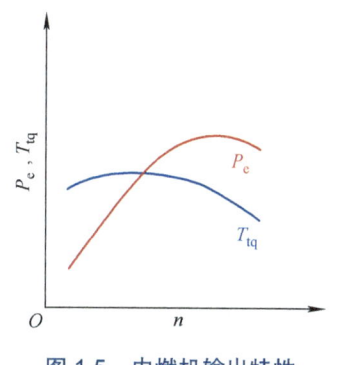

图 1.5 内燃机输出特性

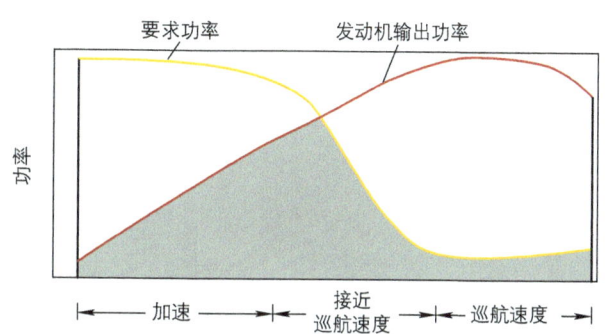

图 1.6 内燃机输出功率与汽车行驶要求功率对比

相比内燃机，电机的输出特性可以调控到接近汽车行驶的要求。图 1.7 所示为电机的输出特性，电机具备从零转速直接起动的能力，并且在零转速及低转速区间内仍能输出强劲的转矩。随着转速的提高，电机的输出转矩逐渐减小，进入一段恒功率输出区间。这些特性与汽车在不同行驶阶段对动力的需求契合。因此，当采用电机作为动力源时，传动系统的结构得以大幅简化。具体而言，电机仅需搭配单级减速器及差速器，即可满足汽车行驶的基本需求。

当前，电动轮毂作为分布式电驱动技术的代表，正成为研究的前沿热点。电动轮毂技术一旦成熟并得以广泛应用，将进一步推动传动系统的简化进程。然而，必须指出的是，目前电动轮毂等分布式电驱动技术仍存在诸多待解难题与不成熟之处，需要科研人员持续努力，攻克技术难关，实现关键性突破。

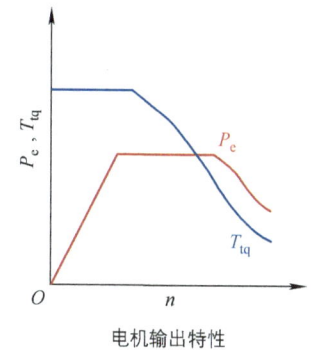

图 1.7 电机输出特性

2）汽车行驶系统的功用是将汽车各总成以及部件连成整体并对全车起支撑作用，保证汽车的正常行驶。行驶系统直接影响到汽车的平顺性和舒适性。在行驶系结构形态方面，商用车和乘用车差异比较大。对于商用车，其行驶系组成包含车架、车桥、悬架、车轮和轮胎等，如图 1.8 所示；对于乘用车，由于汽车轻量化的要求，大部分采用了承载式车身结构，同时仍包含有悬架、车轮和轮胎等部件，如图 1.9 所示。

汽车底盘构造

图1.8　商用车行驶系统

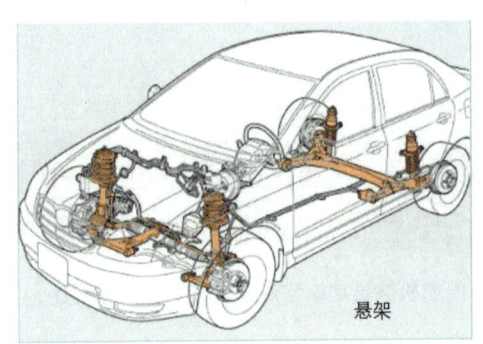
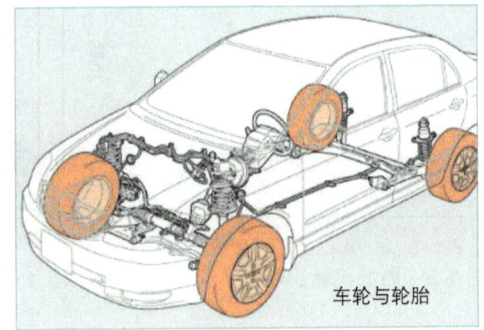

图1.9　乘用车行驶系统

随着汽车智能化技术的不断进步，行驶系正逐步从被动适应路况向主动调节适应路况的方向发展。在这一过程中，智能轮胎、电控悬架以及主动稳定杆等创新部件应运而生。这些智能部件的加入，不仅提升汽车对复杂路况的适应能力，还为乘客带来了更加安全、舒适的驾乘体验。

3）汽车转向系统的功用是使汽车按照选择的方向行驶，其组成部件包含转向操纵机构、转向器和转向传动机构等，如图1.10所示。汽车转向系不仅关乎车辆的行驶方向，更对汽车的操纵稳定性产生影响。回顾其发展历程，汽车转向系已经历了从机械式到液压式，再到电子液压式，直至如今的电动助力式等多个阶段的演变。每一次结构形式的革新，都显著提升了转向系统的性能，这无疑是科技进步的直接体现。

当前，线控转向技术正成为研究领域的热点。这一技术有望为汽车转向系统带来革命性的变革，进一步提升车辆的操纵灵活性、

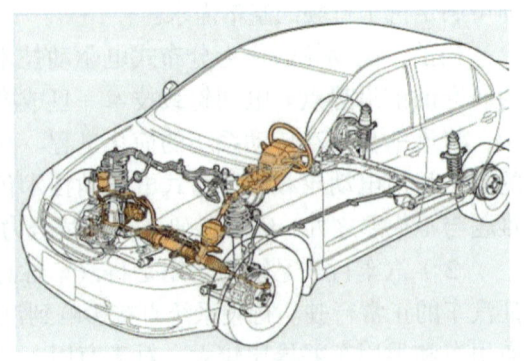

图1.10　汽车转向系统

安全性和舒适性。随着研究的不断深入和技术的日益成熟，线控转向技术有望在未来发挥

更加重要的作用。

4）汽车制动系统的主要功能是确保汽车能够根据驾驶需求完成减速、停车以及驻车等功能。制动系统由制动器、制动操纵机构以及制动力调节装置等一系列部件组成。这些部件协同工作，共同保障汽车制动性能的稳定与可靠。

在制动系统中，制动力调节装置扮演着举足轻重的角色，例如制动防抱死系统（Anti-lock Brake System，ABS）这种先进的制动力调节装置。ABS能够在汽车制动过程中智能地控制制动力的大小，有效防止车轮抱死，使得车轮在制动时能够保持边滚动边滑动的状态，从而确保车轮与地面之间的附着力保持在理想状态。ABS不仅提升了制动效果，还增强了汽车在制动过程中的稳定性和安全性。

汽车传动系、行驶系、转向系和制动系四大系统密切配合，形成了一条封闭且高效的信息流，精准响应驾驶员的指令，共同实现了汽车行驶的各项复杂功能。

回溯至20世纪70年代，随着汽车速度的不断提高，人们逐渐意识到，在某些紧急情况下，仅凭驾驶员的反应速度已难以确保行车安全。于是，电控系统应运而生。它能够在驾驶员尚未做出反应之前，迅速介入并控制汽车相关部件的运动状态，从而确保车辆能够安全行驶。这一变革标志着汽车底盘电控控制闭环信息流的正式形成。如图1.11所示，现代汽车底盘上就有了两条并行的控制闭环信息流。

时至今日，汽车底盘的电控技术愈发成熟且应用广泛。展望未来，当底盘电控信息流全面覆盖并超越驾驶员控制的输入信息流时，我们将迎来自动驾驶技术的崭新篇章。自动驾驶作为当前的研究热点，其大规模推广与应用仍面临诸多关键技术挑战，亟待科研人员深入探索与攻克。

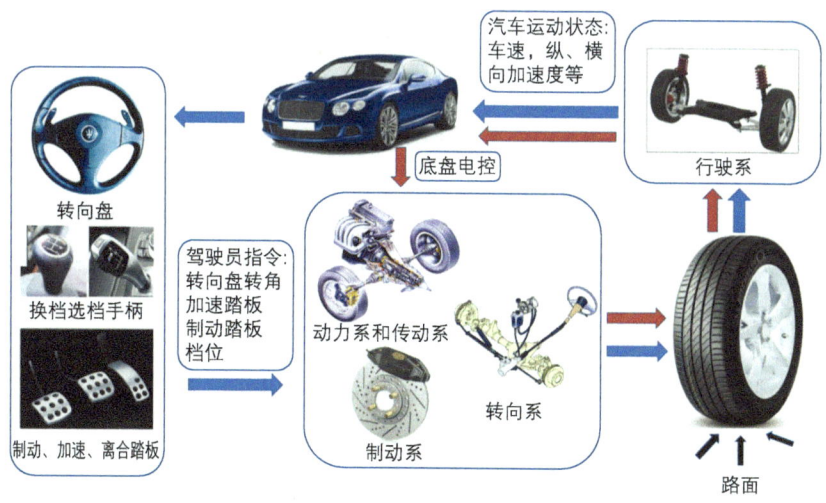

图1.11　驾驶员对汽车闭环控制信息流和电控信息流

2.汽车底盘的功能

汽车底盘主要有以下两大功能：

1）接受动力装置的动力，使轮胎与路面之间产生并传递各个方向的作用力。

2）保证汽车安全行驶、转向和制动等功能。

本书后续各章将对构成汽车底盘的四大系统进行深入剖析。在学习每个系统和部件时，请务必将其置于底盘这一大系统中进行理解和把握。首先，要探究该部件存在的必要性（Why）；其次，要明确它在底盘中的具体位置（Where）及其结构组成（What）；最后，要洞悉它的工作原理（How），即遵循"3W1H"的原则。这样不仅能深刻理解和掌握各个子系统和部件，还能避免孤立地死记硬背，既要关注细节，又要把握全局，理解局部与整体的协调统一，从而培养出系统思维。

1.3 智能底盘概述

21世纪，随着信息技术的飞速发展，汽车行业正经历着前所未有的变革。在这场变革中，智能底盘作为汽车智能化的重要组成部分，正逐渐成为汽车技术研究的热点和前沿领域。

1. 智能底盘的定义

智能底盘为自动驾驶系统、座舱系统、动力系统提供承载平台，具备认知、预判和控制车轮与地面间相互作用、管理自身运行状态的能力，具体实现车辆智能行驶任务的系统。

2. 智能底盘的主要特点

1）高度集成化：智能底盘采用了高度集成化的设计，将各种传感器、控制器和执行器等部件紧密地结合在一起，形成了一个高效、协同的工作系统。这种设计不仅提高了系统的可靠性和稳定性，还降低了制造成本和使用成本。

2）智能化感知：智能底盘配备了先进的传感器，如雷达、摄像头、激光雷达（LiDAR）等，能够实时感知车辆周围的环境和道路状况。通过对这些感知信息的处理和分析，智能底盘能够更准确地判断车辆的位置、速度和姿态，为自动驾驶和智能化功能提供可靠的数据支持。

3）精准化控制：智能底盘采用了先进的控制算法和信息技术，能够实现更精准、更灵活的控制。例如，线控转向和线控制动等技术的应用，使得汽车能够实现更精确的转向和制动操作，提高了驾驶的安全性和舒适性。

4）模块化设计：智能底盘采用了模块化设计，使得不同功能和部件之间可以更容易地进行组合和替换。这种设计不仅提高了底盘的灵活性和可扩展性，还方便了底盘的维护和升级。

3. 智能底盘的基本属性

智能底盘的三大属性是安全、体验和低碳。

1）智能底盘的第一个属性是安全。安全属性主要分为主被动一体化安全、功能安全、预期功能安全及信息安全四部分。底盘的智能化拓展了主被动安全控制的边界，提升了其主被动安全性能；功能安全包括系统失效后冗余系统的切换性能和功能安全水平；预期功能安全是规避由功能不足或可合理预见的人员误用所导致的危害和风险的功能；信息安全则关注采取措施防御未经授权的访问和操纵,保证底盘安全运行。

2)智能底盘的第二个属性是体验。用户对智能汽车的体验感十分重视,而底盘是决定驾驶体验的重要部分。智能底盘可从三方面提升驾乘体验:第一是通过车控协同提升驾乘体验,促进纵、横、垂向协同动力学控制与智能协同优化,提升驾乘舒适性;第二是提供自迭代的个性化驾乘体验,收集和识别个性化驾乘数据,通过人车交互与自学习迭代,提供符合驾乘人员心理预期的驾乘体验;第三是通过数据驱动驾乘体验,基于对专业驾驶员的行为数据分析,提供专业驾驶服务,提升驾驶乐趣。

3)智能底盘的第三个属性是低碳。智能底盘应提供更低能耗的行驶表现。此外,由于底盘智能化后,引入了包括线控制动、转向、悬架中的电动单元等在内的耗能装置、域控制器计算平台以及传感部件,因此底盘自身的能耗应尽量降低。

4. 智能底盘的发展展望

随着自动驾驶技术的不断发展,智能底盘将逐渐实现更高级别的自动驾驶功能,如全自动驾驶和无人驾驶等。这将为驾驶员提供更加便捷、安全的出行体验。未来,智能底盘将配备更加先进的传感器和算法,实现对周围环境和道路状况更加精准、全面的感知和决策。这将提高汽车的安全性和智能化水平。

面对能源挑战,智能底盘的设计将更加注重能源效率的最大化。通过优化底盘架构设计,采用轻质高强度材料,以及实施一系列节能减排措施,智能底盘将有效降低汽车的能耗与排放,推动能源利用的高效转型。

展望未来,智能底盘将与其他智能生态系统实现更深层次的互联互通,如与智能交通系统、智能家居等无缝对接,共同构建一个更加便捷、智能的出行生态,让用户的每一次出行都成为一次愉悦的体验。

在国家战略层面,我国已将智能底盘技术明确为汽车产业转型升级的新质生产力。在《新能源汽车产业发展规划(2021—2035年)》和《智能汽车创新发展战略》中,均强调了智能底盘技术的研发与应用,提出了提升系统性能、推进关键零部件国产化、加速智能化改造等核心目标,旨在通过科技创新引领智能底盘产业链的全面发展与升级。

国家与政府对于智能汽车战略的深入实施,离不开创新型人才队伍的坚实支撑。卓越的汽车工程人才与科技创新能力,不仅是实现汽车强国梦想的基石,也是应对国际科技竞争、推动我国新能源智能汽车新兴产业蓬勃发展的关键所在。

交互测验题

一、选择题

1. 以下(   )哪些属于汽车底盘系统的功用。
A. 为汽车提供足够的动力
B. 接受驾驶员的操纵指令与动力装置的动力
C. 保证汽车按照驾驶员的操纵意图行驶

D. 使轮胎和地面之间产生并传递各种力的作用

2. 汽车底盘中将整车各总成及部件连成一体，并对全车起支撑作用的系统是（　　）。

A. 行驶系　　　　　B. 传动系　　　　　C. 转向系　　　　　D. 制动系

3. 使汽车按驾驶员选择的方向行驶的系统是（　　）。

A. 行驶系　　　　　B. 传动系　　　　　C. 转向系　　　　　D. 制动系

4. 使汽车按驾驶员要求减速、停车、驻车的系统是（　　）。

A. 行驶系　　　　　B. 传动系　　　　　C. 转向系　　　　　D. 制动系

5. 汽车底盘中将发动机输出的动力按要求传给驱动轮的系统是（　　）。

A. 行驶系　　　　　B. 传动系　　　　　C. 转向系　　　　　D. 制动系

二、简答题

1. 简述汽车底盘的功能和组成。
2. 请简述智能底盘的定义和特点。

思考分析题

1. 调研中国汽车工业的发展历程，分析中国汽车品牌在国际市场中的竞争优势和劣势。
2. 展望随着汽车智能化、网联化和电动化的发展，汽车底盘结构及技术将如何演变？

第 2 章 汽车传动系统概述

汽车传动系统作为连接动力装置与车轮的纽带，不仅承载着动力传输的重任，更深刻地影响着车辆的动力性能表现、燃油经济效率以及驾驶的舒适体验。从昔日传统燃油车复杂的机械构造，到如今纯电动汽车所展现的简洁高效之美，汽车传动系统紧随科技发展的步伐，持续进化，不断革新，其内蕴的技术魅力与未来潜力，预示着汽车科技新时代的无限可能。

2.1 汽车传动系统的功用

汽车传动系统的功用是将动力装置（包括发动机、电动机或混合动力装置）的输出动力按需传递给驱动轮，以满足汽车起步、低速高功率和高速低功率的行驶需求。动力装置的特性对传动系统的结构有着决定性影响。

内燃机由于输出转矩变化有限、低速功率小且存在怠速、不能带负载起动等限制，所以传统燃油汽车需要适配复杂的传动系统来改变输出特性，使得输出接近汽车实际行驶需求。而电动机则因输出特性更接近汽车需求，所以电动汽车传动系统相对简单，往往一个单速比减速器即可满足要求。混合动力汽车动力装置结合了内燃机和电动机的优势，所以混合动力汽车传动系统更接近纯电动汽车的传动系统。

2.2 燃油汽车传动系统概述

燃油汽车传动系统的主要功能在于调整和优化发动机的输出特性，以更好地满足汽车实际行驶过程中的多样化需求。以下是该系统所需实现的关键功能及其对应的部件概述。

1）减速增矩：鉴于发动机曲轴的转速极高，而直接输出的转矩不足以驱动车轮，传动系统中配备了主减速器，能够有效地降低转速并增大转矩。

2）扩大变速范围：传动系统中设置了变速器以扩大车速变化范围，还通过变速器内的倒档，实现汽车的倒车行驶。

3）中断动力传递：在某些特定情况下，如手动档车辆换档时，需要暂时中断动力的传递。为避免频繁起停发动机带来的不便，传动系统中引入了离合器。这一设计使得驾驶员能够在不熄灭发动机的情况下，轻松实现动力的中断与重新连接。

4）适应路面变化：考虑到汽车行驶过程中路面的起伏不平，传动系统中设置了万向传动装置。这一部件能实现变夹角传递动力，确保动力在复杂路况下仍能稳定传递。

5）差速调节：汽车在转向时，左右驱动轮需按照不同速度转动。为了满足这个需求，传动系统中配备了差速器，能够自动调整两侧驱动轮的转速差，确保汽车在转向过程中保持平稳行驶。

2.2.1 燃油汽车传动系统类型

燃油汽车的传动系统根据变速装置可分成四种类型，如图2.1所示。

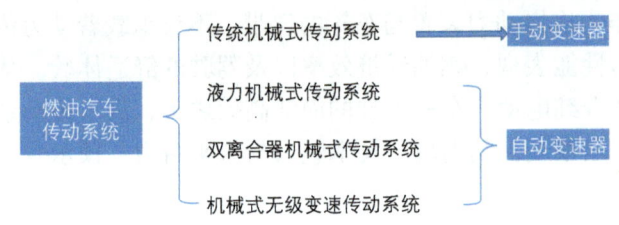

图2.1 燃油汽车传动系统类型

传统机械式传动系统是手动变速的，也就是手动换档汽车采用的传动系统。如图2.2所示，传统机械式传动系统由若干齿轮轴、摩擦片等机械元件来传递发动机与驱动轮之间的动力，是纯机械的传动方式，传动效率高、工作可靠稳定、维修也比较方便，但是其变速需要驾驶员手动操纵完成，对驾驶员的经验要求比较高，而且传动比的改变是有级的。

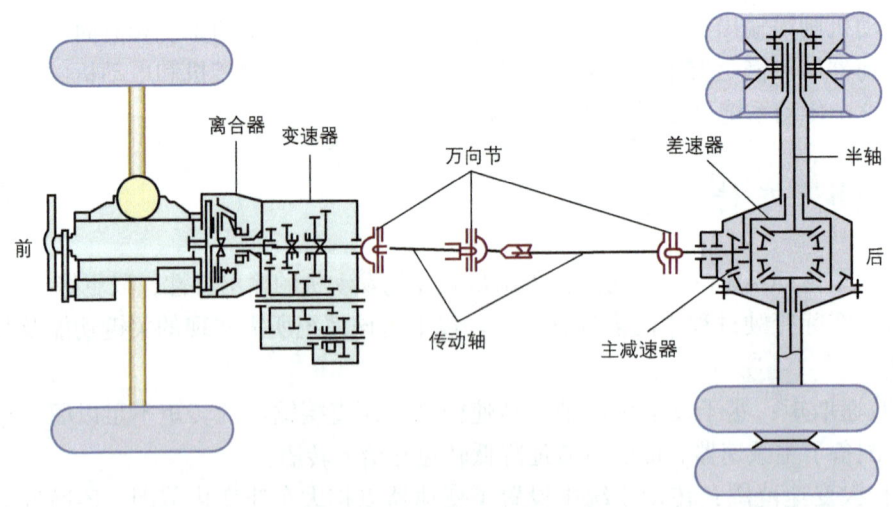

图2.2 传统机械式传动系统

液力机械式传动系统是现代自动档燃油汽车中用得最多的一种传动系统。如图2.3所示，它由液力传动和机械传动组合而成，液力传动部分是使用液体作为传递介质，利用液体在主动元件和从动元件之间的循环流动实现动能的变化而传递动力。这种传动形式可以实现部分区间的无级变速，其机械传动部分一般采用复合行星齿轮机构。

第 2 章 汽车传动系统概述

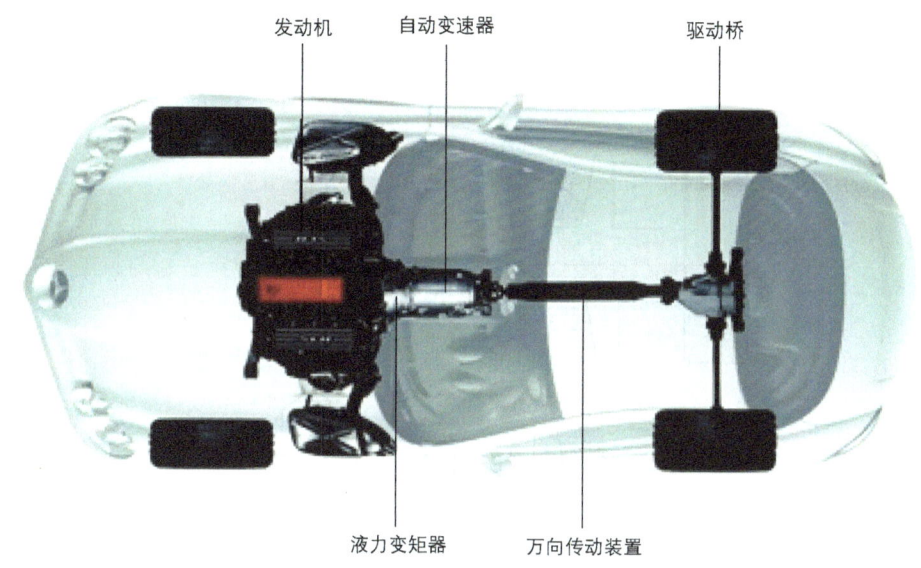

图 2.3 液力机械式传动系统

双离合器机械式传动系统由两个离合器和机械传动组合而成，如图 2.4 所示，其中双离合器和机械传动部分换档的操纵是通过控制系统自动完成的。大众系列的车型大多采用双离合器自动变速器。

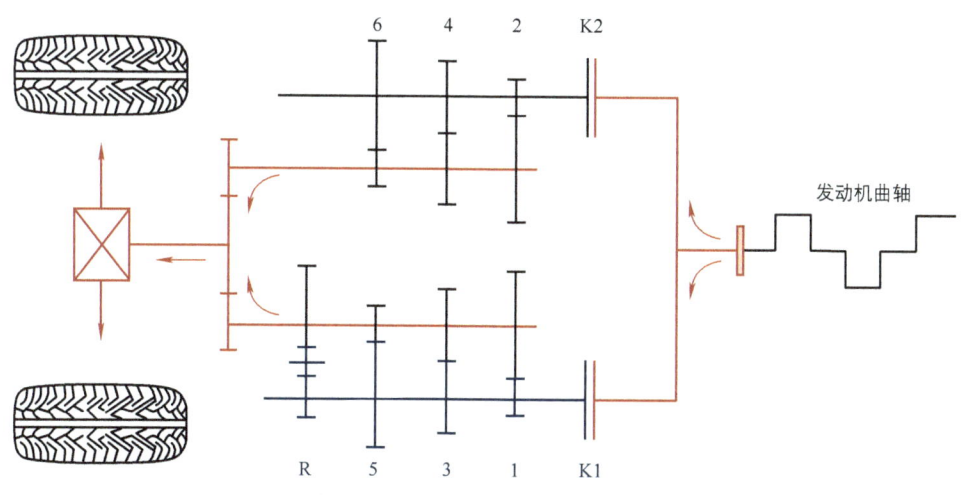

图 2.4 双离合器机械式传动系统

机械式无级变速传动系统的变速部分是采用金属带实现无级变速的，是一种能真正实现全区间的无级变速传动系统，如图 2.5 所示。金属带类似于带传动和自行车上用的链传动结构形式，通过金属带两端的主动轮和从动轮直径的变化改变传动比；主动轮和从动轮都由固定部分和可动部分两部分组成，通过可动部分轴向移动实现工作轮的直径变化。

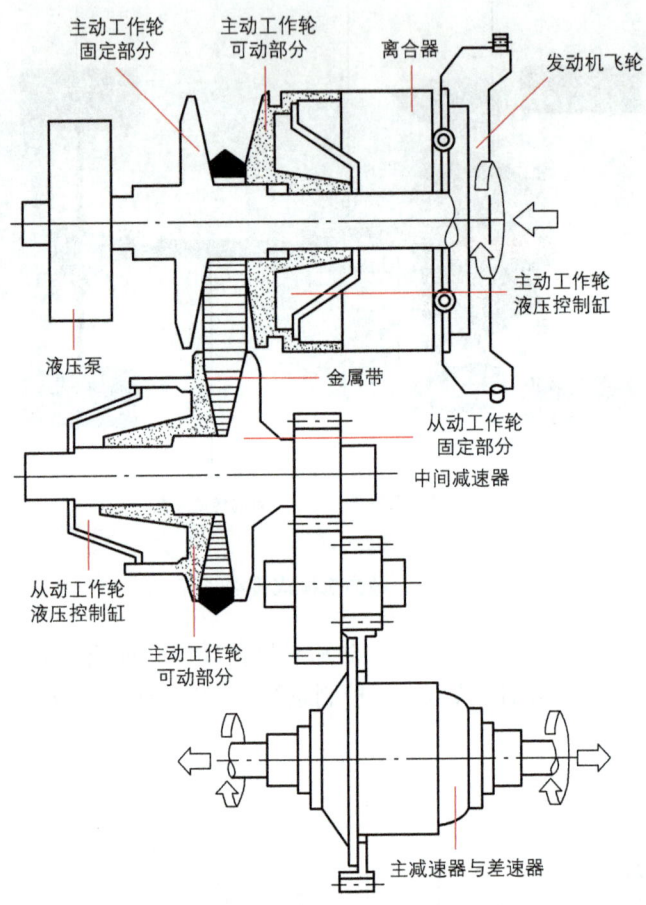

图 2.5　机械式无级变速传动系统

2.2.2　燃油汽车传动系统布置方案

燃油汽车传动系统的布置方案主要根据发动机的布置方式和驱动轮的数量来进行分类。根据发动机的布置方式，可分为发动机前置、中置和后置，根据驱动轮的数量，可分为两驱和四驱，有些大型车辆上可能有更多数量的驱动轮。

燃油车传动系统的布置主要有如下 5 种方案：

1）前置后驱（FR）：发动机前置后轮驱动。
2）前置前驱（FF）：发动机前置前轮驱动。
3）后置后驱（RR）发动机后置后轮驱动。
4）中置后驱（MR）：发动机中置后轮驱动。
5）四轮驱动（4WD 或 AWD）：四个轮都是驱动。

汽车的驱动方式表示方法用"n×m"表示，其中 n 代表汽车车轮的个数，m 代表驱动轮的个数。比如，4×2 代表总共有 4 个车轮，其中 2 个是驱动车轮；6×4 表示共有 6 个车轮，其中有 4 个是驱动车轮；4×4 就代表 4 个都是驱动车轮。需要注意的是，在同一轴端的并列双轮按一个车轮计算，这种情况主要出现在大型货车上。

汽车驱动方式对整车的性能、外形及内部尺寸、重量、轴荷分配、制造成本及维修保养等方面均产生重要影响。下面分析几种传动系统布置方案的特点。

1. 前置后驱布置方案

前置后驱布置方案如图 2.6 所示。发动机布置在前桥的上方或者是前方，驱动桥为后桥，是最常见的传动系统布置形式之一。前置后驱传动系统布置方案在前后桥上都有传动系统部件，所以相对于前置前驱车型来讲，前置后驱的布置形式容易获得比较理想的轴荷分布和较佳的汽车性能，轮胎磨损也比较均匀，汽车的操控性能比较好，所以在很多车型上都得到了广泛的应用，比如大多数的货车、部分的客车和部分轿车都采用 FR 布置方案。

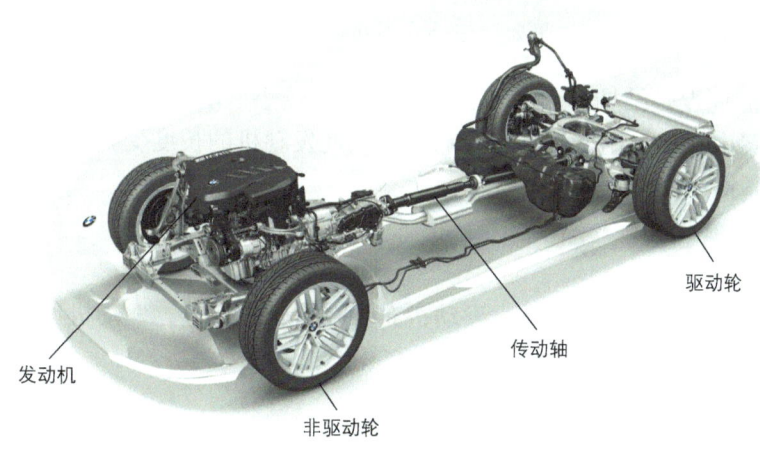

图 2.6 前置后驱布置方案

在 FR 车型上，因为主减速器等传动部件放到后桥上，前桥附近就有比较大的空间，使得发动机的长度几乎不受限制，尤其是大排量的发动机，采用这种前置后驱的布置形式是非常合适的。

对于手动档汽车来讲，因为驾驶员需要手动操纵换档，所以 FR 布置方案的变速器布置在前面，变速器距离驾驶员较近，换档机构可以更简单一点。

由于需要把动力从前桥传递到后桥，传动轴贯穿车舱，因此 FR 型汽车的底板不够平整。

2. 前置前驱布置方案

前置前驱布置方案如图 2.7 所示，发动机布置在前轴的前方或者上方，可以横置也可以纵置，变速驱动部分在前桥布置，这种布置形式也在很多车型上采用，大多数的轿车、部分轻型货车都采用这种布置形式。

图 2.7　前置前驱布置方案

前置前驱车的优点是结构简单紧凑，整车质量比较小，动力传递路线短，底板平整。但在这种布置方案中，多采用发动机横置布局，因此发动机的长度受到限制，而且前轮载荷比较大，轮胎磨损不均匀。

3. 后置后驱布置方案

后置后驱布置方案如图 2.8 所示，发动机布置在后轴的后方，发动机可以横置也可以纵置，变速驱动部分在后桥布置，后轮驱动。

图 2.8　后置后驱布置方案

后置后驱车型起步加速性能在所有形式当中是最好的，主要用在大中型客车中，前部车身底板可以大幅度地降低，增大了车内的空间，使整个汽车的视野非常开阔。在超级跑车当中，也常采用这种后置后驱的形式。后置后驱车的转弯性能比前置后驱车和前置前驱车更加敏锐，但由于后轴承受较大的载荷，后轮的抓地力达到极限的时候，会有打滑甩尾的现象，而且不容易控制，另外由于前桥负载小，所以在转弯的时候抓地力不足，容易出现转向过度的现象。

4. 中置后驱布置方案

中置后驱布置方案如图2.9所示，发动机位于前后轴之间。这种车型的机械性能兼具了前置前驱和前置后驱的优点，转向灵敏准确，制动时也不会出现"头沉尾翘"的现象，主要应用在运动型的轿车、方程式赛车、少数铰接式的大客车和长途大客车中。

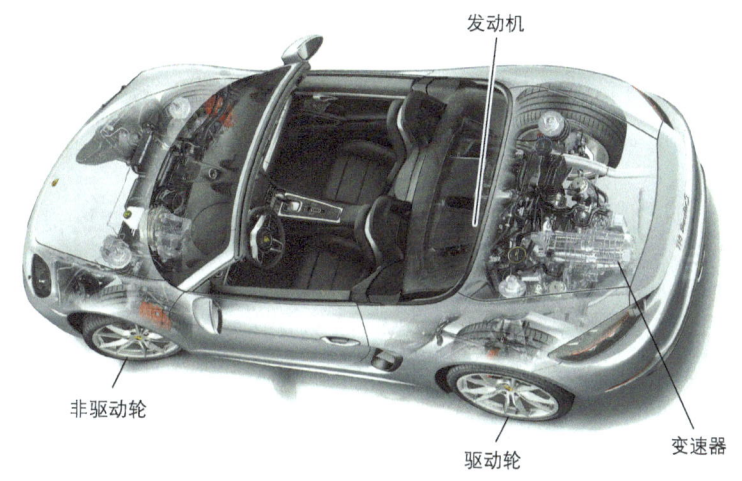

图2.9　中置后驱布置方案

中置后驱是高级跑车的主流驱动方式，其最大的特点就是将车辆中惯性最大的发动机置于车体的中央，这就使得中置后驱车的车体重量分布接近理想的平衡，容易获得最佳的运动性能，但是其直线稳定性比较差。为了解决这一问题，中置后驱车的后轮尺寸要比前轮尺寸大一些，另外中置后驱车的车厢比较窄，一般只能有两个座位，所以高级跑车往往只有两个座位，而且由于驾乘人员离发动机太近，所以噪声比较大。

5. 四轮驱动方案

四轮驱动方案本身不属于一种基本的布置方案，它是在前置后驱、前置前驱或后置后驱等基本型的基础上变型而来。在这些基本型的基础上，在变速器后面增加分动器或者轴间差速器，把变速器输出的功率分成两路：一路到前驱动桥；另一路到后驱动桥。

四轮驱动汽车的优点如下：

① 可以充分利用整车附着的重量，在各种路面上都具有优良的牵引力。

② 起动和爬坡性能强，且几乎与负荷状态无关。

③ 轴荷分布合理，轮胎磨损均匀。

其缺点如下：

① 价格高。

② 空载质量要增加 6%~10%。

③ 燃油消耗有所增加。

④ 行李舱的空间相应地会有所减少。

根据采用的发动机布置形式，四轮驱动可以进一步地分为前置四驱、后置四驱和中置四驱三类。

1）前置四驱布置方案如图 2.10 所示，其发动机位于车辆前端，其优点是行驶稳定，在野外山坡、滩涂泥地、沙漠等地极具优势。

图 2.10　前置四驱布置方案

2）在后置四驱型布置方案中，发动机置于后轴之后，采用四轮驱动。保时捷 911 系列的部分车型采用了这种方案，如图 2.11 所示。

3）中置后驱布置方案中，发动机位于前桥和后桥之间。相比于中置后驱，中置四驱的操控性更好、过弯极限性更好，高性能的跑车和超级跑车大多采用这种布置形式，图 2.12 所示为中置四驱车型奥迪 R8。

图 2.11　后置四驱车

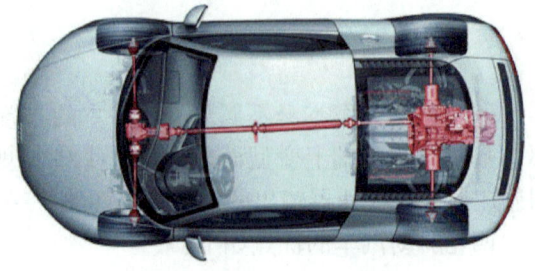

图 2.12　中置四驱奥迪 R8

2.3 纯电动汽车传动系统概述

纯电动汽车是指以车载电源动力,依靠电机驱动车轮行驶,符合道路交通、安全法规各项要求的车辆。电动汽车传动装置的作用是将电动机的驱动转矩传给汽车的驱动轮。前面介绍过,相对于内燃机,电机的输出特性更接近汽车的行驶需求,所以采用电机驱动的汽车具有如下优点。

微课:纯电动汽车传动系统概述

1)负载起动能力:电机具备出色的带负载起动性能,这使得电动汽车无须配备传统内燃机汽车中的离合器或变矩器,简化了传动系统结构。

2)无级调速:电机能够实现无级调速控制,省去了传统燃油汽车所需的多档位变速器。尤其在低速行驶时,电机能输出强大的转矩,甚至在零转速下也能保持高转矩输出,提升了驾驶的平顺性,加快了驾驶的响应速度。

3)旋转方向灵活变换:通过电路控制,驱动电机可以轻松换向,因此,电动汽车无须像内燃机汽车那样设置变速器中的倒档。

4)电动轮边驱动优势:在采用电动轮边驱动技术的电动汽车中,由于电机直接集成于车轮附近,车辆不需要传统的差速器,因此不仅减轻了车辆重量,还提高了动力传递的效率。

因此,纯电动汽车的传动系统比传统燃油汽车的传动系统要简化很多。纯电动汽车的驱动方式主要有后轮驱动、前轮驱动和四轮驱动等。现有纯电动汽车的几种驱动方式如图 2.13 所示。

后轮驱动 ── 中央电机后轮驱动
            电机-驱动桥集成式后轮驱动
            电机-变速器集成式后轮驱动
            轮边电机后轮驱动
            轮毂电机后轮驱动

前轮驱动 ── 中央电机前轮驱动
            电机-驱动桥集成式前轮驱动

四轮驱动 ── 双电机四轮驱动
            三电机四轮驱动
            四电机四轮驱动

图 2.13 纯电动汽车驱动方式

1. 后轮驱动

1)中央电机的后轮驱动方式如图 2.14 所示,可以理解为用电机替换了传统燃油汽车的发动机。这种布置形式早期主要用于整车厂的传统燃油车改型,对于整车厂来讲,改型成本比较低。

2)电机-驱动桥集成式的后轮驱动方式如图 2.15 所示,驱动电机和减速器、差速器都集中布置在后桥,动力传动长度比较短,传动装置的体积也比较小,占用空间比较小,可以降低整车的重量。但是这种形式对电机的要求比较高,不仅要求电机具有较高的起动转矩,而且要求具有较大的后备功率,以保证电动汽车的起动、爬坡、加速超车等动力性的要求。

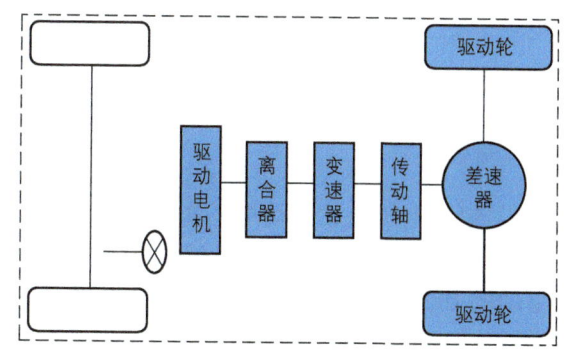

图 2.14 中央电机后轮驱动

3）纯电动汽车通常不配变速器，但是也有一些车型上配置两档的变速器，可采用电机变速器集成式的后轮驱动方式，如图 2.16 所示，这种方案可以最大限度地改善电机的输出动力特性，扩大电机的转矩输出范围，在提升电动汽车的动力性能的同时，使电机最大限度地工作在高效经济区域并且降低噪声。

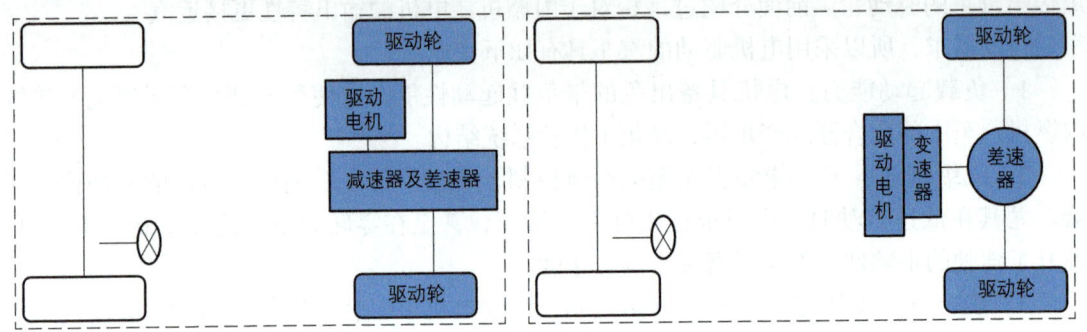

图 2.15　电机驱动桥集成式后轮驱动　　　图 2.16　电机变速器集成式后轮驱动

4）轮边电机的后轮驱动方式如图 2.17 所示，把轮边电机和减速器集成布置在后驱动车轮旁边，可以减少高压电器的数量，缩短动力传输线路的长度，可降低车身高度，提高承载能力，提升有效空间，目前已经在一些大客车和高档轿车当中量产应用。

5）轮毂电机后轮驱动方式如图 2.18 所示，轮毂和电机集成一体，轮毂就是电机的转子，大大减少了零部件数量，缩小了动力系统的体积，让车辆的动力传动系统变得更加简单紧凑。目前轮毂电机驱动技术还有很多关键技术有待突破。

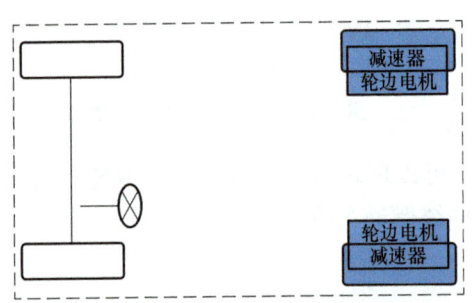
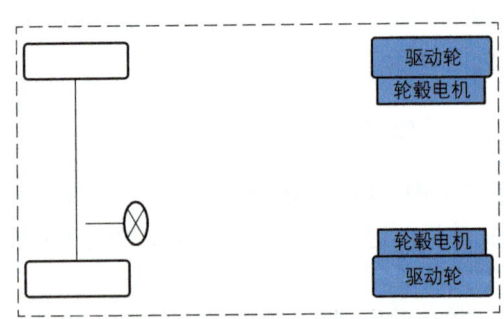

图 2.17　轮边电机后轮驱动　　　图 2.18　轮毂电机后轮驱动

2. 前轮驱动

1）中央电机前轮驱动形式如图 2.19 所示。这种形式是在传统内燃机汽车前轮驱动的基础上改造而来的，也是主要用于整车厂的传统燃油汽车改型。

2）电机驱动桥集成式的前轮驱动如图 2.20 所示，传动长度比较短，传动装

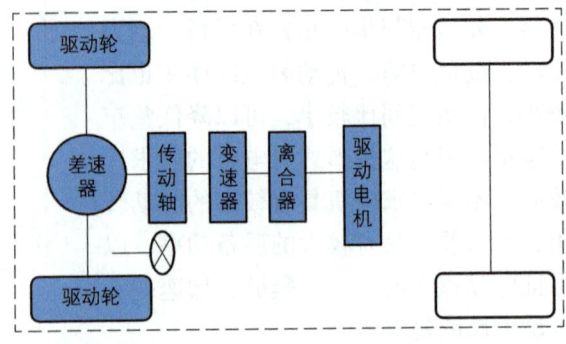

图 2.19　中央电机前轮驱动

置体积也比较小，整车的重量降低，同样它对电机的要求也比较高。也有一些车型在驱动电机后面加了一个两档变速器，和电机变速器集成式后轮驱动基本上是一样的。

3. 四轮驱动

1）电动四驱常采用双电机四轮驱动形式，如图 2.21 所示，前后桥上各布置一台电机，不需要中间传动轴，前后桥各通过差速器把动力传递到两边驱动轮。特斯拉纯电动四驱车和奥迪 e-tron 采用的都是这种布置形式。

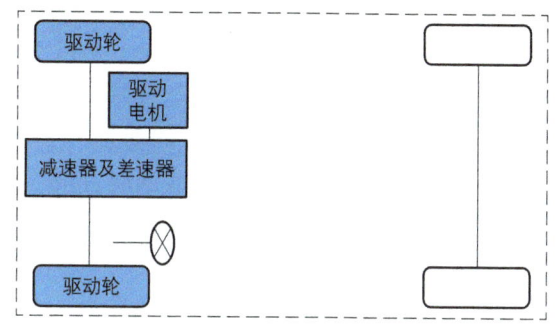

图 2.20　电机驱动桥集成式前轮驱动

2）三电机的四轮驱动形式如图 2.22 所示，是在前桥布置一台中央电机，通过差速器把动力传递到左右前驱动轮，后桥布置两台电机，每台电机驱动一个后轮，后桥不再需要差速器。特斯拉纯电动四驱部分车型和奥迪 e-tron S 都采用了这种形式。

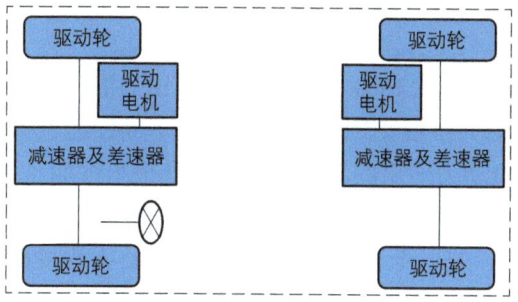

图 2.21　双电机四轮驱动

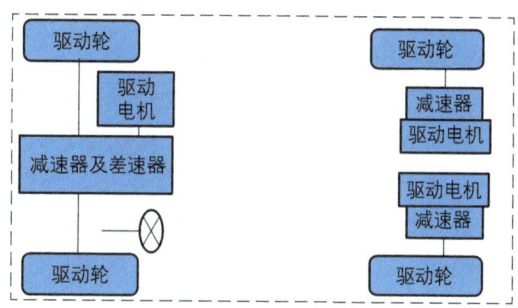

图 2.22　三电机四轮驱动

3）四电机的四轮驱动形式采用四个轮边电机或者轮毂电机单独驱动每个车轮，如图 2.23 所示。这种驱动形式效率高，但是各电机的整体协调控制难度较大。

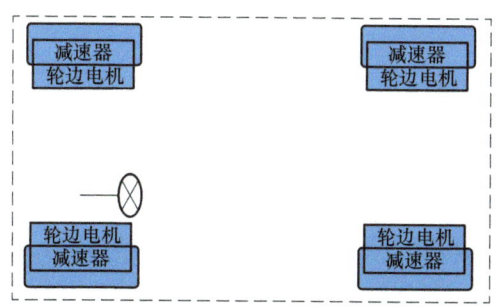

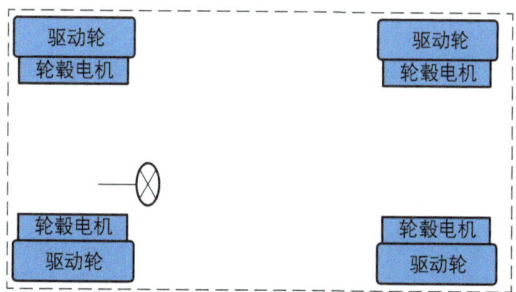

图 2.23　四电机四轮驱动

2.4 混合动力汽车传动系统概述

混合动力汽车（Hybrid Vehicle）是指其驱动系统由两个或更多能够同时运行的驱动装置组合而成的汽车。根据车辆实际行驶状态，这些驱动系统既可以单独也可以协同提供行驶所需的动力。

混合动力汽车的分类可以依据混合度（即电机功率在总功率中所占的比例）、动力系统的结构特点以及驱动电机的安装位置进行划分。

1. 按混合度分类

混合动力汽车根据混合度的不同，可分为以下四种类型。

1）微混：电动机最大功率与发动机最大功率之比不超过5%，代表车型有标致雪铁龙PSA的混合动力版C3和丰田的混合动力版Vitz。严格意义上讲，这类微混动力汽车并不属于真正的混合动力汽车，因为电动机并不为车辆行驶持续提供动力。

2）轻混（弱混）：电动机最大功率占发动机最大功率的5%~15%，代表车型包括通用的混合动力皮卡。轻混动力系统不仅能通过发电机控制发动机的起停，还能在减速和制动过程中回收部分能量。行驶时，发动机保持等速运转，其产生的能量可根据车轮驱动需求和发电机充电需求进行调节。

3）中混：电动机最大功率与发动机最大功率之比在15%~40%之间。本田的混合动力车型Insight、Accord和Civic均属于此类。中混动力系统采用高压电机，在车辆加速或大负荷工况下，电动机能辅助驱动车轮，弥补发动机动力输出的不足，从而提升整车性能。

4）重混（强混）：电动机最大功率占发动机最大功率的比例超过40%，代表车型有丰田普锐斯、比亚迪DM-i等。该系统采用272~650V的高压起动电动机，实现了更大程度的混合。

2. 按动力系统结构分类

按照动力系统结构的不同，混合动力汽车可分为串联式、并联式和混联式。

1）串联式混合动力系统如图2.24所示，其特点是发动机在任何工况下均不直接参与车辆的驱动，而是专用于驱动发电机，为电动机供应电能，发动机可以持续运行于高效区间。串联式动力系统结构简洁明了，对车辆整体布局的要求极低，相应地，其研发与生产成本也相对较低。

然而，串联式混合动力系统仅拥有一条能量传递路径，即发动机产生的动力首先转换为电能，再由电动机转换为驱动车辆的动力，这一过程中难免存在能量转换效率的损失。因此，串联式混合动力汽车的驱动性能受限于电动机的规格：若电动机功率较小，则车辆速度难以提升；而若采用大功率电动机，则电能消耗会显著增加。

2）并联式混合动力系统如图2.25所示，发动机和电动机的输出功率可以互相叠加输出，也可以单独输出驱动汽车。在这种布置下，汽车行驶过程中只有一台电动机，没有独立的发电机，所以在动力电池电量低的情况下，只能依靠发动机一边为电动机供电，一边驱动车辆，车辆的加速性能会有所下降。

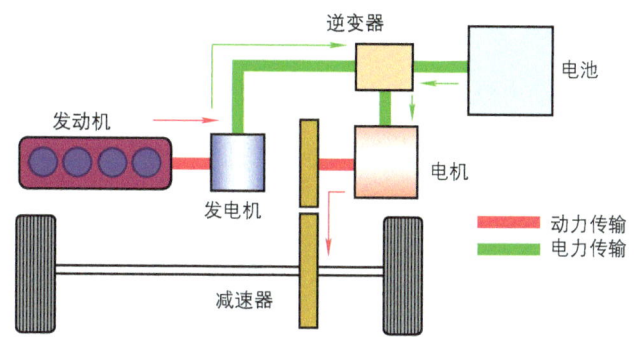

图 2.24 串联式混合动力系统

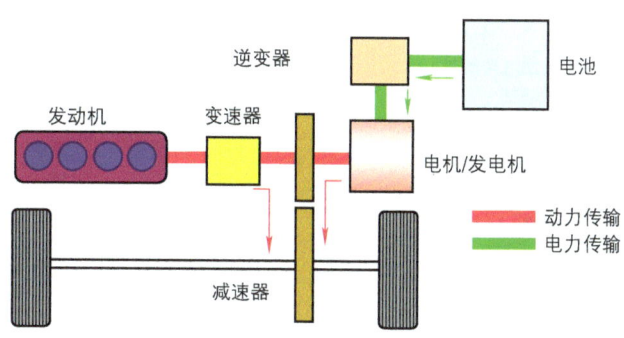

图 2.25 并联式混合动力系统

3）混联式混合动力系统如图 2.26 所示，它综合了串联式和并联式的结构特点，有发动机、电动机、发电机三大动力装置，发动机的动力可以由动力分流装置进行分配，一部分用来直接驱动车辆，一部分用来发电，功率分配是可以控制的，所以这种系统需要更复杂的控制系统。如今很多混合动力汽车都采用这种混联式的混合动力系统。

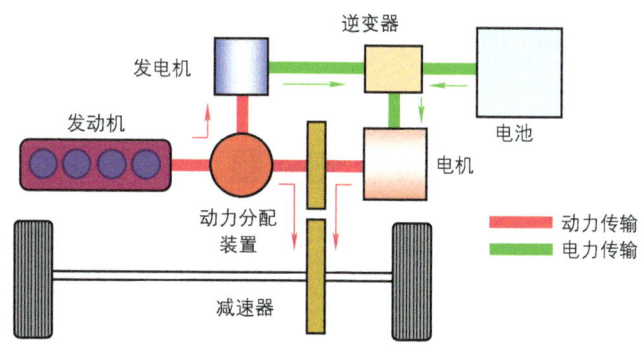

图 2.26 混联式混合动力系统

3. 按驱动电机位置分类

如图 2.27 所示，混合动力汽车按照驱动电机在传动系统的位置可以将混合动力汽车分成 P0、P1、P2、P2.5、P3、P4 型以及 PS 型。

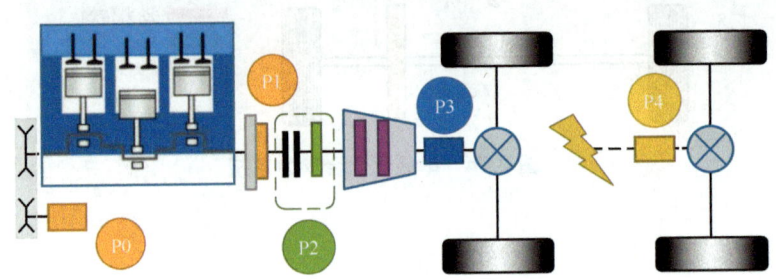

- P0：位于发动机前端的传动带上(BSG)
- P1：位于发动机的曲轴上
- P2：位于发动机与变速器中间靠变速器一侧，与发动机间有离合器
- P2.5：位于变速器内部
- P3：位于变速器后
- P4：位于另一轴上(如果发动机驱动前轴，则电机在后轴，反之亦然)

图 2.27　驱动电机位置

P0 型的电机位于发动机前端的传动带上，也就是 BSG。P1 型的电机位于发动机的曲轴上，宝马的一款车型就是这种布置形式。P2 型是指电机位于发动机与变速器中间、靠近变速器的一侧，与发动机之间有离合器。P2.5 型是电机位于变速器内部。P3 型是电机位于变速器之后。P4 型是电机位于另一车轴上，如果发动机驱动前车轴，那么电机就在后车轴上。现在很多车型上往往可能会综合利用这几种形式。

还有一种是功率分流型，也就是 PS 型的混合动力系统，可以实现电机直驱、高速下发动机直驱、发动机带动充电、制动能量回收等模式。电驱动系统主要负责中低负荷的驱动，以规避发动机工作在燃油经济性差的区间，保证车辆在所运行的每一个驱动模式下，都能得到最高的经济性，车辆在不同的驱动模式间可平顺地切换，保证良好的驾驶性。丰田 THS 就是一种典型的功率分流型混合动力系统。

上述内容主要针对非插电式混合动力系统。随着新能源汽车技术的不断进步，插电式混合动力汽车已经成为市场上的主流。在本书的第 8 章将深入探讨插电式混合动力系统的原理及其技术。

交互测验题

一、选择题

1. 燃油汽车传动系统的主要功能不包括（　　）。
   A. 减速增矩　　　　　　　　　　　　B. 扩大变速范围
   C. 直接将太阳能转换为机械能　　　　D. 适应路面变化

2.纯电动汽车相较于传统燃油汽车,在传动系统上的主要优势是(　　)。
  A.更复杂的结构　　　　　　　　　　B.更高的能量转换效率
  C.需要更多的维护　　　　　　　　　D.更低的制造成本
3.混合动力汽车类型中,电动机最大功率占发动机最大功率比例最高的是(　　)。
  A.微混　　　　　B.轻混　　　　　C.中混　　　　　D.强混
4.在混联式混合动力系统中,发动机的动力可以被分配为(　　)。
  A.仅用于驱动车辆　　　　　　　　　B.仅用于发电
  C.同时用于驱动车辆和发电　　　　　D.不参与任何动力分配

二、判断题

1.串联式混合动力系统中,发动机直接参与驱动汽车。　　　　　　　　(　　)
2.四轮驱动汽车的轴荷分布通常比两轮驱动汽车更合理。　　　　　　　(　　)

思考分析题

1.分析前置后驱与前置前驱传动系统布置方案在车辆性能、空间利用及成本上的异同。
2.探讨纯电动汽车采用电动轮边驱动技术相比传统差速器的优势与潜在挑战。
3.比较串联式、并联式和混联式混合动力系统在能量转换效率、系统复杂度及成本控制方面的特点。
4.简述混合动力汽车中功率分流型(如丰田 THS)的工作原理,分析它是如何提高车辆燃油经济性和驾驶性能的。

第 3 章　离合器和手动变速器

发动机的动力输出特性，特别是其无法带负载起动及难以连续承受冲击载荷的特性，意味着发动机与传动系统之间不能简单地采用刚性连接，否则将可能导致起动困难、动力传递不平顺以及机械部件的损坏，所以需要离合器或类似功能部件来实现发动机与传动系统之间的柔性连接。而仅仅依靠离合器还不足以满足汽车在实际使用中对于驱动力和车速的广泛需求。因此，还需要变速器以确保汽车在各种行驶状态下都能够获得适宜的驱动力和车速。本章主要讲解手动档燃油汽车使用的离合器和手动变速器的结构及工作原理。

3.1　离合器

离合器是用来在两根同心转轴间传递动力并能在需要时切断动力传递的机构，它是手动档燃油汽车传动系统中的第一个部件。其主要功用包括保证汽车平稳起步、实现平顺换档、防止传动系统过载以及降低扭振冲击。具体体现在以下几方面。

1）在汽车起步时，离合器能够使发动机与传动系统逐渐接合，确保汽车平稳加速，避免熄火或产生冲击。

2）在换档过程中，离合器能够暂时切断发动机与传动系统的联系，便于变速器顺利换档，保证动力传输的连续性。

3）在紧急制动时，离合器还通过限制所传递的转矩，防止传动系统过载，保护传动部件免受损坏。

4）降低发动机输出的扭振，提高传动的平稳性和舒适性。

根据离合器的工作原理和结构特点，可以将其分为多种类型，比如摩擦离合器、液力变矩器、电磁离合器等。其中，摩擦离合器是汽车上常用的一种。

摩擦离合器根据使用的弹簧类型，分为膜片弹簧离合器和螺旋弹簧离合器。根据从动盘数量，摩擦离合器又可以分为单盘式离合器和双盘式离合器等。手动档汽车上使用最多的摩擦离合器是膜片弹簧离合器。

3.1.1　膜片弹簧离合器

膜片弹簧离合器部件如图 3.1 所示。

图 3.1　膜片弹簧离合器

1.膜片弹簧离合器的结构

图 3.2 是膜片弹簧离合器的平面结构示意图，其组成结构主要包含四大部分。

1）主动部分：包含飞轮和离合器盖总成等。飞轮与发动机曲轴相连，随曲轴一同旋转。

离合器盖总成包含离合器盖、压盘、支承环、传力片等零件，如图 3.3 所示。离合器盖与飞轮用螺栓固定在一起，随着飞轮同步转动，属于离合器的主动部件。通过离合器盖传递发动机的一部分转矩给压盘，离合器盖还是压紧弹簧和分离杠杆的支撑壳体。离合器盖需要有足够的刚度，不能因为传递压紧力而变形。

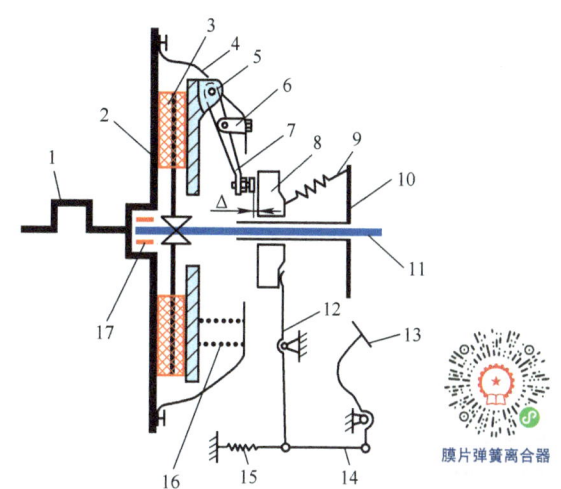

图 3.2 膜片弹簧离合器平面结构示意简图

1—曲轴 2—飞轮 3—从动盘总成 4—离合器盖 5—压盘
6—支承销 7—分离杠杆 8—分离轴承 9，15—回位弹簧
10—分离套筒 11—变速器第一轴 12—分离拨叉
13—离合器踏板机构 14—拉杆 16—压紧弹簧 17—支承轴承

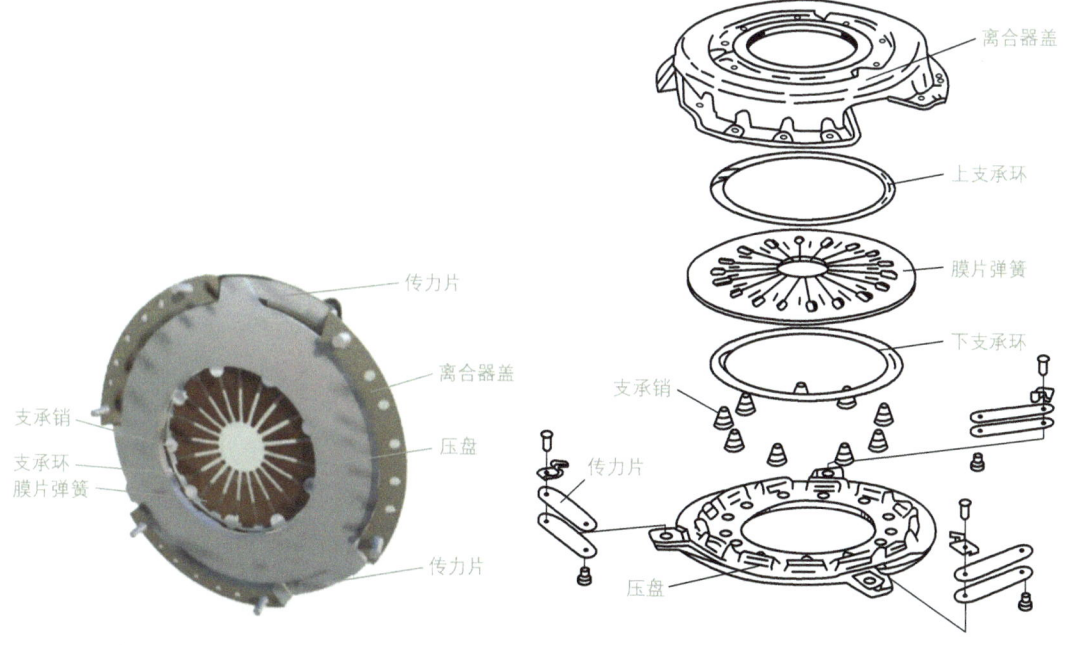

图 3.3 离合器盖总成

2）从动部分：主要部件是从动盘。从动盘通过从动盘毂安装在变速器的第一轴（也称为变速器的输入轴）的花键上，用于传递转矩。

从动盘的功用是通过与压盘和飞轮的摩擦作用将发动机的转矩传递给变速器的输入

轴。图3.4是从动盘实物图，从动盘中间部件是从动盘本体，两侧有摩擦片，摩擦片通过铆钉铆在从动盘的本体上。离合器的动力通过从动盘毂传入变速器中，不管离合器是接合状态还是分离状态，从动盘始终是和变速器的输入轴安装在一起的，是随着变速器的输入轴同步旋转的。

从动盘是离合器结构中最薄弱的一个环节。从动盘转动惯量要尽可能小，在换档的时候，驾驶员要踩下离合器踏板，使离合器分离，切断发动机的动力传递，如果从动盘比较重，则由于从动盘的转动惯量比较大，传动系统的速度下降也会比较慢，使得换档时仍然会存在变速器内部齿轮之间转速不同步而出现打齿现象。因此，从动盘本体要尽可能轻，摩擦片材料也要尽可能轻。

从动盘本体的外缘一般做成有点波浪形的翘曲，如图3.5所示，从动盘被压紧时，翘曲的波浪形扇形部分逐渐被压平，从动盘摩擦面传递的转矩逐渐增大，使从动盘具有轴向弹性，保证离合器接合过程平顺、柔和。

图3.4 离合器从动盘

图3.5 离合器从动盘外缘波浪形翘曲

另外，从动盘内的扭转减振器（包含弹簧和减振器盘）使得从动盘具有周向弹性，如图3.6所示。扭转减振器使得从动盘毂和从动盘本体之间没有刚性的连接，而是通过周向布置的弹簧传力。

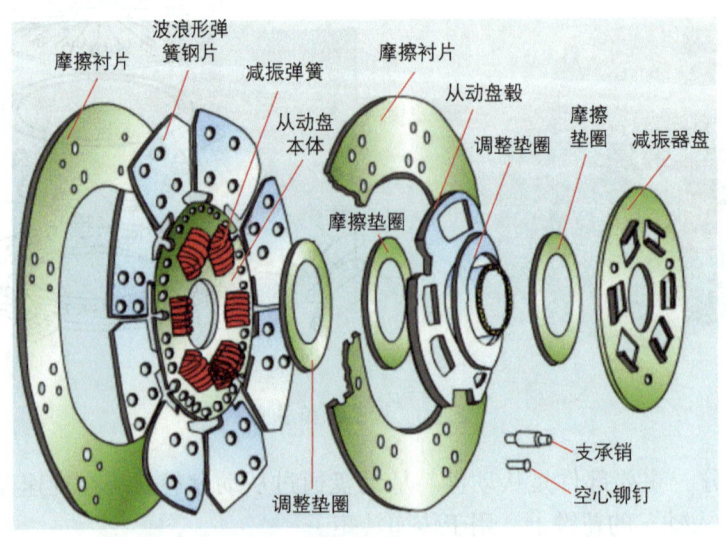

图3.6 带扭转减振器的从动盘的结构分解图

扭转减振器的作用是缓和由发动机传来的转矩振动所产生的冲击，另外它还可以缓和非稳定工况下传动系统的扭转冲击载荷。如图 3.7 所示，初始时，由于从动盘毂与从动盘本体无刚性连接，因此当从动盘本体旋转时，从动盘毂未动，弹簧受压变形。因为窗口内变形量有限，所以当弹簧压缩至极限时，驱动从动盘毂旋转，通过弹簧实现动力传递，形成从动盘本体与从动盘毂间的周向弹性连接，有效减缓了扭转振动。

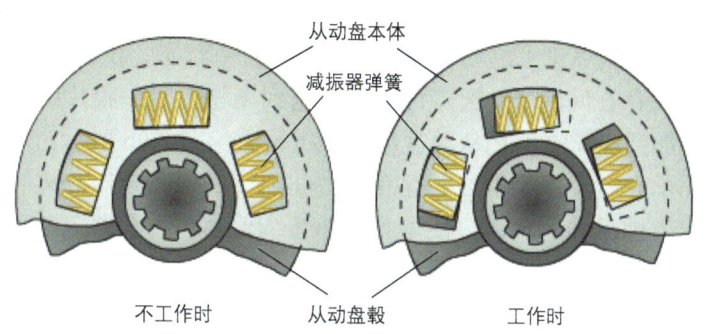

图 3.7　带扭转减振器的从动盘的工作示意

3）压紧机构：主要部件是膜片弹簧。膜片弹簧的大端压在压盘上，产生压紧力，使离合器处于接合状态。膜片弹簧兼起分离杠杆的作用，当离合器分离时，膜片弹簧的小端在分离轴承的推动下移动，膜片弹簧的大端反向移动，带动压盘移动，解除对从动盘的压力，实现离合器的分离。

膜片弹簧整体呈锥形，如图 3.8 所示，靠中心部分有 18 个径向切口，由分离指和碟簧两部分组成。碟簧部分是和压盘接触部分，变形时给压盘施加压力，分离指部分同时充当分离杠杆。

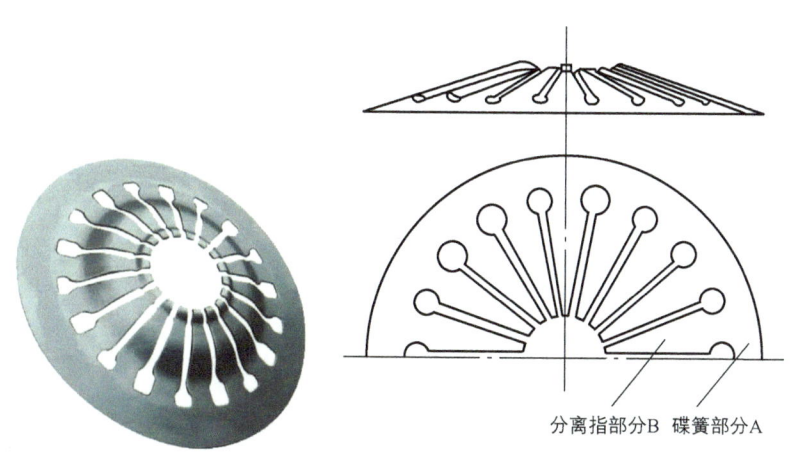

图 3.8　膜片弹簧

4）操纵机构：包含分离轴承、分离杠杆、分离拨叉、踏板机构等。

2. 膜片弹簧离合器的工作原理

膜片弹簧离合器的工作原理是基于膜片弹簧的弹性变形和恢复力实现的。当离合器接合时，膜片弹簧在压紧力的作用下产生弹性变形，弹簧产生压紧力，将压盘和从动盘压紧在一起，从而实现转矩的传递。当离合器分离时，分离轴承推动膜片弹簧的小端，分离指起到分离杠杆作用，通过膜片弹簧大端把压盘拉离从动盘，解除对从动盘的压力，实现离合器的分离。

在将离合器盖安装到飞轮上之前，膜片弹簧处于自由状态，没有变形，如图3.9a所示，离合器盖和飞轮之间存在间隙 L。把离合器盖固定到飞轮上时，膜片弹簧会产生变形，进而产生弹簧压力施加到压盘上，把从动盘压紧在飞轮上，图3.9b所示为离合器安装到位的状态，此时分离轴承和离合器小端之间存在自由间隙。需要离合器分离时，通过离合器分离操纵机构推动分离轴承轴向移动，使得膜片弹簧绕着其与离合器盖的支撑点旋转，膜片弹簧外端拉着压盘离开从动盘，使得压盘和从动盘之间产生分离间隙，如图3.9c所示，这种状态为离合器分离状态。

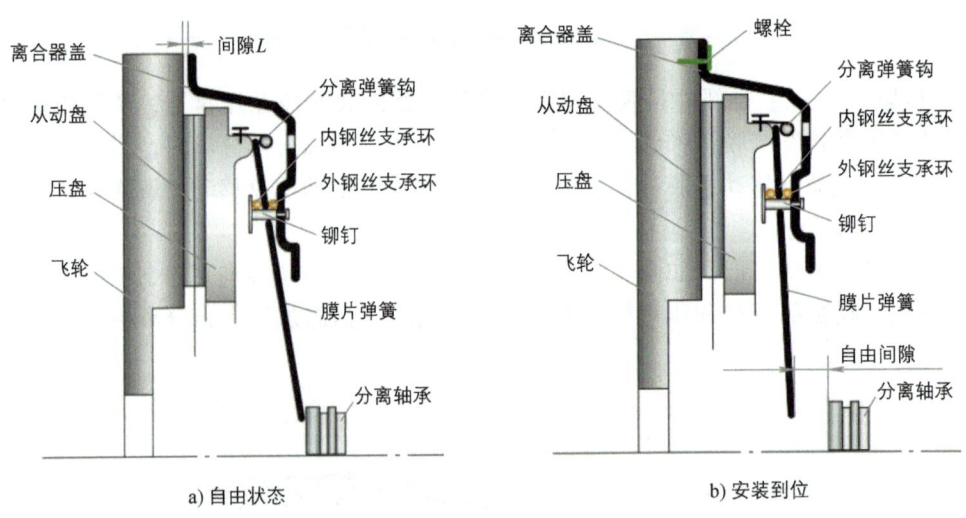

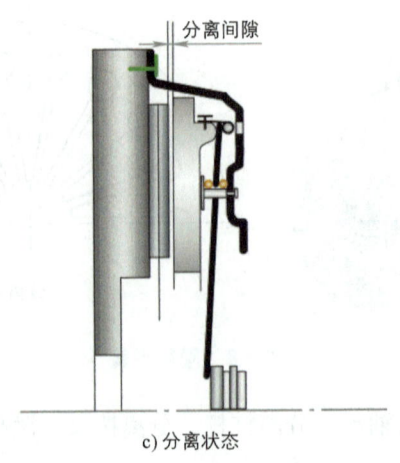

图 3.9 离合器三种状态

3. 离合器的工作过程

离合器的工作过程分为分离过程和接合过程。离合器分离过程是指驾驶员踩下离合器踏板，首先消除离合器的自由间隙，然后产生分离间隙，离合器分离。离合器接合过程是指驾驶员逐渐松开离合器踏板，压盘在压紧弹簧的作用下移动，首先消除分离间隙，之后产生自由间隙，离合器接合。

离合器在分离过程中，有如下两个行程。

离合器踏板自由行程：在离合器分离过程中，从驾驶员踩下离合器踏板到消除自由间隙所对应的踏板行程是自由行程。自由行程的作用就是保证摩擦片在正常磨损过程中仍能完全接合，其取值范围为 3～4mm。

离合器踏板工作行程：在离合器分离过程中消除自由间隙后，驾驶员继续踩离合器踏板，产生分离间隙，此过程所对应的踏板行程是工作行程。

3.1.2 离合器操纵机构

离合器操纵机构是驾驶员用来控制离合器分离与接合的机构，起始于离合器踏板，终止于离合器内的分离轴承，中间包括一系列杆系、拉绳或者液压部件，如图 3.10 所示。通过这些机构把驾驶员踩离合器踏板的力放大传到分离拨叉，分离拨叉推动分离轴承沿轴向移动，实现离合器的分离操作。

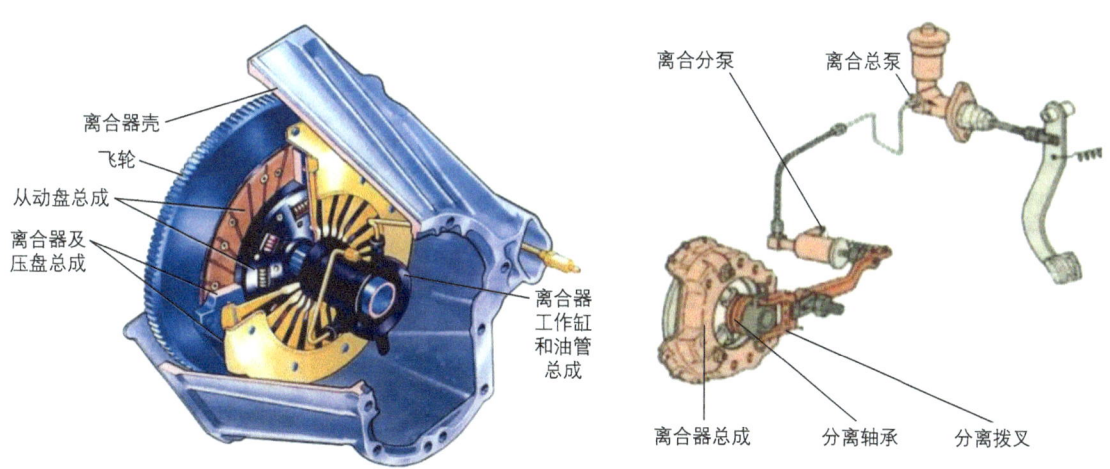

图 3.10 离合器操纵机构

离合器操纵机构有多种类型，如杆式、绳索式、液压式、气压式等。杆式和绳索式主要用在早期的汽车上，现代汽车大部分使用液压式操纵机构。

液压式操纵机构的优点是摩擦阻力小，布置方便，质量也比较小，工作稳定可靠，而且操纵也比较柔和，缺点是增加了液压部件，可能漏油，需要进行维护。图 3.11 是液压式离合器的操纵机构，其操纵过程是：驾驶员踩下离合器踏板，使得主缸产生高压油，高压油通过管路传到工作缸，使得工作缸推动分离拨叉绕着支点转动，实现推动分离轴承的目的，从而实现离合器的分离。

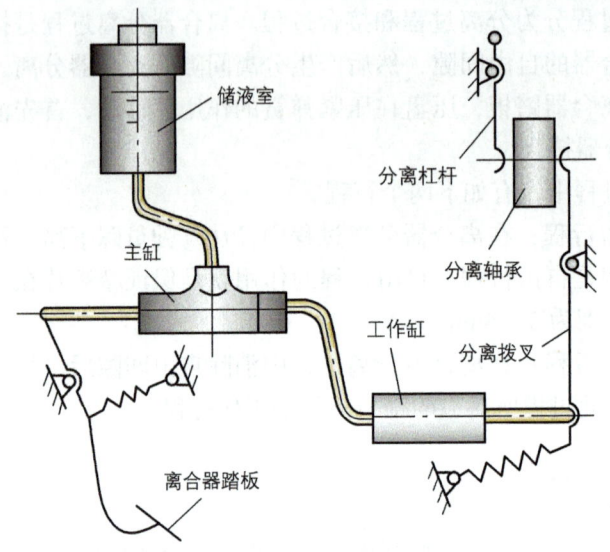

图 3.11 液压式离合器操纵机构

交互测验题

一、选择题

1. 关于离合器的结构，（　　）是正确的。
A. 离合器的压盘和离合器盖是刚性连接，在离合器接合和分离的过程中没有相对运动
B. 离合器中不包含任何弹簧元件，以简化结构
C. 离合器的主动部分与发动机曲轴直接相连，而从动部分则与变速器输入轴相连
D. 离合器的摩擦片通常使用塑料材料制成，以减少磨损

2. 离合器的功用不包括（　　）。
A. 保证汽车平稳起步　　　　　　　　B. 实现平顺的换档
C. 防止传动系统过载　　　　　　　　D. 增加发动机的功率输出

3. 从动盘是离合器的重要组成部分，其结构中通常包含（　　）。
A. 从动盘本体、摩擦片、减振弹簧和从动盘毂
B. 飞轮、压盘和离合器盖
C. 分离杠杆、分离轴承和回位弹簧
D. 变速器输入轴、输出轴和齿轮

4. 扭转减振器的主要作用是（　　）。
A. 增加离合器的摩擦力　　　　　　　B. 减少传动系统中的振动和噪声
C. 提高离合器的分离速度　　　　　　D. 调整离合器的接合点位置

二、判断题

1. 离合器从动盘上的扭转减振器通常采用橡胶或弹簧材料制成,以吸收和衰减发动机传来的扭转振动。（　　）

2. 在离合器接合过程中,从动盘会随压盘一起转动,从而将发动机的动力传递给变速器,此时从动盘上的摩擦片与飞轮和压盘之间产生滑动摩擦。（　　）

3.2 手动变速器

手动变速器作为变速器的一种,是通过驾驶员手动操作变速杆来改变变速器内传动比的机械式变速装置,它可以达到改变发动机传到驱动轮上的转速和转矩的目的,同时也可以提高汽车的适应性和经济性,满足超车、爬坡等多种行驶需求,并有助于延长发动机使用寿命。

手动变速器按传动轴数量可分为两轴式、三轴式和组合式。两轴式主要适用于发动机前置或后置的轻、中型车,结构简单高效;三轴式则广泛应用于中、小型货车和越野车,传动比范围广;组合式则结合多档位主变速器与两档位副变速器,以拓宽传动比范围,提升车辆性能。按前进档位数,手动变速器常见为3~6档及以上,档位数的增加使汽车能适应更广泛的行驶工况,提高燃油经济性和动力性。五档变速器较为普遍,满足日常驾驶需求;六档及以上变速器则追求更高的传动效率和驾驶体验。

3.2.1 两轴式变速器

两轴式变速器是手动变速器的一种常见形式,它主要由输入轴（也称为第一轴）、输出轴（也称为第二轴）、各档位齿轮和同步器等部件组成。输入轴与离合器从动盘毂通过花键相连,在前置前驱车型中,动力通过输出轴直接输入主减速器中。

在两轴式变速器中,各档齿轮通常采用斜齿设计,以提高传动的平稳性和效率。有时倒档和低速档采用直齿。图 3.12 所示为一种两轴式变速器的动力轴和齿轮分布。

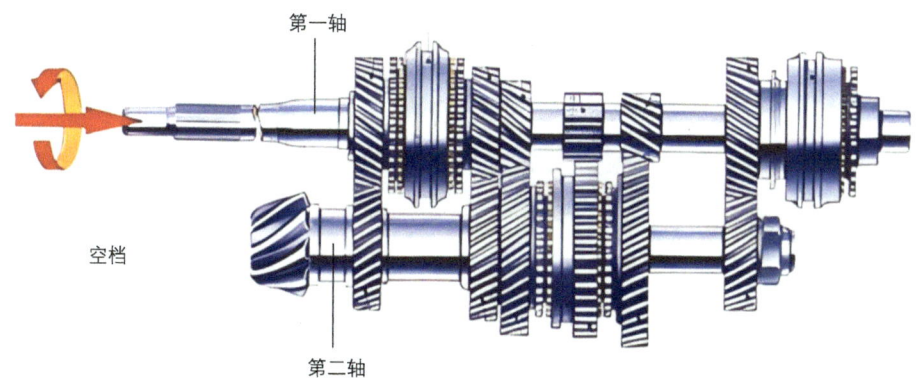

图 3.12　两轴式变速器传动结构图

两轴式变速器的工作原理是通过变换不同档位的齿轮啮合来实现不同的传动比和转矩输出。当驾驶员操纵变速杆时，变速杆通过变速拨叉驱动接合套移动，使不同的齿轮啮合，从而实现档位的切换。在换档过程中，同步器起到关键作用，它通过摩擦接触使接合套与待接合的齿圈同步，减少换档冲击和噪声。图3.13所示为一款两轴式变速器原理示意图。

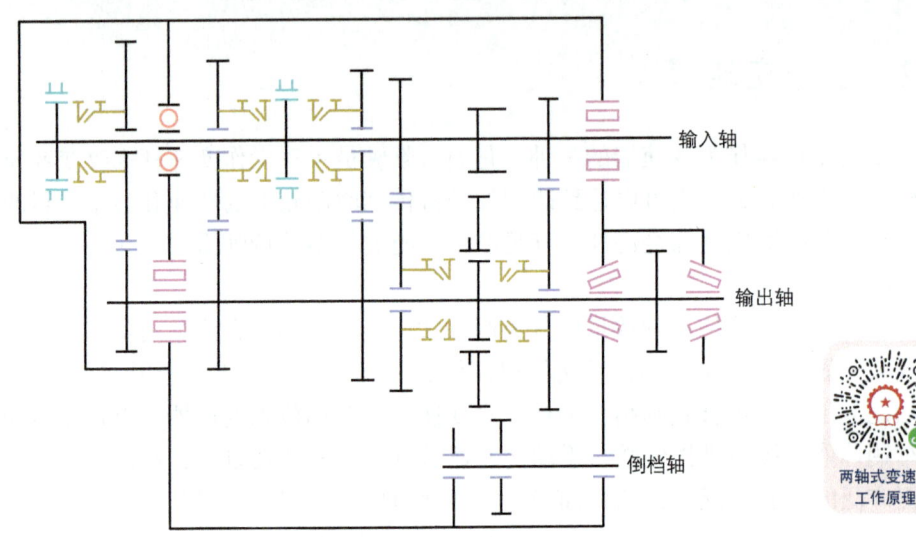

图3.13　两轴式变速器工作原理示意图

3.2.2　三轴式变速器

三轴式变速器通过两级齿轮传动实现变速，如图3.14所示。与两轴式相比，三轴式变速器动力轴有三根，除了第一轴和第二轴，还增加了中间轴。

图3.14　三轴式变速器传动结构图

三轴式变速器原理示意如图3.15所示。动力从发动机传递至第一轴，然后通过第一轴上齿轮1与中间轴上的齿轮15啮合，把动力传递到中间轴，中间轴上的不同齿轮与第二轴上的齿轮啮合，通过同步器的调整实现不同档位的切换。第一轴和第二轴同轴布置，第二轴的左端通过滚针轴承支撑在第一轴的叉形结构中，通过同步器，可以把第一轴和第二轴锁在一起，也就是 1:1 的直接档。由于有中间轴，因此三轴式变速器输入轴与输出轴旋转方向一致。

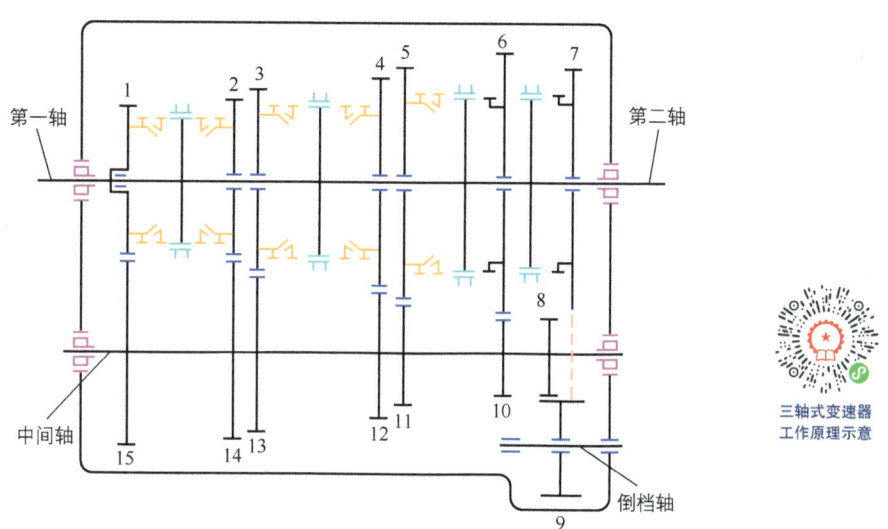

图 3.15　三轴式变速器的工作原理示意图

由于中间轴的存在，三轴式变速器的传动效率更高且承载能力大，多用于重型车；而两轴式变速器结构紧凑、重量轻、成本低，常用于轿车。

3.2.3　同步器

同步器的作用是换档时使接合套与待啮合的齿圈迅速同步，以缩短换档时间，可以做到如果不同步就挂不上档，从而避免齿间冲击和噪声，实现延长零件工作寿命和改善换档平顺性的目的。目前汽车上常用的是摩擦式惯性同步器，换档时让不同步的一对零件通过摩擦先同步运转，然后才能挂上档位，如图 3.16 所示。同时，同步器还使驾驶员能够更加轻松地操纵变速器，提高了驾驶的便捷性和安全性。

按锁止装置的不同，惯性同步器分为锁环式惯性同步器和锁销式惯性同步器。轿车上常用的是锁环式惯性同步器，本节主要讲解锁环式惯性同步器。

锁环式惯性同步器通常由接合套、锁环、花键毂和弹簧等部件组成，如图 3.17 所示。图 3.18 所示为锁环式惯性同步器装配剖切图。

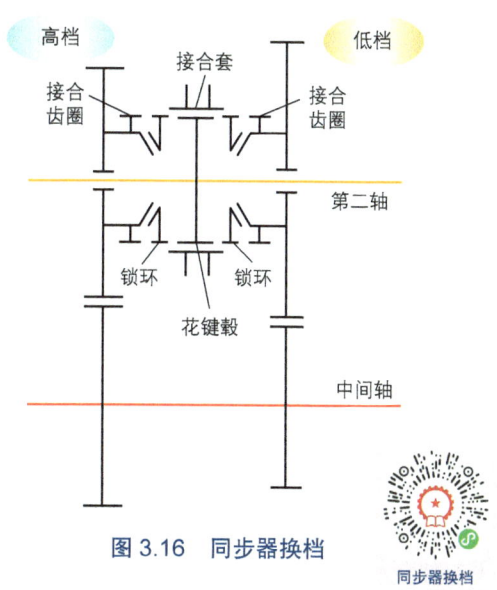

图 3.16　同步器换档

当驾驶员挂档时,通过拨叉推动接合套使同步环与接合齿圈锥面接触,产生摩擦,此时同步环受到拨环力矩和摩擦力矩作用,且可以通过结构参数设计,使得摩擦力矩大于拨环力矩。此时同步环阻止接合套继续移动,实现锁止。随着摩擦力矩的作用,同步环与接合齿圈锥面之间的转速差逐渐减小,直至两者转速相等,摩擦力矩消失。此时,锁环在拨环力矩的作用下退转一个角度,锁止作用消失,接合套得以与锁环及接合齿圈顺利啮合,完成换档。

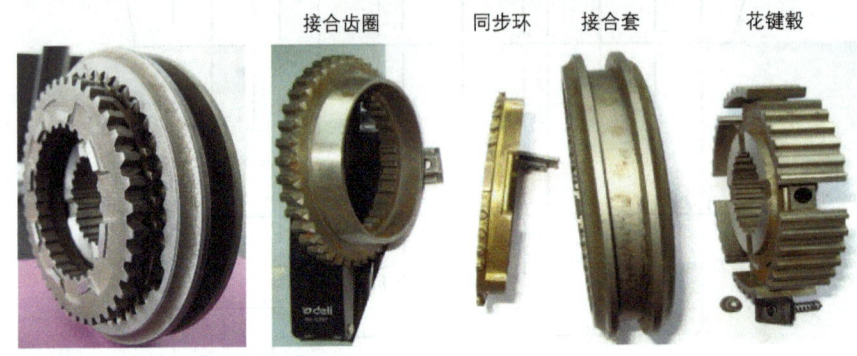

图 3.17 锁环式惯性同步器

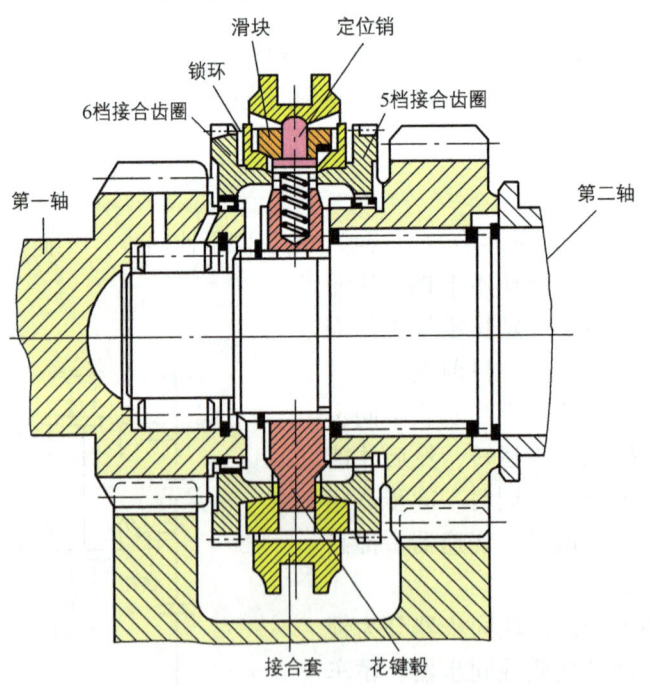

图 3.18 锁环式惯性同步器装配剖切图

锁销式同步器主要用在中、大型货车上,由于篇幅所限,本书不做详细讲解。

同步器的存在大大提高了手动变速器的换档平顺性和舒适性,它减少了换档过程中的冲击和噪声,延长了变速器的使用寿命。

3.2.4 变速器操纵机构

变速器操纵机构是驾驶员用来控制变速器换档的机构,它应满足换档轻便、准确、可靠的要求。变速器操纵机构包括变速杆、变速拨叉、变速拨叉轴和换档锁止装置等部件,如图 3.19 所示。

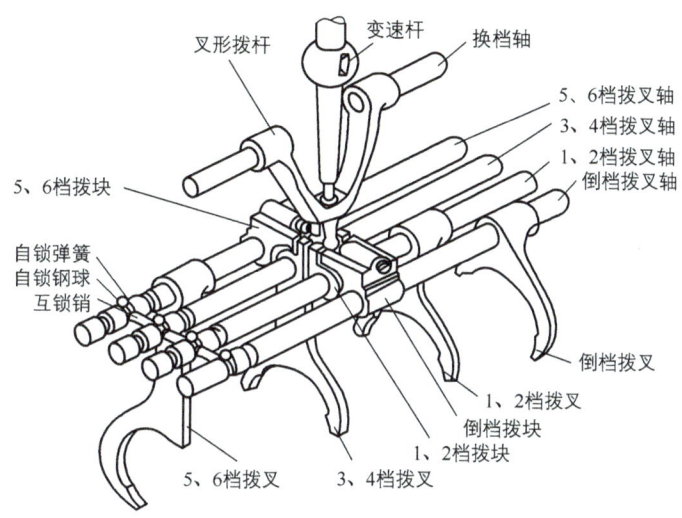

图 3.19 变速器操纵机构

变速器操纵机构可以使驾驶员根据路面情况准确地将变速器挂上或者摘下所需要的某个档位,以保证汽车安全行驶。如图 3.20 所示,根据距离驾驶位的位置,变速器操纵机构可分为直接操纵机构和远距离操纵机构。

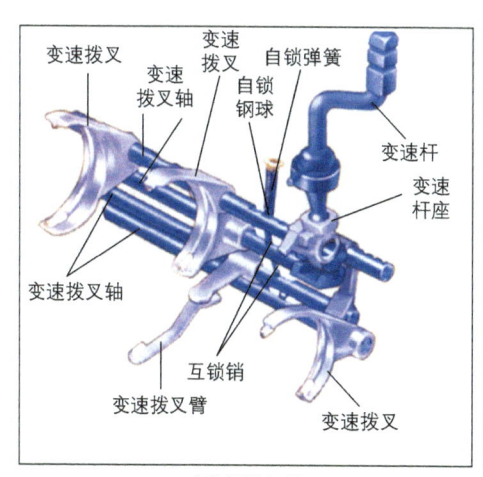

直接操纵机构
(FR,FF,发动机纵置)

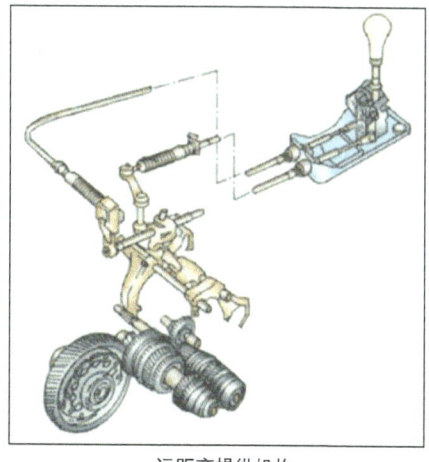

远距离操纵机构
(RR/MR,FF,发动机横置)

图 3.20 两种变速器操纵机构

变速杆是驾驶员直接操纵的部件,它通常位于驾驶室的右侧或中央位置。变速杆通过变速拨叉与变速拨叉轴相连,当驾驶员操纵变速杆时,变速拨叉会驱动变速拨叉轴移动,进而推动接合套与不同的齿轮啮合，实现档位的切换。

变速拨叉和变速拨叉轴负责将驾驶员的操纵力传递给接合套，实现档位的切换。变速拨叉通常采用钢制材料制成，具有足够的强度和刚度，以承受换档过程中的冲击和载荷。

变速器操纵机构设计有安全装置，可以保证变速器在任何情况下都能准确、安全、可靠地工作，主要包括自锁装置、互锁装置、倒档锁装置。

1. 自锁装置

自锁装置可以保证接合套与接合齿圈的完全啮合（或滑动齿轮换档时，全齿长都进入啮合），在振动等条件影响下，变速器不自行挂档或自行脱档。自锁装置由自锁钢球和自锁弹簧组成，通过自锁钢球和自锁弹簧的协同工作，实现对拨叉轴及相应档位的机械锁定，有效防止变速器在行驶过程中自动挂档或脱档，确保齿轮传动的稳定性和安全性，提高变速器的使用可靠性和寿命。

图 3.21 所示为一种自锁装置，当变速杆推动拨叉轴至某一档位时，拨叉轴上的特设凹槽会与自锁钢球精准对正，此时自锁弹簧发力，将钢球牢牢压入凹槽，确保拨叉轴位置稳定，进而保证接合套或滑动齿轮能稳固在相应档位。这一锁定机制有效抵御了行驶中可能遇到的外力干扰或机械故障，防止了自动挂档或脱档现象的发生。换档时，驾驶员需通过变速杆对拨叉轴施加足够力量，克服弹簧压力，使钢球从凹槽中脱出，拨叉轴方能移动至新档位，随后钢球再次被弹簧压入新凹槽，完成换档。

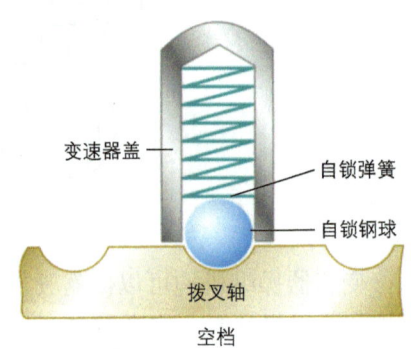

图 3.21 自锁装置示意图

2. 互锁装置

互锁装置由互锁销、互锁钢球组成，可以防止同时挂上两个档而使变速器卡死或损坏。

图 3.22 所示为一种互锁装置，在变速器的选档过程中，为防止变速杆下端误处于两个拨块间导致同时挂上两个档，造成传动比冲突、变速器无法运转或轮齿损坏，操纵机构中引入了互锁装置。此装置通过在中间拨叉轴两侧及两边拨叉轴内侧设计特定凹槽，并结合互锁销与互锁钢球的作用，实现了每次仅允许一个拨叉轴移动，从而确保仅挂入一个档位。具体来说，互锁钢球与互锁销的精密配合，确保了只有当一个拨叉轴的凹槽与钢球对正时，该拨叉轴才能被移动，有效避免了同时挂入两个档位的风险。

在有些汽车上，自锁和互锁装置集中在一起，如图 3.23 所示。

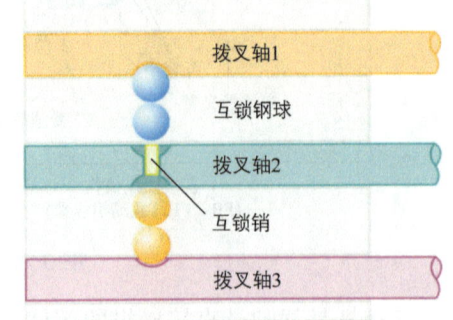

图 3.22 互锁装置示意图

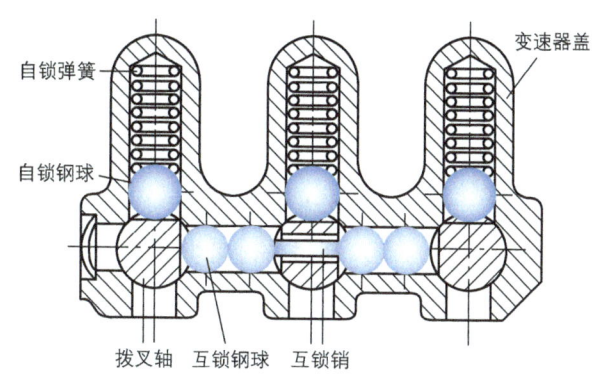

图 3.23 汽车变速器自锁和互锁装置

3. 倒档锁装置

倒档锁装置由倒档锁销、倒档锁弹簧组成,可以防止在汽车前进时误挂倒档。

在汽车变速器换档操作中,误将前进档挂入倒档可能导致严重的机械冲击和交通事故。为避免此类情况,操纵机构中特别设计了倒档锁装置。图3.24所示为一种倒档锁装置,该装置通过在倒档拨叉轴拨块槽内安装倒档锁销及弹簧,要求驾驶员在挂倒档时施加更大的力,以推动锁销并压缩弹簧,方能完成挂档动作。这种设计增加了挂倒档时的手感,能有效引起驾驶员注意,防止误操作。当驾驶员选择倒档拨块时,必须用力压缩弹簧,将锁销推向一侧,才能成功挂入倒档。图3.25 所示为一种倒档锁结构。

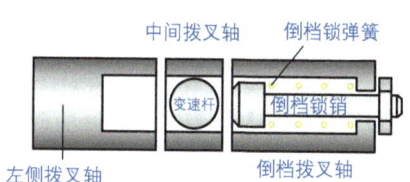

图 3.24 倒档锁装置示意图

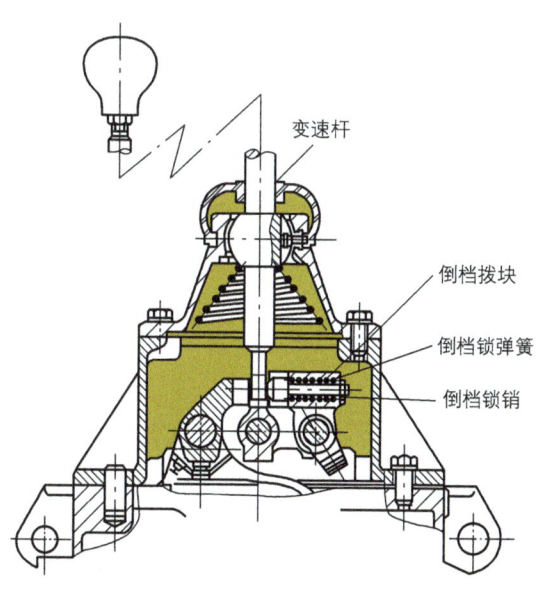

图 3.25 倒档锁结构

交互测验题

一、选择题

1. 关于手动变速器的结构,下列说法正确的是（　　）。
A. 手动变速器主要由齿轮和轴组成,无须任何同步装置
B. 手动变速器中,大部分齿轮均为常啮合状态
C. 手动变速器不包含任何操纵机构,换档完全自动进行
D. 手动变速器的输出轴直接与驱动轮相连

2. 两轴式手动变速器与三轴式手动变速器的主要区别在于（　　）。
A. 两轴式变速器只有一个输入轴,而三轴式有两个
B. 两轴式变速器没有中间轴,而三轴式有中间轴
C. 两轴式变速器适用于前驱车,三轴式适用于后驱车
D. 两轴式变速器换档更平顺,三轴式则更粗糙

3. 同步器在手动变速器中的主要作用是（　　）。
A. 增加变速器的传动比范围
B. 使换档过程更加平顺,减少冲击和磨损
C. 提高变速器的承载能力
D. 自动调整变速器的齿轮间隙

二、判断题

1. 三轴式手动变速器相比两轴式,换档时更需要精确的操作技巧。（　　）
2. 变速器操纵机构的主要功能是实现驾驶员对变速器档位的控制。（　　）

思考分析题

1. 离合器在汽车传动系统中的作用是什么?它如何帮助实现汽车的平稳起步和换档?
2. 手动变速器中的齿轮比是如何影响汽车的速度和转矩输出的?请解释其工作原理。
3. 分析两轴式手动变速器与三轴式手动变速器在结构和功能上的主要差异,以及它们各自适用的场景。
4. 某车辆在起步时,离合器接合过程中出现异响和抖动,请分析可能的原因,并提出解决方案。
5. 请分析同步器的工作原理,并探讨其对换档平顺性和变速器寿命的影响。

第4章 自动变速器

手动变速器依赖驾驶员频繁踩离合、换档,在城市拥堵或复杂路况下驾驶员的操作强度大,易疲劳且换档动力中断影响体验与效率。而自动变速器改变了这一局面,它依托机械、液压与电子控制技术达成自动换档,大幅简化操作流程,提升动力传递的平稳性与效率,能自动适应不同工况。自动变速器类型丰富,液力机械式变速器靠液力变矩器、行星齿轮等实现多档位与平稳换档;机械式无级变速器可无级变速,动力输出更连贯;双离合器自动变速器借助双离合器结构快速换档。

4.1 自动变速器功能和类型

微课:自动变速器功能和类型

4.1.1 自动变速器的功能

自动变速器具有自动调节传动比、自动起步与换档、提高燃油经济性和"跛行回家"等功能,这些功能共同提升了驾驶的舒适性、安全性以及燃油经济性。

1)自动调节传动比:自动变速器能够根据汽车行驶速度和发动机负荷等条件,自动调整传动比,从而扩展驱动轮的转矩和转速范围,确保发动机在各种工况下都能保持相对理想的运行状态。这种自动调整传动比的能力,使得汽车能够轻松应对多变的行驶环境。

2)自动起步与换档:自动变速器省去了离合器踏板,驾驶员在起步时无须掌握离合器半联动及"油离配合"的技巧,只需踩住制动踏板挂好档位,松开制动踏板后车辆即可自动行驶。同时,变速器能根据发动机负荷和车速等工况的变化,自动进行升档或降档操作,实现动力的平顺传递。

3)提高燃油经济性:通过智能控制换档时机,自动变速器能够在发动机转速较低时进行换档,从而降低油耗,提高燃油经济性。这种智能控制不仅减少了不必要的动力损失,还使得发动机能够更长时间地保持在高效运行区间。

4)"跛行回家"功能:当自动变速器出现故障时,其"跛行回家"功能可以确保车辆以最低性能水平继续行驶至附近的维修地点。这一功能通过限制变速器的档位和换档逻辑来实现,虽然行驶速度较慢且换档时可能有冲击感,但足以保证车辆的基本移动能力。

"跛行回家"功能主要有两种模式。

① 发动机的"跛行回家"模式。在此模式下,故障的电控信号会被其他信号或预设的常数值所替代,确保发动机能够顺利启动并持续运行,尽管其性能会有所受限。此时,节

气门会被锁定在特定位置，即便踩下加速踏板，车辆也无法加速，但足以支持车辆低速驶向维修站。

② 自动变速器的"跛行回家"模式。在该模式下，变速器会启动自我保护程序，其内部的换档电磁阀会断电，液力变矩器的锁止离合器会打开，系统油压会提升至最大值。尽管此时变速器仍保留有空档、倒档以及前进档，但前进档会被机械性地锁定在固定的档位上，确保车辆仍能以低速状态安全驶至维修厂，避免了因车辆在外抛锚而可能引发的更严重事故。

4.1.2 自动变速器类型

根据当前市场上的主流产品和相关文献，可以将自动变速器归纳为以下几种类型。

1. 液力机械式自动变速器（Automatic Transmission，AT）

液力机械式自动变速器，也称为液力机械式综合变速器，是一种广泛应用的自动变速器类型。AT变速器的优点在于换档平顺、驾驶舒适，且能够根据不同的行驶条件自动调整传动比，提高发动机的燃油经济性。

2. 机械式无级变速器（Continuously Variable Transmission，CVT）

机械式无级变速器，即连续可变传动变速器。它没有明确具体的档位，而是通过钢带（链条）和锥盘摩擦传动来实现传动比的连续变化。CVT变速器的优点在于动力传输持续而顺畅，能够提供更好的驾驶舒适性和燃油经济性。

3. 双离合器自动变速器（Dual Clutch Transmission，DCT）

双离合器自动变速器使用两个离合器和一个齿轮组来实现快速换档。DCT变速器的换档过程迅速且平顺，能够显著提升驾驶的舒适性和车辆的动力性能。

4. 电控机械式自动变速器（Automated Mechanical Transmission，AMT）

电控机械式自动变速器是在传统的手动机械式变速器基础上加装电子控制系统而成的。它通过电子控制执行机构来完成自动换档过程，保留了手动变速器传动效率高、结构简单等优点，同时实现了自动换档的便捷性。AMT变速器的制造成本相对较低，因此早期在某些重载汽车上得到了应用。

5. 其他特殊类型

除了上述四种主要类型外，还有一些特殊类型的自动变速器，如固定齿比混合动力专用变速器（DHT）、混合动力常用的汽车电子无级变速器（E-CVT）和采用智能换档技术（Intelligent Shift Response，ISR）的自动变速器等。

本章主要讲述前3种类型，混合变速器E-CVT将在第8章介绍。

4.2 液力机械式自动变速器

4.2.1 AT 的档位和组成

微课：AT 的档位和组成

AT 变速操作板上的标志含义分别为：P—驻车档；N—空档；R—倒档；D—前进档。

1. P—驻车档

在 P 位时，AT 中的离合器和制动器全部释放，动力不能输出，同时，在输出轴上的棘轮被棘爪机械地锁死在变速器壳体上，此时车辆既不能前进也不能倒退，汽车行驶中不能选择 P 位，AT 在 P 位时可以起动发动机。

2. N—空档

和驻车档类似，AT 位于 N 位时无动力输出，但输出轴没有机械锁死。

3. R—倒档

位于 R 位时，AT 的输出轴将反向旋转，汽车倒驶，一般要在汽车停止后才能挂倒档。

4. D—前进档

AT 的控制单元将依据车速或节气门开度，自动地进行升档或降档。

图 4.1 所示为 AT 剖切图，它由液力变矩器、复合式行星齿轮和液压操纵系统组成，通过液力传递和齿轮组合的方式来实现变速变矩。液力变矩器可以切断和传递发动机的动力，部分履行变速及增大转矩功能。复合式行星齿轮机构能够进一步增大车辆驱动转矩，实现倒车及怠速下驻车。而液压操纵系统可以根据发动机和汽车速度变化，自动控制液力变矩器和行星齿轮机构换入不同档位工作。

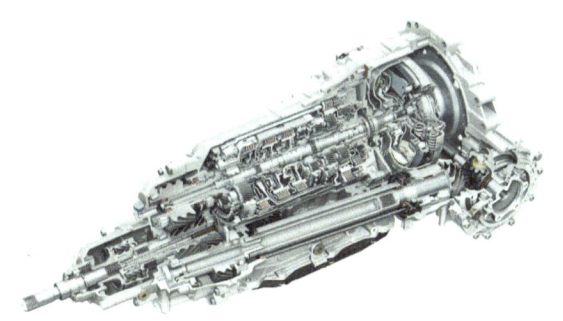

图 4.1 AT 剖切图

4.2.2 液力变矩器

液力变矩器是 AT 中的重要组成部分，它位于发动机和变速器之间，通过液体的动力传递实现动力的柔性连接和无级变速功能。液力变矩器主要由泵轮、涡轮和导轮组成，以液压油为工作介质，具有传递转矩、改变转矩、变速和离合的作用。

液力变矩器是基于液力耦合器的基础发展而来，图 4.2 为液力耦合器结构示意图。液力耦合器用在汽车传动系统中可以保证汽车的平稳起步和加速，同时衰减系统扭转振动；可以延长传动系统的使用寿命；可以减少换档的次数，在临时停车时可以不脱开传动系统也能维持发动机怠速运转。缺点是液力耦合器只能传递转矩，而不能改变转矩的大小，还不能完全中断动力。因此液力耦合器在汽车上的应用很少。

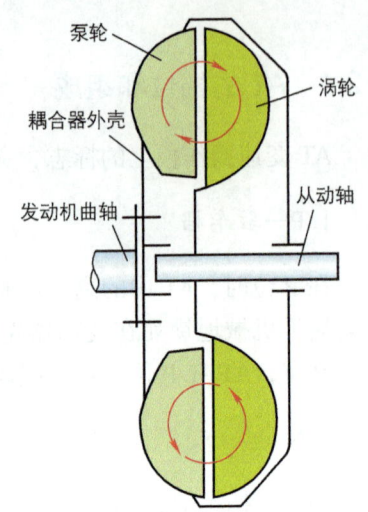

图4.2 液力耦合器结构示意图

液力变矩器的结构组成如图4.3所示，它在液力耦合基础上增加了导轮、单向离合器和锁止离合器等部件，其主要组成部件如下。

1）泵轮：与发动机曲轴相连，通过发动机的动力驱动旋转。泵轮内部装有曲线型的叶片，通过离心力的作用将油液加速并甩向涡轮。

2）涡轮：与变速器输入轴相连，通过接收来自泵轮带动的油液的动能而旋转，从而将动力传递给变速器。涡轮叶片的曲率方向与泵轮叶片相反，以优化能量转换效率。

3）导轮：位于泵轮和涡轮之间，通过单向离合器与变速器壳体固定连接。导轮的主要作用是改变油液的流动方向，从而改变输出转矩的大小。

4）单向离合器：实现导轮的单向锁止功能，即导轮只能在一个方向上（通常是顺时针方向）自由转动，而在相反方向上则会被锁止。这种特性使得液力变矩器在高速区能够实现耦合传动，提高传动效率。

5）锁止离合器：在高速或高负载工况下，锁止离合器会接合，间接把泵轮和涡轮锁止在一起，使发动机曲轴与变速器输入轴直接连接，以提高高速时液力变矩器传动效率和燃油经济性。

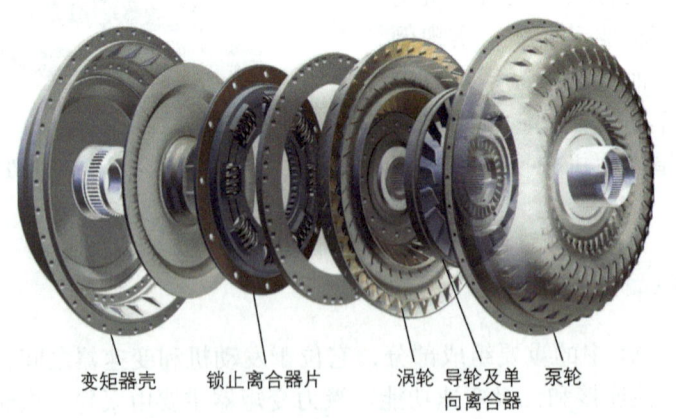

图4.3 液力变矩器的组成

液力变矩器装配结构示意如图4.4所示，泵轮和变矩器壳是主动件，涡轮是从动件。

增加了单向离合器的变矩器也称为双相三元件综合式液力变矩器,其变矩器和耦合器两种工作状态,这也是其双相命名的由来,两种状态的切换是由单向离合器完成的。

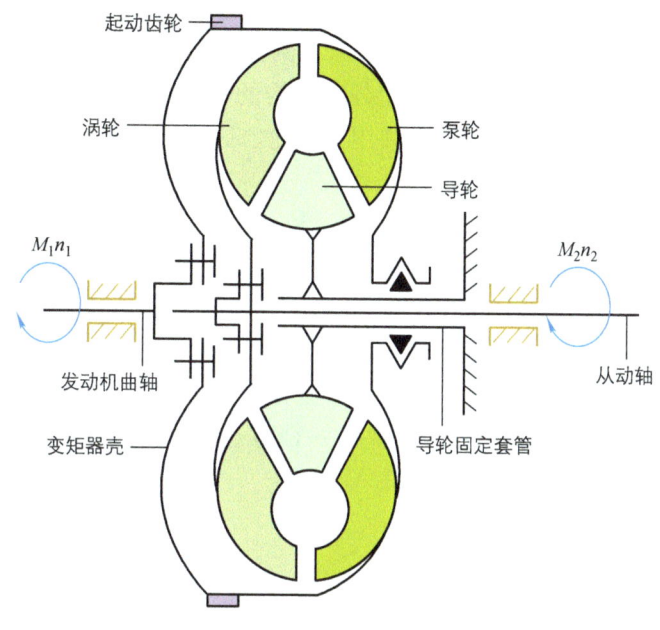

图4.4 液力变矩器结构示意图

单向离合器用于实现变矩器和耦合器两相的切换。当涡轮转速较低、与泵轮转速差较大时,从涡轮流出的液流冲击导轮叶片,力图使导轮顺时针方向旋转。此时,单向离合器处于锁止状态,导轮被固定不动,液力变矩器工作在变矩工况下,能够增大输出转矩。然而,当涡轮转速升高到一定程度后,液流对导轮的冲击力反向,单向离合器解除锁止,导轮开始与涡轮同向转动,液力变矩器转入耦合器工况,转矩的增大作用减弱,但传动效率提升。这种通过单向离合器的控制,实现了液力变矩器在变矩器状态和耦合器状态之间的转换,形成了所谓的"两相"。

锁止离合器的主要功能是在一定条件下,通过摩擦力将原本通过液体介质间接相连的泵轮和涡轮直接锁止在一起,从而实现从液力传动向机械传动的平滑过渡。当车辆处于低速行驶或起步阶段时,液力变矩器主要依靠液体流动来传递动力,此时锁止离合器处于分离状态,以确保动力传递的平顺性和足够的转矩放大效果。然而,随着车速的提升和发动机转速的增加,为了提高传动效率和燃油经济性,锁止离合器会逐渐接合,直至完全锁止泵轮和涡轮,使它们像一个整体一样旋转,从而消除了液力传动中的滑差损失,实现了更高的传动效率和更直接的动力响应。

4.2.3 复合式行星齿轮机构

复合式行星齿轮机构是指具有两排以上行星齿轮的行星齿轮机构。因为单排行星齿轮机构所提供的传动比数目是有限的,所以为了获得较多的档位数,

AT 中采用两排或三排行星齿轮机构。

典型类型有辛普森式（Simpson）和拉威娜式（Ravigneaux）。

1. 辛普森式

辛普森式复合行星齿轮机构如图 4.5 所示，两排行星齿轮机构共用一个太阳轮，前排齿圈与后排行星架连接，并作为整个行星齿轮机构的输出单元。整个行星齿轮机构共有 4 个独立的元件，即前齿圈、前行星架、共用太阳轮、后齿圈。可以获得 3 个前进档和 1 个倒档。

该机构有 4 个控制元件，分别是离合器 C_1 和 C_2，制动器 B_1 和 B_2。离合器和制动器用来改变行星齿轮机构中各元件的相对运动关系，以实现不同档位的传动。C_1 的作用是将输入轴和中间轴连接起来，将动力传给后齿圈。C_2 的作用是将输入轴和共用太阳轮连接起来，将动力传给太阳轮。B_1 工作时将共用太阳轮和变速器壳体连接，使太阳轮固定不动。B_1 只有在 2 档位置时工作，又称为 2 档滑行制动器。B_2 工作时将单向离合器 F_W 的外圈和变速器壳体连接。设置单向离合器 F_W 的目的是在一档可省去控制制动器 B_2 的油路，简化了液压系统。

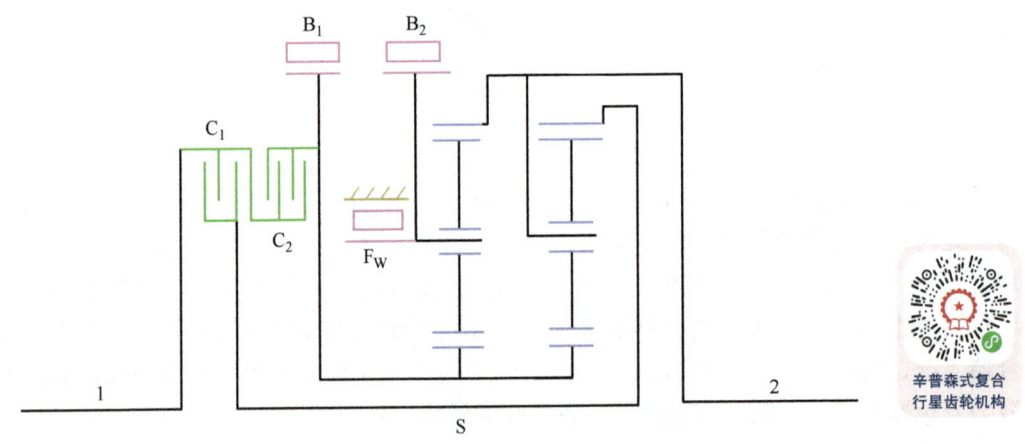

图 4.5　辛普森式复合行星齿轮机构示意图

2. 拉威娜式

拉维娜式复合行星齿轮机构由大小两个太阳轮、长短两套行星轮、一个行星架、一个齿圈组成。两排行星齿轮机构共用一个齿圈和一个行星架，其结构如图 4.6 所示，可以组成 3 个前进档和 1 个倒档。拉维挪式行星齿轮机结构紧凑，所用构件少，相互啮合的齿较多，可传递较大转矩，但结构较复杂，传动效率略低。拉维挪式复合行星齿轮机构中的所有齿轮都处于常啮合状态，档位变换必须通过对行星齿轮机构的基本元件进行约束（即固定或连接某些基本元件）来实现，执行机构主要是和辛普森式同样的离合器和制动器。

第 4 章 自动变速器

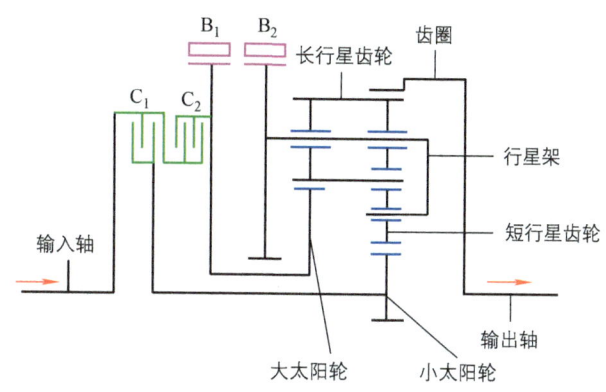

图 4.6　拉维娜式复合行星齿轮机构示意图

4.2.4　换档执行机构

AT 中换档执行机构包含离合器、制动器和单向离合器。AT 中使用的离合器是湿式多片离合器，湿式多片离合器结构紧凑且能达到高效的传动效率，能在高负荷、高转速条件下稳定工作，传递较大的转矩，其主要由活塞、回位弹簧、多片离合器钢片与摩擦片以及离合器毂等关键部件构成，如图 4.7 所示。这些部件被组装在一个充满变速器油的密闭油腔内，油液不仅为离合器提供了良好的润滑，还承担了重要的散热功能，有效防止了离合器在高强度工作下的过热问题。

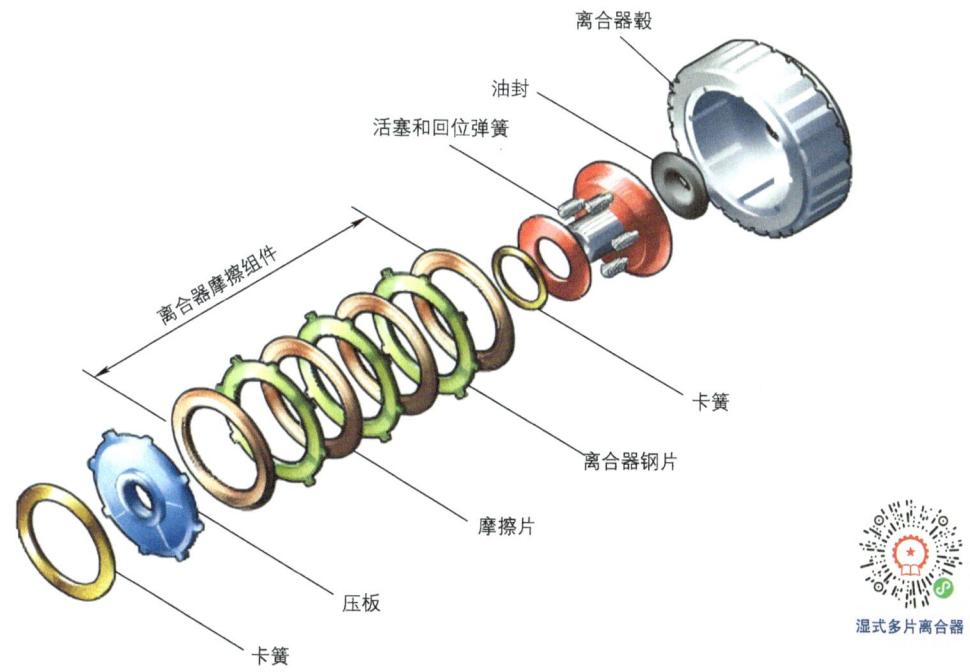

图 4.7　湿式多片离合器

湿式多片离合器的核心功用在于实现动力的平稳传递和换档控制。当液压控制单元发出指令时，液压油迅速流入离合器油腔，推动活塞克服回位弹簧的弹力，使离合器片和摩擦片紧密接合，从而将发动机的动力高效、连续地传递到变速器输出轴。反之，在需要换档或中断动力时，液压油的压力释放，回位弹簧将活塞拉回，离合器片分离，动力传递随即中断，为换档操作提供了迅速且平顺的过渡。图4.8所示为离合器接合和分离状态。

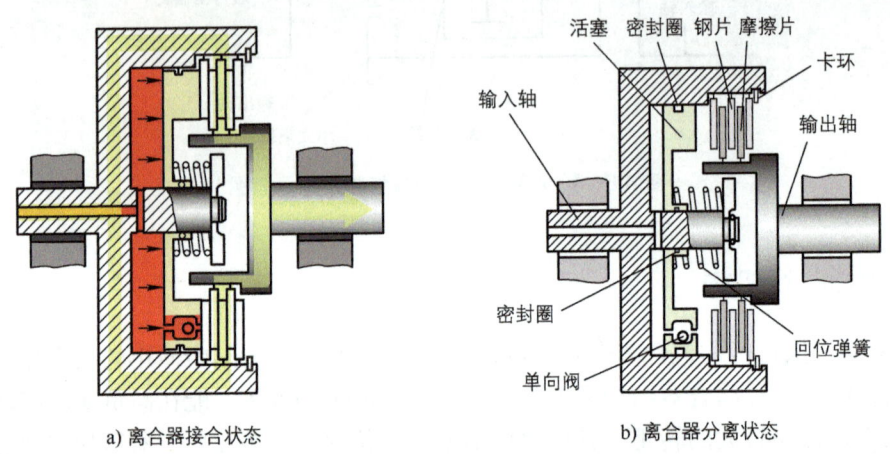

图4.8 离合器接合和分离状态

AT中使用的片式换档制动器零件分解图如图4.9所示，钢片通过外花键安装在变速器壳体的内花键齿圈上，摩擦片通过内花键和制动鼓上的外花键齿配合。当车辆需要制动或换档时，液压控制系统会向制动器油腔通高压油，推动活塞前移，使摩擦片与钢片紧密接合，达到制动相应部件的目的。当高压油撤除时，在复位弹簧作用下，活塞位置后移，解除制动。图4.10所示为制动器解除和制动时的状态示意。

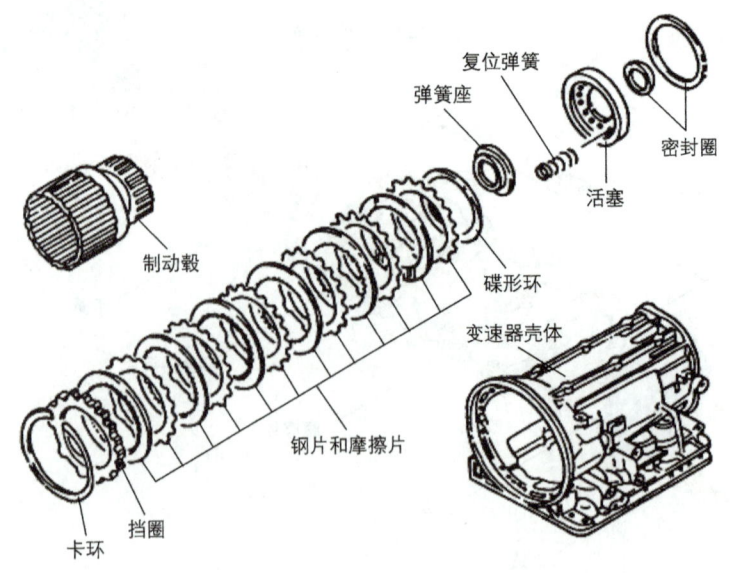

图4.9 片式换档制动器零件分解图

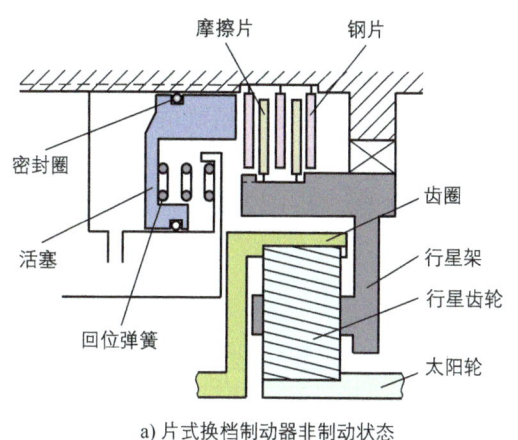
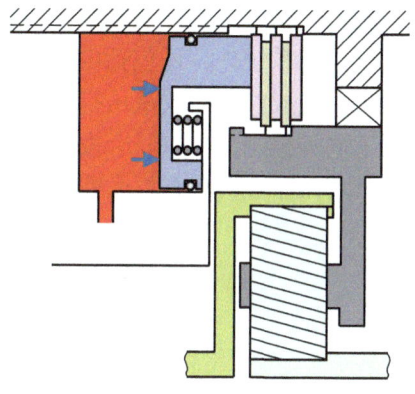

a) 片式换档制动器非制动状态　　　　b) 片式换档制动器制动状态

图 4.10　片式换档制动器解除和制动状态示意图

液力变矩器的变矩系数在一定范围内可以连续变化，与复合行星齿轮机构配合后，液力机械变速器的传动比在几个区间内是连续变化的。

微课：液压操纵系统

4.2.5　液压操纵系统

AT 的液压操纵系统能根据发动机负荷和汽车行驶速度的变化，使 AT 自动切换至不同的档位。该系统以液压为动力源，通过一系列阀门、油缸和执行机构实现换档操作。液压操纵系统的特点在于操纵轻便、换档过程平稳，从而提高了驾驶的舒适性。然而，其结构相对复杂，对工艺要求较高。按控制方式分类可分为非电控式液压操纵系统和电控式液压操纵系统。

非电控式液压操纵系统主要依赖机械信号（如车速和节气门开度）作为控制信号，信号经过简单处理后变成液压信号进行动作。其组成包括供油及调压系统、速度和负荷的感载系统、换档阀以及离合器和制动器的作用油缸等。其结构相对简单，但控制信息有限，一般只有两个信号。图 4.11 所示为非电控式液压操纵系统示意图。

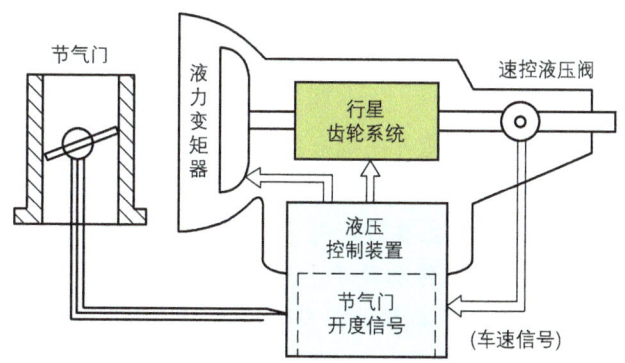

图 4.11　非电控式液压操纵系统示意图

电控式液压操纵系统采用传感器采集信息，以电信号的形式输出，并经过电子控制单元（ECU）处理后，通过电磁阀再变成液压信号进行动作。电控式液压操纵系统组成部件除了液压操纵系统外，还包括电子控制系统，电子控制系统由传感器、ECU、执行器和各种控制开关组成。电控式液压操纵系统可以采集更多信息，实现更精确的控制。同时，由于采用了电子控制，可以联合发动机进行更全面的控制，使发动机和传动系统间获得更好的匹配，从而保证汽车有更优秀的燃油经济性和动力性能。图 4.12 为电控式液压操纵系统示意。

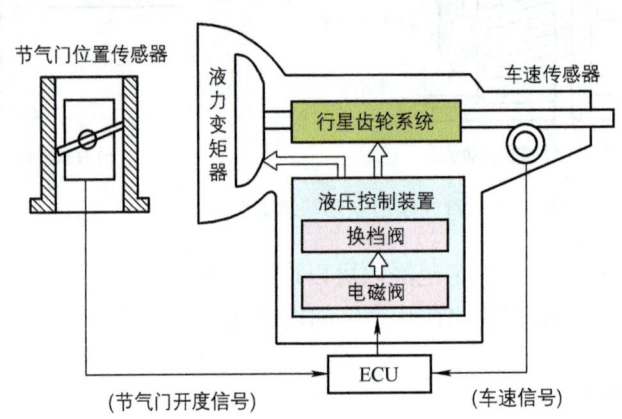

图 4.12　电控式液压操纵系统示意图

非电控式和电控式液压操纵系统在结构原理上并无本质差异，关键差别在于控制信息的提取和处理方式。非电控式系统依赖机械信号，控制信息有限；而电控式系统则采用传感器和 ECU 进行信息处理和控制，可以实现更精确、更全面的控制效果。因此，在现代燃油汽车自动变速器中，电控式液压操纵系统逐渐成为主流趋势。

交互测验题

一、选择题

1. 液力变矩器中起到增大转矩作用的元件是（　　）。
   A. 导轮　　　　　B. 泵轮　　　　　C. 涡轮　　　　　D. 三个元件均可
2. 在液力变矩器中，当涡轮转速升高到一定程度后，（　　）会开始与涡轮同向转动。
   A. 泵轮　　　　　B. 导轮　　　　　C. 单向离合器外壳　D. 锁止离合器片
3. 液力变矩器中的锁止离合器主要作用是（　　）。
   A. 放大转矩　　　B. 提高传动效率　C. 改变传动比　　D. 吸收振动
4. AT 变速器中，复合行星齿轮机构的主要作用是（　　）。
   A. 增加传动比范围　　　　　　　　B. 减少换档冲击
   C. 提高燃油经济性　　　　　　　　D. 实现动力逆向传递
5. 下列哪项不属于 AT 变速器执行机构的主要组成部分？（　　）
   A. 离合器　　　　B. 制动器　　　　C. 单向离合器　　D. 飞轮

6. 液压控制系统在 AT 变速器中的主要功能是（　　）。
   A. 润滑齿轮　　　　　　　　　　　B. 控制换档时机和动力传递
   C. 冷却变速器油　　　　　　　　　D. 提供紧急制动
7. AT 变速器中，哪个部件负责将发动机的动力传递给行星齿轮机构？（　　）
   A. 液力变矩器　　B. 离合器　　C. 制动器　　D. 调速阀

二、判断题

1. 液力变矩器中的单向离合器只允许导轮在一个方向上转动。（　　）
2. 当车辆高速行驶时，液力变矩器中的锁止离合器通常处于分离状态。（　　）
3. 电控式液压操纵系统相比非电控式，能够更精确地控制换档时机和动力分配。
   （　　）
4. AT 变速器的换档完全依赖于液压控制系统的自动操作，驾驶员的加速踏板输入不影响换档逻辑。（　　）

4.3　机械式无级变速器

机械式无级变速器（VDT-CVT）是最常用的 CVT 类型，其基本结构如图 4.13 所示，VDT-CVT 包括金属带、主动与从动工作轮、液压泵、起步离合器及控制系统。金属带由多层金属片和金属环组合而成，负责在挤压下通过摩擦力传递动力。

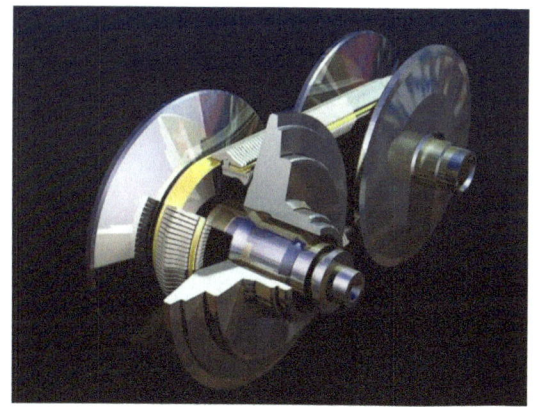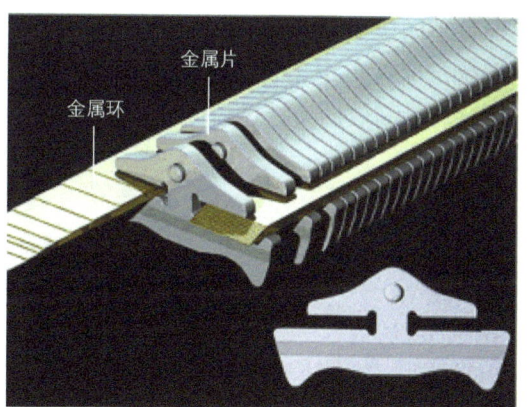

图 4.13　VDT-CVT 的基本结构

VDT-CVT 通过工作轮的 V 形槽设计实现与金属带的紧密啮合，完成动力的高效传递。主动工作轮和从动工作轮的可动部分能轴向移动，实现连续调节传动比，传动比最高可达 6。

VDT-CVT 一般配备先进的电子控制单元（ECU），如图 4.14 所示。ECU 依据多个车辆运行参数（如发动机转速、车速等），进行计算后，向液压控制单元发送指令，通过调节液压油缸压力来改变工作轮与金属带的工作半径，实现无级、自动的变速调节，确保驾驶的平顺性与效率。

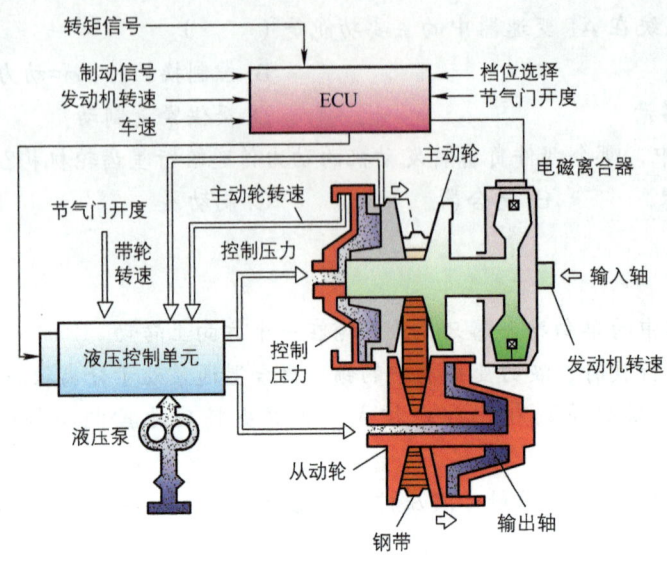

图 4.14 ECU 控制实现无级自动变速传动

4.4 双离合器自动变速器

双离合器自动变速器（DCT）采用了两个离合器与对应的两个输入轴设计，其结构如图 4.15 所示。图 4.16 为其工程示意图，每个输入轴上分别布置了奇数档和偶数档的齿轮组，并配备了同步器以确保换档的平顺性。此外，DCT 还集成了先进的液压操纵系统和电子控制系统，前者负责离合器的操控及换档机构的动作，后者则根据车辆实时状态智能决策，实现自动、高效的换档过程。

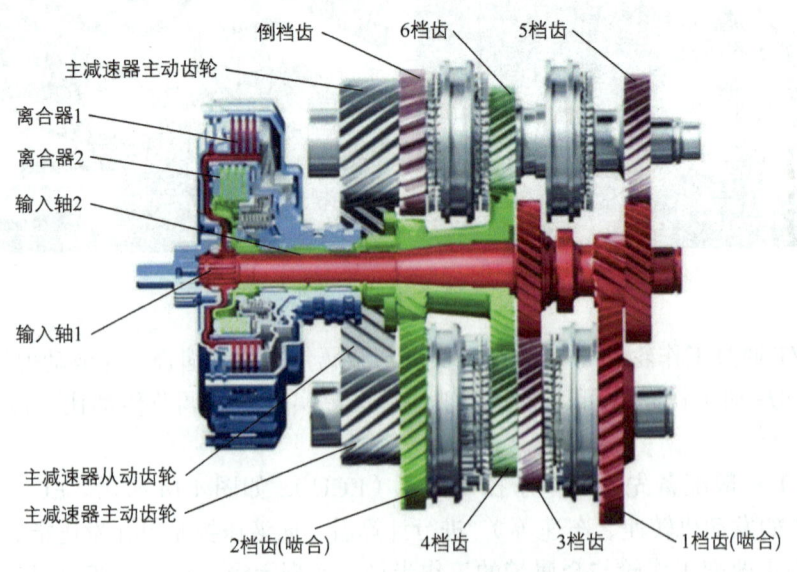

图 4.15 双离合器自动变速器结构

第 4 章　自动变速器

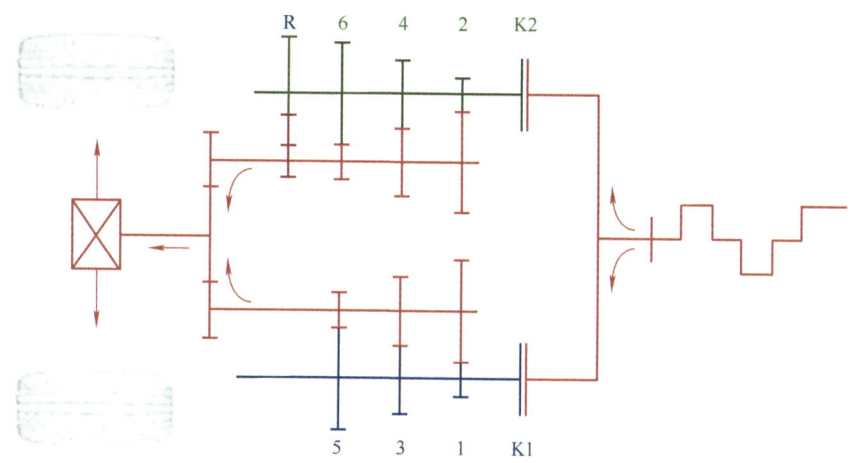

图 4.16　双离合器自动变速器工程示意图

DCT 的核心在于其双离合器结构，它们交替工作，实现动力的无缝切换。当车辆处于某一档位行驶时，一个离合器负责传递动力，而另一个离合器则预先连接下一个档位，处于待命状态。换档时，当前工作的离合器逐渐分离，同时待接合的离合器迅速接合，两个离合器的工作状态平滑过渡，确保动力传递的连续性和换档的快速性，整个过程几乎无顿挫感。

DCT 的换档速度通常不超过 0.2s，显著提高了驾驶的响应速度和行驶平顺性。同时，由于减少了换档时的转矩中断，因此 DCT 有助于提升燃油经济性，降低能耗。另外，DCT 结合了自动变速的便捷与手动变速的灵活，能够适应多种驾驶风格和路况需求，为驾驶员带来既高效又舒适的驾驶体验。

交互测验题

一、选择题

1. DCT（双离合器自动变速器）在换档过程中，是如何实现动力连续传递的？（　　）
A. 通过一个离合器逐渐分离，同时另一个离合器逐渐接合。
B. 通过完全断开动力传递，然后迅速接合下一个档位。
C. 通过使用液力变矩器来平滑过渡。
D. 通过电子控制系统模拟手动换档过程。

2. 以下（　　）不是 CVT 金属带的主要组成部分。
A. 多个金属片，通常由工具钢制成。
B. 两组金属环，用于对金属片进行导向。
C. 液压控制单元，用于调节金属带的张紧度。
D. 小凸台，便于金属片之间的自动定位。

3. DCT 与 AT（液力自动变速器）相比，在换档速度上通常具有的优势是（　　）。
A. DCT 换档速度较慢，因为需要两个离合器交替工作。
B. DCT 换档速度较快，因为可以实现预挂档和动力的无缝切换。
C. DCT 与 AT 换档速度相当，没有明显差异。
D. DCT 换档速度受液压油温度影响较大，因此不稳定。

二、判断题

CVT 变速器在传递动力时，金属带与工作轮之间的摩擦工作面是金属片的侧面。
（　　）

思考分析题

1. 自动变速器的主要功能是什么？
2. 自动变速器有哪些主要类型？
3. 液力自动变速器（AT）的档位是如何设置的？
4. 液力变矩器在 AT 变速器中的作用是什么？
5. 请简述复合式行星齿轮机构在 AT 变速器中的工作原理。
6. 请简述 AT 变速器的换档执行机构是如何实现换档操作的。
7. 请简述液压操纵系统在 AT 变速器中的作用。
8. 请简述机械式无级变速器（CVT）与双离合器自动变速器（DCT）在性能上的相同点和不同点。

第 5 章 万向传动装置

汽车动力的有效传递是实现车辆驱动的关键要素。然而从汽车的动力装置（如发动机或中央驱动型电机）到最终的驱动轮，这一过程并非简单的直线传递，而是需要经历多次方向的变化与调整。特别是在复杂多变的行驶环境中，动力的传递路径往往伴随着各种角度的变化。

5.1 万向传动装置的组成和功用

万向传动装置的功用是实现两转轴在轴线相交且相对位置经常变动情况下的动力传递，即变夹角传递动力。万向传动装置主要由万向节与传动轴组成，当传动轴长度超出一定范围时，还需增设中间支承以增强稳定性。其结构示意如图 5.1 所示。

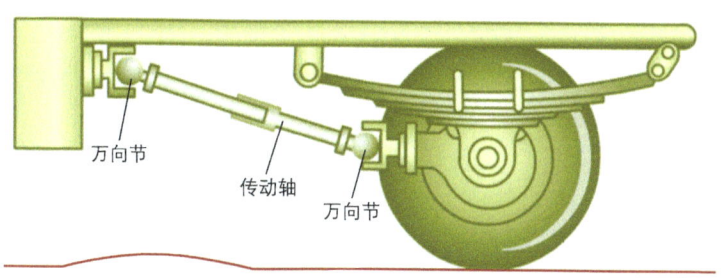

图 5.1 变速器与驱动桥之间的万向传动装置

万向传动装置在汽车上的应用主要在以下几处。

1）变速器至驱动桥的连接：在采用前置后驱设计的车辆中，发动机、离合器及变速器等部件位于车辆前部，并通过悬架固定于车身，而驱动桥则位于后部，一般在悬架之下，导致动力传递的轴线并不重合，需要万向传动装置。

2）变速器与分动器之间的连接：对于全轮驱动的越野车型，动力需从变速器传递至分动器或轴间差速器，再进一步分配至各驱动轴。尽管变速器与分动器或轴间差速器均固定于车架之上，但受制造公差、装配差异及车架变形等因素影响，传递角度可能会发生变化，故有时也需安装万向传动装置以适应这些变化。

3）驱动桥与驱动转向轮间的连接：车辆转向过程中，转向轮需旋转至特定角度，此时依赖万向节灵活调整动力传递方向，确保转向顺畅。

4）断开式驱动桥半轴的两端连接：在此类驱动桥设计中，主减速器和差速器固定于车架或车身上，由于主减速器、差速器的齿轮轴线与车轮旋轴转轴线一般不重合，所以断开式驱动半轴的两端连接需要万向节来实现稳定且灵活的动力传递。

5.2 万向节

万向节是实现不同转轴之间变角度传递动力的基本部件，按其在扭转方向上是否有明显弹性，可分为刚性万向节和挠性万向节。刚性万向节的动力是依靠零件之间的铰链式连接传递的；而挠性万向节的动力则是靠弹性零件传递的，且有一定的缓冲减振作用。刚性万向节根据其运动特点又可分为不等速万向节（如十字轴式万向节）和等速万向节（如双联叉式万向节、球笼式万向节）。万向节及伸缩节的绘图表达如图 5.2 所示。

图 5.2 万向节和伸缩节

5.2.1 十字轴式刚性万向节

十字轴式刚性万向节的基本构造如图 5.3 所示。万向节叉套在十字轴的两对轴颈上，主动轴转动时，从动轴即可随之转动，又可绕十字轴中心摆动。滚针轴承和套筒是为了减少摩擦损失，提高传动效率。同时，设有安全阀或其他措施以防油封受损，轴承盖的作用是实现滚针轴承的轴向定位，也可以采用内挡圈定位和外挡圈定位等方式。

微课：十字轴式刚性万向节

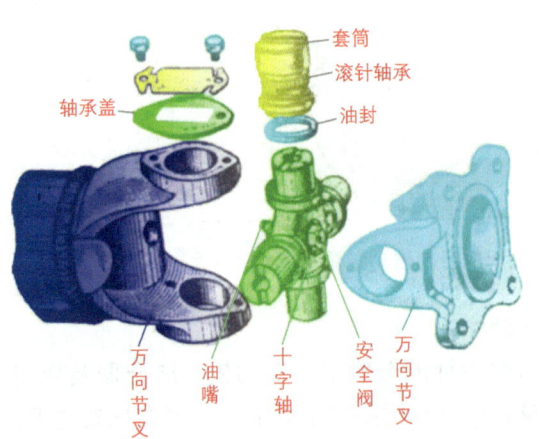

图 5.3 十字轴式刚性万向节的基本构造

单个万向节在输入轴和输出轴夹角不为零时，其两轴的瞬间角速度是不相等的，这个特性称为十字轴刚性万向节的不等速性。可以从以下两个瞬时状态来证明其不等速性。

1）主动叉在垂直位置，且十字轴平面与主动轴垂直时，如图 5.4 所示。主动叉与十字轴连接点 a 的线速度 v_a 在十字轴平面内，从动叉与十字轴连接点 b 的线速度 v_b 在与主动叉平行的平面内，并且垂直于从动轴。点 b 的线速度 v_b 可分解为在十字轴平面内的速度 v_b' 和垂直于十字轴平面的速度 v_b''。由速度直角三角形可以看出，在数值上 $v_b > v_b'$。当万向节传动时,十字轴绕 O 点转动。由于十字轴各轴颈长度相等,即 $oa=ob$,a、b 两点于十字轴平面内的线速度在数值上也相等,即 $v_b'=v_a$。因此 $v_b>v_a$。即此时从动轴的转速大于主动轴的转速,同时 $\omega_2>\omega_1$。

2)主动叉在水平位置,十字轴平面与从动轴垂直时,如图 5.5 所示。主动叉与十字轴连接点 a 的线速度 v_a 在平行于从动叉的平面内,并且垂直于主动轴。线速度 v_a 可分解为在十字轴平面内的速度 v_a' 和垂直于十字轴平面的速度 v_a''。根据与上述同样的道理,在数值上,$v_a>v_a'$,所以 $v_a'=v_b$。因此,$v_a>v_b$,即这时从动轴的转速小于主动轴的转速,同时 $\omega_1>\omega_2$。

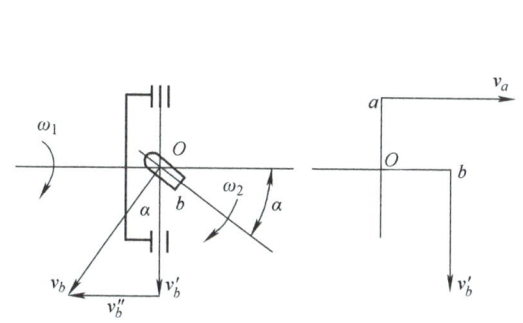

图 5.4 主动叉在垂直位置,且十字轴平面与主动轴垂直时

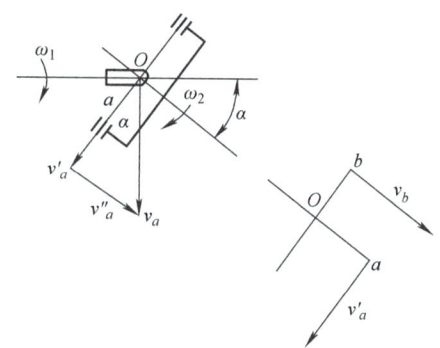

图 5.5 主动叉在水平位置,十字轴平面与从动轴垂直时

单个万向节在输入轴与输出轴存在夹角的情况下,当输入轴以恒定速度转动时,输出轴的速度将不会与输入轴保持一致,而是会呈现出周期性的变化。这种不等速特性会导致传动轴产生扭转振动,进而引发交变载荷,对传动轴的寿命造成不利影响。夹角越大,两轴之间的不等速性就越显著,对传动系统的稳定性和寿命的影响也就越大。

若采用双十字轴式万向节,如图 5.6 所示,令第一万向节两轴间夹角 α_1 与第二万向节两轴间夹角 α_2 相等,且第一万向节从动叉与第二万向节主动叉处于同一平面内,则第一万向节的不等速性被第二万向节的不等速性所抵消,也就是实现了两轴间的等角速度传动。

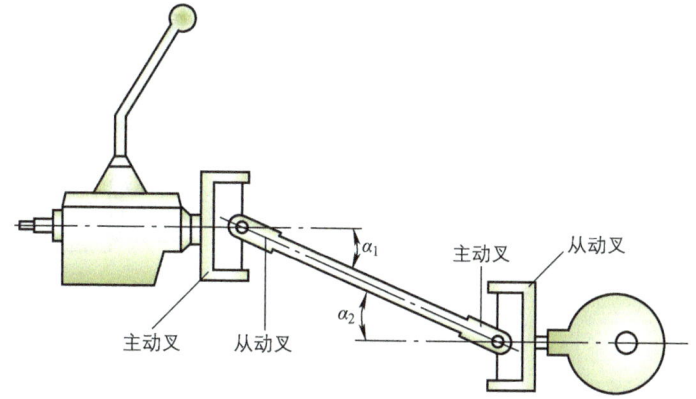

图 5.6 双十字轴式万向节等速传动

双万向节传动虽然能近似地解决等速传动问题,但仍存在一些问题。其工作过程中内部各零件之间有相对运动,导致摩擦损失,降低传动效率,夹角越大,效率越低。另外,

当夹角由 4° 增至 16° 时，滚针轴承的寿命将下降至原寿命的 1/4。因此，在汽车总体布置上如果采用双十字轴万向节，要尽量减小 α_1 和 α_2 的值。

5.2.2 等速万向节

不等速的动力传递往往会引发交变载荷，对传动系统构成潜在威胁。尽管双十字轴万向节通过参数控制，能够实现近似的等速传递，但其并不适宜于两轴间存在较大夹角（如汽车转向等工况下）的动力传输需求。因此，为了满足汽车在复杂工况下的高效、稳定传动需求，采用更为适宜的等速万向节显得尤为重要。

等速万向节的等速原理是主动叉和从动叉传力点始终位于两轴交线的角平分面上，从力学原理上满足了在输入轴与输出轴存在夹角的情况下，两轴仍能保持一致的角速度进行动力传递。这一特性不仅有效规避了因不等速传递而产生的摩擦损失和效率下降问题，还为提升汽车传动系统的平顺性和可靠性奠定了基础。

1. 双联式双万向节

双联式双万向节的结构如图 5.7 所示，双联叉相当于两个在同一平面的万向节叉，中间传动轴长度缩减至最小，其等速原理与双十字轴式万向节相同。一个万向节叉的内端有球头，另一个万向节叉内端镶嵌球碗，球头和球碗中心点重合，当一万向节叉相对另一万向节在一定角度范围内摆动时，双联叉也被带动偏转，使 α_1 和 α_2 差值很小，此时万向节具有准等速性。

相较双十字轴万向节，双联式双万向节允许有较大的轴间夹角，另外还具有轴承密封性好、效率高、制造工艺简单、加工方便、工作可靠等优点，多用于越野汽车。

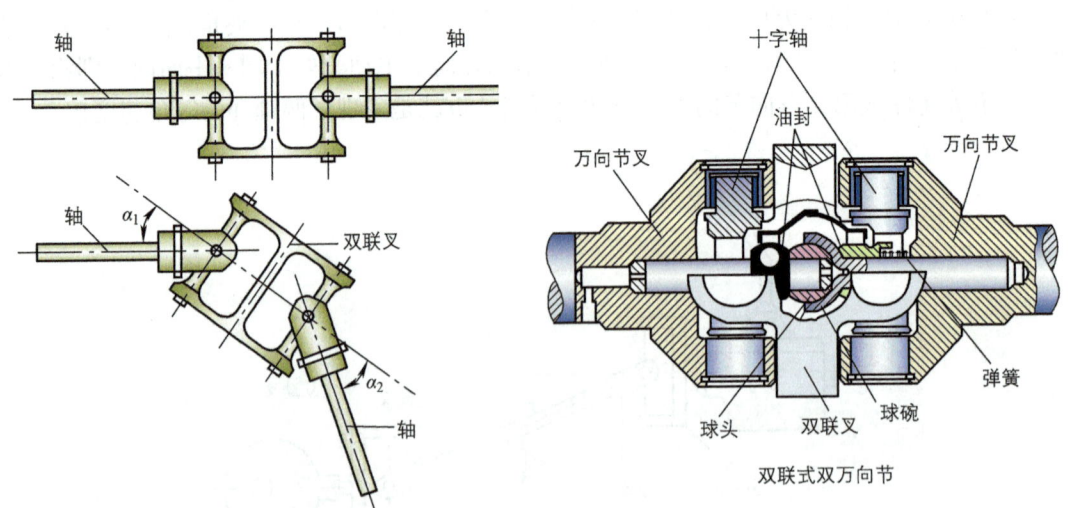

图 5.7 双联式双万向节的结构

2. 三枢轴 - 球面滚轮式等速万向节

三枢轴 - 球面滚轮式等速万向节结构如图 5.8 所示，它的球面滚轮既可以沿枢轴轴线移动,又可以沿槽型轨道滑动,保证球面滚轮的传力点始终位于两轴交线的平分面上。

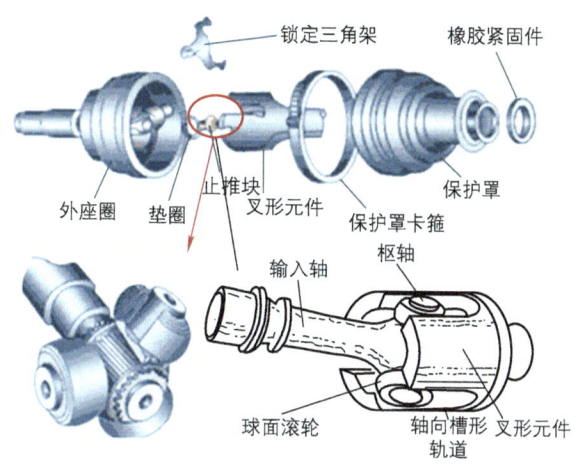

图 5.8　三枢轴 – 球面滚轮式等速万向节结构

3. 球笼式万向节

球笼式等速万向节按主、从动叉在传递转矩的过程中是否产生轴向位移分为固定型球笼式万向节（RF 节）和伸缩型球笼式万向节（VL 节）两种。

（1）固定型球笼式万向节

图 5.9 所示为 RF 节结构组成示意图。动力由主动轴经星形套、钢球、球形壳输出到从动轴。

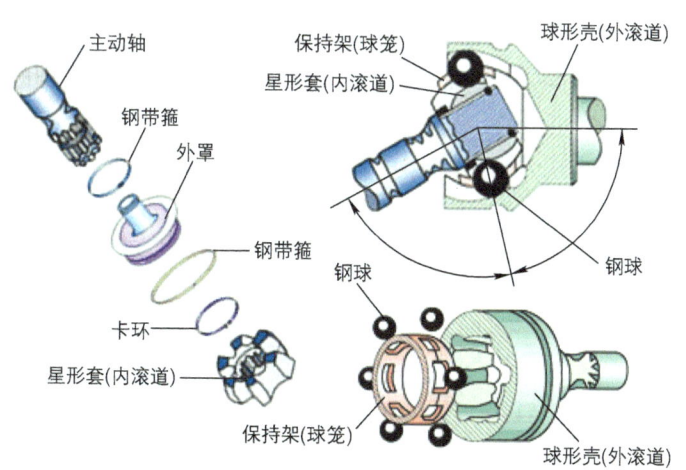

图 5.9　固定型球笼式万向节

固定型球笼式万向节从结构上保证了传力点始终位于两轴角平分面上,其传动原理如图 5.10 所示,O 为万向节中心、A 为外滚道中心、B 为内滚道中心、C 为钢球中心（传力点）、α 为两轴交角（指钝角）。外滚道中心 A 与内滚道中心 B 分别位于万向节中心 O 的两侧，且到 O 点的距离相等。由于 $OA=OB$，$CA=CB$，CO 共边，则 $\triangle COA$ 与 $\triangle COB$ 全等，因此 $\angle COA=\angle COB$，即两轴相交任意角 α 时，传力点始终位于角平分面上。

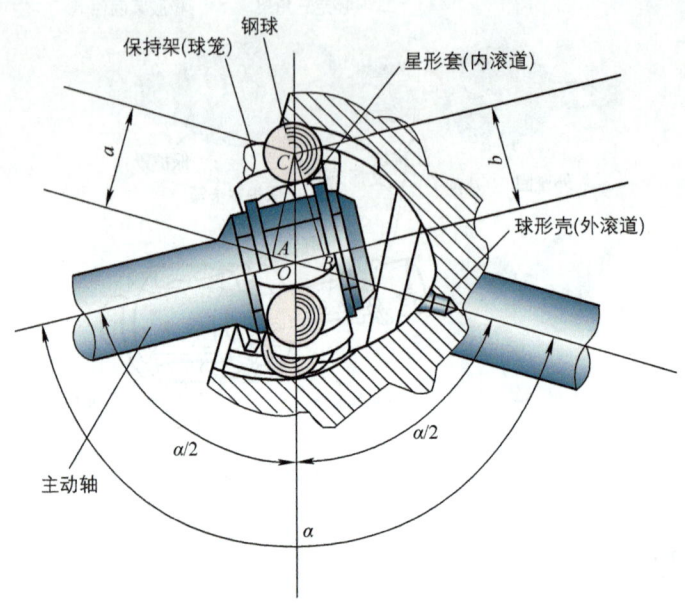

图 5.10 固定型球笼万向节等角速传动原理

固定型球笼式万向节允许两轴间的夹角较大（45°~50°），适合于用在转向驱动桥的车轮侧。6 个钢球全部传力，承载能力强，而且结构紧凑，拆卸方便。制造精度要求高，应用广泛。

（2）伸缩型球笼式万向节（VL 节）

伸缩型球笼式万向节结构如图 5.11 所示，它的星形套与筒形壳可以沿轴向相对移动，在传递转矩的过程中，主从动轴之间不仅能相对转动，而且可以产生轴向位移。

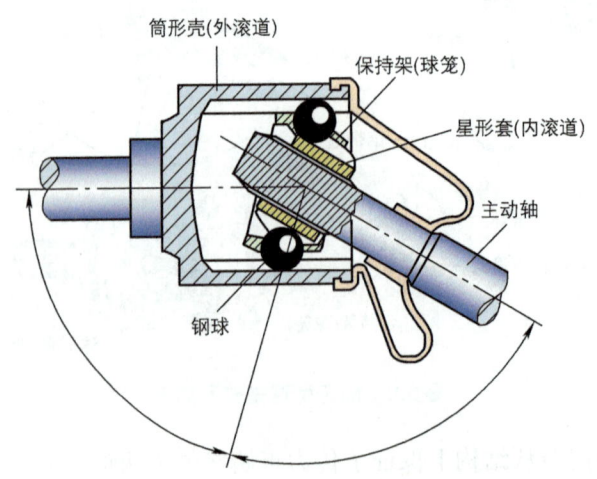

图 5.11 伸缩型球笼式万向节结构

VL 节保持架的内球面中心 B 与外球面中心 A 位于万向节中心 O 的两边,且距离相等,保证万向节等角速度传动,其结构示意如图 5.12 所示。

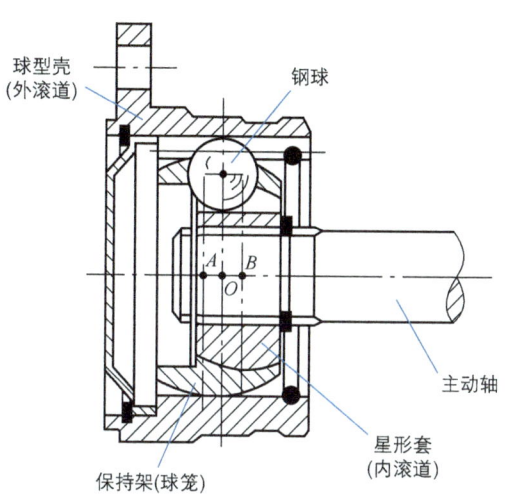

图 5.12 伸缩型球笼式万向节等角速结构示意

伸缩型球笼式万向节允许两轴间的夹角较大(20°~25°),在传递动力的过程中,可以沿轴向移动,适合于用在转向驱动桥的主减速器侧。其承载能力强、结构紧凑、拆卸方便。

RF 节和 VL 节广泛应用于采用独立悬架的轿车转向驱动桥。其中 RF 节(不可伸缩)用于靠近车轮处(外侧),VL 节用于靠近主减速器侧(内侧),如图 5.13 所示。

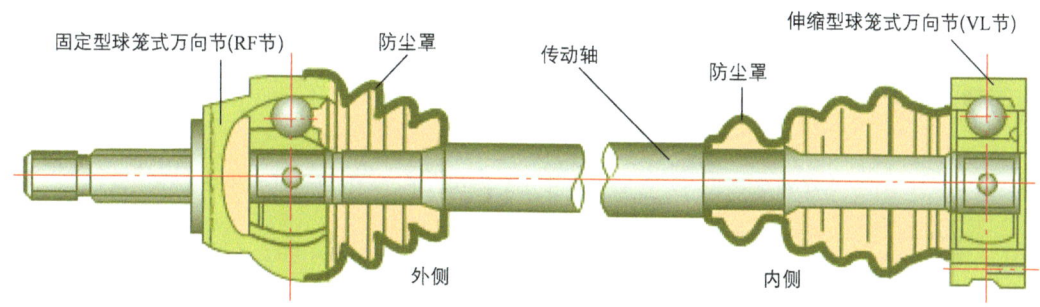

图 5.13 RF 节与 VL 节在转向驱动桥中的布置

5.3 传动轴和中间支承

5.3.1 传动轴总成

传动轴总成由传动轴、花键轴、滑动叉、中间支承和万向节叉等部件组成,如图 5.14 所示。

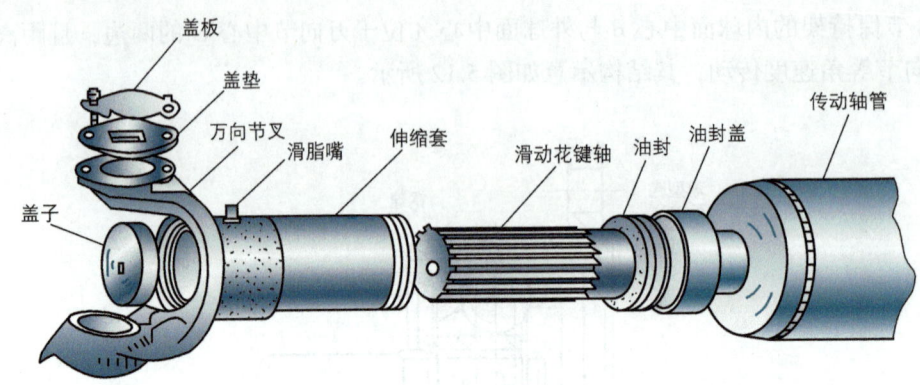

图 5.14 传动轴总成结构组成

传动轴具有以下特性。

1）在汽车行驶过程中，变速器与驱动桥的相对位置经常变化，为避免运动干涉，传动轴设有滑动花键，以实现长度的变化。

2）传动轴高速旋转，须做动平衡。

3）传动轴过长时，自振频率降低，易产生共振，应将其分为两段并加中间支承。

4）传动轴多做成空心的，一般用 1.5~3.0mm 的薄钢板卷焊。

此外，为了减少摩擦和磨损，有些汽车在花键槽内设置了滚柱等滚动元件，以把滑动摩擦变成滚动摩擦。

5.3.2 中间支承

如果万向传动装置传递的距离较远，为了避免弓形转动挠度过大，传动轴中间会分段，并加中间支承，如图 5.15 所示。常见的中间支承有蜂窝软垫式中间支承和摆动式中间支承两种。

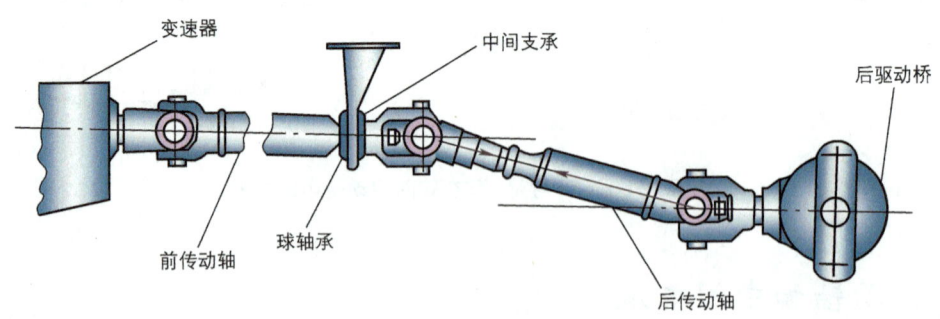

图 5.15 中间支承的布置

蜂窝软垫式（图 5.16）的中间支承结构简单、效果好、应用较广泛，其采用的蜂窝形橡胶垫的弹性能适宜传动轴的安装误差和行驶中出现的位移，还可吸收振动，减少噪声传导。

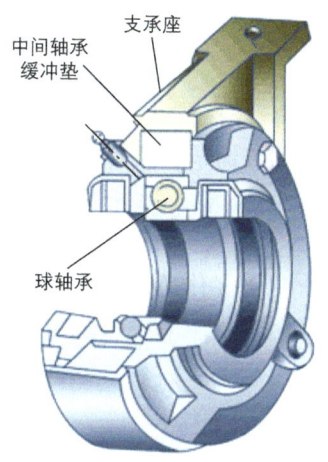

图 5.16　蜂窝软垫式中间支承

摆动式中间支承（图 5.17）的中间传动轴可以通过摆臂绕支承轴摆动；支承轴和摆臂下均有橡胶衬套，可以改善轴承受力，而且可以适应传动轴线在横向平面内少量的位置变化（当发动机轴向窜动时）。

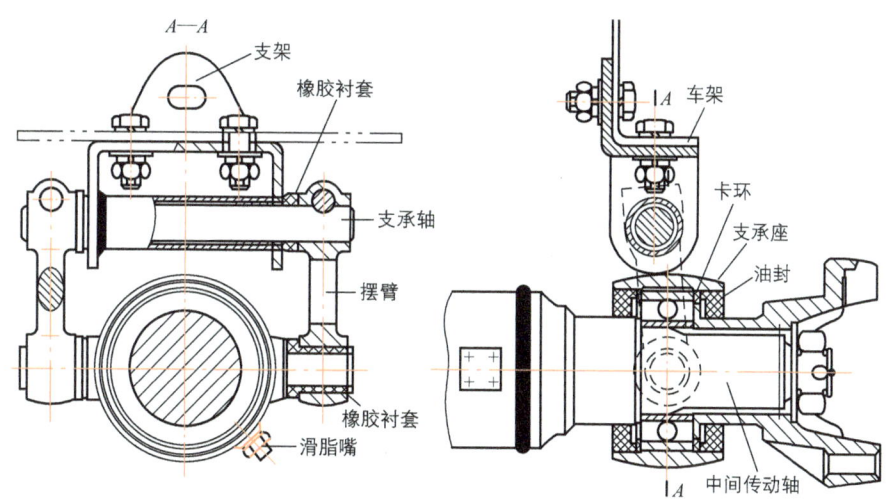

图 5.17　摆动式中间支承

交互测验题

一、选择题

1. 万向传动装置的主要功用是（　　）。
 A. 连接发动机和车轮　　　　　　　　B. 在两轴夹角经常变化时传递动力
 C. 支撑汽车底盘重量　　　　　　　　D. 控制汽车方向

2. 万向传动装置一般由（　　）组成。
A. 万向节、传动轴　　　　　　　　　B. 万向节、传动轴、中间支承
C. 离合器、变速器、万向节　　　　　D. 主减速器、差速器、半轴
3. 双十字轴万向节相比单十字轴万向节，在传动特性上的主要改进是（　　）。
A. 提高了传动效率　　　　　　　　　B. 消除了不等速性
C. 提高了传动轴的刚度　　　　　　　D. 减小了传动轴的重量
4. 中间支承在万向传动装置中的主要作用是（　　）。
A. 连接传动轴两端　　　　　　　　　B. 支撑传动轴并减振
C. 改变传动轴的方向　　　　　　　　D. 增大传动转矩

二、判断题

1. 万向传动装置只能用于汽车的驱动轴，不能用于其他传动部位。（　　）
2. 中间支承在万向传动装置中只是起到支撑作用，没有减振效果。（　　）
3. 万向传动装置中的所有万向节都可以互换使用，无须特别区分。（　　）

思考分析题

1. 请简述十字轴刚性万向节的工作原理与传动特性。
2. 请简述双十字轴万向节实现等速传动的结构设计原理。
3. 请简述等速万向节（比如球笼式万向节）的工作原理与优势。
4. 请简述中间支承在万向传动装置中的功能与重要性。
5. 请对不同类型万向节在汽车底盘中的应用进行对比分析。

第 6 章　燃油车驱动桥与四轮驱动

通过前面章节的学习,我们已了解了变速器的变速变矩、万向传动装置的变夹角动力传递等功能。然而,传动系统的功能实现并不仅限于此,它还需要继续把动力传递到车轮,让车轮有足够的驱动力。

驱动桥不仅承载着车身的重量,还需要将发动机传递来的动力进一步减速增矩,并将动力传递到车轮。而四轮驱动技术能够将发动机的动力分配到四个车轮上,从而提升了车辆的通过性和行驶稳定性。

6.1　驱动桥的组成、功用和类型

驱动桥位于汽车传动系统的末端,所以也把其称为末端传动,其主要由主减速器、差速器、半轴和驱动桥壳等组成。

微课:驱动桥的组成、功用和类型

驱动桥的功用主要如下。
1)将变速器传来的发动机转矩传给驱动车轮,实现减速增矩。
2)在需要的时候改变转矩的传递方向。
3)使内外侧车轮以不同转速转动,适应汽车的转向要求。
4)通过桥壳和车轮实现承载及传力。

驱动桥的类型有整体式驱动桥和断开式驱动桥两种。

(1)整体式驱动桥(也称为非断开式驱动桥)

整体式驱动桥如图 6.1 所示,半轴套管与主减速器壳刚性连接组成驱动桥壳,整个驱动桥通过弹性悬架与车架连接,左右两侧车轮不能独立跳动。其结构示意如图 6.2 所示。

图 6.1　整体式驱动桥

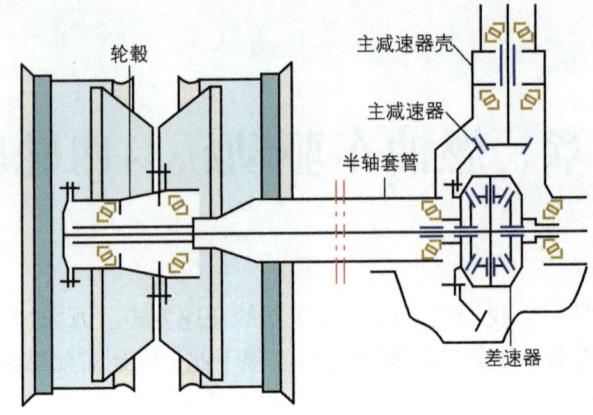

图 6.2　整体式驱动桥结构示意图

（2）断开式驱动桥

断开式驱动桥如图 6.3 所示，两侧的驱动轮分别通过独立悬架与车架相连，两车轮可独立跳动，主减速器壳固定在车架上，半轴分成两段，通过万向节铰接。

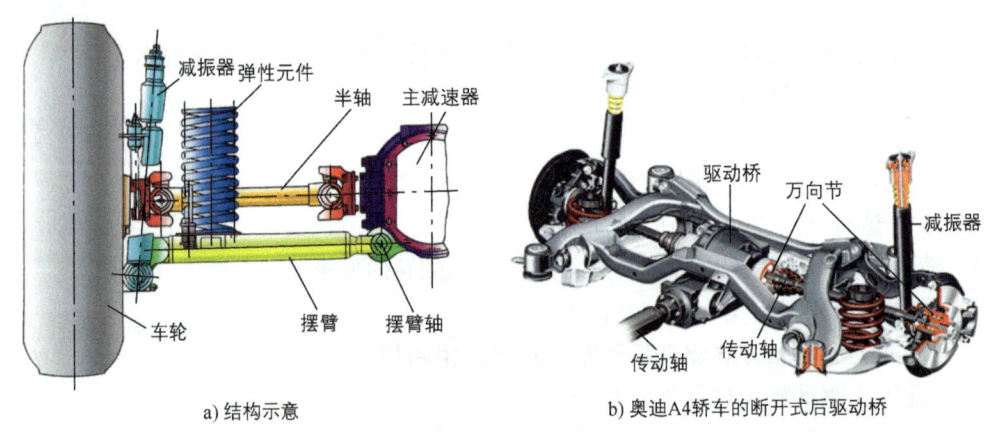

a) 结构示意　　　　　　　　　　b) 奥迪A4轿车的断开式后驱动桥

图 6.3　断开式驱动桥

6.2　主减速器

如图 6.4 所示，主减速器由主动锥齿轮和从动锥齿轮组成。主减速器有比较大的减速比，所以其主动齿轮一般较小，而从动齿轮比较大。主减速器的功用是增大输入的转矩并降低转速（即减速增矩），当采用发动机纵向布置的形式时，还起到改变转矩旋转方向的作用。主减速器的传动比与汽车类型相关，轿车的主减速器传动比一般为 3～4.5，微型和轻型货车为 4.5～6，中重型货车为 6～20。

按照主减速器传动齿轮副的数目，可分为单级主减速器和双级主减速器。按主减速器档位分，可分为单速式主减速器和双速式主减速器，前者的传动比是一个固定的值，后者有两个档位。

第 6 章
燃油车驱动桥与四轮驱动

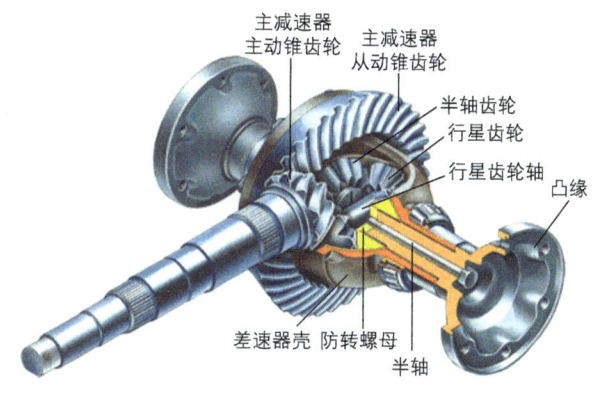

图 6.4 主减速器

单级主减速器的主减速传动是由一对齿轮传动完成的，零件少、结构紧凑、重量轻、传动效率高，图 6.4 所示的就是单级主减速器。主减速器的传动比称为主传动比，用 i_0 表示。i_0 的计算公式为 $i_0=Z_2/Z_1$，其中，Z_2 为从动齿轮齿数，Z_1 为主动齿轮齿数。

微课：单级主减速器

双级主减速器为承受大载荷和转矩的中、重型车辆设计，如重型货车、大型客车及工程车辆等。双级主减速器通过两级齿轮减速，它能够实现更大的减速比，从而有效增大传动系统的转矩输出，确保车辆在复杂路况下有强劲的动力表现和稳定的行驶能力。第一级通常采用锥齿轮传动，用于改变动力的传递方向并减速；第二级则采用圆柱齿轮或行星齿轮传动，进一步降低转速并增大转矩，如图 6.5 所示。也有一些车型第一级采用圆柱齿轮传动，第二级采用锥齿轮传动。第二级传动副可以设置在中央，也可以设置在轮边。

微课：双级主减速器

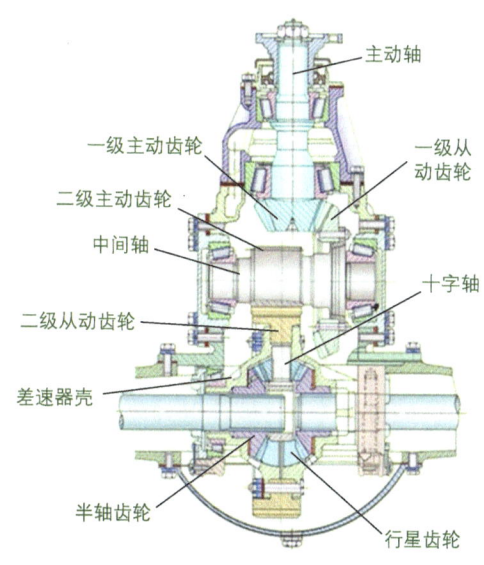

图 6.5 双级主减速器

双速主减速器主要应用于一些需要经常变换行驶条件或负载较大的车型，如越野车、军用车辆、重型工程车辆以及部分需要高通过性的特殊用途车辆。这些车辆在不同行驶工况下对动力的需求差异较大。双速主减速器通过提供两种不同的减速比，使得车辆能够根据实际需要灵活切换，从而获得最佳的行驶性能和燃油经济性。双速主减速器第二级传动通常采用行星齿轮传动或圆柱齿轮传动方式，并通过远距离操纵机构实现换档。换档方式包括电磁式、气压式和电动气压式等，驾驶员可以根据行驶条件的变化选择合适的档位。

微课：双速主减速器

按齿轮副结构形式分，有圆柱齿轮式、螺旋锥齿轮式和准双曲面齿轮式主减速器。

圆柱齿轮式主减速器主从动齿轮轴线平行，为了保证啮合面积和传力平稳，一般采用斜齿圆柱齿轮，如图 6.6a 所示。螺旋锥齿轮式主从动锥齿轮轴线垂直且相交，如图 6.6b 所示，可看成一对圆锥摩擦体在做摩擦滚动。准双曲面锥齿轮的主从动锥齿轮轴线垂直不相交，轴线偏移，如图 6.6c 所示，可看成由一对双曲面摩擦体在做摩擦滚动，实际结构上仅截取双曲面体上的一小段进行传动。螺旋锥齿轮的大齿轮和小齿轮螺旋角相等，准双曲面小齿轮的螺旋角比大齿轮螺旋角大，但平均螺旋角比螺旋锥齿轮螺旋角大，所以准双面齿轮啮合时平均啮合齿数多、传动平稳、噪声更低、强度和高度更高，因而在汽车上得到广泛使用。

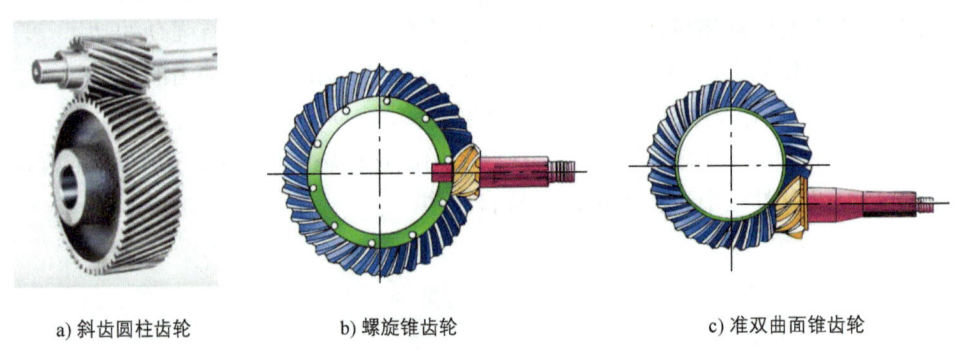

a) 斜齿圆柱齿轮　　　b) 螺旋锥齿轮　　　c) 准双曲面锥齿轮

图 6.6　主减速器传动副

准双曲面齿轮传动轴线下偏移，这使得在驱动桥离地间隙 h 不变的情况下，可以降低主动锥齿轮和传动轴的位置，从而使整车车身及重心降低，有利于提高汽车行驶稳定性，如图 6.7 所示。

轴线下偏移

图 6.7　轴线下偏移的作用

交互测验题

一、选择题

1. 驱动桥在汽车传动系统中的位置是（　　）。
A. 初始端　　　　　B. 中间段　　　　　C. 末端　　　　　D. 不确定位置
2. 驱动桥的主要功用不包括以下哪一项？（　　）
A. 将变速器传来的发动机转矩传给驱动车轮　　B. 改变转矩的传递方向
C. 减振　　　　　　　　　　　　　　　　　　D. 通过桥壳和车轮实现承载及传力
3. 哪种类型的驱动桥允许左右两侧车轮独立跳动？（　　）
A. 整体式驱动桥　　B. 断开式驱动桥　　C. 都不允许　　D. 都允许
4. 主减速器的功用是（　　）。
A. 仅增大输入的转矩　　　　　　　　　　　　B. 仅降低转速
C. 增大输入的转矩并相应降低转速　　　　　　D. 保持转矩旋转方向

二、判断题

1. 整体式驱动桥的半轴套管与主减速器壳是刚性连接的。（　　）
2. 轿车的主减速器传动比一般比微型和轻型货车的传动比大。（　　）
3. 双级主减速器通常用于承受大载荷和转矩的中、重型车辆。（　　）
4. 准双曲面齿轮传动的主、从动锥齿轮轴线是垂直且相交的。（　　）

6.3 差速器

微课：差速器

车轮处于运动状态时，假设车轮中心的速度为 U，车轮的纯滚动半径为 r，车轮的角速度为 ω，则当车轮纯滚动时，$U=\omega r$；车轮纯滑转时，$\omega \neq 0$ 但 $U=0$；车轮纯滑移时，$U \neq 0$ 但 $\omega=0$。当汽车转弯时，在同一时间内，外侧车轮位移长，内侧车轮位移短，如图 6.8 所示。如果内外侧车轮转速相同，则外侧车轮一边滚动一边滑移；而内侧车轮一边滚动一边滑转。这不仅加剧了轮胎磨损，还影响了行驶的平稳性。此外，对于四轮驱动车辆而言，转向过程中前桥车轮的运动轨迹平均直径实际上大于后桥，这意味着前、后桥需要以不同的转速来适应各自的行驶路径。

因此，需要在驱动桥内设置轮间差速器实现左右轮差速，对于四轮驱动车轮，还需要在前后桥之间设置轴间差速器实现前后桥的差速。

差速器既能向两侧驱动轮或不同驱动桥之间传递转矩，又能使两侧驱动轮或各驱动桥以不同

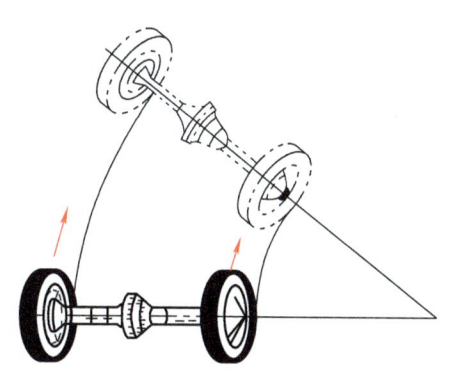

图 6.8　汽车转向时驱动轮运动示意图

转速转动，以满足转向等情况下内外驱动轮或前后驱动桥以不同转速转动的需求。

按位置分，差速器分为轮间差速器和轴间差速器，前者用于同一驱动桥的两侧驱动轮之间，后者用于两个驱动桥之间。接下来将介绍汽车上常用的几种典型差速器。

6.3.1 普通锥齿轮差速器

普通锥齿轮差速器主要由圆锥行星齿轮、行星齿轮轴（一字轴或十字轴）、半轴锥齿轮、差速器壳等组成，如图 6.9 所示。从主减速器主动齿轮传递过来的动力经主减速器从动齿轮、差速器壳、行星齿轮轴、行星齿轮、半轴齿轮到达半轴，最后输出到两边的驱动轮。

微课：普通锥齿轮差速器

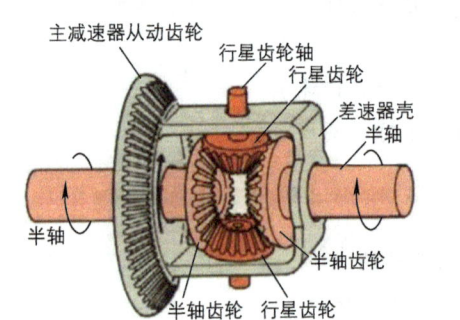 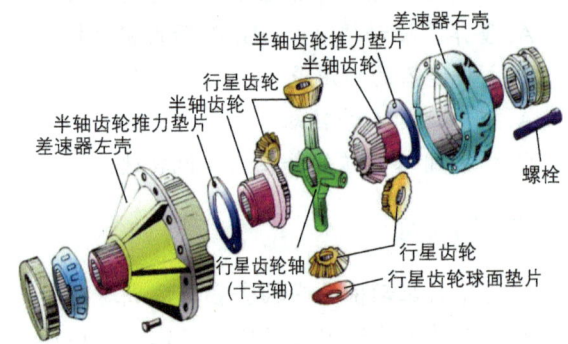

图 6.9　普通锥齿轮差速器

当车辆直线行驶时，差速器作为整体绕着半轴轴心线旋转，即行星齿轮在差速器壳体内公转，差速器各零件之间无相对转动，此时两侧半轴齿轮以相同转速旋转。当车辆转弯时，行星齿轮除了公转外，还绕着行星齿轮轴自转，公转与自转叠加使得两侧半轴转速不同，从而实现左右车轮的差速。

图 6.10 为差速器原理，C 点为行星齿轮的回转中心，C 点的速度永远与行星齿轮轴对应点速度相同；A 点为左半轴锥齿轮与行星齿轮的啮合点；B 点为右半轴锥齿轮与行星齿轮的啮合点；ω_0 为差速器壳角速度，ω_1 为左半轴角速度，ω_2 为右半轴角速度。直线行驶时，行星齿轮只有公转没有自转，即 $\omega_1=\omega_2=\omega_0$。转向行驶时，行星齿轮既有公转也有自转，设行星齿轮自转转速为 ω_4，则 $\omega_1 r=\omega_0 r+\omega_4 r_4$，$\omega_2 r=\omega_0 r-\omega_4 r_4$，由此一侧半轴角速度增加，另一侧角速度降低，左右半轴转速不同。

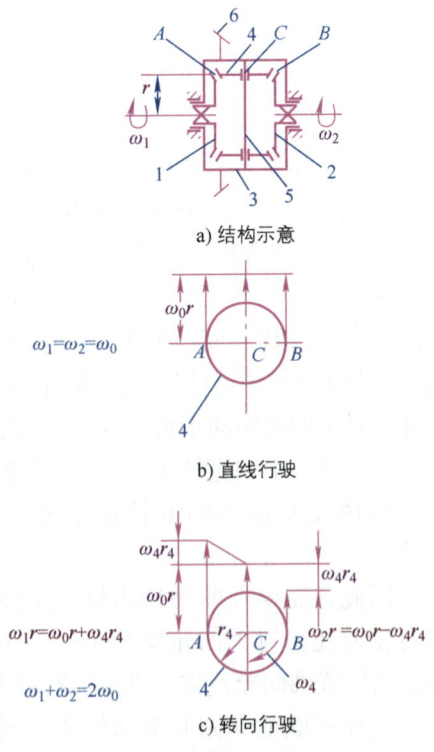

图 6.10　差速器原理

但是 $\omega_1+\omega_2=2\omega_0$ 始终成立，也就是说左右两侧半轴的角速度之和始终等于差速器壳角速度的 2 倍，与行星齿轮的自转角速度无关，一个车轮速度变快，另一个必定变慢。当任意一侧车轮转速为零时，另一侧半轴齿轮的转速为差速器壳转速的 2 倍（当汽车一侧陷入泥泞中高速转动时，另一侧基本不动）；当差速器壳的角速度为零时，若一侧半轴齿轮受外来力矩而转动，则另一侧半轴齿轮以相同转速反向转动。

差速器实现差速的原动力来自转弯时地面对轮胎的作用力。转弯时外轮有产生滑移的倾向，内轮有滑转的倾向，由于轮胎和地面的附着作用，地面要阻止轮胎的滑转或滑移，轮胎上受到来自地面上额外的作用力 ΔF。如图 6.11 所示，车辆右转弯，右轮为内轮，左轮为外轮，P 为驱动转矩作用于行星轮上的力，ΔF 为由于转弯引起地面作用于车轮上的力，ΔP 为克服内摩擦在行星轮两侧造成的附加力。

虽然普通锥齿轮差速器能实现左右半轴的差速，但是左右半轴获得的转矩在转弯行驶时变化却不大。如图 6.12 所示，设主减速器传来的转矩为 M_0，左右半轴的转矩分别为 M_1 和 M_2，当左右半轴转速相等时，$M_1 = M_2=0.5M_0$（相当于等臂杠杆）；当左右半轴转速不相等时，假设行星齿轮因为自转而产生内摩擦力矩 M_r，则 $M_1=0.5(M_0-M_r)$，$M_2=0.5(M_0+M_r)$，因此 $M_2 - M_1 = M_r$。

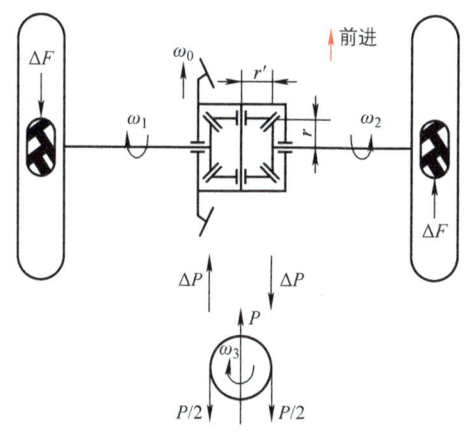

图 6.11　车轮转向力

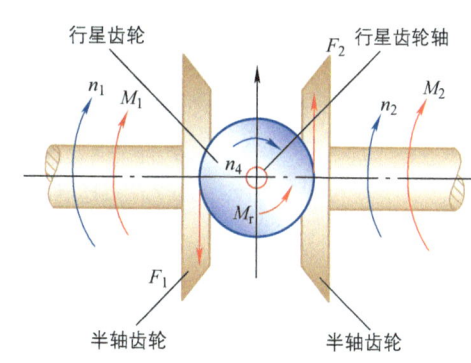

图 6.12　差速器转矩分配特性

行星齿轮和半轴齿轮的齿面一般都非常光滑，这就使得普通锥齿轮差速器的内摩擦力矩 M_r 很小，很小一点外力就能引起差速作用，左右半轴转矩比（M_2/M_1）一般为 1~1.4，基本上可以认为转矩在任何情况下都是平均分配的。这种转矩平均分配的特点，决定了这类差速器在左右车轮附着系数有明显差别时反应非常敏捷。

普通锥齿轮差速器的转矩分配特性在某些情况下却成为限制车辆性能的因素。当一侧车轮遭遇打滑时，由于差速器的转矩平均分配特性，另一侧车轮往往会因动力不足而无法帮助车辆脱困。尽管可以通过提高动力装置转矩或增大传动比来尝试增强驱动力，但真正决定车辆能否前进的，是地面对驱动轮的切向反作用力，这一力量受限于车轮与地面的附着力。

尤其在复杂路面条件下，如左右车轮分别处于不同附着系数的路面上时，普通锥齿轮差速器的"差速不差矩"特性更显得力不从心。低附着力路面上的车轮无法产生足够的驱动力矩，而高附着力路面上的车轮也因受到差速器平均分配转矩的限制，无法充分发挥其驱动力。即便驾驶者采取急踩加速踏板等措施，也往往只是加剧了低附着力车轮的空转，而高附着力车轮则因驱动力矩不足而难以前进。

普通锥齿轮差速器在正常行驶条件下能够确保车辆的稳定性和操控性，但在遭遇复杂路面或极端情况时，其转矩分配特性却可能对车辆的通过性造成不利影响。为了提高车辆在这些条件下的性能，需要采用更先进的差速器技术，如限滑差速器或电子控制差速锁等，以更智能、更灵活地分配转矩，确保车辆在各种路况下都能获得最佳的驱动力和通过性。

限滑差速器分为转矩敏感式、转速敏感式和主动控制式三种类型。转矩敏感式差速器的内摩擦转矩与差速器壳输入转矩呈递增函数关系；转速敏感式差速器内摩擦转矩与左、右半轴的转速差密切相关；主动控制式通过电子装置或电液控制装置实现限滑。

6.3.2 摩擦片限滑差速器

摩擦片限滑差速器包括差速器壳体、行星齿轮、半轴齿轮、推力压盘、摩擦片组等零件，如图6.13所示。其中摩擦片组由主动摩擦片和从动摩擦片组成，通过它们之间的摩擦产生限滑力矩，推力压盘用于压紧摩擦片组，调节摩擦力的大小。摩擦片限滑差速器属于转矩敏感式差速器。

微课：摩擦片限滑差速器

图6.13 摩擦片限滑差速器

摩擦片限滑差速器通过内置的摩擦片组来实现车轮之间的转速差异限制，从而防止车轮打滑。当一侧车轮打滑时，摩擦片会受到压力而增加摩擦力，限制打滑车轮的转速，能够根据车轮之间的滑动差异自动调节驱动力的分配，将更多动力分配给有牵引力的车轮，确保动力有效传递。

6.3.3 黏性联轴器

黏性联轴器像一个密封在壳体内的多片离合器,如图 6.14 所示。它的主动件包括前传动轴、壳体、外叶片,从动件包括后传动轴、内叶片,壳体内充满 80%~90% 的硅油。动力从前传动轴输入,经刚性连接传递到壳体、外叶片,外叶片搅动硅油,动力通过硅油传递到内叶片,再传递到与后叶片连接的后传动轴输出。

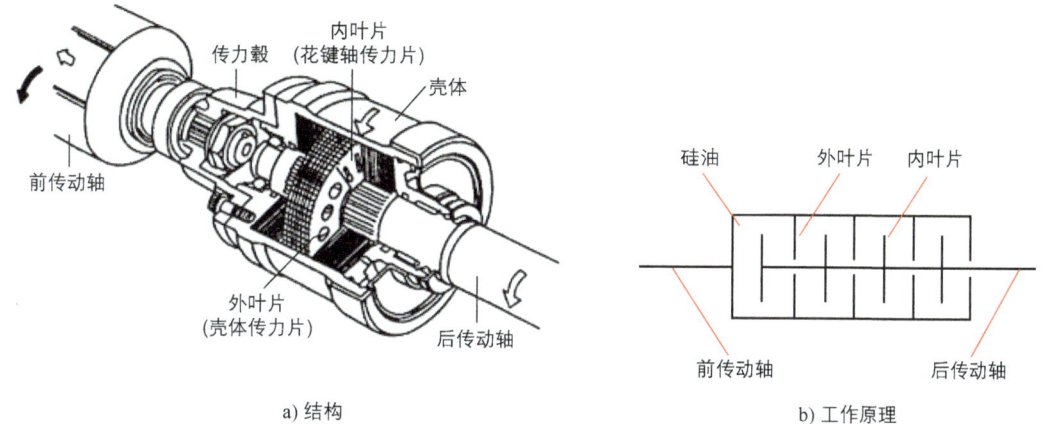

图 6.14 黏性联轴器结构及工作原理示意图

黏性联轴器传递的转矩与硅油的密度、黏度、主传动轴转速差、内叶片数和半径等成正比,与内外叶片间的间隙成反比。黏性联轴器属于转速敏感式差速器。

黏性联轴器常用作轴间差速器,在前后车轮没有转速差时,黏性联轴器不起作用,动力不分配给后轮,此时为前轮驱动。当前轮出现打滑空转时,前后车轮出现较大的转速差,黏性联轴器的内、外叶片剧烈搅动硅油,致使其温度上升(最高可达 200℃),压力增大(最高可达 100kPa),产生极大的黏性阻力,出现驼峰现象,阻止内外板间的相对运动,产生了较大的转矩,这样,就自动地把动力传送给后轮,汽车就转变成全轮驱动。

在一些车型上,常把黏性联轴器和普通锥齿轮差速器组合在一起作为轴间差速器,类似于摩擦片限滑差速器,但锁止作用相对柔和缓慢一些。

6.3.4 托森差速器

托森(Torsen)差速器曾经是奥迪 quattro 全时四驱系统的核心技术。托森差速器利用蜗轮蜗杆传动的不可逆性原理和齿面高摩擦条件,使差速器根据其内部差动转矩(即差速器的内摩擦转矩)的大小而自动锁死或松开,属于转矩敏感式差速器。托森差速器通过蜗轮和蜗杆之间的相互作用,实现动力的分配和调节,确保车轮在不同路况下都能获得适当的牵引力。托森差速器先后开发有 A 型、B 型、C 型和 D 型,本书简单介绍经典的 A 型。

托森差速器 A 型结构如图 6.15 所示,其核心部件蜗轮蜗杆的传动副为自锁式,只能蜗杆驱动蜗轮,反之则不行,在内部差动转矩较小时起差速作用,二者在内部差动转矩较大时,实现自锁,不起差速作用。

托森差速器 A 型可用于轴间差速，也可用于轮间差速，图 6.16 为用于轮间差速，主减速器动力输入到差速器外壳，经托森差速器作用，一部分转矩传到左半轴，另一部分转矩传到右半轴。

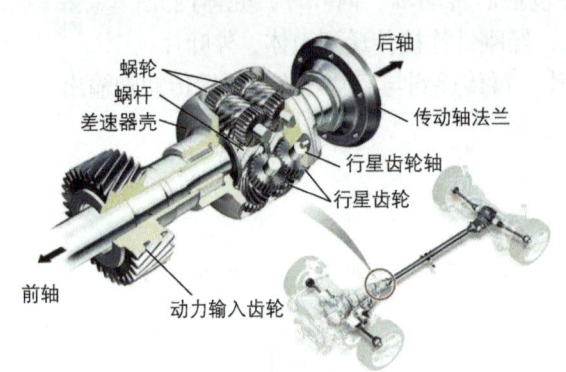

图 6.15 托森差速器 A 型

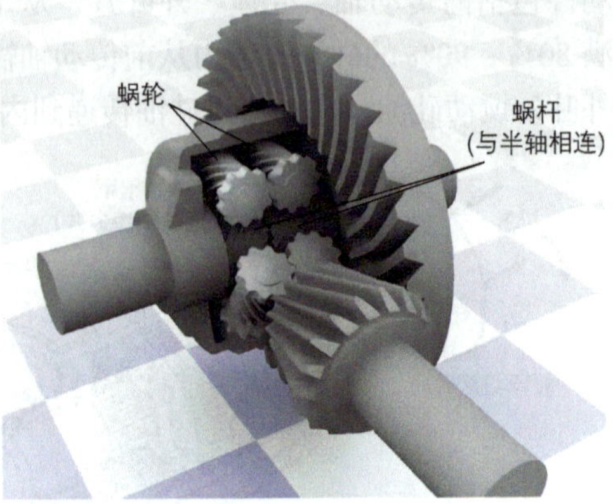

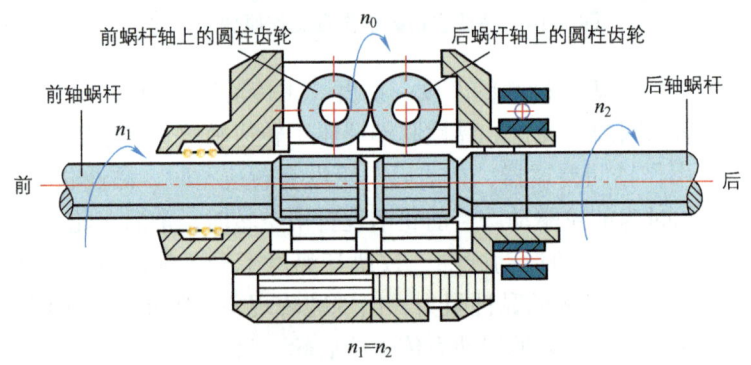

图 6.16 托森差速器 A 型用作轮间差速器

直线行驶时，两蜗杆转速相等，蜗轮蜗杆之间无相对运动，相啮合直齿圆柱齿轮间也无相对运动，差速器壳和两蜗杆轴同步转动，$n_1=n_2=n_0$，转矩平均分配，如图 6.17 所示。

图 6.17 直线行驶状态

当两侧轴有差速时，由于地面力的作用，驱动一个蜗杆快转，另一个蜗杆慢转，变快的量和变慢的量相等，通过直齿圆柱齿轮抵消，实现差速作用，如图 6.18 所示。

当一侧车轮失去地面附着要打滑时，车轮将快速旋转，使得相连的蜗杆快转，快转蜗杆通过啮合的蜗轮和直齿齿轮传到另一侧蜗轮，意图反向驱动另一侧蜗杆，由于自锁原因无法完成，相当于两个蜗杆锁成一体，失去差速能力，如图 6.19 所示。

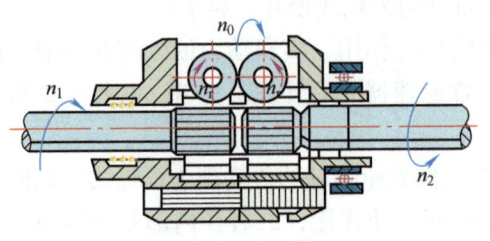

图 6.18 差速状态

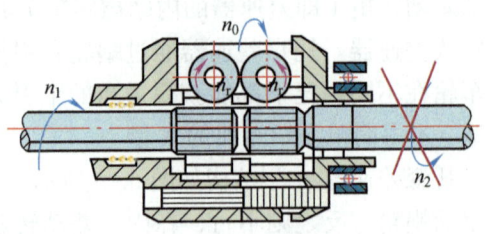

图 6.19 锁死状态

6.3.5 冠状齿轮差速器

冠状齿轮差速器主要用于轴间差速，由两组多片式离合器（前后各一组摩擦片，后传动部分摩擦片数量更多）、两个冠状齿轮和四个行星齿轮组成；冠状齿轮的一侧与行星齿轮相啮合，另一侧与多片式离合器内片连接；多片式离合器外片与差速器壳体连接；螺纹环用于压住多片式离合器保持一定的接合力矩。两个冠状齿轮分别与前后轴连接，实现动力的传递和差速功能。图 6.20 所示为冠状齿轮差速器结构爆炸图，图 6.21 所示为其装配示意图。

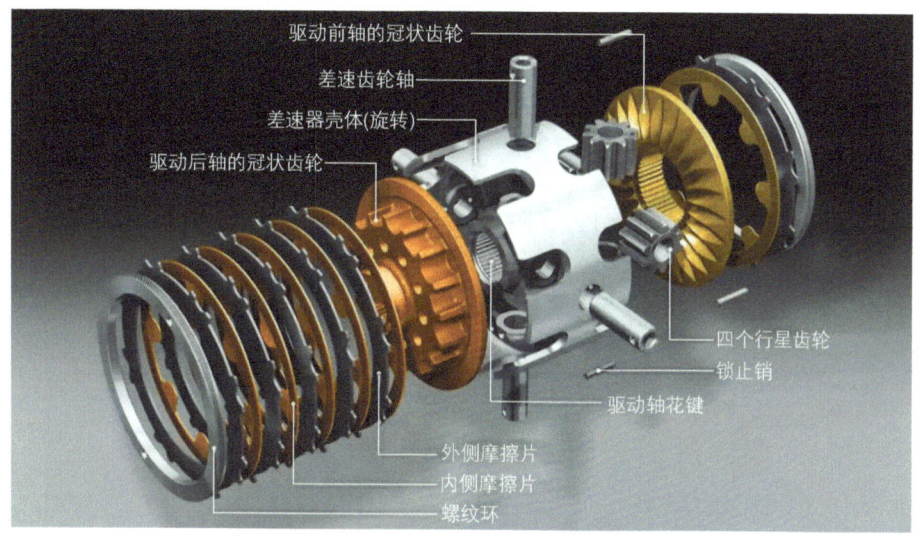

图 6.20 冠状齿轮差速器结构爆炸图

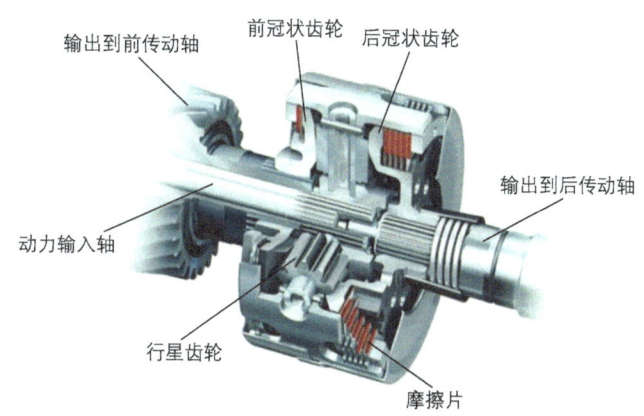

图 6.21 冠状齿轮差速器装配示意图

冠状齿轮设计巧妙之一在于冠状齿轮与四个中间小行星齿轮啮合点直径不同，前传动啮合点直径与后传动啮合点直径比为 40∶60，如图 6.22 所示。在直线行驶状态下，动力从输入轴输入到行星齿轮轴，经不同啮合点直径的冠状齿轮分别传递到前后轴，转矩分配比为 40∶60。当两个冠状齿轮出现转速差时，四个行星齿轮就会进行自转，带动两个冠状齿轮转动，由于冠状齿轮的特殊几何结构，行星齿轮对冠状齿轮产生轴向力，这个轴向力便会使冠状齿轮产生轴向位移压紧多片式离合器，使多片式离合器产生接合力矩，改变前后轴的转矩分配，如图6.23所示，也就是说冠状齿轮差速器在差速的同时可以实时分配转矩，并且完全依靠机械结构自主完成转矩的分配（前轴15%~70%，后轴30%~85%），且反应迅速，灵敏度高，可靠性强。冠状齿轮差速器最早用于2010年的奥迪RS5，后来陆续用于奥迪纵置发动机结构的其他车型中。

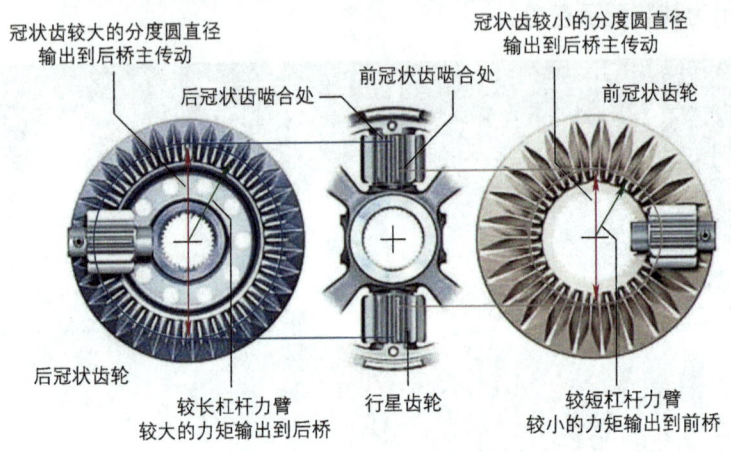

图 6.22　冠状齿轮差速器

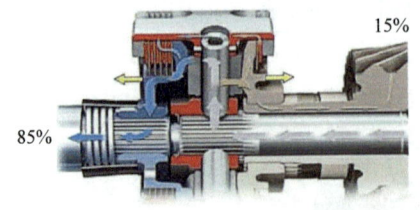 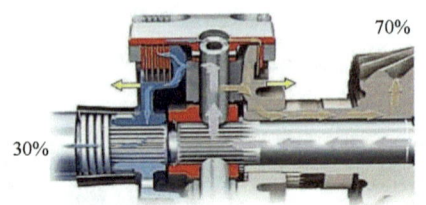

图 6.23　冠状齿轮差速器实时转矩分配

交互测验题

一、选择题

1. 以下哪种差速器通过增加摩擦力来限制车轮的滑转？（　　）

A. 普通锥齿轮差速器　　　　　　　　B. 摩擦片限滑差速器

C. 黏性联轴器　　　　　　　　　　　D. 电子差速锁

2. 黏性联轴器在工作时，主要依靠（　　）来传递转矩。
A. 固体摩擦材料　　　B. 黏性流体　　　C. 电磁力　　　D. 齿轮啮合
3. 冠状齿轮差速器的主要特点是（　　）。
A. 齿轮形状为冠状，可增加啮合面积　　　B. 使用液压控制差速
C. 无须维护，永久润滑　　　D. 仅适用于前驱车辆

二、判断题

1. 普通锥齿轮差速器能够允许两侧车轮以不同的转速转动，以适应转向时的需求。
（　　）
2. 摩擦片限滑差速器在车轮出现滑转时，会通过增加摩擦力来限制滑转，从而提高车辆的通过性。
（　　）
3. 黏性联轴器在传递转矩时，黏性流体的剪切力是主要的传递媒介。（　　）
4. 托森差速器能够根据车轮的负载和转速差异自动调整转矩分配，实现自锁功能。
（　　）
5. 冠状齿轮差速器由于齿轮形状特殊，因此比普通锥齿轮差速器更加耐用且传递效率更高。
（　　）

6.4　半轴和桥壳

6.4.1　半轴

半轴是连接差速器和驱动轮并传递动力的部件，其结构如图 6.24 所示。半轴的内侧通过花键与半轴齿轮相连，外侧用凸缘与驱动轮的轮毂相连。根据半轴外端受力状况的不同，可分为半浮式半轴、全浮式半轴和 3/4 浮式半轴，汽车上常用的主要是前两种。

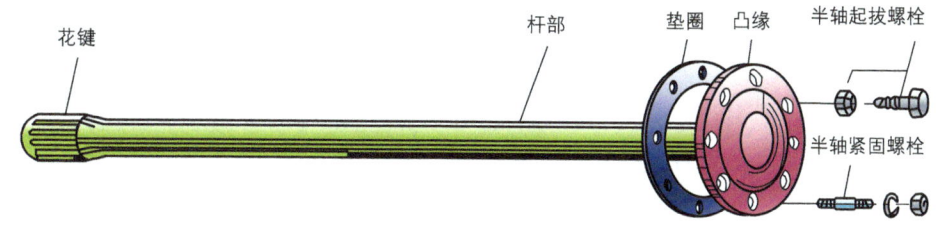

图 6.24　半轴

1. 半浮式半轴

半浮式半轴的结构如图 6.25 所示，车轮通过半轴轴承支承在桥壳上，作用在车轮的力都直接传给半轴，再通过轴承传给驱动桥壳体，半轴外端既承受转矩、又承受弯矩，如图 6.26 所示。半浮式半轴常用于轿车、微型客车和微型货车。

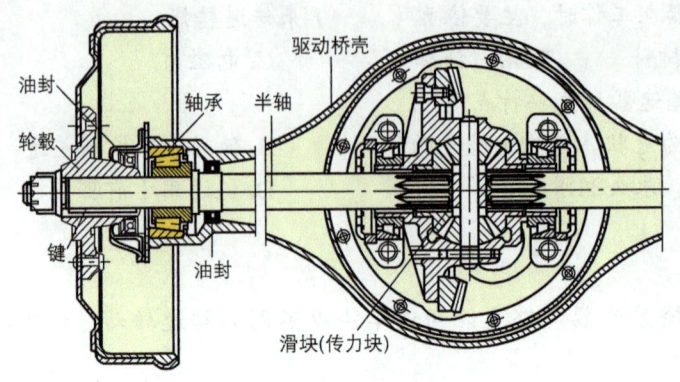

图 6.25　半浮式半轴

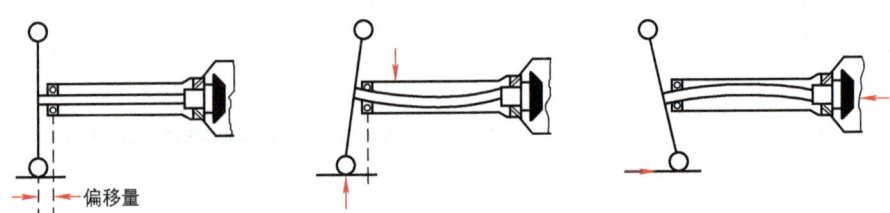

图 6.26　半浮式半轴受力示意

2. 全浮式半轴

全浮式半轴的结构如图 6.27 所示，全浮式半轴和桥壳没有直接的联系，半轴内外端均不承受弯矩，半轴外端与轮毂相连接，轮毂通过轴承支承在桥壳的半轴套管上，半轴外端只受转矩，其受力如图 6.28 所示。全浮式半轴主要用于轻型、中型、重型货车，越野汽车和客车上。

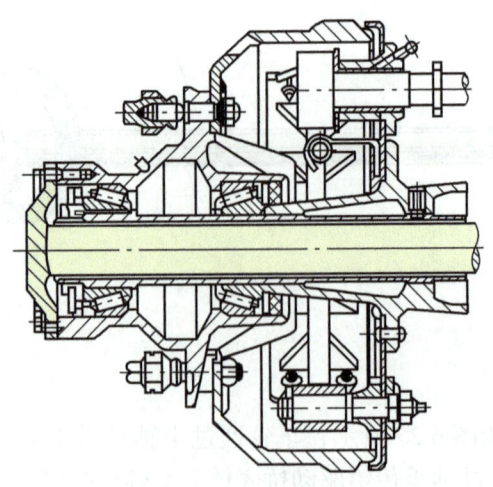

图 6.27　全浮式半轴

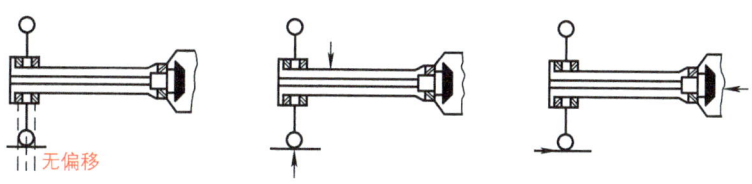

图 6.28 全浮式半轴受力示意

6.4.2 桥壳

桥壳主要有三个功用：
1）支承并保护主减速器、差速器和半轴，固定驱动轮，使轮距保持不变。
2）支承车架及车架上各总成。
3）承受汽车行驶时，车轮传来的力和力矩，并通过悬架系统传给车架。桥壳在满足刚度和强度要求条件下、质量要尽量小、另外还要便于主减速器的拆卸和安装。

桥壳有整体式桥壳和分段式桥壳两种。

1. 整体式桥壳

整体式桥壳主要由凸缘盘、半轴套管、止动螺钉、螺塞、后盖、主减速器壳体等部件组成。其中，凸缘盘用于固定制动底板；半轴套管外端用于安装轮毂轴承，半轴套管用止动螺钉实现轴向定位；螺塞用于检查油面；主减速器壳体上设有加油孔和放油孔。根据制作工艺的不同，有铸造式桥壳、冲压焊接式桥壳和钢管扩张成形式桥壳。

铸造式桥壳的结构如图 6.29 所示，其特点是刚度大、强度高，便于主减速器的安装、调整、维修，但铸造难度相对较大，且桥壳的质量大。

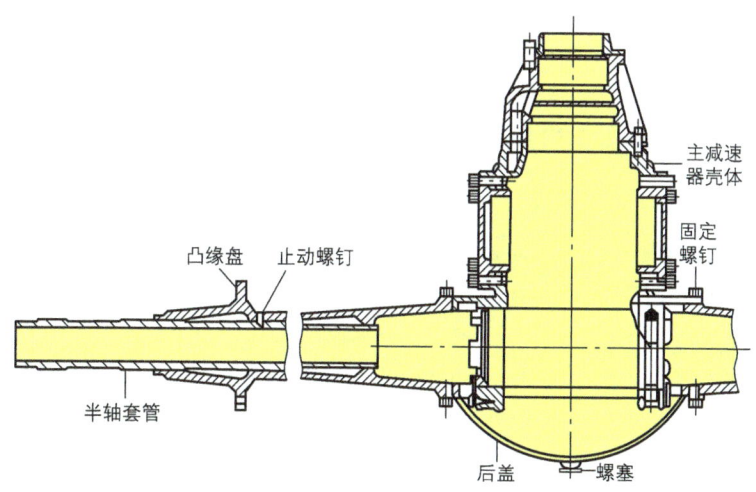

图 6.29 铸造成型整体式桥壳

冲压焊接式整体式桥壳的结构如图 6.30 所示，其特点是质量小、制造工艺简单、材料利用率高、抗冲击性能好。

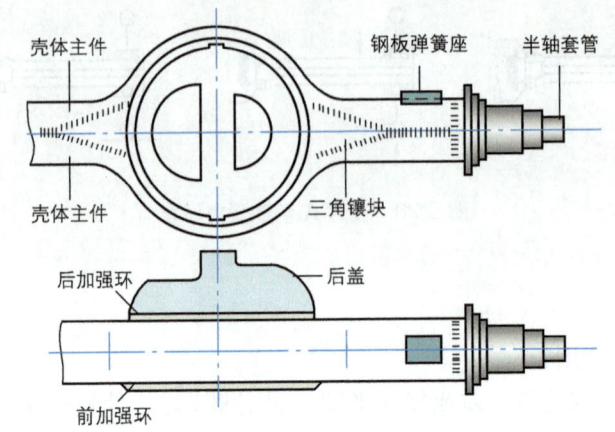

图 6.30　冲压焊接式整体式桥壳

钢管扩张成形式桥壳的结构如图 6.31 所示，其材料利用率好、质量小、强度和刚度高、制造成本低、适合大批量生产，因而广泛被用于轿车和微、轻型货车。

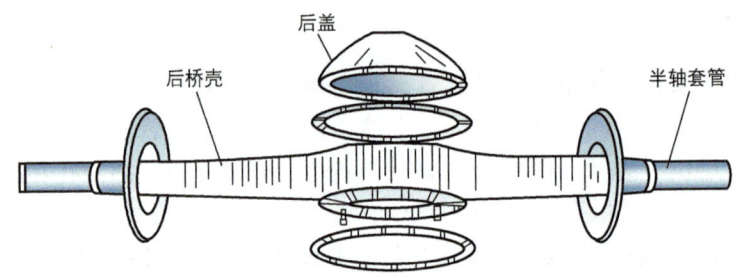

图 6.31　钢管扩张成形式整体式桥壳

2. 分段式桥壳

分段式桥壳的结构如图 6.32 所示，它便于制造、工艺简单。

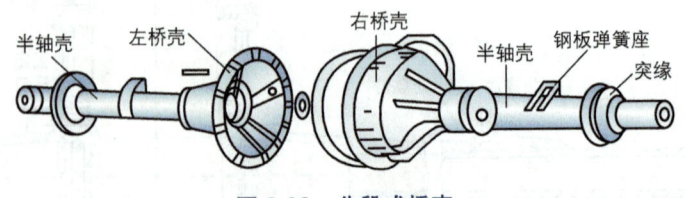

图 6.32　分段式桥壳

6.5　变速驱动桥

驱动桥按其功能特点可分为独立驱动桥和变速驱动桥，前者的主减速器、差速器、半轴等安装在独立的驱动桥壳内，与其他动力总成独立存在，如载货汽车驱动桥通常都是独立的驱动桥；后者的变速器与驱动桥两个动力总成布置在同一壳体

第6章 燃油车驱动桥与四轮驱动

内,如前置前驱轿车驱动桥就属于变速驱动桥,如图 6.33 所示。变速驱动桥结构紧凑,缩短了传动链,机械效率高,但工艺相对复杂。

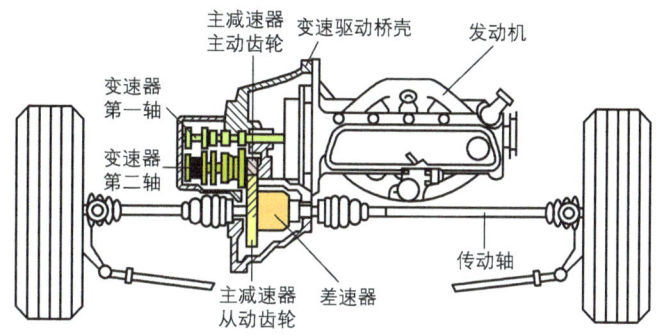

图 6.33　变速驱动桥

变速驱动桥在前置前驱、前置后驱、中置后驱和后置后驱车型均有使用,其安装布置形式如图 6.34 所示。

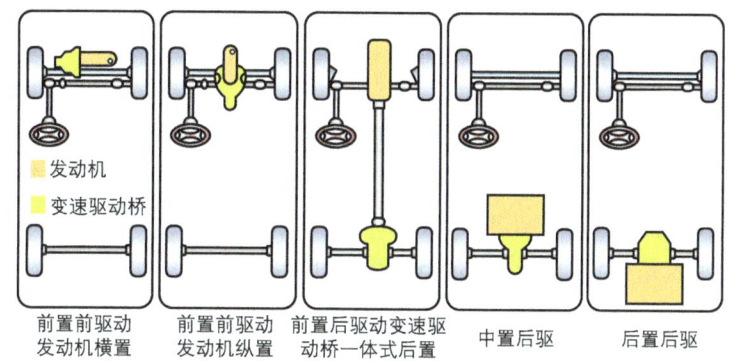

图 6.34　变速驱动桥各种安装布置形式

交互测验题

一、选择题

1.半轴的主要作用是(　　)。

A.支撑车身重量　　　　　　　　B.传递发动机动力到车轮

C.吸收路面振动　　　　　　　　D.调整车轮定位

2.桥壳在驱动桥中的主要功能是(　　)。

A.增大转矩　　　　　　　　　　B.支撑并保护差速器等部件

C.改变动力传递方向　　　　　　D.实现变速功能

3.变速驱动桥与普通驱动桥的主要区别在于(　　)。

A. 变速驱动桥具有多档位变速功能　　B. 变速驱动桥更轻便
C. 变速驱动桥无须差速器　　　　　　D. 变速驱动桥仅用于前驱车

4. 关于半浮式半轴，以下说法正确的是（　　）。
A. 半浮式半轴与桥壳通过轴承间接连接，不直接受力
B. 半浮式半轴外端仅受转矩作用，不受弯矩
C. 半浮式半轴既外端承受转矩，也承受弯矩
D. 半浮式半轴的结构使得车轮力不直接传给半轴

5. 关于全浮式半轴，以下描述错误的是（　　）。
A. 全浮式半轴内外端均不承受弯矩
B. 全浮式半轴外端与轮毂相连接，轮毂支承在桥壳的半轴套管上
C. 全浮式半轴主要用于轻型、中型货车，但不包括重型货车
D. 全浮式半轴的结构使得半轴外端只受转矩

6.6 四轮驱动

四轮驱动，亦常被称为全轮驱动，是一种汽车前后轮均能获得动力分配的驱动方式。此系统能够将发动机输出的转矩根据行驶需要分配至所有车轮上。这一技术通常通过"4×4"或"4WD"的标识来展现。

以往，四轮驱动技术主要应用于越野车领域，这类车辆往往在变速器后端配备有分动器，把动力分配到前、后驱动桥。如今四轮驱动技术已不再局限于越野车，部分轿车如奥迪 A4 quattro、斯巴鲁力狮等车型也已采用四驱技术。

燃油汽车的四驱系统依据其驱动模式及转换时机的差异，可划分为分时四驱、适时四驱以及全时四驱三大类别。

6.6.1 分时四驱

分时四驱专为越野行驶设计，主要是为了增加牵引力，结构上布置有分动器，如图 6.35 所示。两轮驱动和四轮驱动的切换需要驾驶员根据路面条件手动操作完成。四驱时，前后轴的动力分配是 50∶50。采用分时四驱的车辆分动器一般都有 2H（高速两驱）、4H（高速四驱）、4L（低速四驱）等 4 个档位，图 6.36 所示为分动器四驱模式切换按钮和操纵手柄档位显示。

分动器的功用是将变速器输出的动力分配到各个驱动桥，一般有高低两个档。

分动器的结构方式多种多样，可以通过链传动或者行星齿轮传动方式实现。图 6.37a 所示为切诺基汽车分动器，采用链传动方式分配动力，图 6.37b 为其示意图，其输入轴与变速器的第二轴相连，输出轴有两个，通过万向传动装置分别与前、后驱动桥相连。除具有高低两档及相应的换档机构外，还有前桥接合套及相应的控制机构。当越野车在良好路面上行驶时，只需后轮驱动，可以用操纵手柄控制前桥接合套，切断前驱动桥输出轴的动力。

第 6 章
燃油车驱动桥与四轮驱动

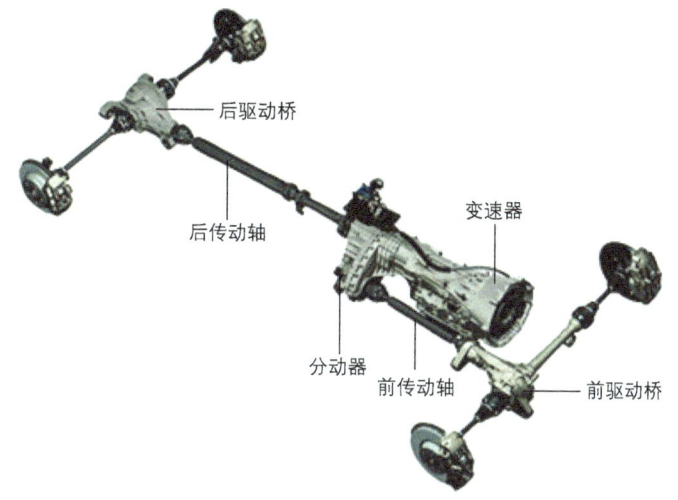

图 6.35 分时四驱系统

图 6.36 两种分时四驱模式切换方式

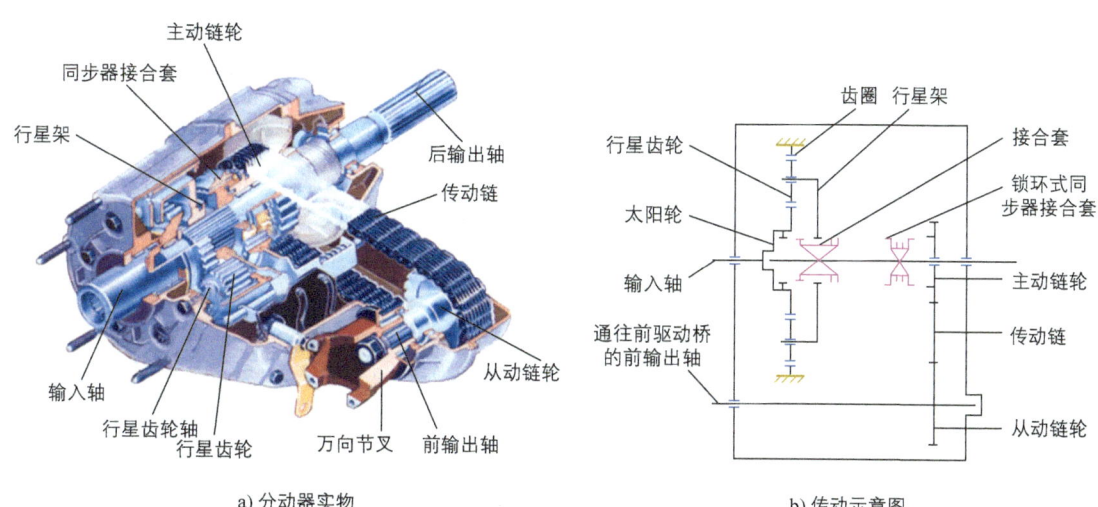

a) 分动器实物　　　　　　　　　　　b) 传动示意图

图 6.37 切诺基汽车分动器

分动器没有 2L 档（两驱低速档）。这是因为低速档转矩大，可能导致中、后驱动桥过载。为避免过载，分动器操纵机构需满足两个要求：没有先接上前桥时，不得挂入低速档；没有先退出低速档时，不得摘下前桥。通常通过设置连锁机构，使得只有前桥接合后才能挂入低速档，使汽车在坏路面上和非结构化道路上获得最低稳定车速。

分动器的 2H（两驱高速档）模式主要用于铺装、干燥路面行驶；4H（四驱高速档）模式用于冰雪路面或相对平坦无特殊异常的越野路况行驶；4L（四驱低速档）模式可向两车桥提供更大的驱动转矩，适用于越野工况，如爬坡、下坡或经过沟渠、砾石、河流等崎岖不平的道路；空档在汽车被牵引时使用。

牧马人 Sahara 越野车的分时四驱系统如图 6.38 所示，该系统采用了普通锥齿轮差速器，分动器低速档可以将转矩放大 2.72 倍。为了克服普通锥齿轮差速器无限滑能力的问题，其后桥可选装带锁止装置的差速器帮助车辆脱困。

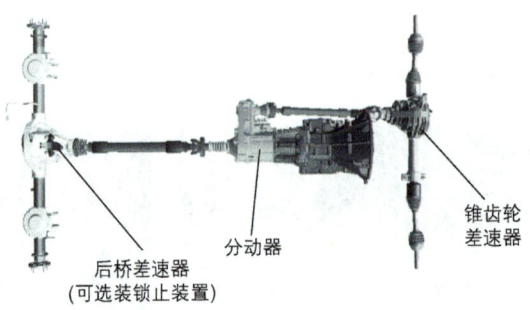

图 6.38 牧马人 Sahara 越野车分时四驱系统

分时四驱相对比较死板，四驱时前后轮刚性地锁在一起，前后轴 50∶50 的动力均匀分配，在铺装路况，这样的动力分配会影响到汽车的转向性能。

6.6.2 全时四驱

全时四驱车辆在行驶中的任何时刻，所有车轮都获得动力。全时四驱车辆需要在汽车前、后驱动桥之间设置中央差速器，将动力传递给前、后桥，同时适应由于前后驱动轮行驶距离不同而产生的转速差。

根据前后桥之间转矩分配方式，全时四驱可分为固定转矩分配式全时四驱和可变转矩分配式全时四驱。

固定转矩分配式全时四驱通过开放式中央差速器，将变速器输出的动力以固定比例分配给前、后轴。在车辆转弯时，由于前轴转速快于后轴，差速器在实现转速差的同时，确保动力的持续稳定输出。为了提高车辆在极端条件下的通过性，该系统还可配备中央差速锁。

图 6.39 是采用普通锥齿轮差速器的开放式中央差速器，图 6.40 是采用行星齿轮的开放式中央差速器。为了提高车辆在坏路面的通过性，图 6.39 和图 6.40 两种方案中都配备了中央差速锁。

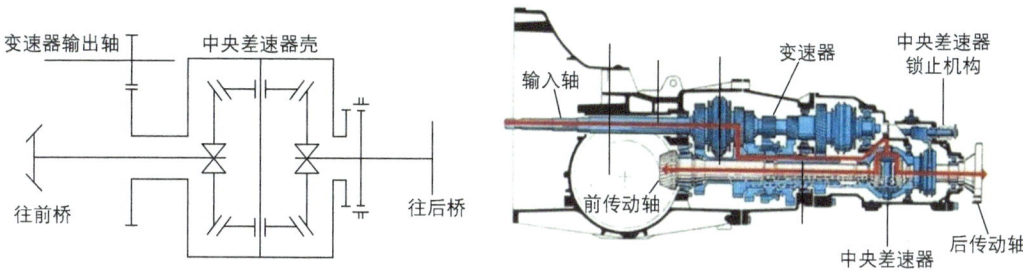

图 6.39　普通锥齿轮开放式中央差速器结构示意图

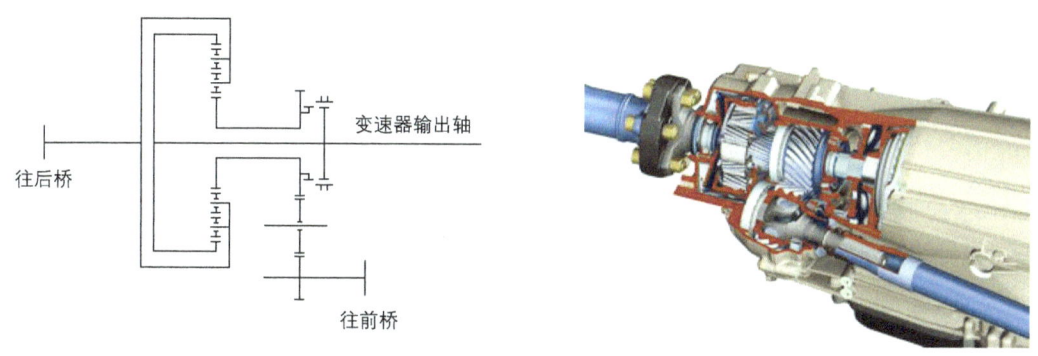

图 6.40　行星齿轮开放式中央差速器示意图

可变转矩分配比的全时四驱,可以根据路况动态调节前后轮的转矩分配。为实现这一功能,可变转矩分配式全时四驱先后经历了普通差速器结合差速锁、被动式限滑差速器、主动式限滑差速器的发展演变。

奥迪第二代 quattro 全时四驱系统采用的是托森差速器作为中央差速器,属于被动式限滑差速器。它通过纯机械方式实现前后桥转矩分配,在直线行驶工况下,前后动力分配比能够保持在 50∶50,但当前轴或后轴其中一侧发生打滑,它能将 75% 的动力传递到附着力更好的一侧输出轴上,如图 6.41 所示。随着技术的不断进步,奥迪在其新款 quattro 产品中,开始采用更为先进的冠状齿轮中央差速器。

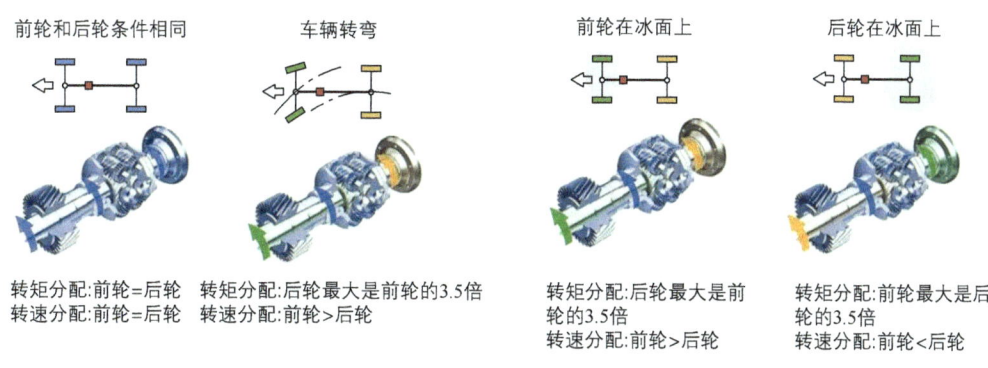

图 6.41　奥迪第二代 quattro 托森差速器式全时四驱

6.6.3 适时四驱

适时四驱是指只有在适当的时候车辆才会使用四轮驱动，正常路面一般是两轮驱动模式。适时四驱会根据车辆行驶路况，自动切换两驱或四驱模式，不需要人为操作。适时四驱有被动控制式适时四驱和主动控制式适时四驱两种。

被动控制式适时四驱常采用黏性联轴器作中央差速装置，图 6.42 为 2010 款本田 CR-V 适时四驱布置示意图。正常行驶时，动力不分配给后轮；当前轮出现打滑空转时，黏性联轴器接通中央驱动轴、将动力传递至后桥。这种结构有尺寸紧凑、结构简单、生产成本低等优点；另一方面，它的缺点是反应速度慢，转矩分配比例小，接合和分离不可手动控制，高负荷工作时因为过热可能会失效。

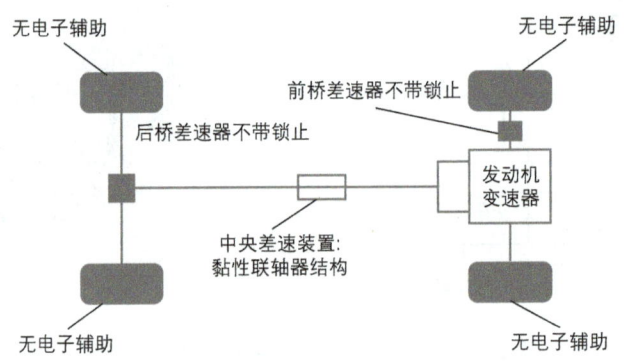

图 6.42　2010 款本田 CR-V 2.4 适时四驱布置示意图

Haldex 四驱系统是一种典型的主动控制式适时四驱系统。Haldex 四驱系统的核心部件是一个电控液压多片式离合器。它一般装配在后差速器前端，和后差速器整合在一起，如图 6.43 所示。Haldex 四驱系统主要配备在大众、沃尔沃等横置发动机四驱车型。

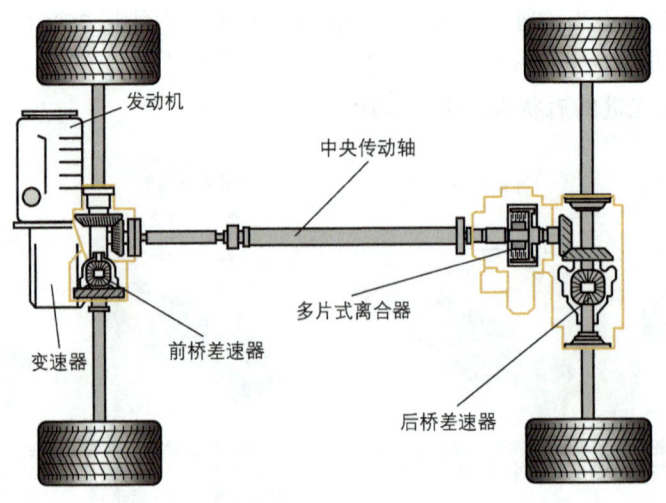

图 6.43　配置 Haldex 四驱系统的传动系统布置

第 6 章
燃油车驱动桥与四轮驱动

图 6.44 所示为第 4 代 Haldex 四驱系统的多片式离合器控制原理,离合器的外摩擦片与动力输入端传动轴相连,内摩擦片与动力输出端后差速器相连,当内外摩擦片被高压油驱动的活塞压紧时,就将来自传动轴上的动力传递给后差速器(也就是后轴)。反之,放松离合器片的压紧程度,就减少传递给后轴的驱动转矩。离合器片直接受到液压油的压力推动,液压油的高压来自液压泵,而液压泵的动作受电磁滑阀的控制,电磁滑阀的控制信号则来自电控单元,电控单元根据车轮速度、转向角度、节气门位置等传感器传来的信息,进行综合计算分析后发出压紧或放松离合器片的指令。

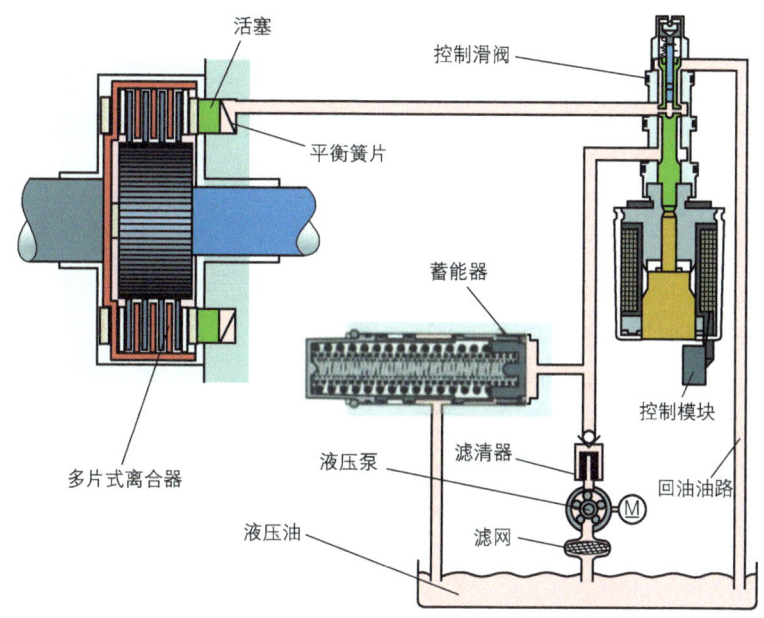

图 6.44　第 4 代 Haldex 多片式离合器控制原理

Haldex 四驱系统的电子控制单元,能根据前后轴转速差、节气门位置、制动、转向等信息,通过电动控制的液压泵对离合器片施加不同的压紧力,从而将所需的驱动转矩由前轴传递到后轴。Haldex 离合器的动作时间只需 0.1s。

正常行驶时,电控多片式离合器只有轻微压紧,前后轴的驱动转矩分配比约为 95∶5,接近前驱模式,这样有利于节能。当行驶在附着力较差路面时,离合器片被完全压紧,使前轴与后轴接近刚性连接,前轴和后轴分别得到接近 50% 的驱动转矩比例。

交互测验题

一、选择题

1. 以下哪种驱动模式在特定路况下会自动切换为四驱模式,以提高车辆的通过性?
(　　)

　　A. 分时四驱　　　　B. 适时四驱　　　　C. 全时四驱　　　　D. 以上都不是

2. 哪种驱动模式需要驾驶员手动切换两驱和四驱，以适应不同的行驶需求？（　　）
   A. 自动四驱　　　　　　　　　　　　B. 分时四驱
   C. 永久四驱　　　　　　　　　　　　D. 适时四驱的智能模式
3. 全时四驱系统的特点是（　　）。
   A. 仅在需要时提供四驱动力
   B. 永远保持两驱模式以节省燃油
   C. 无论何时都保持四驱状态，提供最佳牵引力
   D. 自动根据车速切换驱动模式

二、判断题

分时四驱系统能够在高速行驶时自动切换为两驱模式，以提高燃油经济性。（　　）

思考分析题

1. 驱动桥的主要组成部分及其作用是什么？
2. 为什么需要轴间差速器？它在什么情况下起作用？
3. 变速驱动桥与普通驱动桥的主要区别是什么？
4. 分动器在四轮驱动系统中的作用是什么？
5. 三种四轮驱动结构（分时四驱、适时四驱、全时四驱）各有什么特点？
6. 分析主减速器齿轮比的选择对车辆性能的影响。
7. 探讨轮间差速器如何工作以及它在车辆转弯时的重要性。

第7章　纯电动汽车驱动传动系统

7.1　纯电动汽车驱动传动系统组成及功用

1. 组成

纯电动汽车的驱动传动系统的功用是将储存在电池组中的电能高效转化为机械能，以驱动车轮行驶，主要由以下几部分组成。

1）电机：电机是电驱系统的核心，负责将电能转化为机械能。常见的电机类型包括交流感应电机、永磁同步电机和无刷直流电机等。电动机的特性影响着电动汽车的动力性和经济性。

2）功率变换器：也称为逆变器，负责将电池组提供的直流电转换为电机所需的交流电，并调控电机的转速和转矩。

3）控制器：是电驱系统的"大脑"，负责采集和处理各种数据，实时控制电机和电子器件的工作状态，优化系统性能。控制器内含故障诊断电路，可实时监测电动机运行状态，并进行相应的调整控制。

4）机械传动装置：在纯电动汽车中，机械传动装置的作用是将电动机的驱动转矩传输给车辆的驱动轮，带动车辆行驶。它包括变速器、减速器、差速器、传动轴等部件，以适应不同的行驶条件。大部分电动汽车上不需要配备多档变速器，而用一个减速器就可以，也有一些电动汽车上采用两档变速器。

5）辅助系统：如冷却系统、充电系统、热管理系统等，用于保障电驱系统的稳定运行和能量补给。

2. 功用

纯电动汽车的驱动传动系统具有以下主要功用。

1）能量转换：将存储在电池组中的电能转换为机械能，以驱动车轮行驶。这是电驱系统最基本也是最核心的功能。

2）动力传输：通过机械传动装置将电机产生的转矩高效地传递到车轮上，确保车辆的平稳运行。

3）智能控制：根据驾驶员的操作指令和车辆状态，实时调整电机的输出功率和转速，提供平顺的驾驶体验。同时，还具备能量管理、故障诊断与保护等功能。

4）再生制动：在车辆减速或制动时，将车轮的动能转化为电能充入电池组，实现能量的回收利用，提高整体能效。

7.2 电动汽车动力电池

7.2.1 动力电池基本概念

1. 动力电池的定义

动力电池作为电动汽车的能量存储与供应核心，是一种能够反复充放电、高效转换化学能与电能的装置。它与传统意义上的干电池或蓄电池的主要区别在于其设计旨在满足高功率输出和长周期循环使用的需求，特别适合用于驱动电动汽车、混合动力汽车以及其他需要持续供电的高能耗设备。动力电池通过内部化学反应，将电能储存于化学物质中，并在需要时通过外部电路释放，为车辆提供持续稳定的动力来源。

2. 动力电池与燃油发动机的对比

作为电动汽车的能源存储与供给核心组件，动力电池在能量转换效率、环境友好性及能源可持续性方面相较于燃油发动机展现出明显优势，具体体现如下。

（1）能量来源与转换效率

动力电池通过电池内部的化学反应实现能量的转换与存储。在充电过程中，电能转化为化学能；在放电过程中，化学能再转换为电能驱动电机，整个过程相对直接，能量转换效率较高，尤其在城市工况下表现更为突出。

燃油发动机依赖化石燃料的燃烧，通过内燃过程将化学能转化为机械能。这一过程涉及复杂的热力学转换，且受燃烧效率、机械损失等因素影响，整体能量转换效率低于动力电池系统，尤其是在内燃机低负荷和怠速工况下。

（2）环境影响

动力电池在使用过程中几乎零排放，主要环境影响集中在电池生产、回收处理及电力来源（若为非可再生能源发电，则存在间接排放）。随着可再生能源比例的提升和电池技术的进步，其环保优势日益显著。

燃油发动机的排放物包括二氧化碳、一氧化碳、氮氧化物及颗粒物等，会对环境造成污染，尤其是加剧温室效应和使空气质量恶化。

（3）能源可持续性与成本

动力电池依赖电力供应，随着全球能源结构的转型，可再生能源比例不断增加，其能源可持续性逐渐增强。初期购车成本较高，但运行成本（电费、维护费用）相对较低。

燃油发动机依赖有限的化石燃料资源，长期来看面临资源枯竭问题。虽然当前购车成本可能较低，但燃油价格波动、维护成本及税费等因素使得长期运行成本上升。

7.2.2 动力电池系统组成与结构

1. 动力电池系统组成

动力电池系统主要由以下几部分构成。

1)电池单体(电芯):是动力电池系统中最基本的能量存储单元,通常是一个封装在金属壳体中的电化学装置,通过化学反应将化学能转化为电能。

2)电池模组:由多个电芯通过串联或并联的方式组装而成,旨在提供更高的电压和容量,以满足特定应用的电能需求。

3)电池管理系统(BMS):负责监控和管理电池储能单元,确保电池在充放电过程中的安全使用。BMS 的主要功能包括电池端电压的测量、单体电池间的能量均衡、荷电状态和健康状态的估算、功率输入输出的限制、充电曲线的控制,以及电池组与负载的隔离等。

4)热管理系统:负责控制和调节电池的温度,确保电池在最佳工作温度范围内运行,防止过热导致的性能下降或安全问题。

5)高低压电气组件:包括高压电路控制系统、高低压线束/连接器、开关器件等,用于实现电池系统的电能传输和控制。

6)结构组件:指用于支撑、固定、包围电池系统的组件,主要包含上盖和下托盘,以及其他辅助器件,如过渡件、护板、螺栓等。

图 7.1 所示为电动汽车动力电池系统结构。

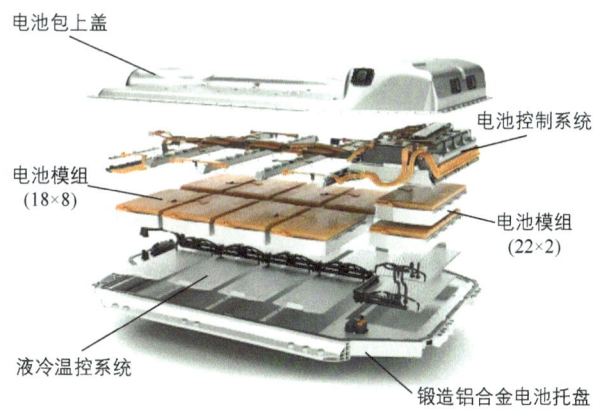

图 7.1 电动汽车动力电池系统结构

2. 电芯结构及工作原理

目前锂离子电池电芯主要由正极、负极、隔膜和电解液组成。

1)正极材料:常见的正极材料包括钴酸锂($LiCoO_2$)、锰酸锂($LiMn_2O_4$)、镍酸锂($LiNiO_2$)、磷酸铁锂($LiFePO_4$)以及三元锂($LiNiMnCoO_2$)等。这些材料对电池性能起着决定性的作用。

2）负极材料：在锂电池体系中，负极普遍采用石墨材料。当电池充电时，锂离子会嵌入石墨层间，形成锂-碳层间化合物（Li_xC_6），从而实现电能的储存。

3）电解液：是电池内部离子传输的介质，通常由锂盐溶解在有机溶剂中组成。电解液的性能直接影响电池的内阻、循环寿命和安全性。

4）隔膜：位于正极和负极之间，起到隔离正负极、防止短路的作用，同时允许锂离子自由通过。隔膜的材料和性能对电池的安全性和性能有重要影响。

根据使用的正极活性物质不同，锂离子电池分为磷酸铁锂电池、锰酸锂电池、钴酸锂电池、三元锂电池。其主要工作原理是靠锂离子在正极和负极之间的迁移实现充电和放电。如图7.2所示，在充电时，外部电源施加电压，使得锂离子从阴极材料中脱嵌并通过电解液迁移到阳极，同时电子通过外部电路流向阳极，以保持电荷平衡。这一过程实现了电能向化学能的转换，为电池储存能量。在放电时，锂离子从负极脱嵌并返回正极，同时电子通过外部电路从负极流向正极，释放出储存的化学能以供设备使用，实现了化学能向电能的转换。

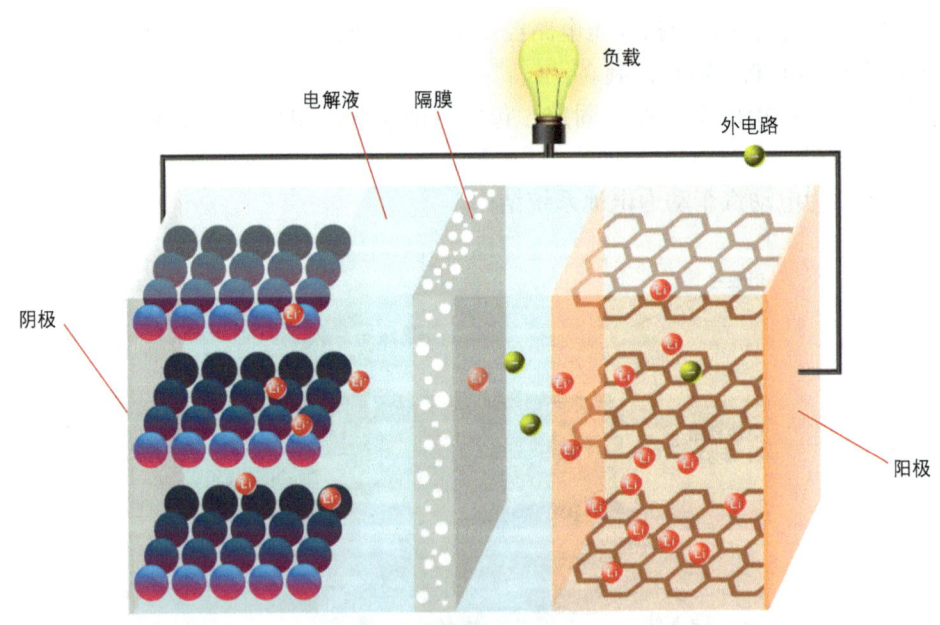

图7.2 锂离子电池工作原理

电芯根据结构不同，一般分为圆柱电芯、方形电芯、软包电芯。圆柱电芯包括正极极片、负极极片、隔膜、电解液、外壳、盖帽/正极帽、垫片、安全阀等。圆柱电芯一般以盖帽为电池正极，以外壳为电池负极，如图7.3所示。方形电芯封装可靠度高、系统能量效率高、能量密度较高、结构较为简单、扩容相对方便，可以通过提高单体容量来提高能量密度，稳定性相对较好，如图7.4所示。软包电芯采用铝塑膜包装，安全性好，重量较钢壳和铝壳电池轻，如图7.5所示。软包电芯具有较高的比能量，内阻小、循环寿命更长，但是由于型号众多，导致自动化程度低、生产效率低、成本高，并且高端铝塑膜严重依赖进口，一致性较差。

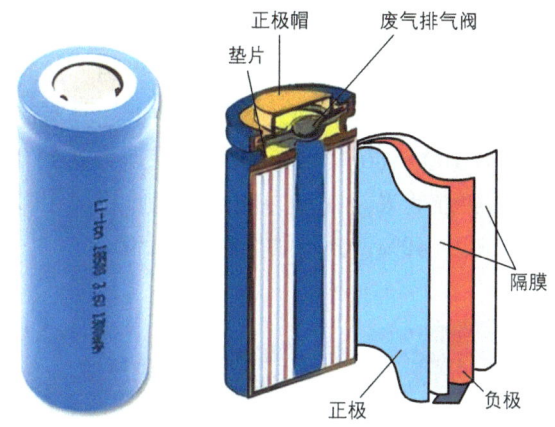

图 7.3 圆柱电芯

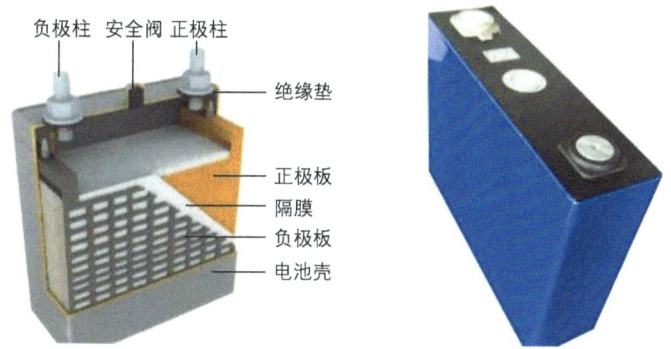

图 7.4 方形电芯

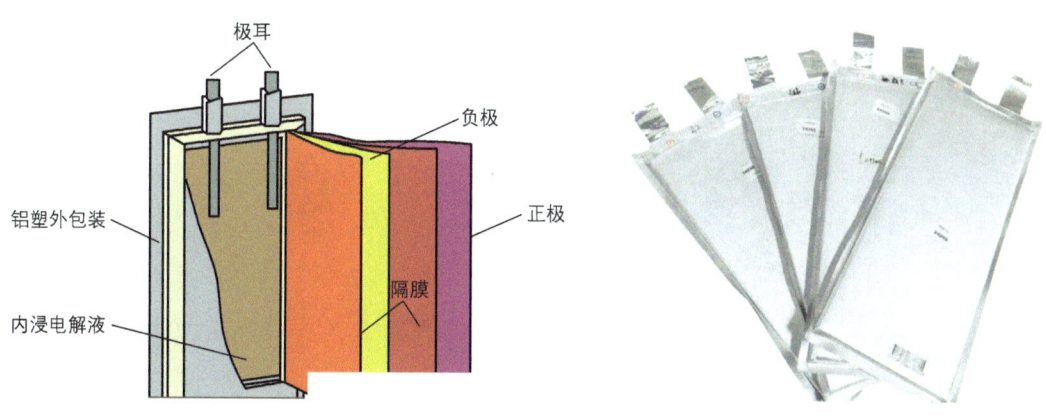

图 7.5 软包电芯

2020年3月，比亚迪正式发布自主研发的刀片电池，采用狭长薄片形的电芯设计，是一种新型磷酸铁锂电池，其外形如图7.6所示。比亚迪刀片电池以高能量密度、高安全性为核心特点，其系统能量密度能达到三元锂电池的同等水平。在材料方面，刀片电池采用磷酸铁锂体系，相较于三元锂电池，其材料热分解温度更高，放热速率和总放热量远低于三元锂电池，因此具有更优的热稳定性。刀片电池结构上还具有高强度的特点，振动模态达到80Hz以上，最大挤压力100~800kN，最大可承受压力达到445kN，具有高强度、高刚性，对整车的刚度起到了加强效果。在动力电池系统体积成组效率方面，刀片电池相较于传统成组模式零部件数量减少40%，体积利用率提高50%。

图7.6 比亚迪刀片电池外形

3. 电池包集成方法

电动汽车的续驶里程、充电时间、电池安全是目前消费者关注的痛点问题，为解决续驶里程问题，在动力电池层面的解决思路是提升电池系统能量密度，让电池装下更多的电量；在电池系统集成方面取消模块，加大电池与底盘的集成度。动力电池的集成技术大致经历了三个大的阶段，分别是标准化模块的1.0时代，即CTM（Cell to Module）技术；采用大模块的2.0时代，即CTP（Cell to Pack）技术；电池与底盘融合设计的3.0时代，即CTC（Cell to Chassis）技术。三种集成技术如图7.8所示。

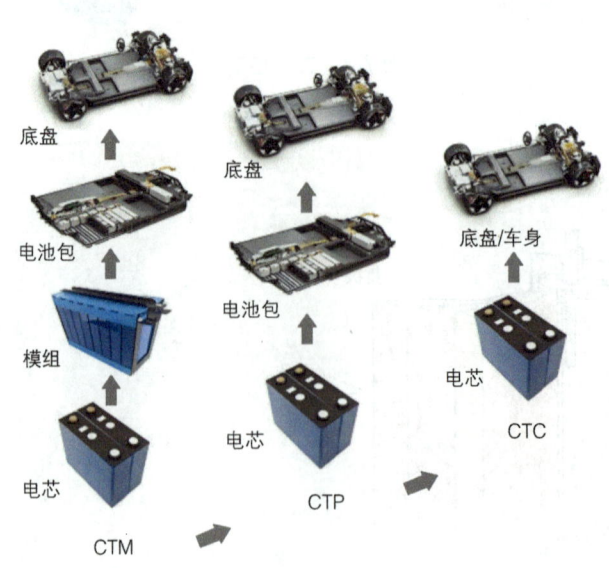

图7.7 电池包三种集成技术

第 7 章 纯电动汽车驱动传动系统

CTM 技术，即电芯到模组的技术，是传统动力电池集成方式。在此技术框架下，电芯首先被组装成标准化的模组，随后这些模组被安装到电池包内。这种技术路径确保了电池系统的结构稳定性和安全性，但同时也带来了空间利用率相对较低的问题，通常只有约 40% 的空间被有效利用。此外，模组的存在增加了生产步骤和零部件数量，导致生产效率不高且成本上升。尽管 CTM 技术在能量密度上有所限制，但其成熟稳定的技术体系仍被应用于各类电动汽车中。

CTP 技术，即电芯直接到电池包的技术。该技术跳过了传统的模组环节，实现了电芯与电池包之间更直接、更高效的集成，如图 7.8 所示。这种设计显著提高了电池包的空间利用率，较传统 CTM 技术可提升 15%～20%，部分优秀方案甚至能达到 70% 以上。同时，由于省略了模组，CTP 技术减少了零部件数量和生产步骤，从而降低了成本并提升了生产效率。更重要的是，CTP 电池包的能量密度得到了显著提升，最高可达到 200W·h/kg，为电动汽车提供了更长的续驶里程和更出色的性能表现。

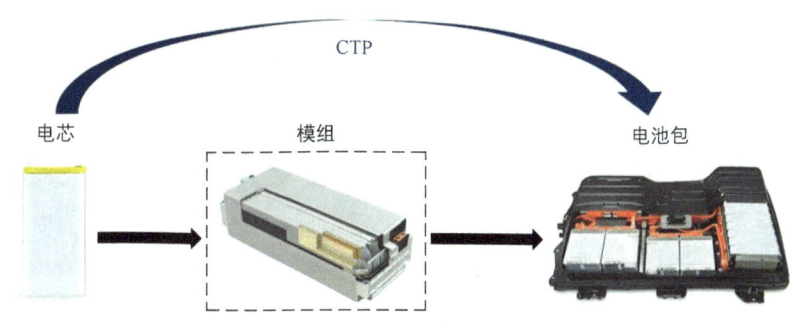

图 7.8　电池包 CTP 集成技术

最早提出 CTP 技术并进行实际应用的是国产锂离子电池研发制造商——宁德时代。通过减少模组数量并优化模组之间的机构，将诸多大容量电芯直接装配成电池组，用以提升整个电池组的能量密度，为车辆提供更长的续驶里程。如今，宁德时代应用最新 CTP 技术生产的麒麟电池，已经官宣可以将纯电车型的续驶里程突破至 1000km。比亚迪刀片电池也是应用 CTP 技术的范例之一，采用了无模组的设计，大大减少了内部的线缆和结构件，有效提升了电池包的体积能量密度。

CTC 技术，即电芯直接到底盘的技术。该技术将电芯直接集成于车辆底盘中，实现了电池与底盘的一体化设计，这种深度的集成方式进一步提高了空间利用率，使得电池与底盘结构更加紧凑、高效。同时，CTC 技术通过减少零部件数量和组装步骤，降低了生产成本并提高了生产效率。更重要的是，由于空间利用率的提升和电芯数量的增加，CTC 技术使得电池包的能量密度和整车续驶里程得到了显著提高。然而，CTC 技术也面临着更高的技术难度和要求，需要电池制造商从更早的阶段介入车型设计，与主机厂进行深度开发，并对底盘技术提出了更高的要求。

一般来说，使用 CTC 技术的车辆会取消原本电池组用于加固结构作用的上盖板，或是直接将座舱的底板进行优化，让电池组既成为座舱底板的一部分，同时也是底盘结构的一部分，这样的设计能提升座舱内部的垂直空间。

图 7.9 所示为特斯拉 CTC 技术方案。在 2020 年 9 月的电池日上，特斯拉发布了全新的 CTC 整包封装技术，即取消电池包设计，直接将电芯或模块安装至车身上。应用 CTC 技术的架构是物理层面的创新，将电池组作为车身结构的一部分，连接前后两个车身大型铸件，取消原有座舱底板，用电池上盖取代，座椅直接安装于电池上盖。装配顺序为上车身（车身 + 前铸件 + 后铸件）装配后，再将电池结构与车身完全连接。

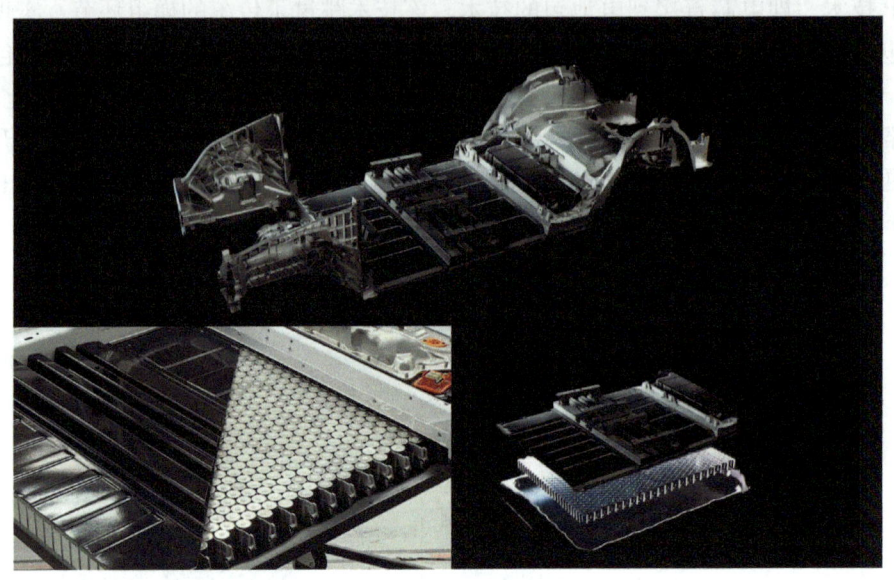

图 7.9　特斯拉 CTC 技术方案

使用 CTC 技术的车辆缺点也非常明显，因为电芯已经集成在底盘上，如果车辆发生意外碰撞事故损坏了底盘结构，那么后期的维修费用会比较高。并且让许多消费者都看好的换电补能方式，也因为电芯和底盘的高度集成化无法快速将电芯取下而最终无缘实现。

三种电池包集成技术对比见表 7.1。

表 7.1　三种电池包集成技术对比

技术	电芯集成方式	空间利用率	生产效率与成本	能量密度	技术难度与要求
CTM	电芯→模组→电池包	40% 左右	较低，成本较高	相对较低	较低
CTP	电芯→电池包	提升 15%～20%，部分可达 70% 以上	较高，成本较低	200W·h/kg 以上	较高，需优化电芯一致性
CTC	电芯→底盘	显著提升，结构紧凑	较高，成本较低	显著提高，提升续驶里程	很高，需深度开发并考虑底盘技术要求

2022 年 5 月，比亚迪发布了行业首创的 CTB（Cell to Body）技术，是动力电池集成设计领域的又一大创新。CTB 技术将动力电池与车身融合设计，从 CTP 时代的电池三明治结构进化为整车三明治结构，如图 7.10 所示。

第 7 章 纯电动汽车驱动传动系统

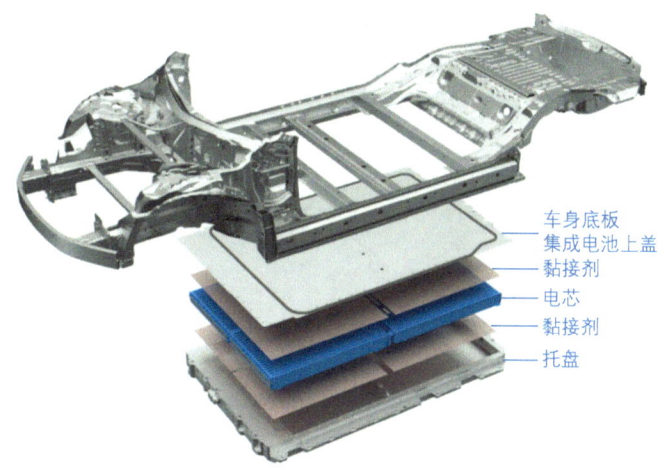

图 7.10　比亚迪 CTB 技术

车身底板与电池上盖的集成释放了原来多层结构占用的空间，采用 CTB 技术的动力电池系统体积利用率进一步提升至 80%，可支持更长续驶里程。CTB 技术让电池包与车身融合，作为结构件参与整车传力，安全性能大幅提升。CTB 技术让高刚性的刀片电池与车身结合更为紧密，构成全新环状结构车身，整车扭转刚度大幅提升，钢制车身扭转刚度达到了 40000N·m/(°)。

7.2.3　动力电池热管理系统

1. 动力电池热管理系统定义和结构组成

动力电池热管理系统（Battery Thermal Management System，BTMS）是一套专门针对电池包或电池组进行温度控制的系统，旨在确保电池在适宜的温度范围内工作，以保障电池性能、延长使用寿命、防止安全风险，并优化整个电池系统的能效。

一般来说，动力电池热管理系统主要由以下几部分组成。

1）温度传感器：实时监测电池模块的温度，为热管理系统提供温度数据。

2）冷却/加热组件：包括冷却液循环系统、加热器、冷却板等，用于调节电池温度。

3）控制单元：根据温度传感器提供的数据，控制冷却/加热组件的工作，保持电池温度稳定。

4）执行机构：如电子水泵、风扇、阀门等，用于实现热管理系统的调节功能。

2. 动力电池热管理系统的功用

电动汽车使用的锂离子电池，对于工作环境温度要求较为苛刻。如图 7.11 所示，左图的横坐标是电池循环充放电次数，纵坐标是电池可用容量比率。可以看出，随着电池充放电次数的增加，电池的可用容量是减少的，而且温度越高，电池的可用容量衰减越快。右图的横坐标是电池工作温度，纵坐标是电池放电功率，可以看出从 –40～0℃的温度区间内电池的放电功率急速上升，0~40℃电池的放电功率趋于平稳。而超过45℃时，电池包的放电功率会急速下降。由此可见，电池的工作需要一个适宜的温度。这也就是电池热管理系统存在的意义。

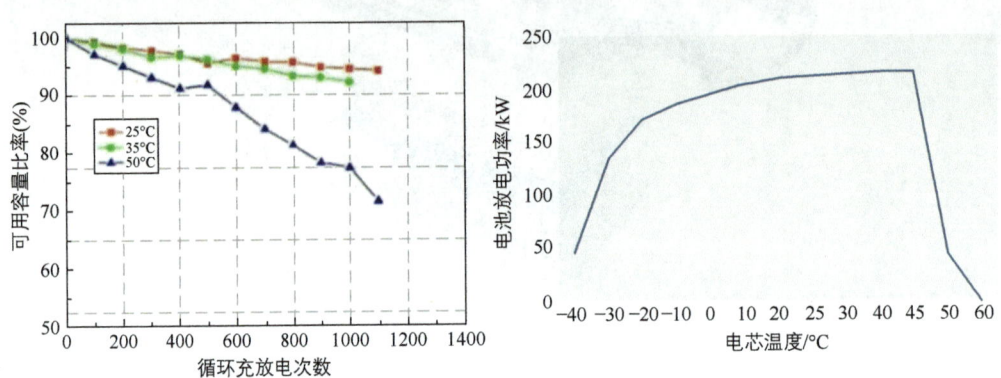

图 7.11　动力电池性能随着充电次数、温度的变化

动力电池温度如果太高，容易在内部形成结晶，可能导致穿刺，损坏电池。电池温度如果低于合理工作温度，电池的锂离子活性将下降，放电性能会大打折扣，对于续驶里程带来极大的负面影响。据研究，在低于 –20℃ 时，锂离子电池放电容量只有常温时的 31.5%。其主要原因如下。

1）低温环境下，电解液的黏度下降，甚至部分凝固，导致电导率下降。

2）低温环境下，电解液与负极、隔膜之间的相容性变差。

3）低温环境下，锂离子电池的负极析出锂严重。

动力电池在运行过程中会产生大量的热量，特别是在高功率充放电时。在温度高于 45℃ 时，锂离子电池内部的化学平衡会被破坏，甚至可能会击穿隔膜，引发热失控、火灾等安全问题。热失控是指电池单体内部发生放热连锁反应引起的温度急剧变化，从而可能导致过热、起火、爆炸等。目前分析引起电池热失控的主要原因有电池受到热辐射、电池内部短路、恶劣环境滥用等。

另外，一辆电动汽车上有成百上千块电芯，电芯之间难免存在内阻、容量、电压等方面差异，使用中容易存在散热不均、过度充放电现象，时间长的话，很可能导致损坏甚至爆炸的发生。

所以，必须配置动力电池热管理系统，其功用是对电池进行温度控制、温度均衡、智能监测与调控，确保电池在不同环境条件下稳定、高效、安全地运行，从而提高能源利用效率和延长电池使用寿命。

3. 动力电池热管理系统的类型

根据冷却介质的不同，动力电池热管理系统主要分为风冷、液冷和直冷三种类型。

风冷系统利用空气作为冷却介质，利用空气对流散热，通过风扇将冷空气吹入电池组,带走电池产生的热量,如图 7.12 所示。风冷系统结构简单、成本低廉,但散热效率相对较低,适用于小型电池组或低温环境下的散热需求。

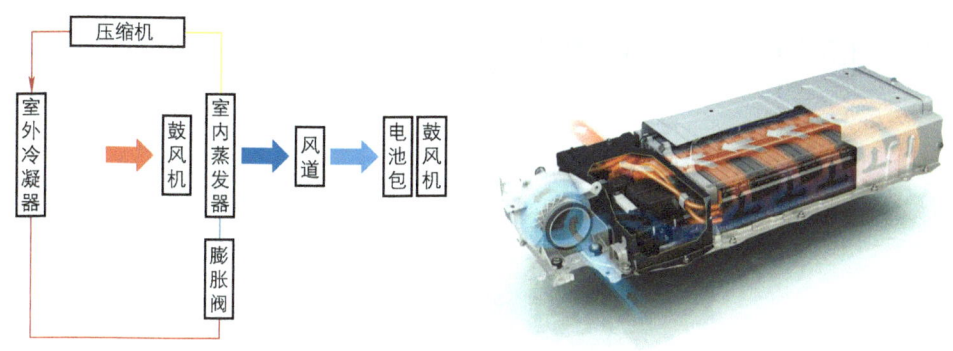

图 7.12　电池风冷系统

液冷系统使用冷却液(如水、乙二醇等)作为冷却介质,通过冷却液在电池组内的循环流动带走电池热量,如图 7.13 所示。液冷系统散热效率高,但系统结构相对复杂,成本较高。目前,液冷系统是电动汽车中广泛采用的热管理方式。

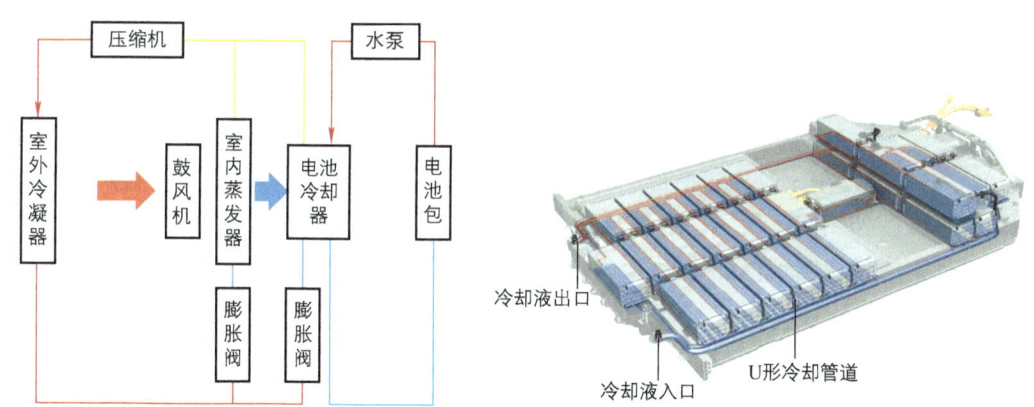

图 7.13　电池液冷系统

直冷系统利用制冷剂(如 R134a 等)直接对电池进行冷却。直冷系统散热效率更高,但系统结构更为复杂,对密封性和安全性要求也更高,如图 7.14 所示。目前,直冷系统在一些高端电动汽车中得到应用。

另外,电池热管理系统还会采用加热技术,如电加热膜、PTC 加热器等对电池进行预热,确保其在低温下的充电和放电性能。电动汽车取暖系统多采用 PTC 空气加热器或 PTC 冷却液加热器制热。PTC 是热敏电阻,是一种具有温度敏感性的半导体电阻,当有电流经过时会产生热量,同时它的电阻值会随着温度的升高而升高。PTC 加热器功率一般在 3～10kW 之间,功率较高,这也是电动汽车在冬季寒冷天气热车时,续驶里程大打折扣的一大原因。

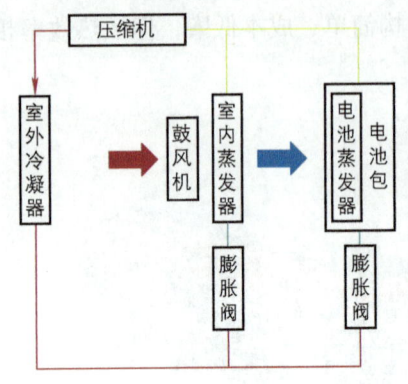
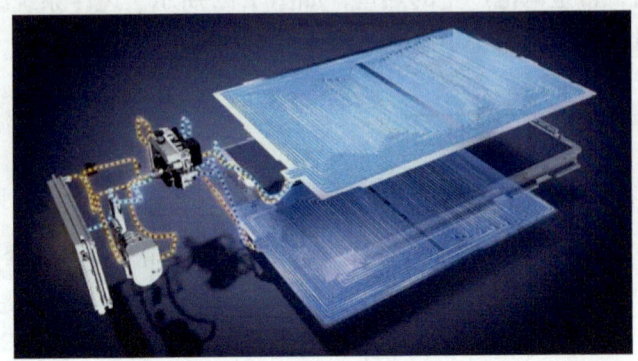

图 7.14　电池直冷系统

PTC 空气加热器是利用鼓风机将新鲜空气从进气口泵入，与电热器芯 PTC 产生热交换，空气被加热升温。PTC 冷却液加热器采暖时，PTC 加热器先加热冷却液，再通过冷却液加热鼓风机从进气口泵入的新鲜空气，空气被间接加热。PTC 加热器示意图如图 7.15 所示。

除了冷却和加热功能外，动力电池热管理系统还需要保证电池组内各单体电池之间的温度均匀性，以抑制局部热区的形成，防止电池过快衰减。通过精确的温度监测和控制策略，热管理系统能够确保电池组在各种工况下都能保持最佳的工作状态，为电动汽车的可靠运行提供有力保障。

动力电池热管理系统的发展正朝着智能化、集成化及新型冷却介质的应用方向迈进，通过利用大数据、人工智能以及提高系统整合度，并探索更高效能的冷却介质，不断提升热管理效果，为电动汽车的性能优化奠定坚实基础。

2021 年 9 月，在比亚迪 e 平台 3.0 上，创新融入了动力电池制冷剂直冷直热的高效宽温域热泵系统，如图 7.16 所示，通过热泵将乘员舱、动力电池、驱动总成深度集成在一起，首创热管理集成模块实现精细化能量调度，让电动汽车具备更扎实的全场景续航能力。

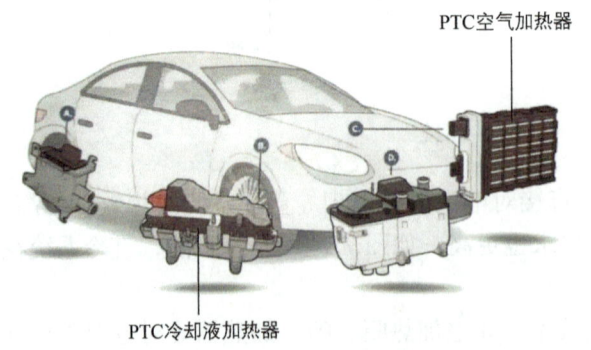

图 7.15　PTC 加热器示意图　　　　图 7.16　比亚迪 e 平台 3.0 热管理系统

2024 年 5 月，比亚迪 e 平台 3.0 Evo 全球首创 16 合 1 高效热管理集成模块，如图 7.17 所示，大幅减少管路，同时实现液侧、制冷剂侧多种冷却介质的协同调度，空调能耗降低 20%。e 平台 3.0 Evo 进化智能双环流电池直冷直热技术，创新精细化智能分区流道设计，突破超大冷板气液两相流量精准分配的行业难题，实现能量按需分配、精准温控，电池热管理能耗降低25%。同时驱动系统创新采用定转子智能分区多层冷却技术、转子永磁体油冷技术，打造电驱高效复合温控系统，低温余热利用率提升30%，大幅降低低温能耗；高效换热能力也让电驱系统持续输出功率提升40kW，提升了在高速、爬坡等严苛工况下的整车性能表现。

图7.17 16合1高效热管理集成模块

交互测验题

一、选择题

1. 纯电动汽车驱动传动系统中，负责将电池组提供的直流电转换为电动机所需的交流电的是哪个部件？（　　）

 A.电动机　　　　　B.功率变换器　　　　C.控制器　　　　　D.机械传动装置

2. 动力电池系统中，（　　）负责监控和管理电池储能单元，确保电池在充放电过程中的安全使用。

 A.电池单体　　　　　　　　　　　　　B.电池模组
 C.电池管理系统（BMS）　　　　　　　D.热管理系统

3. 下列哪种电池热管理系统类型散热效率最高？（　　）

 A.风冷系统　　　　B.液冷系统　　　　　C.直冷系统　　　　D.自然冷却

4. 动力电池热管理系统中，PTC加热器可实现如下什么功能？（　　）

 A.冷却电池　　　　B.加热电池　　　　　C.监测电池温度　　D.平衡电池电压

二、判断题

1. 纯电动汽车的驱动传动系统中，电动机是电驱系统的核心，负责将电能转化为机械能。　　　　　　　　　　　　　　　　　　　　　　　　　　　（　　）

2. 动力电池的能量转换效率低于内燃机。　　　　　　　　　　　　（　　）

3. CTC技术是指电芯直接到电池包的技术。　　　　　　　　　　　（　　）

4. 动力电池热管理系统的主要功用是确保电池在不同环境条件下稳定、高效、安全地运行。　　　　　　　　　　　　　　　　　　　　　　　　　（　　）

7.3 驱动电机及其控制系统

7.3.1 驱动电机类型与特点

纯电动汽车和混合动力汽车驱动系统中，驱动电机是核心组件之一，它将电能高效转化为机械能，从而驱动车辆行驶。历史上，驱动电机的类型曾纷繁复杂，然而随着技术的不断进步与市场的自然选择，当前主流的驱动电机形式已逐步聚焦于永磁同步电机与交流异步电机两大类别。其中永磁同步电机以其卓越的性能和广泛的应用性，占据了市场的最大份额。

1. 永磁同步电机（Permanent Magnet Synchronous Motor）

永磁同步电机因其高效、紧凑的设计和优异的性能，在纯电动汽车中得到了广泛应用。其关键特点有以下4点：①高效率，全工况综合效率通常在85%~95%之间，最高效率点甚至可以达到98%；②高功率密度，转子采用永磁材料，不需要额外励磁，在相同的体积和重量下，可以输出更高的功率；③良好控制特性，矢量控制算法在工程应用上已经非常成熟，控制系统具有快速的响应性和良好的调速性能，适合于频繁起停和变工况的电动汽车应用；④维护成本低，没有电刷和换向器，避免了接触磨损和火花烧蚀，运行过程中几乎无须维护。

永磁同步电机有以下应用优势：①适用于对动力性能和能源效率有较高要求的电动汽车；②高效率和轻量化设计优化，有助于提升车辆的续航能力。

永磁同步电机的缺点不足包括：①永磁材料受温度影响可能永久性退磁，性能下降；②永磁材料费用较高，成本控制有难度。

2. 交流异步电机（AC Induction Motor）

交流异步电机出现历史最早，结构相对简单，成本较低，是另一种在电动汽车中常见的驱动电机类型。

它的关键特点有：①转子结构简单，制造成本相对较低，适合于成本敏感的市场和大规模生产；②转子没有永磁体，在高温和振动环境下具有较高的可靠性；③能够在全速范围内平滑运行，通过弱磁控制可以实现较高的转速；④效率略低于永磁同步电机，但现代异步电机的设计和制造技术已经使其效率得到了显著提升，也可以达到85%~95%。

其应用优势主要包括：①适用于对成本有较高敏感度的电动汽车市场；②对电机可靠性和耐用性有特殊要求的工况更具优势。

它的缺点不足有：①控制算法复杂，成本高；②功率密度低，功重比难提高。

3. 其他类型电机简介

除了上述两种主流电机外，还有一些其他类型的电机也在纯电动汽车中有所应用。

开关磁阻电机（Switched Reluctance Motor, SRM）转子没有绕组，也没有永磁体，只是由硅钢片叠压而成且具有一定凸极性,以结构简单和坚固设计而著称。它的特点是起动转矩大,调速范围宽,但效率和 NVH 性能相对较差。开关磁阻电机适用于调速范围宽、可靠性要求高和有特殊防爆要求的场合。由于不需要永磁材料,当前在电动汽车上也有相关研究,核心课题是降低噪声、避免转矩波动以及提高效率。

无刷直流电机(Brushless DC Motor, BLDC)和永磁同步电机在结构上是基本一致的,两者的区别是反电动势波形不同。无刷直流电机的反电动势波形为梯形波,永磁同步电机则是正弦波。永磁直流无刷电机可以通过六步换相实现控制,控制算法简单,具有较高的效率和较好的控制性能,但其带来的转矩波动影响驾驶感受,因此无刷直流电机比较适合于小功率的两轮电动自行车和四轮小型电动车。

同步磁阻电机(Synchro Reluctance Motor, SyRM)是一种新型的电机,它结合了永磁同步电机和开关磁阻电机的特点,效率和功率密度也介于两者之间。目前,同步磁阻电机在电动汽车领域的研究和应用正在逐步增加。

综上所述,不同类型的驱动电机各有特点,其选择和应用需要根据电动汽车的具体需求和设计要求来决定。随着技术的不断进步,驱动电机的性能和效率将进一步提升,为电动汽车的发展提供更强大的动力。

7.3.2 驱动电机的构造与工作原理

1. 电机结构与主要部件

电机的主要结构为定子、转子和用来控制定位的位置传感器。

定子是电机静止不动的部分,一般由铁心、绕组和基座组成,核心是定子铁心和线圈绕组。定子铁心按照设计,具有一定的槽数,绕组嵌入铁心中。绕组根据绕线方式不同有集中式绕组和分布式绕组两种,如图 7.18a、图 7.18b 所示。分布式绕组适合于较长电机,反电动势波形正弦度好,转矩脉动小。集中式绕组则相反。线圈绕组通常采用单股和多股圆线实现,如图 7.19 所示。当前电动汽车中由于对槽满率的较高要求,出现了扁线绕组,如图 7.20 所示。

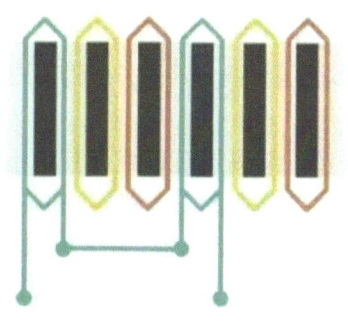
a) 集中式绕组

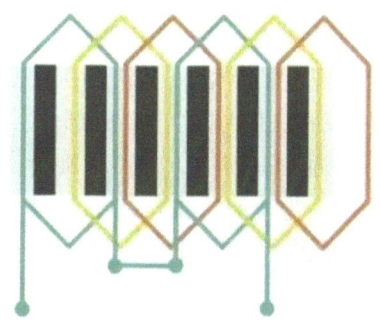
b) 分布式绕组

图 7.18 电机定子铁心集中式与分布式绕组

图 7.19 电机圆线定子绕组

图 7.20 电机扁线定子绕组

转子是电机旋转的部分。转子的结构由于产生磁性方式的不同而比较多样化。永磁同步电机和无刷直流电机转子通过永磁体表贴或镶嵌入转子铁心形成。表贴式永磁转子需要外加碳纤维保护套，转速不能很高，反电动势波形为方波或梯形波，如图 7.21 所示。镶嵌式永磁转子不需要保护套，转速可以较高，反电动势波形为正弦波，如图 7.22 所示。

图 7.21 表贴式永磁转子

图 7.22 镶嵌式永磁转子

电机的位置传感器主要是用来确定转子位置。电机控制系统根据转子位置，对定子绕组通电，从而实现电子换相，在定子中形成交变磁场，最终定转子磁场相互作用实现转动。位置传感器是驱动电机中非常重要的部件。

位置传感器通常有霍尔传感器、旋转变压器以及磁编码器等形式，其中霍尔传感器和旋转变压器使用最为普遍。霍尔传感器是利用霍尔效应制成的，电机转子转动时的南北极变化导致输出高低电平的变化。一般每个电机仅需 3 个霍尔传感器，它们以 120° 的电角度分布，便可精确捕捉定子三相的换向时刻。霍尔传感器安装示意如图 7.23 所示，实物安装如图 7.24 所示。当前也有厂家选择 60° 电角度的布局方式，尽管输出顺序有所不同，但位置传感原理一样。在磁场旋转一个电周期的过程中，每个霍尔传感器会经历 2 次输出状态的变化，3 个传感器则共计 6 次。三个传感器的高低电平组合形成了 6 个相位，控制系统可以根据上述位置进行绕组通电换相控制,因此也称为六步换相控制。霍尔传感器6个位置和6个扇区的对应如图7.25所示。

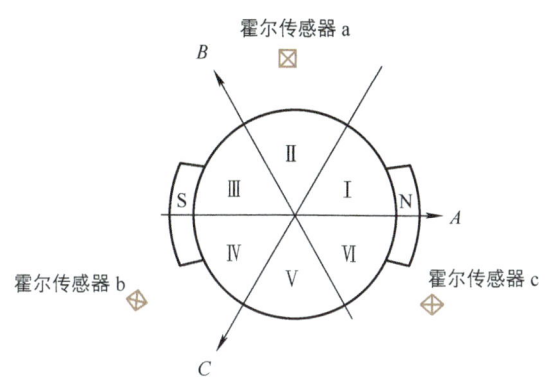

图 7.23　电机霍尔传感器安装示意

图 7.24　电机霍尔传感器实物安装

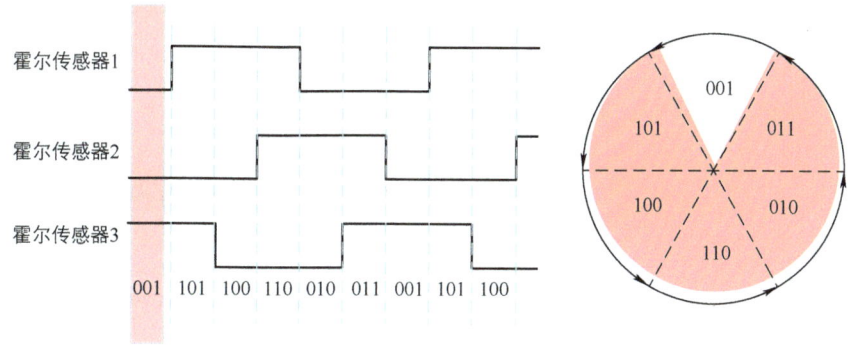

图 7.25　电机霍尔传感器6个位置和对应扇区分布

旋转变压器是一种电磁式传感器,又称同步分解器。旋转变压器本质上是一种测量角度用的小型交流电动机,也由定子和转子组成。旋转变压器的工作原理如图7.26所示。转子绕组作为变压器的一次边,接受励磁电压。定子绕组作为变压器的二次边,通过电磁耦合得到感应电压。定子绕组通常为两个,相互之间角度为90°。由于转子的转动,定转子之间的电压之比不再是常数,而是与转子位置相关。通过对定子绕组信号的处理,可以得到连续的转子角度信息。旋转变压器实物如图7.27所示。

2. 电机工作原理及性能参数

(1)永磁同步电机(Permanent Magnet Synchronous Motor)

永磁同步电机的定子为线圈绕组,一般为3相,可以是分布式或者集中式。转子则是永磁体,一般是钕铁硼材料,磁能级高、矫顽力大。根据定转子内外布置的不同,有内转子和外转子两种形式。内转子永磁同步电机结构如图7.28所示,是当前电动汽车驱动电机的主要形式。外转子永磁同步电机结构如图7.29所示,外转子电机比较适合短而大的应用,常用在增程器和发电机上。

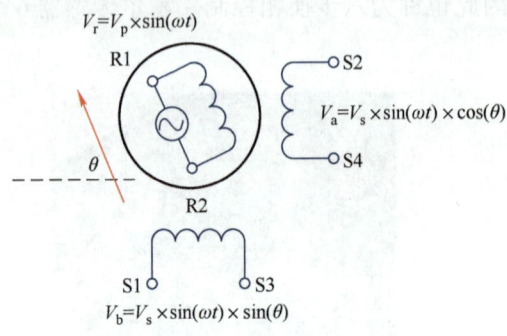

图7.26 旋转变压器工作原理

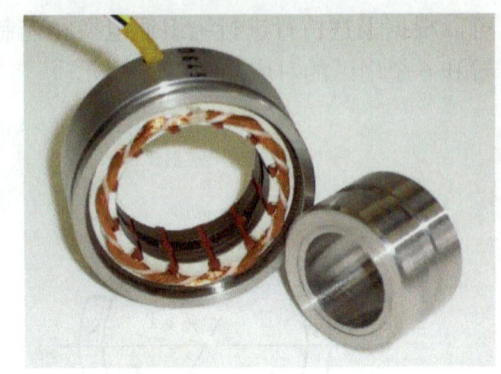

图7.27 旋转变压器实物

图7.28 内转子永磁同步电机

图7.29 外转子永磁同步电机

永磁同步电机的工作特性曲线如图7.30所示。在一定转速下，电机恒转矩，超过额定转速后，电机恒功率。在整个工况面内，永磁同步电机的高效率区间集中在中速中等负荷，高速低负荷则效率比较低，这对于电动汽车的高速行驶是不利因素。当前，电动汽车也逐步采用变速器对电机运行工作点进行优化，以提高效率，从而增加续驶里程。

（2）交流异步电机（AC Induction Motor）

交流异步电机和永磁同步电机定子结构是一样的，只是转子结构上有所区别。交流异步电机的转子是通过定子的感应产生磁场的，因此需要绕组来实现。交流异步电机的转子绕组短接形成回路，根据短接形式的不同分为笼式和滑环式。笼式绕组通过短路环进行短接，结构简单、可靠性高，应用最为广泛。笼式绕组结构如图7.31所示。滑环式绕组通过滑环对绕组进行引出，可以通过外部串入电阻实现感应电流的调整，从而实现性能曲线的调节，结构复杂、灵活性高，但须定期维护滑环。滑环式绕组结构如图7.32所示。

交流异步电机的工作特性曲线如图7.33所示。交流异步电机既可以作为电动机运行，也可以作为发电机运行，可根据定转子的相位前后确定。作为电动机运行时，由于转子需要在定子交变磁场的条件下感应产生磁场，定转子磁场具有相位差，也即定转子不能同步运行，否则感应过程就不会产生，这是交流异步电机的最大特点。定转子之间的转速差与定子转速之比称为转差率。

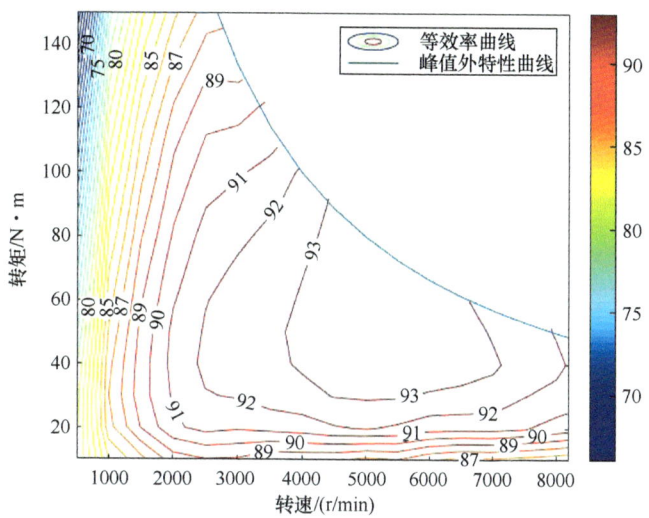

图 7.30　永磁同步电机工作特性曲线

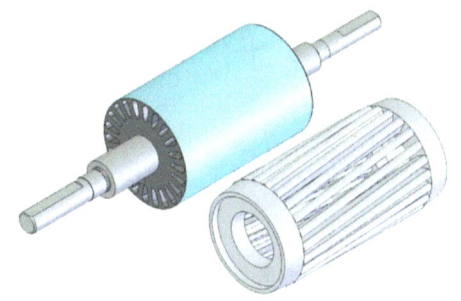

图 7.31　笼式绕组结构

图 7.32　滑环式绕组结构

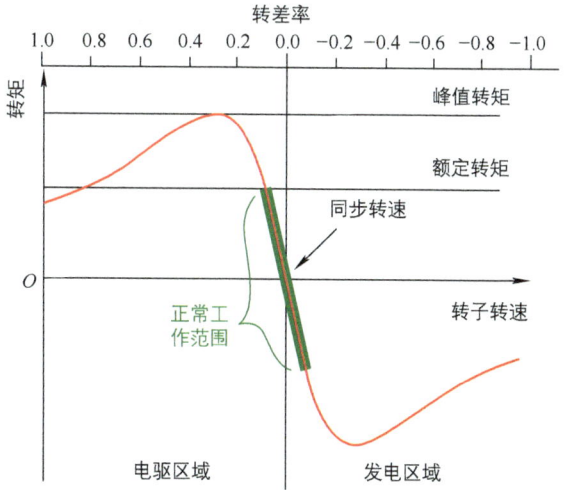

图 7.33　交流异步电机工作特性曲线

7.3.3 驱动电机控制系统

1. 控制器结构与功能

驱动电机的控制系统主要实现从电池的直流到电机绕组的交流变换，也即 DC-AC 变换，也称为逆变器。典型的驱动电机控制系统硬件架构如图 7.34 所示。其核心组成是微控制器、位置传感器输入、功率输出驱动。驱动电机控制系统首先对位置传感器等输入信号进行处理，根据位置传感器检测到的转子位置，然后根据驾驶员选择的驾驶模式、踏板等控制输入信号，根据行驶控制算法得到电机转矩和转速控制信号，接着由微控制器按照电机控制算法（直接转矩控制或者场矢量控制）输出三相逆变桥的 PWM 控制信号，最后电机绕组通电换相实现目标要求的运动控制。

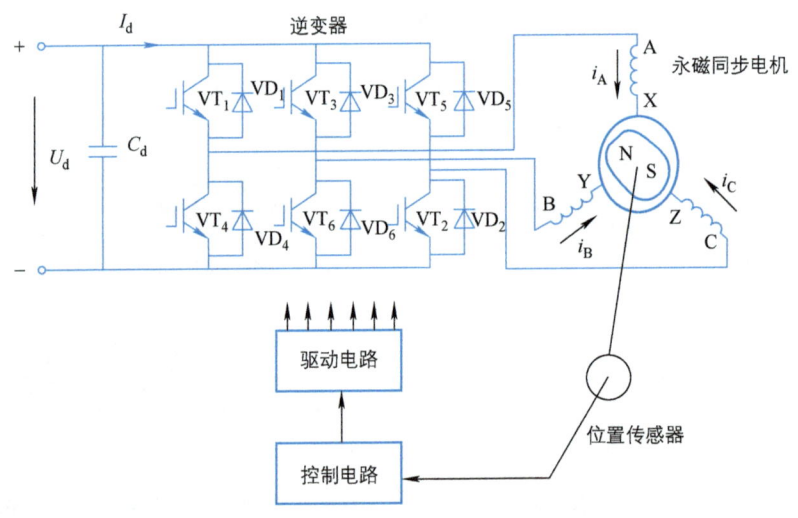

图 7.34　驱动电机控制系统硬件架构

当前电动汽车的动力系统电压为 400V 左右，正在向 800V 发展，这对其中三相逆变桥的功率器件提出了很高要求。在 400V 电压下，功率器件耐压需要在 600V 以上，因而通常采用 650V IGBT。在电压达到 800V 后，功率器件耐压需要在 1200V 以上。同时，由于电机功率较大，功率器件的功耗也很高，为了降低功率器件功耗，必须提高工作频率。这些因素为碳化硅（SiC）和氮化镓（GaN）功率器件的发展提供了机会。

微控制器方面，电机控制算法由于运算量大、控制响应速度要求高，故基本上采用专用的控制器或者数字信号处理器（DSP）实现。

2. 控制策略与算法简介

当前，电机控制算法主要是直接转矩控制（DTC）和场矢量控制（FOC）算法，其中 DTC 算法为 ABB 公司专利，它直接控制电机磁通和转矩，而不是控制电机电流，其最大优点是算法计算量要求低、控制响应速度快，缺点是动态性能差、低速时转矩脉动大，转速不稳。由于专利要求，应用受到一定限制。FOC算法是西门子公司提出的，无专利限制，应用最为广泛。FOC算法既可以用于永磁同步电机，也可以用于交流异步电机。FOC算法的优点是控制精度高、控制响应速度快，电机转矩和转速可以精确控制，其缺点是控制算法复杂、运算量大，对电机参数和系统模型准确度要求高。

这里以FOC算法为例，介绍驱动电机控制算法。FOC算法框图如图7.35所示。

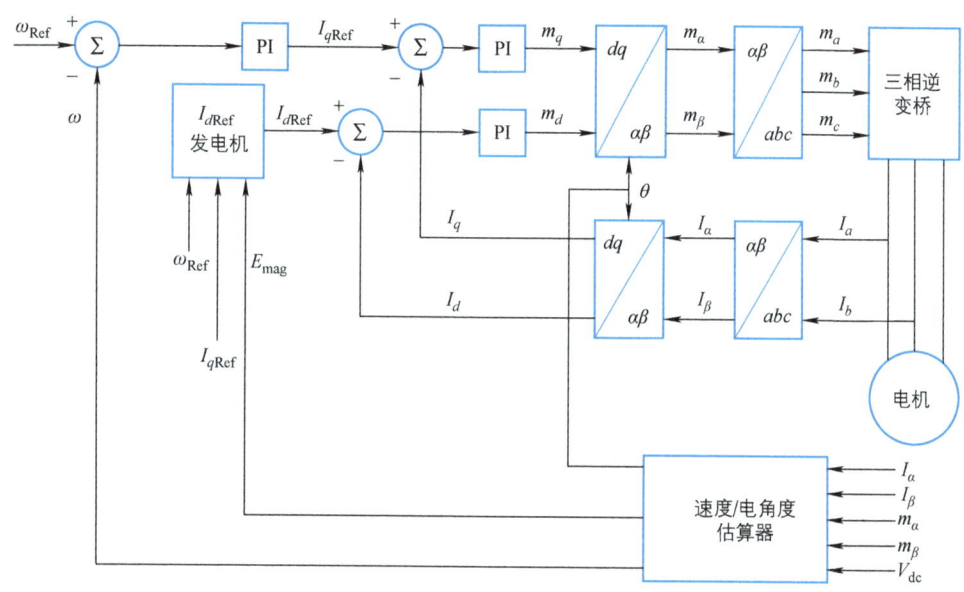

图7.35 永磁同步电机FOC算法框图

FOC算法的核心思想是定子磁场变化与转子磁场同步。具体过程如下：①采样三相中的两相电流，通过Clark变换实现abc轴到$\alpha\beta$轴的变换，得到I_α和I_β；②根据当前转子角度，通过Park变换实现$\alpha\beta$轴到dq轴的变换，得到I_d和I_q；③根据当前转速值和目标转速控制值，得到I_d和I_q的控制目标值；④对I_d和I_q分别进行控制，得到m_d和m_q控制值；⑤m_d和m_q控制值经过逆Park变换，得到m_α和m_β；⑥m_α和m_β控制值经过逆Clark变换，得到m_a、m_b和m_c对应的PWM值；⑦输出PWM控制脉冲到三相逆变桥。

交互测验题

一、选择题

1. 永磁同步电机与下面哪种电机从定转子结构上看基本上是一致的？（　　）
A. 无刷直流电机　　　B. 开关磁阻电机　　　C. 交流感应电机　　　D. 音圈电机

2. 无刷直流电机一般多采用下面哪种换相控制算法？（　　）
A. 直接转矩控制　　　B. 场矢量控制　　　C. 梯形波六步换相　　　D. 各相独立换相

3. 一般情况下，在同等条件下，哪种电机的效率最高？（　　）
A. 永磁同步电机　　B. 开关磁阻电机　　C. 同步磁阻电机　　D. 交流感应电机
4. 电机控制中的霍尔传感器，一般采用（　　）个，确定（　　）个扇区相位。
A. 3，5　　　　　　B. 4，8　　　　　　C. 3，6　　　　　　D. 3，9

二、判断题

1. 从理论上讲，每个电机都是既能作为电动机应用，也能作为发电机应用。（　　）
2. 电机控制系统可以实现在低速条件下进行动能回收。（　　）
3. FOC控制算法一定需要安装转子位置传感器。（　　）
4. 开关磁阻电机可以作为步进电机应用。（　　）

7.4　电驱动桥

电驱动桥可以将电能转化为机械能，根据电机位置不同，电驱动桥可分为集中式电驱动桥和轮边电驱动桥，集中式电驱动桥又可分为平行轴式电驱动桥和同轴式电驱动桥，轮边电驱动桥又可分为轮边电机驱动桥和轮毂电机驱动桥。按部件集成度分，有二合一电驱动桥和三合一电驱动桥，前者集成了电机和减速器，后者集成了电机控制器、电机和减速器。

7.4.1　集中式电驱动桥

早期的电驱动桥主要借鉴燃油车驱动桥设计，仍然需要多档位变速器等部件，这是因为从燃油车驱动桥转型成本相对较低，如图7.36所示，主要在纯电动商用车中有所应用。

微课：集中式电驱动桥

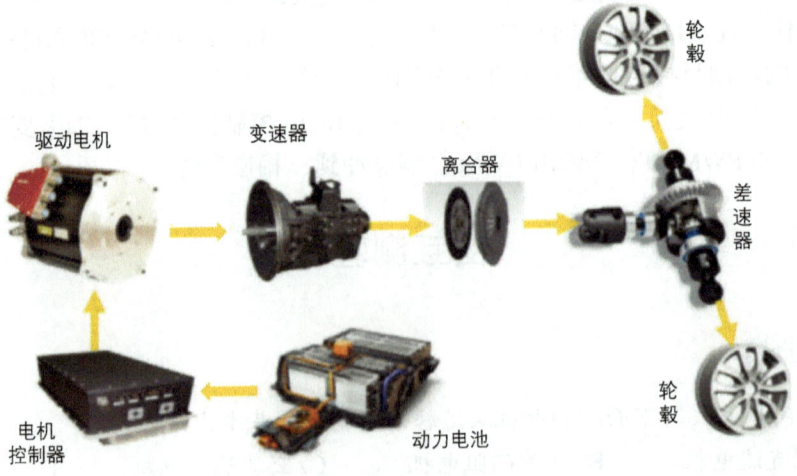

图7.36　商用车集中式电驱动桥

图7.37为比亚迪集中式电驱动桥，驱动电机与变速器连接，单个永磁电机作为动力源，经变速器将动力传递给车轮。车桥高度集成，结构紧凑、传动效率高，电机动力经变速器等机构直接驱动车轮；可实现自动变速，可以使电机工作保持在高效率区间；具有制动回馈功能，从而实现能量回收，延长续驶里程。

图7.37　比亚迪集中式电驱动桥

电机＋减速器二合一集中式电驱动桥的结构如图7.38所示。电机的工作范围较宽（一般在0～15000r/min），在低转速甚至零转速下也可以输出很大的转矩，所以即使没有变速器，电动汽车也可以正常运行。但是如果用在整体式电驱动桥中，如图7.39所示，其非簧载质量大且偏置，对汽车操控性有负面影响。

图7.38　二合一集中式电驱动桥　　　　图7.39　二合一集中式整体式电驱动桥

比亚迪还开发了同轴式电驱动桥，将驱动电机、减速器、差速器等关键部件集成在一起，并通过同轴布置实现动力的高效传递。这种设计不仅简化了车辆的动力传动系统，还提高了传动效率和能量回收率。其同轴电驱动桥的一根半轴穿过电机的中空轴，采用行星齿轮减速器，如图7.40所示，具有集成度高、结构紧凑、重量较轻等优点，但电机壳变成承载件，有一定风险。同轴式电驱动桥主要应用于比亚迪的纯电动微型货车、轻型货车等车型中。

电机控制器＋电机＋减速器三合一集中式电驱动桥如图7.41所示，其高度集成化，更能支持新能源车型紧凑的动力布局，并且简化了冷却管路和功率驱动线缆，模块内部集成大功率交流驱动母线进一步降低了线缆成本，且平台化设计灵活，能够适配不同车型，如图7.42所示。目前，吉凯恩（GKN）、博世（BOSCH）、采埃孚（ZF）和比亚迪等公司都有三合一集中式电驱动桥产品。

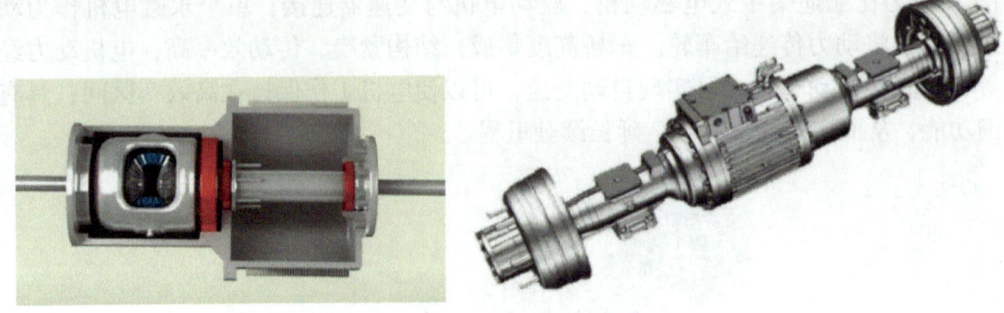

图 7.40　比亚迪同轴式电驱动桥

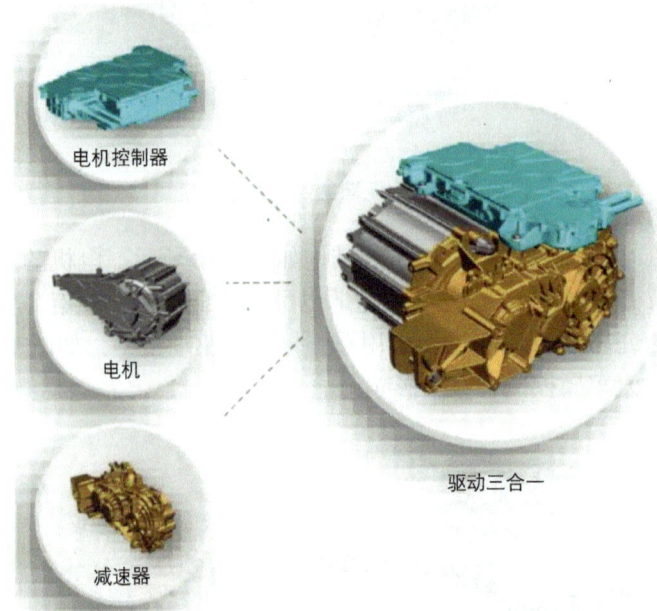

图 7.41　三合一集中式电驱动桥（一）

图 7.42　三合一集中式电驱动桥（二）

GKN 三合一集中式电驱动桥的结构如图 7.43 所示。GKN 还开发了带两档变速器的三合一集中式电驱动桥，如图 7.44 所示，其减速比分别为 11.38 和 5.85，换档通过电机驱动，已经在宝马 i8 等车型上应用。驱动电机配置两档变速器能够在更宽的转速范围内保持高效的传动比，从而提升电动汽车的加速性能、最高速度和续驶里程。此外，两档变速器还能够在不同工况下智能切换档位，以优化电机的工作能效。

图 7.43　GKN 三合一集中式电驱动桥

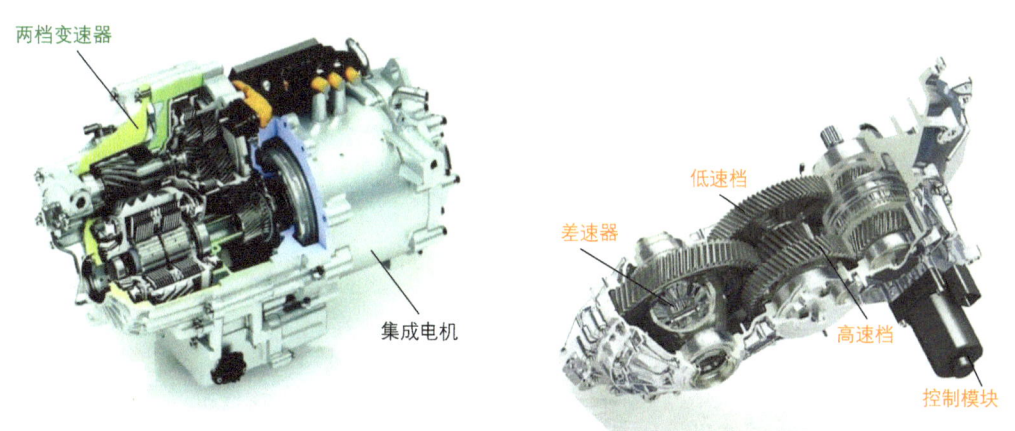

图 7.44　GKN 三合一集中式双速电驱动桥

ZF 三合一集中式电驱动桥用在电机前置前驱车中。其最大输出功率为 120kW，能保证在低速情况下输出高转矩。其动力电源是与电驱动装置集成为一体的，适用于小型和中型电动轿车，如图 7.45 所示。

图 7.45　ZF 三合一集中式电驱动桥

7.4.2　轮边电机驱动桥

微课：轮边电机驱动桥

轮边电机驱动桥在客车和轿车中都有所应用，它是把电机装在车轮边以单独驱动车轮，对于同一驱动桥，左右两侧车轮分别由一个电机驱动，可以通过控制左右电机转速实现差速。

如图 7.46 所示，奥迪电驱动 ATA250 为同轴双电机电驱动系统，左右车轮由两个独立的电机驱动，主要用在奥迪 e-tron S 的后驱动桥中，图 7.47 为其爆炸图。在减速器部分，由于采用两个电机，一个电机连接一个车轮，可实现两侧车轮的电子差速，所以不再需要差速器。电机连接太阳轮作为输入，齿圈固定，行星架上设有连接传动轴的法兰结构，作为动力输出，如图 7.48 所示。

图 7.49 所示为集成轮边电机和轮边减速器的整体式后驱动桥，配置空气悬架，主要用在客车中。这种驱动桥能完全释放地板下空间，有利于电池包布置；特别适合低地板电动公交车采用。它的集成度高，减少了高压电器数量和动力传输线路长度，便于实现电子差速与转矩协调控制，可回收制动能量、能量利用率高，并且可降低车身高度和车载自重、提高承载量、提升有效空间。但其缺点是非簧载质量较大。

图 7.46　奥迪 ATA250 同轴双电机驱动

第 7 章 纯电动汽车驱动传动系统

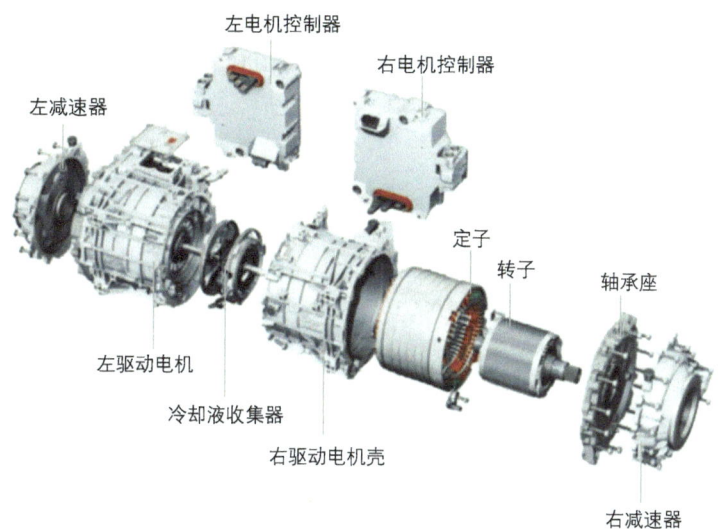

图 7.47 奥迪 e-tron S ATA250 轮边电机驱动桥爆炸图

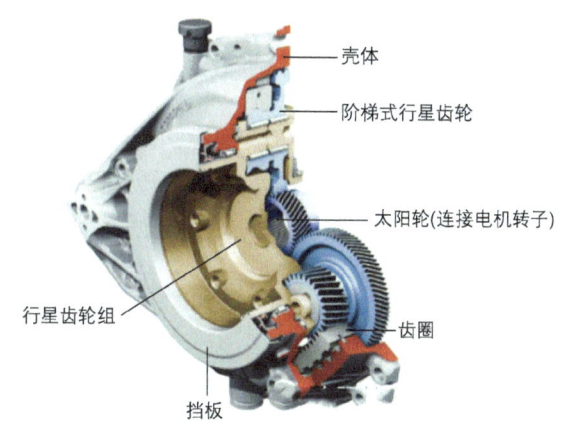

图 7.48 奥迪 ATA250 减速器

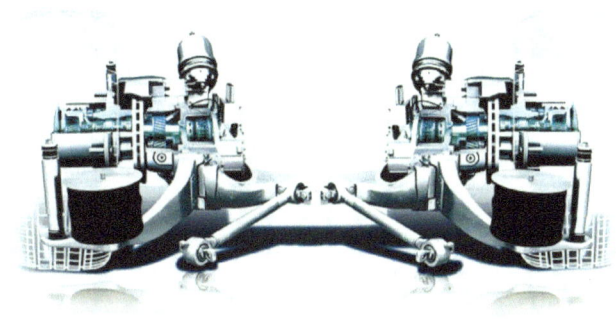

图 7.49 整体式轮边电机后驱动桥

图 7.50 所示为 ZF 低地板客车电机驱动桥的结构。它采用内置一体式电机设计,高度集成在车桥内部,没有独立的电机外壳。水冷高转速电机与两级大减速比减速机构的设计,使得电机尺寸更小,系统高效区更宽。它不需要传动轴等机械硬连接,质量能减少 250~500kg。

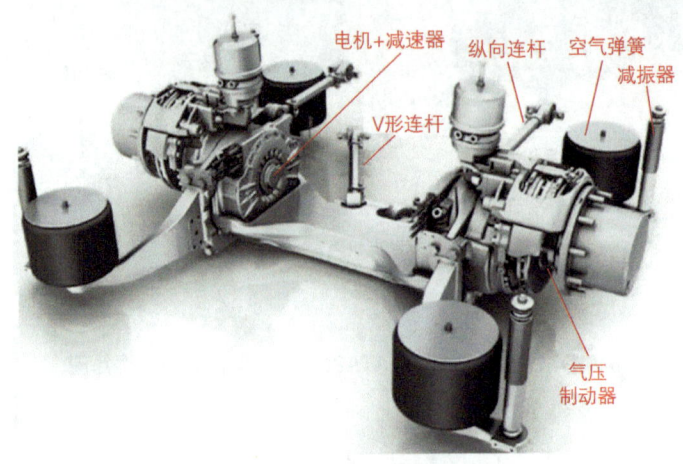

图 7.50　ZF 轮边电机驱动桥结构

图 7.51 所示为比亚迪客车采用的轮边电机驱动桥,其使用两个永磁同步电机为整车提供动力,高转速的驱动电机通过轮边减速机构减速后,转速降低,转矩增大,为车轮提供较大的驱动力。电机受到驱动电机控制器的控制,可根据需要调整转速,操作更加舒适、车辆行驶更加平稳。

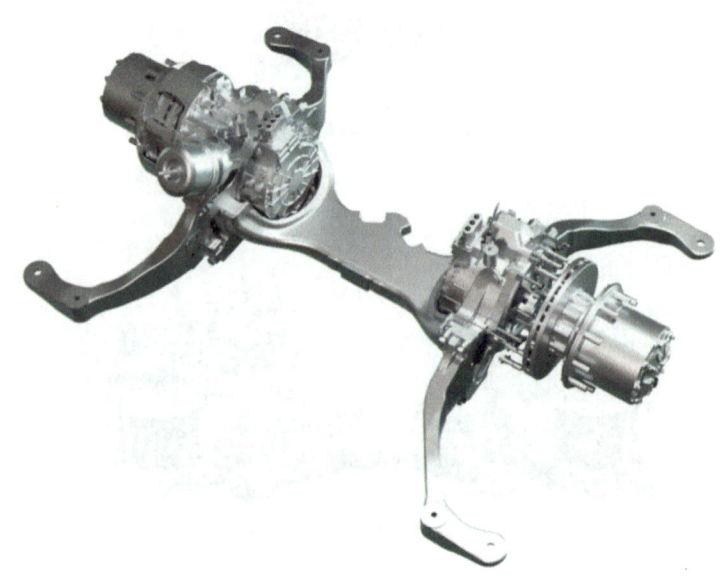

图 7.51　比亚迪轮边电机驱动桥

比亚迪仰望品牌于 2023 年 1 月发布了"易四方"技术,是国内首个量产的四电机驱动系统,如图 7.52 所示。图 7.53 所示为其采用的双轮边电机驱动桥。易四方是比亚迪研发量产的四电机驱动技术,通过四电机独立矢量控制技术对车辆四轮动态实现精准控制。易四方技术已应用于仰望 U7、U8、U9 等车型上,为这些高端车型提供了卓越的动力性能和操控稳定性。

图 7.52 比亚迪易四方四电机驱动系统

图 7.53 比亚迪双轮边电机驱动桥

易四方技术平台标配了全新一代的 800V SiC(碳化硅)电控系统,最高效率达到了 99.5%。该技术通过高运算能力和控制速度,将电流输出能力提升 50%,能够精准地控制四个驱动轮所需要的电流输出。并且 SiC 的使用能让驱动电机在低转速时承受更大输入功率,且因其高热性能,不怕电流过大导致的热效应和功率损耗。特别是在车辆起步时,驱动电机能够输出更大转矩,获得更强的加速能力。2024 年 8 月,比亚迪首创的"易三方"技术,采用了三个电机的布局:前桥使用一个电机,后桥使用两个电机,即双轮边电机驱动桥。

7.4.3 轮毂电机驱动桥

轮毂电机,又称车轮内装电机技术,其显著特点是将动力、传动、转向和制动装置都整合到轮毂内。如图 7.54 所示,轮毂电机、控制器与轮毂集成一体,直接安装在车轮上,轮毂作为电机的转子,大大减少了零部件数量和动力系统的体积,传动效率更高,且大大提高了车内空间的实用性和利用率。

微课:轮毂电机驱动桥

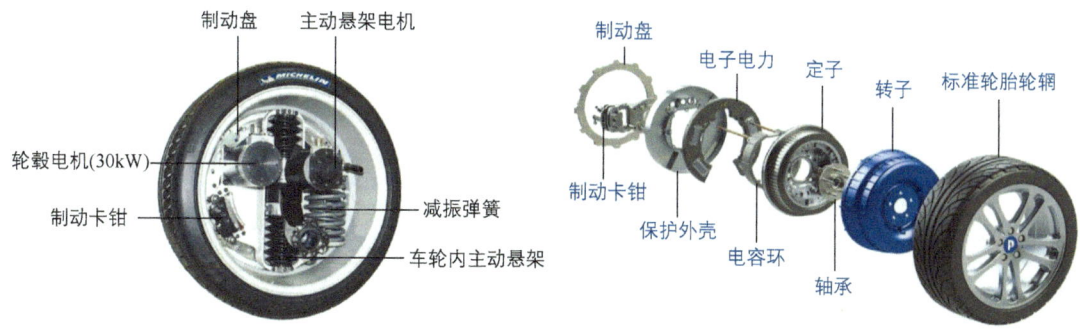

图 7.54 轮毂电机

轮毂电机通常由电机本体、转子、定子、电源和控制器等部分组成。电机本体是核心部件，由定子和转子组成。定子是固定的部分，包含电机的线圈和永磁体；转子是旋转的部分，与车轮相连，负责接收电机产生的力和转矩。电源系统通常由电池组成，为电机提供所需的电流。控制器则负责监测和控制电机的运行。

轮毂电机通过电磁感应定律，将电能直接转化为车轮转动的机械能，从而驱动车辆。具体实现过程涉及电流通过轮毂电机产生旋转磁场，该磁场与电机内部的定子和转子交互作用，产生转矩，进而推动车辆前进。

轮毂电机驱动桥的优点为：①采用轮毂电机后，车辆可以省去离合器、变速器、传动轴、差速器等传统传动部件，使得车辆结构更加简单，减轻了质量，提高了空间利用率和传动效率。②轮毂电机具备单个车轮独立驱动的特性，可以轻松实现前驱、后驱、四驱等多种驱动形式。同时，通过左右车轮的不同转速甚至反转，可以实现差动转向，大大减小车辆的转弯半径。③轮毂电机的采用大幅度降低了动力传输过程中的能量损失，提高了能源效率，从而提升了车辆续航能力。

轮毂电机驱动桥的缺点包括：①轮毂电机的集成设计使得车轮和电机一体化，增加了整个车轮组件的重量，即簧下质量，这可能会影响车辆的悬架系统和操控性。②轮毂电机的电制动容量有限，特别是在重型车辆上，需要与机械制动系统共同工作。这可能会增加能耗，对电动汽车的续驶里程产生一定影响。③轮毂电机工作在恶劣的环境中，面临水、灰尘等多种不利影响。因此，对轮毂电机的密封性和散热设计提出了高要求。④轮毂电机的集成设计需要更复杂的制造工艺和装配过程，增加了生产成本。同时，由于其结构的特殊性，维护起来也相对复杂。

国外Protean、Elaphe、舍弗勒、NSK等在持续开展轮毂电机的研发，其中Protean于2022年3月宣布，其在中国的合资公司无锡威孚电驱动科技有限公司已与东风汽车技术中心达成合作，双方将共同推动该公司ProteanDrive轮毂电机解决方案的市场推广。

东风公司在2023上海国际车展展出的岚图追光轮毂电机版车型，成为推动轮毂电机技术迈向实用化进程中的重要里程碑。这款车型通过轮毂电机实现了动力系统的分布式四驱配置，不仅展现了高集成度的技术优势，还极大地提升了驱动效率，并提供了多样化的驱动模式选择。

轮毂电机技术作为新能源汽车领域的一项前沿探索，其核心在于将驱动电机直接集成于车轮内部，从而省去了传统的传动轴、差速器等复杂机械结构，简化了动力传输路径，有效提高了能量转换效率。针对轮毂电机存在的缺点和挑战，工程师们也在不断寻找解决方案，以提升轮毂电机的整体性能和应用范围。未来，轮毂电机技术有望在降低成本、提高性能、优化结构等方面取得更多突破，进一步推动新能源汽车产业的发展。

交互测验题

一、选择题

1. 关于三合一电驱动桥，下列说法正确的是（　　）。

A. 它只包含电机和减速器

B. 它将电机、减速器和电机控制器集成在一起
C. 它主要用于分布式驱动系统
D. 它的传动效率较低

2. 同轴式电驱动桥的一个显著优点是（　　）。
A. 非簧载质量大　　　　　　　　　B. 电机壳变成非承载件
C. 集成度高，结构紧凑　　　　　　D. 只适用于大型车辆

3. 轮边电机驱动桥相比传统驱动桥，在结构上有什么不同？（　　）
A. 一个驱动桥上只需要一个电机　　B. 电机车轮之间无差速器
C. 电机通过传动轴与车轮相连　　　D. 电机位于车架中央

4. 轮毂电机驱动桥的一个主要缺点是（　　）。
A. 传动结构简单　　　　　　　　　B. 簧下质量增加
C. 能量消耗低　　　　　　　　　　D. 灵活的驱动方式

二、判断题

1. 电动汽车的驱动电机只能使用直流电机。（　　）
2. 电驱动桥的集成度越高，车辆的传动效率就越高。（　　）
3. 轮毂电机驱动桥由于簧下质量增加，会对车辆的操控性产生不利影响。（　　）
4. 电动汽车的驱动系统只需要电机和控制器就可以正常工作。（　　）

7.5　纯电动汽车动力传动系统案例分析

7.5.1　特斯拉电动汽车动力传动系统

特斯拉电驱动传动系统大致经历了四代技术迭代。第一代应用在 Roadster，使用异步感应电机作为驱动电机，控制器应用 IGBT 单管并联技术，Roadster 最早开发且交付量少，少为世人所知。第二代电驱动系统用在 Model S/X，控制器改为立体构造，类似叠层三明治结构，异步电机和控制器左右对称布置。第三代电驱动系统应用在 Model 3/Y，首次搭载了永磁同步电机，控制器中应用了碳化硅功率器件，并改变了控制器的结构设计，整体更加紧凑。第四代系统优化了输出三相电气连接的保护机制，并新增了红外温度传感器以实时监测运行状态。在控制器方面，原本通过螺栓固定的接插件位置，现在采用了先进的搅拌焊接一体成型工艺，不仅降低了制造成本，还提高了结构的稳固性。此外，电机油滤外壳也实现了整体铸造，滤芯内置且不可更换，进一步简化了维护流程。

特斯拉电驱分为用于后驱的大电驱单元（Large Drive Unit，LDU）和小电驱单元（Small Drive Unit，SDU）两种。LDU 体积和功率较大，SDU 则相反。LDU 主要用于 Model S/X 单电机版本，以及双电机高性能四驱版本中的后轮驱动。SDU 主要用于双电机普通版本的前、后驱，和双电机高性能版本中的前驱。图 7.55 所示为特斯拉第二代和第三代的电驱布置方案，有单电机后驱布置方案、双电机四驱方案和三电机（前单电机和后双电机）四驱方案。三电机四驱方案用在 Model S Plaid 车型中。本节将重点介绍特斯拉第二代 Model S 电驱动传动系统。

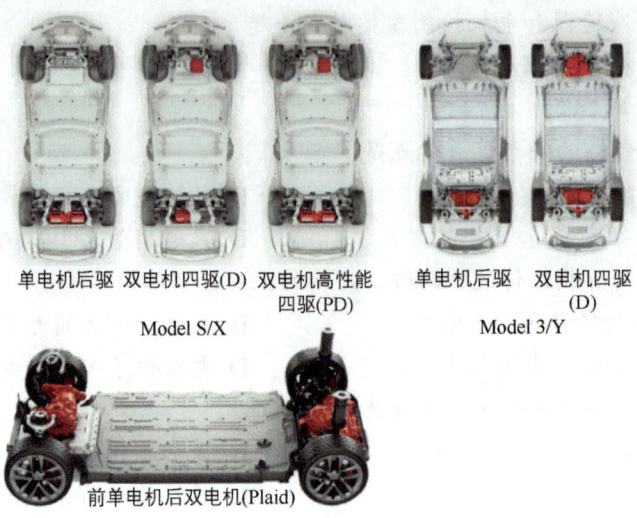

图 7.55 特斯拉电驱动传动布置方案

特斯拉单电机和双电机方案中电驱动传动部分均是电机、减速器和控制器的左中右布置结构，即电机和控制器布置在减速器两边，减速器里面内含开放式锥差速器将动力传给左右轮。特斯拉早期车型使用的是交流异步电机（也称为感应电机）。这种电机的优点在于它不需要任何永磁材料，制造成本较低且稳定可靠。它的缺点是体积较大、重量较重。在 Model 3、Model S Plaid 中则采用了永磁同步电机。这种电机功率密度高，调速范围大、体积小，但成本相对较高，因为永磁材料含有稀土。这两种电机各有优势，交流异步电机在体积和成本方面占优，而永磁同步电机则在功率密度和效率方面表现更好。特斯拉根据不同车型的需求和设计选择了不同的电机类型。

图 7.56 所示为 Model S Plaid 前电驱部分，和前期的 Model S 产品基本一致，主要是悬置方式有所变化。图 7.57 所示为 Model S Plaid 前电驱电机爆炸图，图 7.58 所示为 Model S Plaid 前电驱传动系统爆炸图。

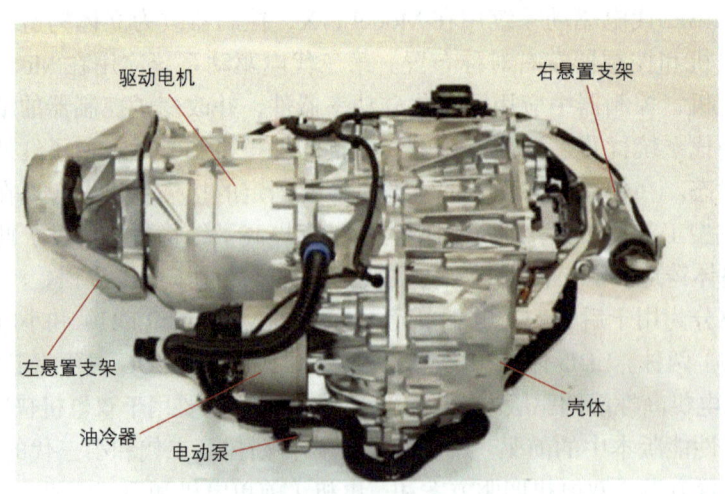

图 7.56 Model S Plaid 前电驱

第 7 章 纯电动汽车驱动传动系统

图 7.57　Model S Plaid 前电驱电机爆炸图

图 7.58　Model S Plaid 前电驱传动系统爆炸图

Model S 大单元后驱为大圆桶式的电机和控制器，分别布置在减速器两边。图 7.59 所示为其布置示意图，图 7.60 所示为其实物图。图 7.61 所示为 Model S Plaid 双电机后驱实物图，左右驱动电机同轴布置，采用二级减速器，内部无差速器结构，通过驱动电机的转矩和转速实时调节，实现差速和差矩。图 7.62 所示为 Model S Plaid 双电机后驱传动系统爆炸图。

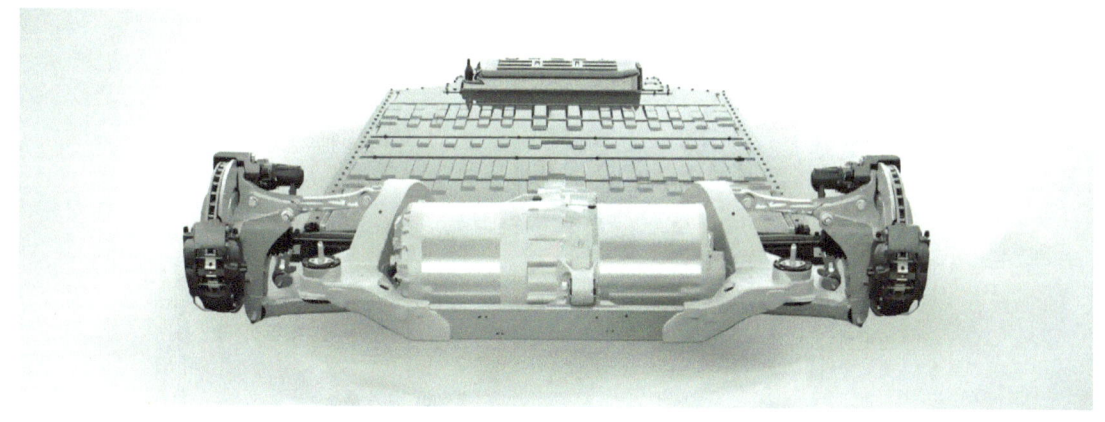

图 7.59　Model S 大单元后驱电动传动

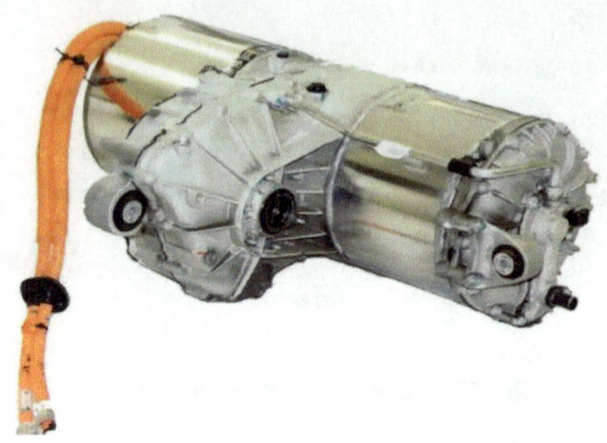

图 7.60　Model S 后驱动电机、减速器和控制器实物

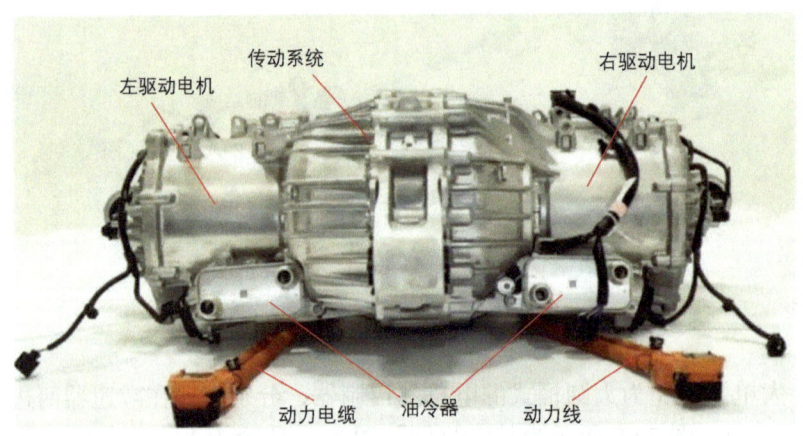

图 7.61　Model S Plaid 双电机后驱动实物

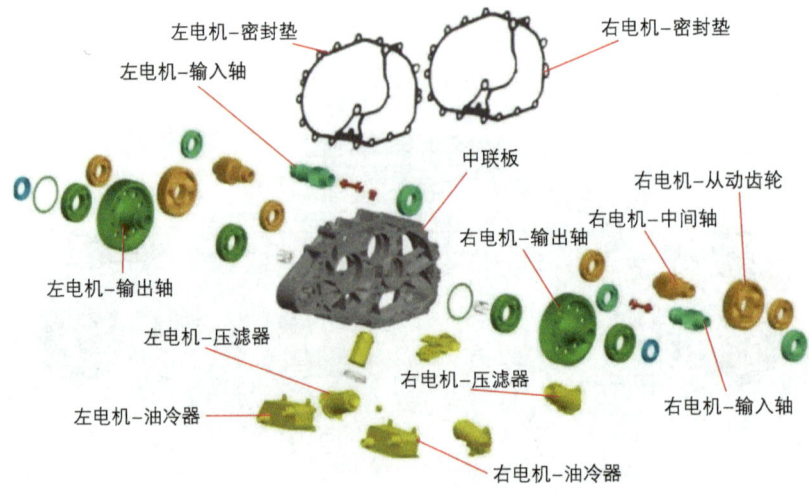

图 7.62　Model S Plaid 双电机后驱传动系统爆炸图

7.5.2 奥迪电动汽车动力传动系统

奥迪在 2018 年首次推出了奥迪 e-tron 车型，采用双电机全轮驱动，其前桥采用平行轴电驱系统 APA250，后桥采用同轴电驱系统 AKA320，如图 7.63 所示。

图 7.63 奥迪 e-tron 电驱动传动系统

奥迪 e-tron 平行轴前桥由驱动电机、电控制器和减速器集成，如图 7.64 所示。前驱 APA250 采用异步电机，如图 7.65 所示，峰值功率 135kW，最高转速 15000r/min。电控布置在总成侧前方，采用 4 颗螺栓固定，两对角销定位，并附有保护罩。控制器采用双面水冷功率模块，3 模组，驱动板与控制板垂直布置，整体非常紧凑。低压插接口布置在控制器下方，控制板垂直布置在侧方，以减少信号干扰，插接口角度与控制器底面呈一定锐角。控制器出水口与电机进水口通过非金属管连接，管路两头带有 O 形圈，径向密封，图 7.66 为控制器爆炸图。

减速器（代号 0MA）由舍弗勒提供，采用一级行星排 + 二级平行圆柱斜齿轮，如图 7.67 所示，图 7.68 为其工程示意图。输入输出轴平行布置，差速器为舍弗勒的轻量化差速器。电机与行星排太阳轮花键连接作为输入，齿圈通过花键与壳体固定，行星架作为输出，实现一级减速。内外啮合齿轮均为斜齿轮，实现大传动比输出，采用三个行星轮。整个传动系减速比为 9.204，其二级减速传动比并不大，仅为 1.568，所以一级行星排的整体传动比为 5.871，行星排的特征参数，即齿圈齿数与太阳轮齿数之比为 4.871。

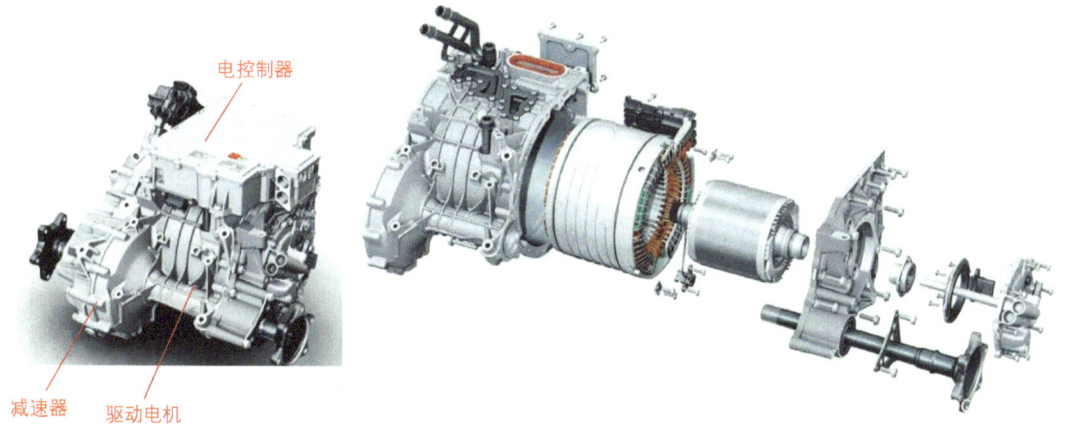

图 7.64 奥迪 e-tron 平行轴前桥

图 7.65 APA250 采用的异步电机

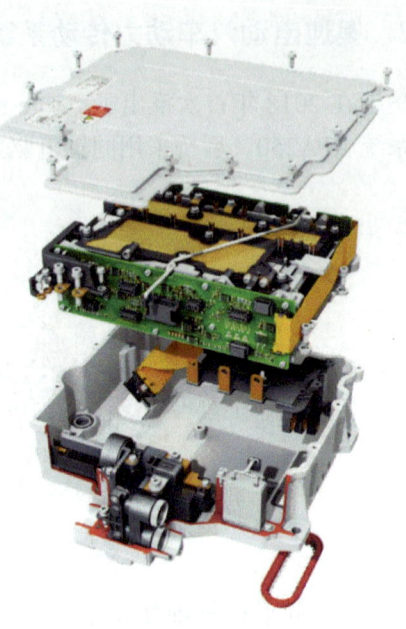
图 7.66 APA250 控制器爆炸图

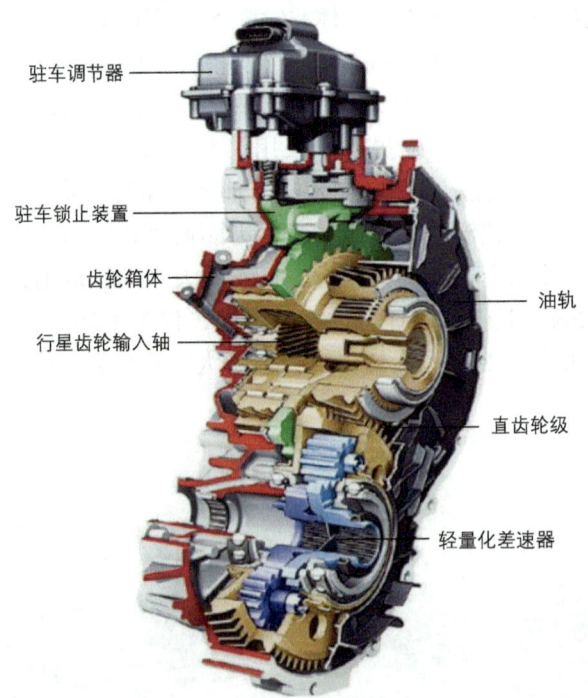
图 7.67 APA250 减速器

奥迪 e-tron 同轴后驱动桥采用 AKA320，同样为三合一集成，日立控制器布置在系统的正前方，减速器采用舍弗勒的双联行星齿轮 + 轻量化差速器。AKA320 总成的电机和减速器采用共壳体设计，分为三段箱体结构，如图 7.69 所示。

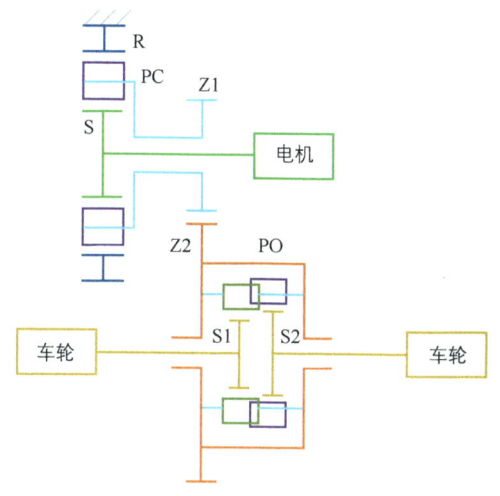

图 7.68 APA250 减速器工程示意图

图 7.69 奥迪 e-tron 同轴后驱动桥 AKA320

AKA320 的减速器（代号 0MB）也是由舍弗勒提供的，采用输入输出同轴式布置，轴齿结构为双联行星齿轮与轻量化差速器集成式，双联行星齿轮实现二级减速，如图 7.70 所示。图 7.71 所示为 AKA320 减速器工程示意图。由于采用同轴式设计，无法采用前桥的二级平行圆柱斜齿轮，又需要达到较大的传动比，也就无法采用单行星排，所以这里舍弗勒采用了 NW 型行星排，舍弗勒将该传动比设计为 9.083。双联行星排与轻量化差速器集成式结构，依靠左右两端的角接触球轴承支撑，外圈均固定在壳体上。

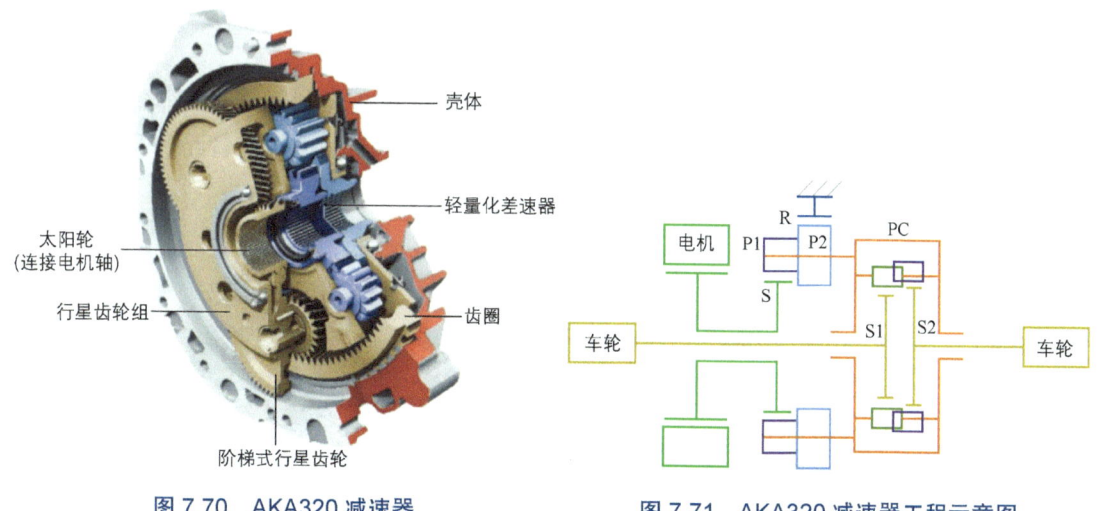

图 7.70 AKA320 减速器　　　　　图 7.71 AKA320 减速器工程示意图

2020 年，奥迪推出了 e-tron 的性能版——e-tron S，采用了三电机布局，前桥一个电机，后桥两个电机，如图 7.72 所示。其前电机的功率和转矩分别为 151kW、355N·m；后轴配备的两个电机功率和转矩均为 133kW/309N·m。后轴搭载同轴后桥双电机电驱系统 ATA250，因此后轴不需要差速器。

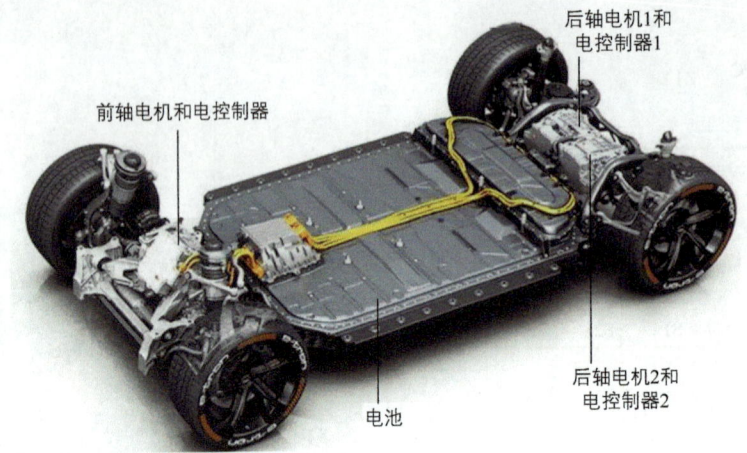

图 7.72 奥迪 e-tron S 电驱系统

在日常行驶模式下,只有后部的双电机驱动车辆,前电机不通电以节省电量。在加速时会自动切换成四驱。在附着力下降、过弯等状态下,系统会进行预测,前电机会提前参与驱动。

7.5.3 比亚迪电动汽车动力传动系统

比亚迪电驱传动系统的发展经历了一个从分立式到高度集成的演进过程,以下是对其发展历程的简单介绍。

1. e 平台 1.0,分立布置模式

比亚迪早期的电驱动系统采用分立式发展,将电机、电机控制器、减速器等各部件独立布置,包括高压模块等。如图 7.73 所示,整车高低压线束、接插件、管路和箱体结构等错综复杂。图 7.74 所示为比亚迪 e6 的电驱系统是基于分立式布置的。

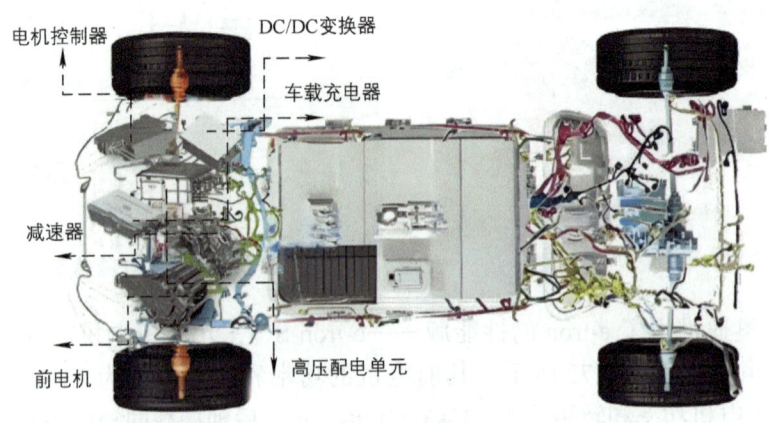

图 7.73 分立式比亚迪电驱系统示意图

第 7 章 纯电动汽车驱动传动系统

图 7.74　比亚迪 e6

2. e 平台 2.0，3+3 集成模式

为进一步简化结构，比亚迪电驱动系统升级为"3+3"模式，即电机控制器、充配电（DC/DC 变换器与车载充电机集成）三合一，以及驱动电机、减速器等集成的电动总成三合一等集成化设计，如图 7.75 所示。"3+3"模式设计减少了整车线束、接插件、管路和箱体的使用，使结构紧凑，布置便利，为整车减重 40kg，节省空间 37L。比亚迪秦 Pro 和汉车型的电驱系统均采用"3+3"集成模式。

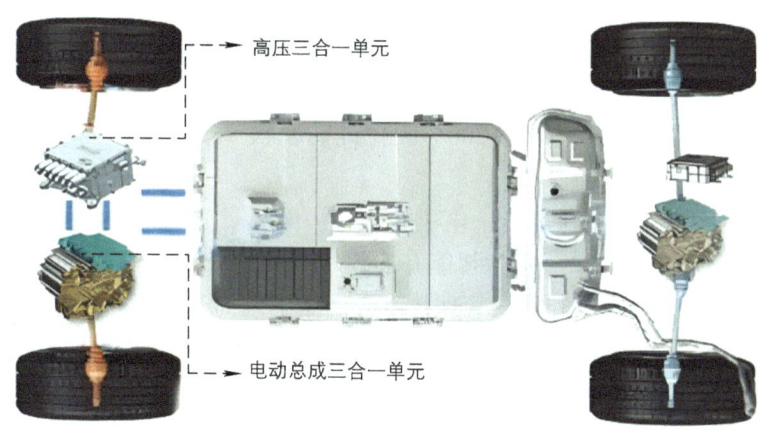

图 7.75　"3+3"模式的比亚迪电驱系统示意图

3. e 平台 3.0，多合一高度集成模式

比亚迪在 e 平台 3.0 的基础上，推出了全球首款量产的八合一电驱动系统，如图 7.76 所示，集成了驱动电机、电机控制器、减速器、整车控制器、车载充电器、电池管理器、高压配电箱、直流变换器八大部件。这一系统具有轻量化、小型化、高效率、高智能的核心优势，体现了更深度的整合能力。图 7.77 为海豹车型的电驱动系统，其中将细长扁平形状的电池单元（刀片电池）作为单个结构零部件，直接嵌入电池组内。该车型前桥采用三合一电驱动桥，后桥采用八合一电驱动桥，后轮处采用永磁同步电机，前轮处采用感应电机。

127

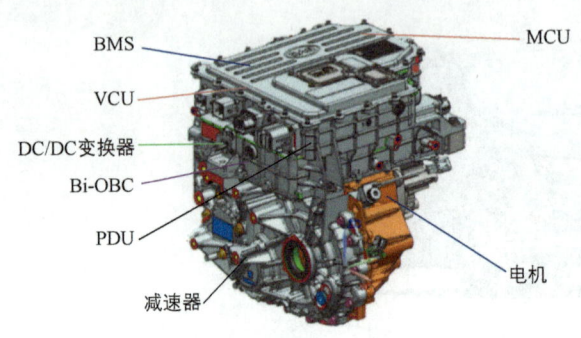
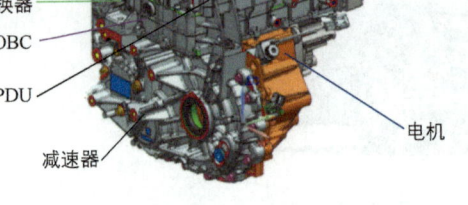

图 7.76　比亚迪八合一电驱动系统　　　　图 7.77　比亚迪海豹电驱动系统

八合一电驱总成较上一代的三合一系统，功率密度提升 20%，整机重量和体积分别降低 15%、20%，系统综合效率达到 89%。高度的集成在一定程度上也可以缩短系统的响应时间，还可以大大减少高压线束的使用，使体积大幅度减小。集成后的电驱总成相比之前的方案，可以显著降低成本。

2024 年 5 月，比亚迪在 e 平台 3.0 Evo 上，推出全球首创高效十二合一智能电驱系统，融合了物理集成和电气集成，集驱动电机、减速器、电控、整车控制器、电池管理器、高低压直流转换器、车载充电器、高压配电单元、自加热模块等一系列关键元器件于一身，如图 7.78 所示。该系统首次搭载于海狮 07 EV 上，其驱动电机最高转速为 23000r/min，标配 1200V 碳化硅功率模块，系统最高效率达到 92%。

图 7.78　比亚迪十二合一智能电驱动系统

比亚迪 e 平台 3.0 Evo 的十二合一电驱在八合一电驱基础上增加了四个功能模块，分别为智能升压模块、智能升流模块、智能自加热模块和能量管理智控系统，在智能充电和能量管理技术方面做了全面升级。

比亚迪这套十二合一电驱系统具有"一体式主机"的意味，几乎把新能源车所有的关键零部件都集成于一个模块中，覆盖车上的高低压用电器，模块更紧凑，占用空间、重量更理想。这种设计理念优势也十分明显，模块内的各个零部件以直连的方式相互联系，进一步缩短整车线束长度、减少控制芯片数量，降低整车制造成本，把更多空间还给乘员舱。

交互测验题

一、选择题

1. 奥迪 e-tron 采用的是什么驱动方式？（　　）
   A. 单电机前驱　　　B. 双电机后驱　　　C. 双电机全轮驱动　　　D. 三电机四驱

2. 比亚迪在 e 平台 3.0 Evo 上推出了什么电驱系统？（　　）
   A. 四合一　　　　　B. 八合一　　　　　C. 十合一　　　　　　　D. 十二合一

二、判断题

1. 特斯拉 Model S Plaid 采用了三电机四驱方案。（ ）
2. 奥迪 e-tron 的前桥和后桥都采用了同轴电驱系统。（ ）
3. 比亚迪的八合一电驱动系统集成了驱动电机、电机控制器、减速器等八大部件。
（ ）

思考分析题

1. 请简述纯电动汽车驱力传动系统的组成及其各部分的主要功用。
2. 阐述动力电池热管理系统的功能及其在保障电池性能和延长使用寿命方面的作用。
3. 驱动电机类型有哪些？请分别说明它们的特点及适用场景。
4. 分析驱动电机的构造与工作原理，探讨如何提高驱动电机的效率和可靠性。
5. 驱动电机控制系统主要包括哪些部分？请简述各部分的作用。
6. 比较集中式电驱动桥、轮边电机驱动桥和轮毂电机驱动桥的优缺点，并讨论它们在不同类型纯电动汽车中的应用前景。
7. 结合奥迪、比亚迪电动汽车动力传动系统的案例分析，探讨我国纯电动汽车动力传动系统的发展趋势及挑战。

第 8 章　混合动力驱动传动系统

自 20 世纪末以来，随着全球对节能减排需求的日益增长，混合动力汽车逐渐从概念走向市场，成为连接传统燃油车与纯电动车的桥梁。这一技术的发展趋势表现为更高的能效、更低的排放以及更加智能化的能量管理。

8.1　混合动力驱动传动系统的组成及功用

混合动力驱动传动系统一般由以下几个部分组成。

1）发动机：作为混合动力系统的动力源之一，发动机提供动力输出或者驱动发电机发电。混合动力汽车通常采用阿特金森／米勒循环发动机，而不是传统的奥托循环发动机，通过优化工作循环、提高膨胀比，同时与电机协同工作，实现了更低的油耗和排放。

2）电动机／发电机：在混合动力系统中，电动机通常具有双重角色。它既可以作为电动机，将电能转化为机械能，驱动车轮转动；也可以作为发电机，在需要时将机械能转化为电能，为电池充电或供应给其他设备。在一些混合动力汽车上，还配备有发电机，用于将发动机的机械能转换为电能，供给电动机使用或储存到电池中。

3）电池组：用于储存电能为电动机提供能量。电池组性能和容量直接影响汽车的续驶能力和动力表现。

4）传动机构：除了包括和传统燃油车一样的主减速器、差速器、传动轴等部件外，还有动力耦合装置，控制不同动力源动力的选择和分配。丰田混合动力耦合装置采用的是行星齿轮机构，本田和比亚迪混合动力耦合装置采用的是超越离合器，有些厂商也把动力耦合装置称为动力分流装置或动力分配装置等。

5）控制器：接收来自车辆各部分的信号，监测和控制混合动力系统的运行状态，包括发动机、电动机、发电机和电池组的工作状态等，通过控制算法实现动力源之间的最佳匹配和能量管理。

除了具备传统燃油车驱动传动系统功用之外，混合动力驱动传动系统还能实现如下功用。

1）动力源协同工作：根据汽车的实际行驶状态和驾驶员的需求，控制器会智能地调节发动机和电动机的工作状态。在需要高动力输出时，发动机和电动机可以共同工作，提供足够的驱动力；在低速或轻载工况下，电动机可以单独驱动汽车，以降低油耗和排放。

2）能量回收与再利用：在制动或减速过程中，电动机可以转换为发电机模式，将车辆的动能转换为电能并储存到电池组中。这种能量回收机制有助于提高混合动力汽车的能量利用效率和续驶能力。

3）多模式切换：根据不同的驾驶工况和动力需求，混合动力驱动传动系统可以实现多种工作模式的切换。例如，在纯电动模式下，汽车仅依靠电动机驱动；在串联式混合动力模式下，发动机带动发电机发电，电能再驱动电动机；在并联式混合动力模式下，发动机和电动机可以独立或共同驱动汽车。

交互测验题

选择题

1. 混合动力汽车通常采用的发动机类型是（　　）。
   A. 奥托循环发动机　　B. 阿特金森/米勒循环发动机
   C. 柴油机　　　　　　D. 涡轮增压发动机
2. 在混合动力系统中，电动机的主要双重角色是（　　）。
   A. 发电和储能　　B. 驱动和储能　　C. 驱动和发电　　D. 储能和转换
3. 下列哪一项不是混合动力驱动传动系统的组成部分？（　　）
   A. 主减速器　　　B. 差速器　　　C. 传动轴　　　D. 电池组

8.2 混合动力汽车传动系统关键部件

8.2.1 电子无级变速系统

由于电动机具有较宽的转速范围，并能输出低转速大转矩，这使得电动汽车在低速行驶和加速时都能够提供迅速且平稳的动力输出，不需要依赖变速器来调整传动比，如果高速时发动机参与驱动汽车，也可以通过调节节气门开度控制车速。所以，混合动力汽车一般不需要传统多档位齿轮组变速器。

混合动力汽车的变速系统称为E-CVT（电子无级变速系统），它能通过电子控制的方式模拟传统CVT的功能，实现发动机和电动机之间的无缝动力结合与连续速度调整。E-CVT不是传统意义上的CVT，它没有使用传动带或链条来改变传动比，而是通过电子控制单元来调节电动机和内燃机的参与程度，从而实现传动比的变化。

8.2.2 动力控制单元

混合动力汽车中的动力控制单元（Power Control Unit，PCU）负责管理系统的能量流动，确保混合动力汽车在各种驾驶状态下的高效运行。它通过接收传感器发送的信号，实时监测系统状态，并根据驾驶需求和工况，通过控制端口发送控制信号，调控电机运行。具体来说，当车辆起动或加速时，PCU会提升电机的驱动力；在减速或制动时，PCU会启动能量回收机制；在充电时，PCU会协调电力的分配；在系统电压变化时，PCU会调节电压以保证系统的稳定运行。

图 8.1 所示为本田混合动力汽车 PCU，它能够根据不同的行驶条件和驾驶需求，自动切换不同的驱动模式，如纯电驱动模式、混合动力驱动模式和发动机直驱模式，这种智能的模式切换系统能够确保车辆在不同工况下都能获得最佳的性能和燃油经济性。在减速或制动过程中，PCU 会启动能量回收机制，将车辆的动能转化为电能并储存，从而提高能源利用效率并延长续驶里程。当电池电量不足时，它能够协调发动机或发电机的工作，为电池充电，确保车辆有足够的电力供应。

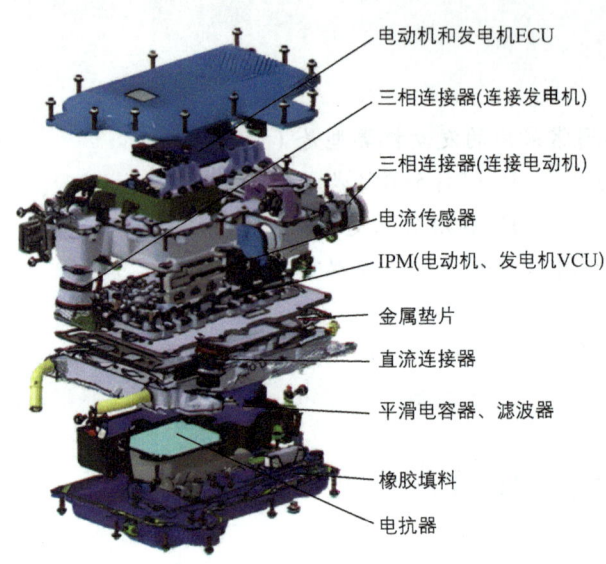

图 8.1　本田混合动力 PCU

交互测验题

一、选择题

1. 关于电子无级变速系统（E-CVT），以下哪种说法是正确的？（　　）

A. E-CVT 与传统 CVT 一样，使用传动带或链条来改变传动比

B. E-CVT 通过电子控制单元来调节电动机和内燃机的参与程度，实现传动比的变化

C. E-CVT 在混合动力汽车中无法模拟传统 CVT 的功能

D. 混合动力汽车使用 E-CVT 后，仍需依赖传统的多档位齿轮组变速器来调整传动比

2. 动力控制单元（PCU）在混合动力汽车中的主要作用是（　　）。

A. 仅负责电动机的驱动力控制

B. 协调发动机工作，为电池充电，但不涉及能量回收

C. 负责管理系统的能量流动，确保高效运行，并根据驾驶需求和工况调控电机运行和电能流动

D. 仅在系统电压变化时调节电压，保证系统稳定运行

8.3 插电式混合动力系统

可以使用外接电源为车载动力电池充电的混合动力汽车，称为插电式混合动力汽车（Plug-in Hybrid Electric Vehicle，PHEV）。它既有传统燃油车的内燃机、变速器、差速器等部件，也有纯电动汽车的电池、电机、控制器等部件，而且动力电池组的容量较普通混合动力汽车更大，有充电接口。它既可以实现纯电动、零排放行驶，也能通过混动模式增加车辆的续驶里程。

根据动力组合方式分类，插电式混合动力系统可分为串联式插电混合动力系统、并联式插电混合动力系统和混联式插电混合动力系统。

8.3.1 串联式插电混合动力系统

串联式插电混合动力系统亦称作增程式混合动力系统，它相当于为纯电动汽车配备了一套发电装置来增加续驶里程。如图 8.2 所示，该混合动力系统的构造主要包括以下几部分：一个驱动电机、一套集内燃机与发电机于一体的增程装置、传动系统、电机控制器、动力电池组以及外部充电接口等。

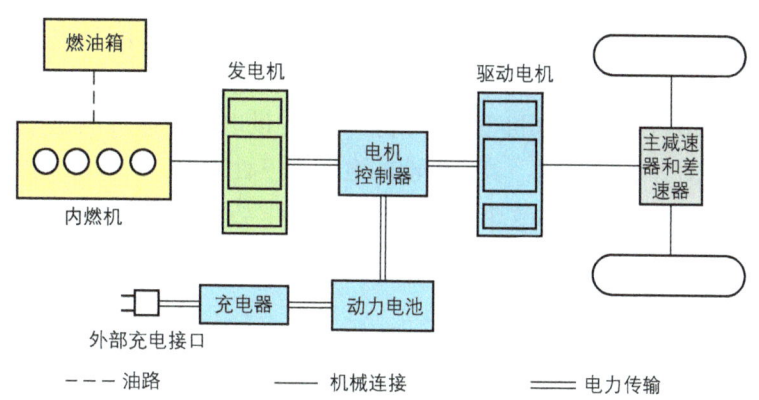

图 8.2　串联式插电混合动力系统原理图

在此混合动力系统中，驱动电机担任着唯一的动力输出角色，负责驱动车辆。电机控制器将动力电池组储存的电能和发动机驱动发电机产生的电能，通过驱动电机转换为动力，驱动车辆行驶。理想 L7、广汽传祺 GA5、问界 M5 等都使用的是串联式插电混合动力系统。

8.3.2 并联式插电混合动力系统

并联式插电混合动力系统包含两个或多个独立的驱动装置，且每种驱动装置至少与一个车载能源连接。并联式插电混合动力系统结构如图 8.3 所示。

该混合动力系统主要由驱动电机、内燃机、动力耦合装置、传动装置、电机控制器、动力电池组和外部充电接口等部件组成，其具有两个相对独立的驱动系统，即内燃机驱动系统和电机驱动系统，两个驱动系统既可以各自单独工作驱动车辆，也可以通过动力耦合装置联合驱动车辆。

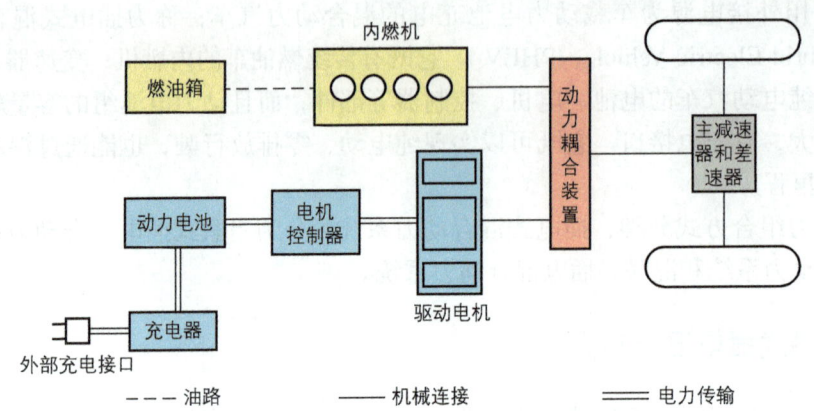

图 8.3　并联式插电混合动力系统原理图

8.3.3　混联式插电混合动力系统

混联式插电混合动力系统一般有一台内燃机和两台电机，其中发动机和一台电机都可以独立驱动汽车，此时发动机和驱动电机是并联关系。当动力电池的电量不足时，发动机可以带动另外一台电机作为发电机发电，向驱动系统供电，这体现的是串联关系，图8.4所示为混联式混合动力系统原理。动力电池的电能有三种来源：一是外接电源，二是内燃机带动发电机发电，三是当车辆减速或制动时，车轮带动电机旋转，此时电机作为发电机发电。

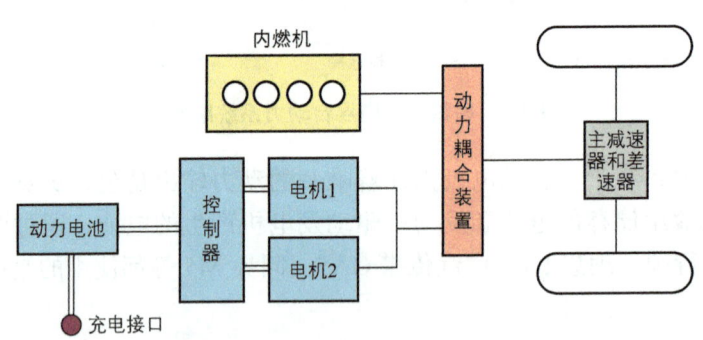

图 8.4　混联式插电混合动力系统原理

当汽车起步或低速行驶时，依靠电机驱动车辆前进，此时由动力电池向电机提供电能。当汽车加速或高速行驶时，或动力电池电量不足时，发动机才参与工作并直接驱动车辆，同时发动机还带动发电机发电并将电能供给电机。此时，电机和发动机共同驱动车辆，使汽车拥有最大的驱动力。

交互测验题

一、单选题

1. 插电式串联混合动力系统中,哪个部件负责将电能转换为机械能来驱动车辆?(　　)
   A. 内燃机　　　B. 驱动电机　　　C. 动力电池组　　　D. 电机控制器
2. 插电式并联混合动力系统中,内燃机和电机可以如何工作?(　　)
   A. 只能内燃机单独工作　　　　　　B. 只能电机单独工作
   C. 既可以各自单独工作,也可以联合工作　　D. 必须同时工作

二、判断题

1. 插电式串联混合动力系统中,内燃机直接驱动车辆行驶。(　　)
2. 插电式混联混合动力系统中,当动力电池电量不足时,内燃机可以带动电机作为发电机发电。(　　)
3. 插电式并联混合动力系统只能有一个驱动装置工作来驱动车辆。(　　)

8.4　混合动力系统典型案例

微课:丰田混合动力系统

8.4.1　丰田混合动力系统

自 1997 年始,丰田混合动力系统(Toyota Hybrid System,THS)至今已经发展到第五代,本节主要介绍其经典的第二代和第三代产品。丰田的混合动力系统包括阿特金森循环内燃机、电动机、行星齿轮机构动力分流装置(动力耦合装置)、发电机、蓄电池组、动力控制单元,如图 8.5 所示。一般把放置在汽车前面的部件总成称为前单元,包含内燃机、电动机和发电机、动力控制单元、动力分流装置,如图 8.6 所示。放置在汽车后面的动力电池等称为后单元。

图 8.5　丰田 THS 布置图

丰田第二代普锐斯搭载了 THS-Ⅱ 系统，图 8.7 所示为 THS-Ⅱ 原理示意图，内燃机、发电机 MG1、电动机 MG2 都是同轴布置的，三者之间通过一个行星齿轮机构联系在一起，进行动力的分流和整合。行星齿轮机构由太阳轮、行星架和外齿圈组成，其中内燃机连接在行星架上，发电机 MG1 与太阳轮相连，电动机 MG2 与行星架相连。两个电机都为永磁交流同步电机，蓄电池提供的是直流电，所以需要逆变器。

电机 MG1 主要负责发电供给电池以及电机 MG2，电机 MG1 还作为内燃机的

图 8.6　THS 前单元

起动电机。电机 MG2 与内燃机协同工作驱动车辆，低速时为车辆提供驱动转矩；在加速等转矩需求大工况时，能提供额外的转矩辅助加速。在启用能量回收模式时，电机 MG2 可以将工作模式切换为发电模式，将车辆动能转化为电能并储存到电池中。

整个动力整合过程由电子控制系统进行监控和调整，系统会根据驾驶条件、电池状态和其他参数实时计算所需的动力分配和传输方式，以确保最佳的燃油经济性和驾驶性能。输出的动力通过链轮减速传动传递到主减速器，然后经过差速器和半轴传递到左、右车轮。

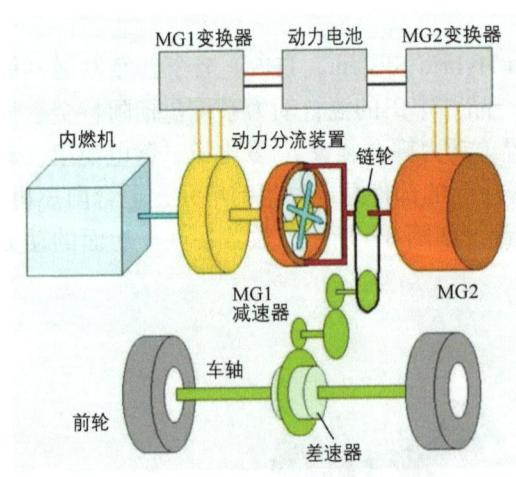
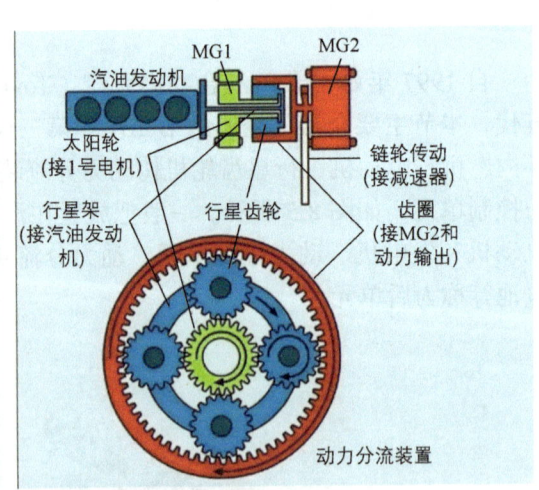

图 8.7　THS-Ⅱ 原理示意图

丰田第三代普锐斯搭载了 THS-Ⅲ，THS-Ⅲ 采用双行星排结构，两行星排共用齿圈，相对于 THS-Ⅱ 增加了一组减速行星排，将原来的链条减速传动改成了齿轮减速传动，传动损耗降低，也降低了 MG1 和 MG2 的转速差，提高了纯电动模式的行驶速度，MG1 和 MG2 的体积缩小，整个变速系统的尺寸也得以缩小。图 8.8 所示为 THS-Ⅱ 和 THS-Ⅲ 的电

机和减速机构对比图。图 8.9 为双行星齿轮机构的共用齿圈、后排太阳轮和行星架。图 8.10 为 THS-Ⅲ 结构示意图。

图 8.8 THS-Ⅱ 和 THS-Ⅲ 电机和减速机构对比

图 8.9 THS-Ⅲ 双行星齿轮机构部分零件

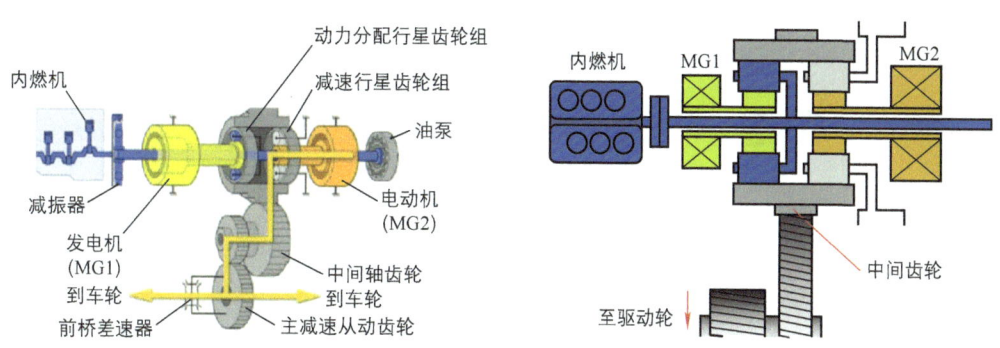

图 8.10 THS-Ⅲ 结构示意图

除了结构上的变化外，THS-Ⅲ 系统相对于 THS-Ⅱ 系统，发动机改为 1.8L，输出功率由 57kW 提升到了 73kW；THS 前两代采用镍氢蓄电池，THS-Ⅲ 采用锂离子蓄电池；MG1 采用集中绕组，工作电压由 500V 提升到 650V，MG2 最高转速由 6500r/min 提升至

13000r/min，功率由 50kW 提升到了 60kW。

下面以最经典的 THS-Ⅱ来分析其工作原理。THS-Ⅱ系统最核心的部件就是由内燃机、两台永磁同步电机及行星齿轮机构组成的动力分配系统，通过动力控制单元控制动力的整合和分流。THS-Ⅱ系统三种驱动模式如下。

（1）纯电驱动模式

内燃机在车辆起动、急速、起步、慢速蠕行、走走停停或低速到中速行驶阶段时，由于内燃机在这些工况下效率很低，而电动机恒定转矩在这些情况下性能优越，如果蓄电池电量充足，这些工况下只使用蓄电池组为电动机提供电能驱动车辆，如图 8.11 所示，此时内燃机一般处于熄火状态，当检测到蓄电池电量低时，内燃机才介入带动发电机发电。

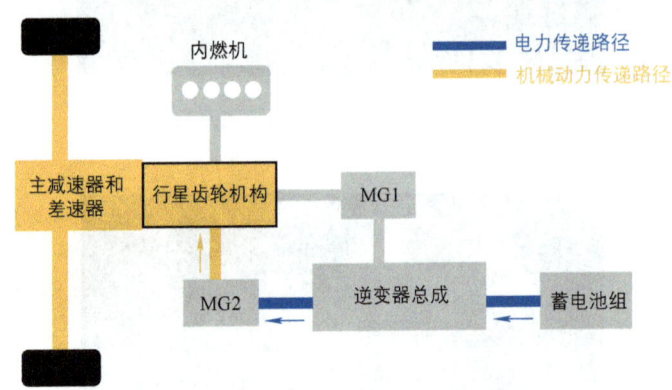

图 8.11　THS-Ⅱ纯电驱动模式能量传递路线

（2）混合动力驱动模式

当车辆处于内燃机高效运转区间或高速行驶阶段，内燃机起动，内燃机作为主要动力来源直接驱动车辆，同时会根据行驶状况将部分动力分配给发电机，发电机发电产生电能，驱动电动机协同配合内燃机一起驱动车辆，此时是混合动力驱动模式，如图 8.12 所示。若此时蓄电池组电量过低或车辆处于高速行驶阶段，内燃机会产生多余的能量，这些能量由发电机发电转换成电能储存在蓄电池组中。

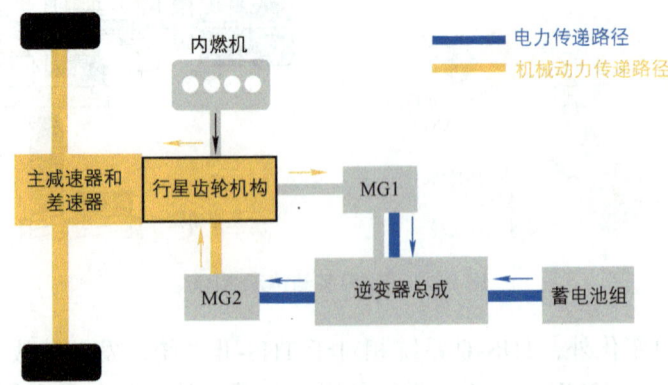

图 8.12　THS-Ⅱ混合动力驱动模式能量传递路线

当车辆需要提高动力响应时，如提速、超车、爬陡坡等阶段，采用双动力全开模式，蓄电池组与发电机同时为电动机提供电能，这样能够加大电动机的驱动力，内燃机与电动机动力的结合可以使得车辆获得强劲而顺畅的加速体验。

（3）能量回收模式

当车辆减速、减缓加速踏板输入或者滑行时，此时MG2便由驱动电机转换为发电机，进入再生制动回收模式，将车辆减速产生的能量转化为电能，并储存在蓄电池中进行再利用，此模式下的能量传递路线如图8.13所示。

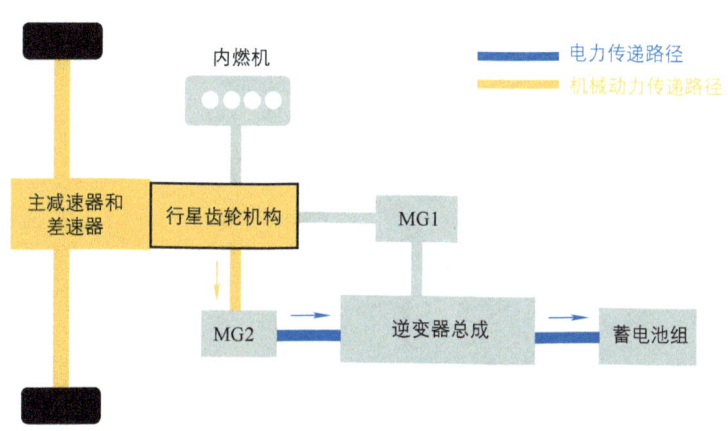

图8.13　THS-Ⅱ能量回收模式能量传递路线

交互测验题

一、单选题

1.THS的变速采用哪种方式完成？（　　）
A. 依靠类似于AT的自动变速机构完成
B. 通过控制电机转速和节气门开度完成
C. 通过液压控制系统完成
D. 通过切换发动机驱动和电机驱动方式完成

2.THS-Ⅱ的减速机构是（　　），THS-Ⅲ的减速机构是（　　）。
A. 定轴齿轮传动副　　B. 行星齿轮机构
C. 链传动　　　　　　D. 带轮传动

二、判断题

1.安装THS的车辆在低速行驶时是混合动力驱动模式。　　　　　　　　　　（　　）
2.THS中驱动电机的作用只有驱动车辆。　　　　　　　　　　　　　　　　（　　）

8.4.2 本田混合动力系统

本田 i-MMD 混合动力系统动力装置包括一个内燃机和两个电机,如图 8.14 所示。它的总体布置和 THS 差不多,大部分部件都在前舱,电池布置在后舱,通过高压电线把能量传输到前单元中,本田把前面的部件称为 i-MMD 前单元,后面锂离子电池等称为 i-MMD 后单元。本田采用的也是阿特金森循环发动机。动力控制单元(PCU)中包含了电压控制单元、逆变器、电机控制器等部件。本田 i-MMD 采用的是锂离子电池,用来储备内燃机的动力发电和再生减速的电能,其电能可提供给电动机用来驱动汽车。

图 8.14　本田 i-MMD 系统

图 8.15 为本田 i-MMD 的结构示意图,和 THS 不同的是,本田没有丰田的那套行星齿轮机构动力分流装置,它通过直联式离合器实现动力的切换,如图 8.16 所示,直联式离合器实际上就是一个多片式离合器,有时也称为超越离合器。

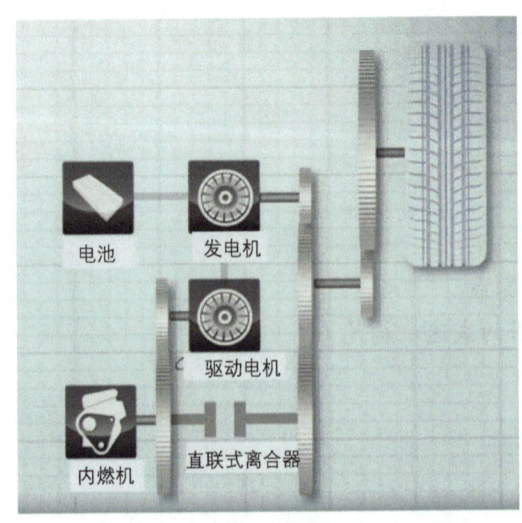

图 8.15　本田 i-MMD 结构示意图

图 8.16　直联式离合器

本田 i-MMD 有三种驱动模式。在汽车起动或中低速行驶时,直联式离合器是断开的,电池直接供电给电动机，这是纯电驱动的模式，如图 8.17 所示。当电池的电量不足或加速时，由发动机驱动发电机发电，供给驱动电机，驱动车辆前行，多余的电能储存到蓄电池中，这是串联式混合动力驱动模式，如图 8.18 所示。汽车高速巡航时，直联式离合器接合，发动机动力传输到车轮，驱动车辆前行，进入发动机直接驱动汽车模式，如图 8.19 所示。

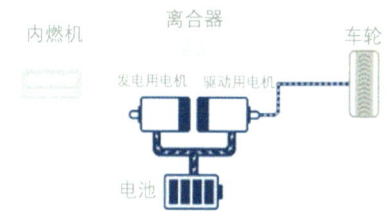

图 8.17 纯电驱动模式

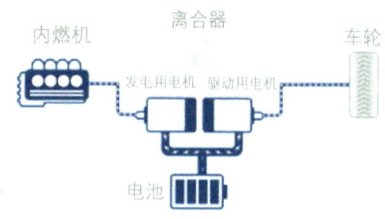

图 8.18 串联式混合动力驱动模式

相对于 THS 采用复杂的行星齿轮机构实现三个动力装置的耦合，本田的 i-MMD 结构上相对简单一些，通过两根同心轴、平行轴齿轮和直联式离合器实现，如图 8.20 所示。两台电机同轴布置，中心都是通过花键分别和两根传动轴接合，和驱动电机接合的传动轴是空心的，如图中蓝色轴所示，和发电机接合的动力轴穿过其中，如图中紫色轴所示。紫色轴右边有

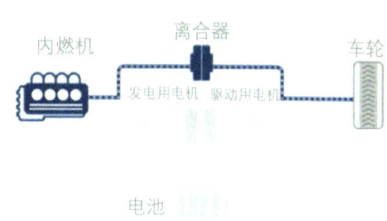

图 8.19 发动机直接驱动模式

一个小齿轮与超越主动齿轮啮合，超越主动齿轮是安装在发动机曲轴上的，这样就实现了内燃机和发电机的连接。超越从动齿轮和电动机蓝色空心轴上的小齿轮一直保持啮合状态，蓝色小齿轮同时与中间轴上的绿色大齿轮保持啮合，通过中间轴和主减速器从动齿轮相连，把动力传到驱动轮。当汽车高速行驶，超越离合器接合时，就实现了内燃机直接驱动汽车。在汽车起动、中低速行驶和混合动力驱动模式下，超越离合器断开，驱动电机转动，带动蓝色空心轴旋转，通过空心轴上的小齿轮把动力传到驱动轮。

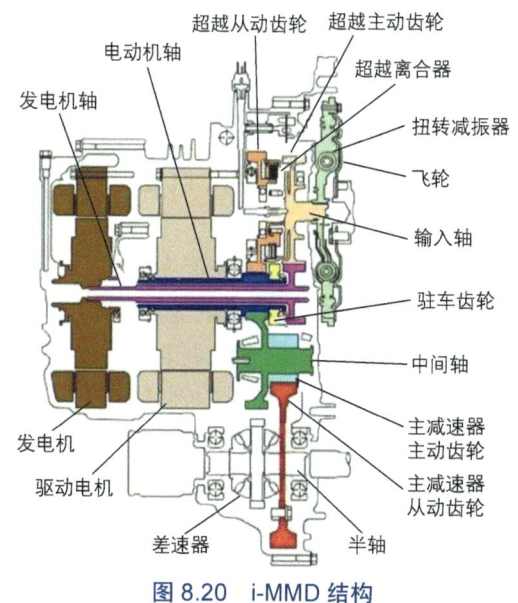

图 8.20 i-MMD 结构

交互测验题

一、单选题

1. 本田 i-MMD 系统的变速采用哪种方式完成？（　　）
   A. 依靠类似于 AT 的自动变速机构完成
   B. 通过控制电机转速和节气门开度完成
   C. 通过液压控制系统完成
   D. 通过切换发动机驱动和电机驱动方式完成

2. 本田 i-MMD 的三种驱动模式不包含如下哪种？（　　）
   A. 蓄电池供电给电机直接驱动模式
   B. 串联式混合动力驱动模式
   C. 并联式混合动力驱动模式
   D. 发动机直接驱动模式

二、判断题

1. 本田 i-MMD 中两个电机是平行轴布置的。　　　　　　　　　　　　　（　　）
2. 本田 i-MMD 的直联式离合器在混合动力模式下处于接合状态。　　　（　　）

8.4.3　比亚迪混合动力系统

微课：比亚迪混合动力系统

我国在 2020 年 10 月发布的《节能与新能源汽车技术路线图 2.0》中提出，混合动力是内燃机汽车最有效的节能技术，主张积极推动传统汽车"全面混动化"，自此，各大汽车公司纷纷推出了自己的混动系统，比如比亚迪 DM、一汽 DHT、上汽 EDU、吉利雷神 Hi·P、长安蓝鲸 iDD、广汽钜浪 GMC、长城柠檬 DHT、奇瑞鲲鹏 DHT 等。其中比亚迪在发布 DM-i 超级混动系统之后，销量开始节节上涨。相较于日系深耕的油电混动，自主品牌则更多地把精力放在了插电混动系统技术的攻克上。

比亚迪 DM 双模系统根据不同的使用场景，分为 DM-i 和 DM-p 两种技术路线，其中 DM-i 更省油，质量更小，续驶里程也更有优势；DM-p 则动力更强，价格也更贵。本节主要介绍比亚迪 DM-i 超级混动系统。

DM-i 超级混动系统包含比亚迪自研的骁云插混专用发动机、EHS 双电机、刀片电池，如图 8.21 所示，除了硬件外还有比亚迪自主研发的整车控制、发动机控制、电机控制、电池管理等系统。相比以前的混动技术，该系统更注重电机的使用，是"以电为主"的混动技术，大功率电机驱动、大容量电池供能、内燃机为辅，颠覆了传统混动"以油为主"的设计，是一种真正让燃油车过渡到新能源的概念。比亚迪的 DM-i 更注重电气化，其搭载的扁线电机最高转速为 1.6 万 r/min，最高效率 97.5%，效率超过 90% 的高效区间达到 90.3%，相比燃油车 40% 左右的热效率，电机的能源利用率更高。比亚迪的单个永磁同步电机瞬时转矩超过 310N·m，完全可以取代内燃机，比如宋 PLUS DM-i，百公里加速时间在 8s 左右。

第 8 章 混合动力驱动传动系统

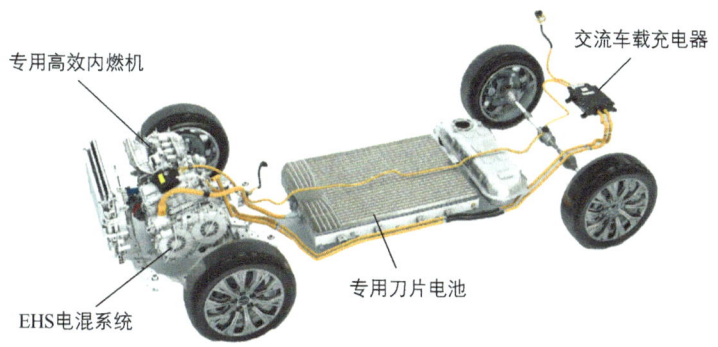

图 8.21 比亚迪 DM-i 混动系统结构模型

如图 8.22 所示,比亚迪 DM-i 的电混系统(Electric Hybird System,EHS)主要由双电机、双电控、单档减速器、电机油冷系统、直驱离合器构成,采用集成化、高效率、高转矩设计,双电机双电控集成化设计,电机搭配的是扁线电机,散热性能大幅提升。

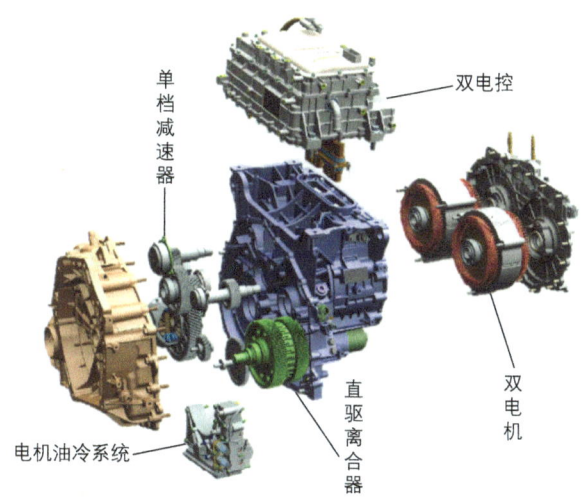

图 8.22 DM-i 的 EHS 构成

比亚迪 DM-i 采用自研功率型刀片电池,刀片电池采用串联式电芯技术,即一节刀片电池内由多节卷绕电芯串联而成,卷绕电芯采用软铝包装形成一次密封,刀片电池采用硬铝外壳包装形成二次密封,大幅提升安全等级。DM-i 超级混动可配备 8.3~21.5kW·h 电量的电池包,提供 51~120km 的纯电续驶里程,基本满足市区上班通勤纯电模式行驶需求。

图 8.23 所示为比亚迪 DM-i 系统原理,发动机输出的动力通过一对啮合齿轮可以带动发电机发电,同时发动机通过一个离合器与单级主减速器相连,离合器接合时,发动机动力可直接驱动车轮,离合器分离时,发动机动力不直接驱动车轮。

搭载 DM-i 的车辆具有 4 种完全不同的驱动模式,见表 8.1,日常使用以电驱动为主,发动机高效发电,适时辅助驱动,全工况超高效率,通过控制系统智能切换能量模式,可以让发动机和驱动电机全工况下维持在高效区间运行。

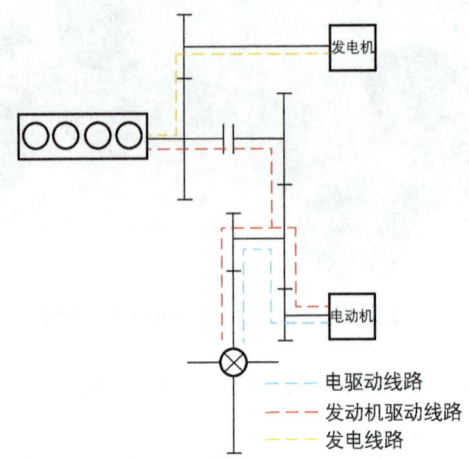

图 8.23 比亚迪 DM-i 系统原理

表 8.1 DM-i 四种驱动模式

工作模式	系统状态
纯电模式	依靠电机驱动，发动机不工作
HEV 串联模式	发动机发电给电机供电，多余电能存储到动力电池中
HEV 并联模式	发动机和驱动电机同时驱动车辆，发动机多余的能量，通过发电机发电将电量储存在电池里面
发动机直驱模式	发动机以最高效率参与车辆驱动，同时减少电机输出，降低电耗，发动机多余能量也会储存在电池当中

1. 纯电模式

当车辆的电量充足，且行驶速度缓慢时，DM-i 系统的发动机、发电机停止工作，车辆完全由电池给驱动电机供电，如图 8.24 所示，电机驱动汽车，此时就相当于是一辆纯电动汽车，此种模式适合在市区行驶。

2. 串联混动模式

当动力电池电量不足，低于限定值，且行驶速度在 60km/h 以下时，自动切换至 HEV 串联混动模式，发动机进入发电模式，如图 8.25 所示，发动机带动发电机发电，通

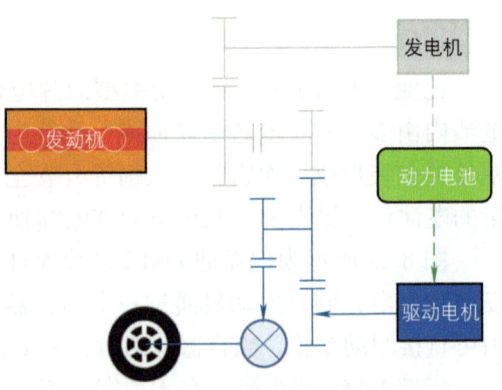

图 8.24 纯电模式下能量传递

过电控将电能输出给驱动电机，电机驱动车轮。在中低速行驶或者加速时，若电池的 SOC 较高，则整车控制策略会将驱动切换为纯电模式，发动机停机。若 SOC 值较低，则控制策

略会使发动机工作在油耗最佳效率区，同时将富余能量通过发电机转化为电能，暂存到电池中。

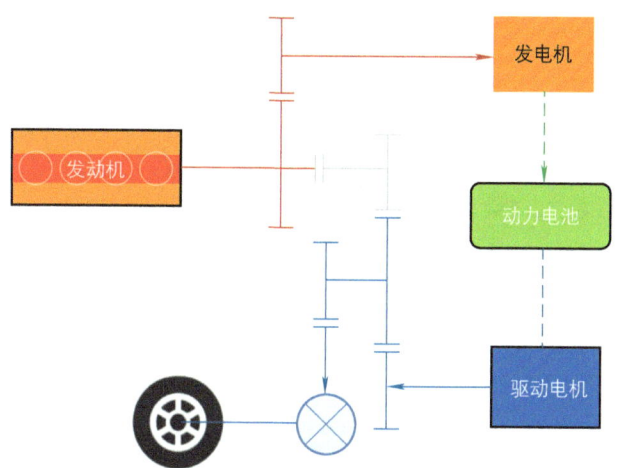

图 8.25　串联混动模式下能量传递

3. 并联混动模式

当整车行车功率需求比较高时，比如在山路行驶、高速超车或者超高速行驶时，发动机会脱离经济区间，此时控制系统会让电池在合适的时间介入，提供电能给驱动电机，与发动机形成并联驱动汽车模式，如图 8.26 所示。

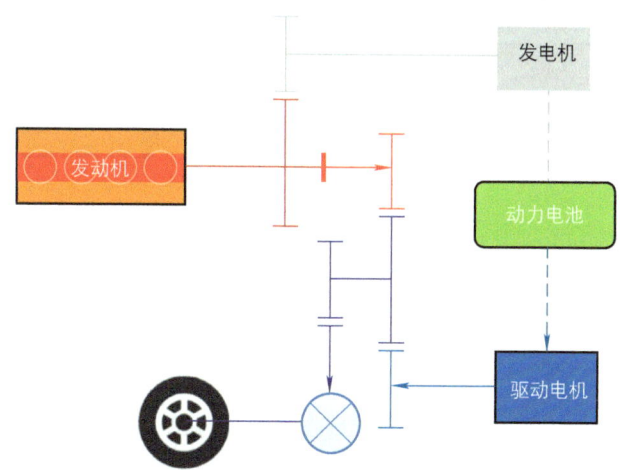

图 8.26　并联混动模式下能量传递

4. 发动机直驱模式

当汽车高速巡航行驶时，内燃机起动工作在高效区，离合器接合，如图 8.27 所示，将发动机动力直接作用于车轮，为了避免发动机能量的浪费，发电机和驱动电机随时待命，在发动机功率有富余时，及时介入将能量转化为电能，存储在电池中，以提高整个模式的能量利用率。

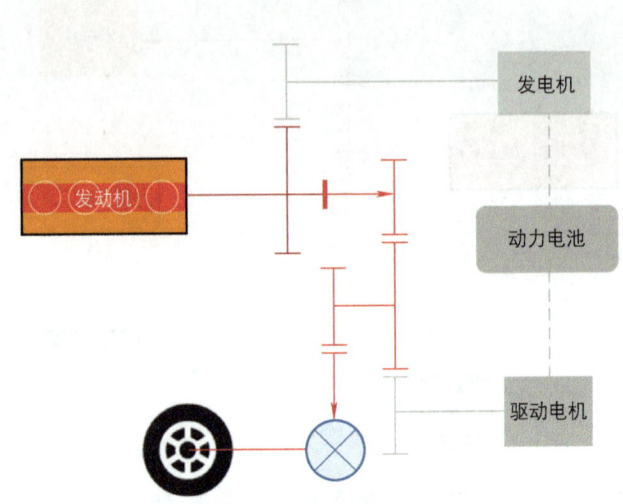

图 8.27　发动机直驱模式下能量传递

汽车在行驶过程减速或制动时，会进入动能回收模式，车轮能直接带动驱动电机为电池充电，实现能量回收，如图 8.28 所示。

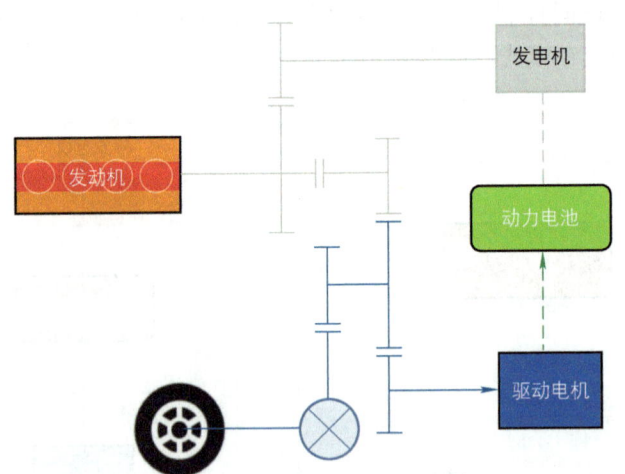

图 8.28　能量回收模式下能量传递

比亚迪 DM-i 混动系统是一套以电为主的自研混动系统，通过大功率扁线电机和大容量刀片电池，使得发动机成为动力的辅助部件，最终达到"多用电、少用油"的效果。DM-i 混动系统的最大优势，并非复杂的结构，而是自主研发了发动机控制、电机控制和电池管理等核心控制系统，因此拥有三大核心混动技术，兼具四种主要的混动模式，打造了低油耗、高舒适性的驾驶体验。

交互测验题

一、单选题

1. 比亚迪 DM-i 系统的变速采用哪种方式完成？（   ）
A. 依靠类似于 AT 的自动变速机构完成
B. 通过控制电机转速和节气门开度完成
C. 通过液压控制系统完成
D. 通过切换发动机驱动和电机驱动方式完成

2. 下列哪项不属于比亚迪 DM-i 的 EHS 的特点？（   ）
A. 高功率的扁线电机
B. 大容量的刀片电池
C. 发动机全时都是起动的，带动发电机发电或者直接驱动车轮
D. 在高速超车时，发动机和驱动电机都会驱动车轮

二、判断题

1. 比亚迪 DM-i 实现了"以电为主，以油为辅"的混动模式。（   ）
2. 搭载 DM-i 的汽车在纯电模式下，发动机起动带动发电机发电。（   ）
3. 在比亚迪混动汽车中，驱动电机只能起到驱动车轮的作用。（   ）

思考分析题

1. 混合动力驱动传动系统一般由哪些部分组成？请简要描述每个部分的主要功用。
2. 电子无级变速系统（E-CVT）在混合动力汽车中是如何实现无级变速的？它相比传统自动变速器有哪些优势？
3. 描述串联式插电混合动力系统的工作原理，并讨论其在实际应用中的优势和局限性。
4. 并联式插电混合动力系统与串联式有何不同？请举例说明其适用场景。
5. 混联式插电混合动力系统是如何结合串联式和并联式系统的特点的？这种系统设计有哪些创新之处？
6. 比较分析丰田 THS、本田 i-MMD 和比亚迪 DM-i 三种混合动力系统的特点，并探讨混合动力技术的发展趋势及其对汽车行业的影响。

第9章 汽车行驶系统

汽车传动系统能有效地将发动机或电动机的输出转化为驱动车轮前进的动力。然而，为确保汽车能在道路上自由且安全行驶，还需依赖一个稳定、灵活的行驶系统作为支撑。行驶系统不仅是维持车辆行驶稳定性的基础，也是保障乘客舒适体验、直接影响驾驶安全性与操控性能的关键因素。

9.1 汽车行驶系统概述

微课：汽车行驶系统概述

9.1.1 汽车行驶系统的功用

汽车行驶系统的功用包括：
①为整车各部件提供安装基体；②传递并承受路面作用于车轮的各方向反力及其所产生的力矩，保证汽车正常行驶；③缓和并吸收路面不平对车身造成的冲击和振动，保证汽车行驶平顺性；④使车身和车轮之间保持适当的动态几何关系，保持车轮跳动时正确的运动规律；⑤与转向系配合，实现汽车方向的正确控制，保证汽车具有良好的操纵稳定性。

9.1.2 汽车行驶系统的组成

汽车行驶系统主要由车架（或承载式车身）、车桥、悬架、车轮（或履带）组成，如图9.1所示。车架（或承载式车身）是整车的装配基体，将汽车各部件连接成一个整体。车桥是支撑连接左右侧车轮的轴。悬架是车轮（车桥）与车架（或承载式车身）间连接的传力装置，用于减少不平路面上汽车行驶时受到的冲击。车轮既是动力传递的终点，又是直接与地面接触的部件，负责产生并承受各方向作用力。

a) 车架

b) 其他部分

图 9.1 汽车行驶系统组成

某些车型（大部分轿车）上并没有车架，而是被承载式车身取而代之，如图 9.2 所示。而某些车型上并没有车桥，两侧车轮通过各自的悬架系统与车架/车身相连，此时悬架与车桥难以区分，如图 9.3 所示。

图 9.2　承载式车身

图 9.3　车桥演变体

交互测验题

一、选择题

1.汽车行驶系统的主要功能中，（　　）是关于保证汽车行驶平顺性的。
A.为整车各部件提供安装基体
B.传递并承受路面作用于车轮的各方向反力及其所产生的力矩
C.缓和并吸收不平路面对车身造成的冲击和振动
D.与转向系配合，实现汽车方向的正确控制

2.在汽车行驶系统的组成中，（　　）是车轮与车架（或车身）之间的连接传力装置，用于减少不平路面上汽车行驶时受到的冲击。
A.车架　　　　　　B.车桥　　　　　　C.悬架　　　　　　D.车轮

二、判断题

1.车桥是整车的装配基体，它将汽车各部件连接成一个整体，同时也是支承连接左右侧车轮的轴。　　　　　　　　　　　　　　　　　　　　　　　　　　　（　　）

2.在某些车型上，车架被承载式车身所取代，且可能存在没有车桥的情况，此时悬架与车桥难以区分。　　　　　　　　　　　　　　　　　　　　　　　　（　　）

9.2　车架和承载式车身

9.2.1　车架的功用和分类

微课：车架和承载式车身

车架的功能是支撑和连接汽车的零部件，承受来自车内外的各种载荷。车架的结构首

先应当满足汽车总布置要求,能够安装全部零部件,并便于拆卸。车辆在不平路面上行驶受到的冲击和振动一部分会传递给车架,因此车架还应具有足够的刚度和强度,避免因为车架变形引起零部件运动干涉。此外,车架还应追求轻量化,以及降低车辆的重心高度来提高车辆的操纵稳定性。

车架按结构形式分为边梁式车架、中梁(脊梁)式车架、综合式车架和承载式车身,如图9.4所示。按纵梁形状和结构特点分,有周边式车架、X形车架和梯形车架,如图9.5所示。

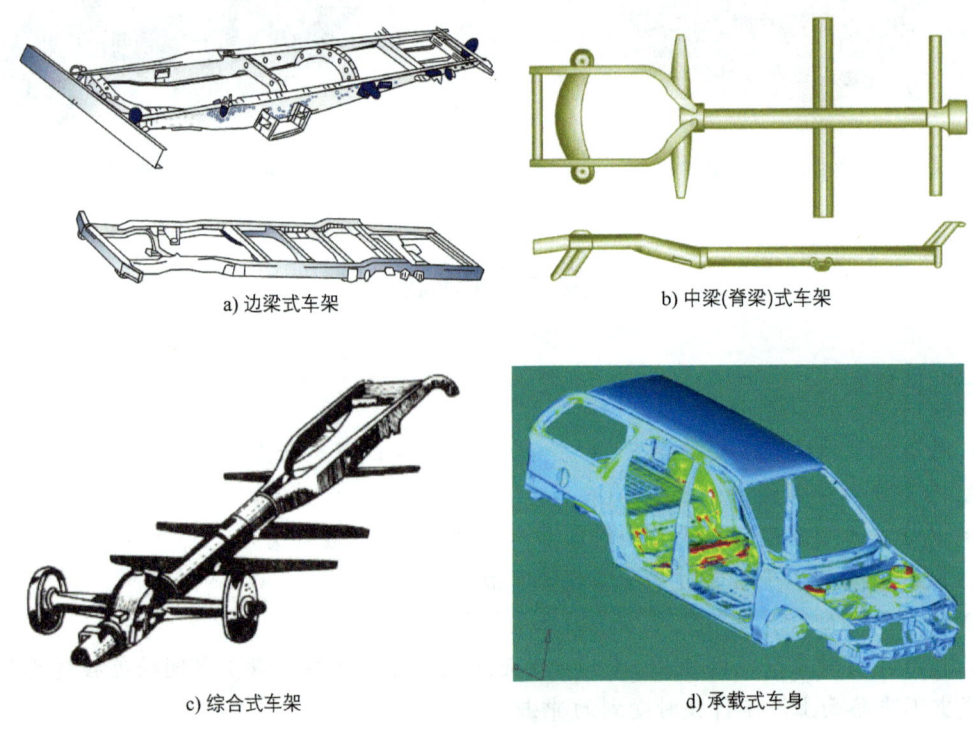

图 9.4 车架结构形式

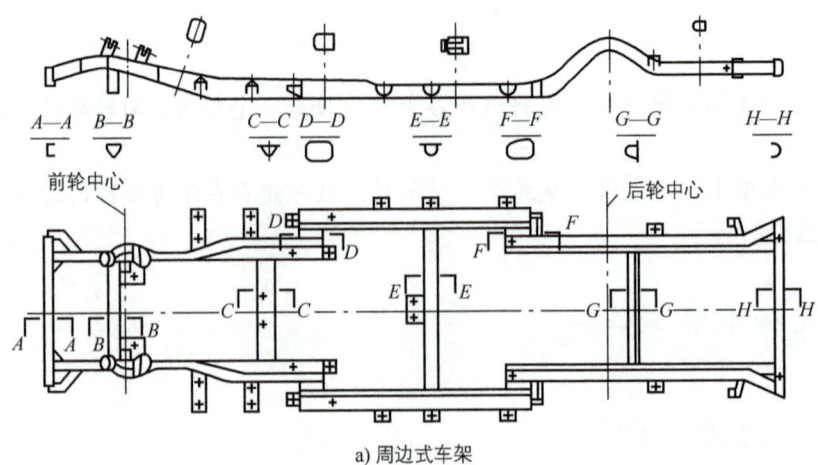

a) 周边式车架

图 9.5 按纵梁形状和结构特点的车架分类

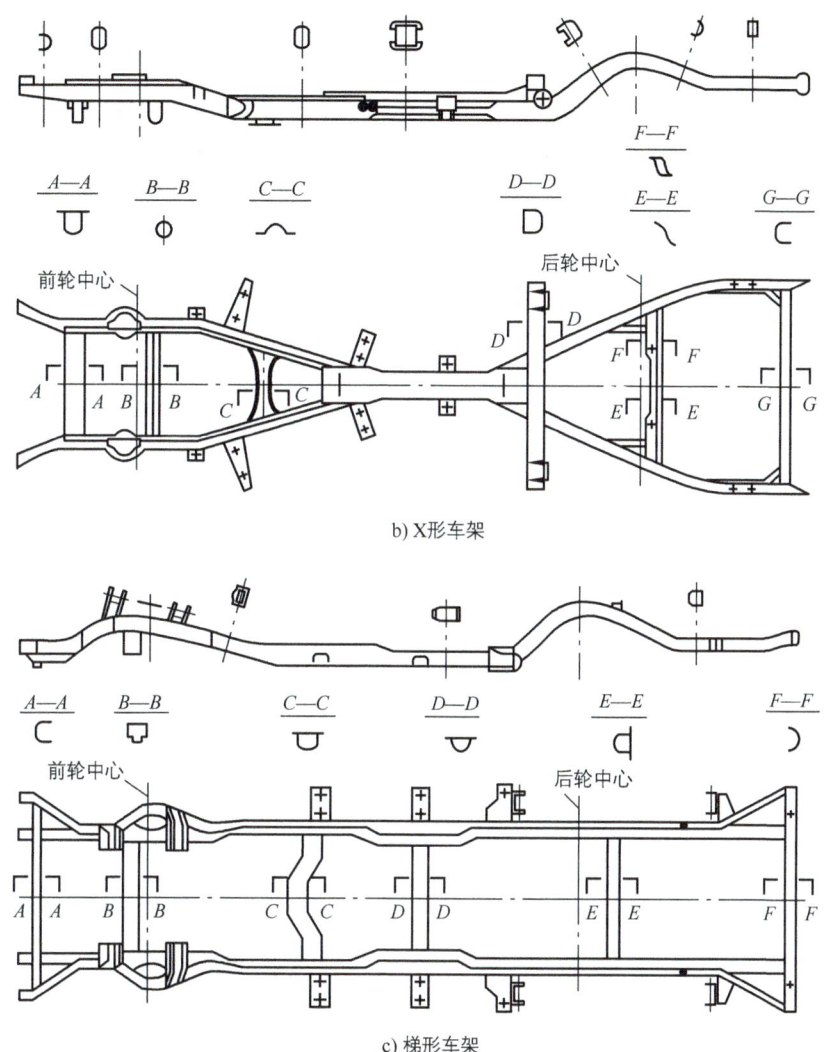

图 9.5 按纵梁形状和结构特点的车架分类（续）

9.2.2 边梁式车架

边梁式车架由两根纵梁和若干个横梁通过焊接或铆接组装而成，纵梁的断面形状有开口形（槽形、叠槽形）和封闭形（箱形），如图 9.6 所示。纵梁除了直纵梁外，还有曲梁式。

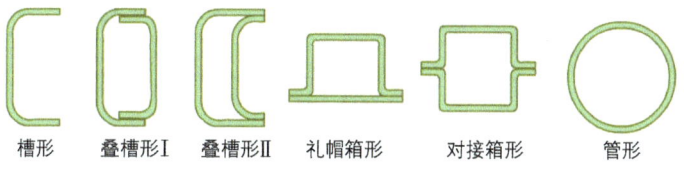

图 9.6 纵梁断面形状

横梁一般用低碳合金钢冲压而成，其断面形状有槽形、箱形、管形，按所在位置一般有前横梁、发动机安装梁、驾驶室安装梁、悬架安装梁、后横梁等，如图9.7所示。为了增加车架的刚度，在横梁和纵梁连接时经常采用斜支撑、角支撑、连接板等加强措施。保险杠一般安装在汽车的前、后横梁上；起到保护车身、散热器的作用。挂钩一般安装在汽车前部的保险杠上，用来在必要时拖动汽车，也可在可拖挂车的车辆的尾横梁上安装拖钩。轿车和大型客车的车架，在前后桥上有较大弯曲度，保证了汽车质心和底板都较低，又方便乘客的上下车，如图9.8所示。

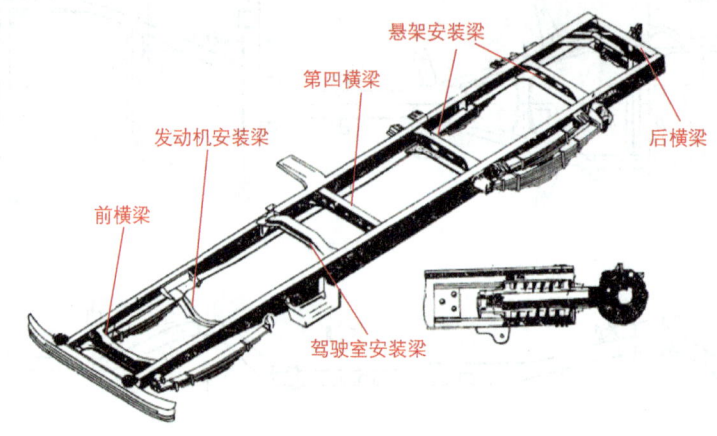

图9.7 不同类型的横梁

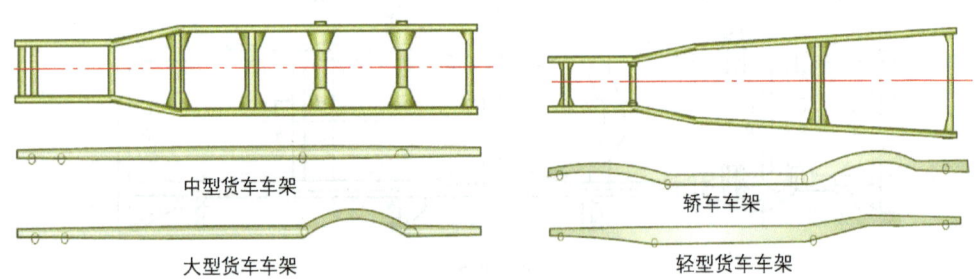

图9.8 用于不同车型的车架

采用X形高断面的横梁，可以提高车架的扭转刚度，对于短而宽的车架，这个效果尤为显著，所以X形横梁一般只用于轿车车架，如图9.9所示。

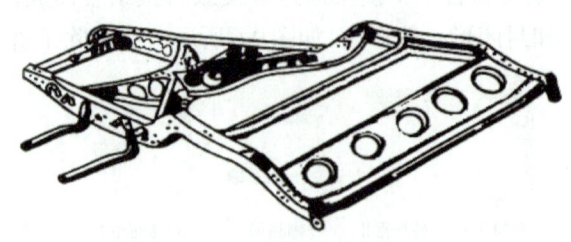

图9.9 轿车X形高断面的横梁

轿车常采用车架前部窄、前后桥处向上弯曲的结构形式,目的是降低质心和车身底板,改善乘坐舒适性,同时不妨碍转向轮偏转,还有利于前后悬架布置,如图 9.10 所示。

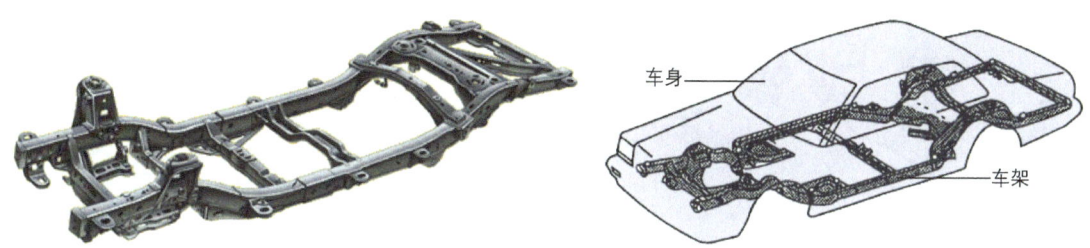

图 9.10　车架前部窄、前后桥处向上弯曲的结构形式

边梁式车架结构简单、容易制造,有利于改装变型车或者多品种车辆,便于布置和安装,具有较高的强度和刚度;车架与驾驶室分开,采用弹性悬置安装,有利于隔振。这种车架的缺点是重量较大,车身不参加承载,对扭转刚度无贡献,且不利于降低底板高度。

9.2.3　中梁式车架

中梁式车架只有一根位于中央贯穿前后的纵梁,横梁焊接在纵梁的两侧。图 9.11 所示为具有中梁式车架的汽车底盘布置。

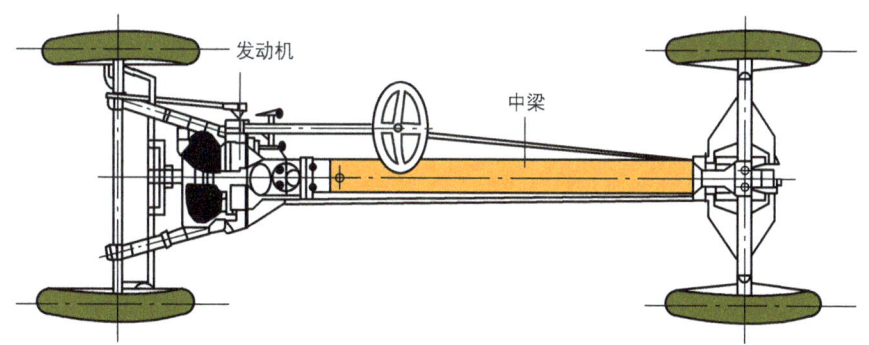

图 9.11　具有中梁式车架的汽车底盘布置

中梁式车架的扭转刚度大,质量小。其中梁可以封闭传动轴,起到防尘隔振的作用。采用中梁式车架还可以降低底板高度和整车的重心高度。但是,其零部件布置安装不便、工艺复杂,且精度要求高,维护和修理不便。

9.2.4　承载式车身

如今,大多数乘用车和部分大型客车取消了车架,而以车身兼代车架的作用,即将所有部件固定在车身上,所有的力也由车身来承受,这种车身称为承载式车身,如图 9.12 所示。

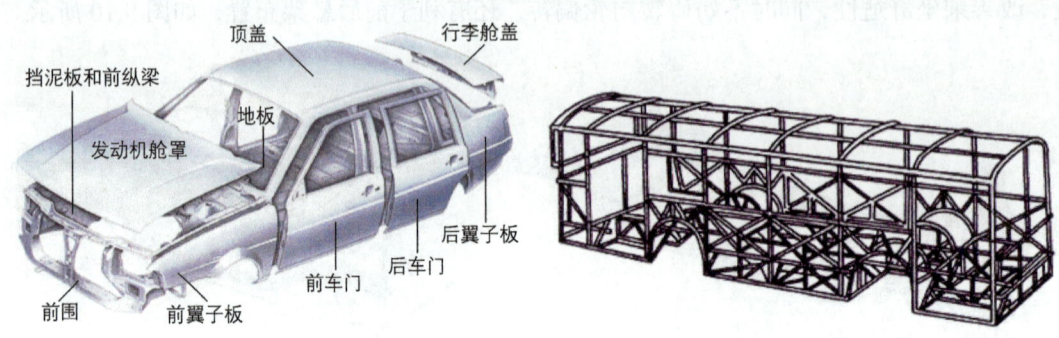

图 9.12 轿车承载式车身和大客车整体承载式车身骨架

承载式车身质量小，底板高度和质心高度低，便于批量化生产。其缺点是制造成本高、不容易改型、需要采取隔振措施等。

交互测验题

一、选择题

1. 车架的主要功能是（　　）。
   A. 装饰汽车外观　　　　B. 支承和连接汽车的零部件，承受载荷
   C. 提高汽车速度　　　　D. 降低汽车油耗
2. （　　）类型具有结构简单、容易制造的特点。
   A. 中梁式车架　　　B. 综合式车架　　　C. 边梁式车架　　　D. 承载式车身
3. 承载式车身相较于传统车架，其显著优势是（　　）。
   A. 制造成本低　　　　　B. 质量小，底板高度和质心高度低
   C. 容易改型　　　　　　D. 不需要采取隔振措施

二、判断题

1. 车架在车辆行驶过程中，不会受到来自路面的冲击和振动。（　　）
2. 中梁式车架的扭转刚度大，且有利于降低底板高度和整车的重心高度。（　　）
3. 承载式车身的制造成本较低，且容易进行改型设计。（　　）

9.3　车桥

车桥又称车轴，是汽车中连接左、右车轮，并通过悬架与车架连接的部件，图 9.13 所示驱动桥为车桥的一种。车桥的功用是传递车架（或承载式车身）与车轮之间各方向的作用力和力矩。

微课：车桥

图 9.13 汽车驱动桥与悬架的关系

车桥按悬架的结构可分为整体式车桥和断开式车桥。前者在车辆采用非独立悬架时使用,车桥中部刚性连接;后者在车辆采用独立悬架时使用,车桥采用活动关节连接,左右车轮可以独立运动。按车桥连接的车轮所起的作用,可分为驱动桥、转向驱动桥、转向桥和支持桥,其中不承担驱动功能的转向桥和支持桥又称为从动桥。

对于两轴汽车,前置前驱车型和四轮驱动车型的前桥为转向驱动桥,前置后驱车的前桥为转向桥;前置前驱车的后桥为支持桥,四轮驱动车和前置后驱车的后桥为驱动桥。对于多轴汽车,一般汽车前桥为转向桥,后桥为驱动桥,中桥为支持桥或者驱动桥。

9.3.1 转向桥

转向桥通过悬架与车架连接,通过两侧车轮支撑车身,利用车桥中的转向节使车轮偏转一定的角度,实现转向。一般汽车的转向桥是汽车的前桥。在汽车行驶过程中,汽车转向桥的受力有垂直载荷、纵向力及其力矩、侧向力及其力矩等。转向桥主要有整体式转向桥和断开式转向桥两种类型。

1. 整体式转向桥

整体式转向桥与非独立悬架相匹配,主要由前梁、转向节、轮毂和主销组成,如图9.14所示。前梁是连接左右车轮的横梁,常采用工字梁或空心圆管梁,以承受弯矩为主,在制动时承受弯矩和转矩。主销是汽车上转向轮转向时的旋转中心,为连接前梁和转向节的部件,主销与前梁为静配合,主销固定在前梁的销孔内,主销与转向节为动配合。转向节为叉形件,由转向节臂推动,可绕主销转动。转向节臂与转向杆系共同运动,实现汽车的转向。轮毂为旋转件,通过两个轮毂轴承安装在转向节轴颈上,在轮毂上可安装轮辋。转向桥的运动部件之间的润滑,一般采用润滑脂润滑。

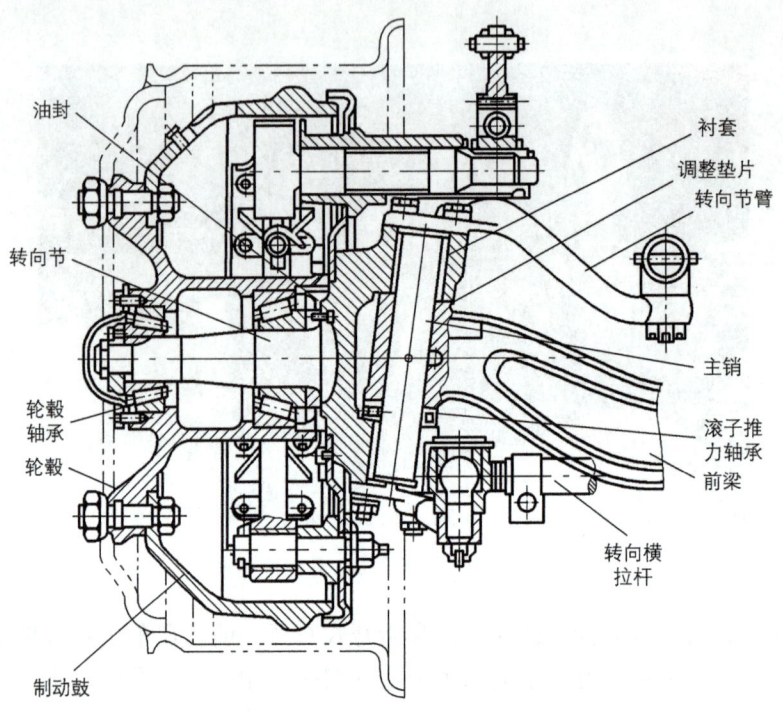

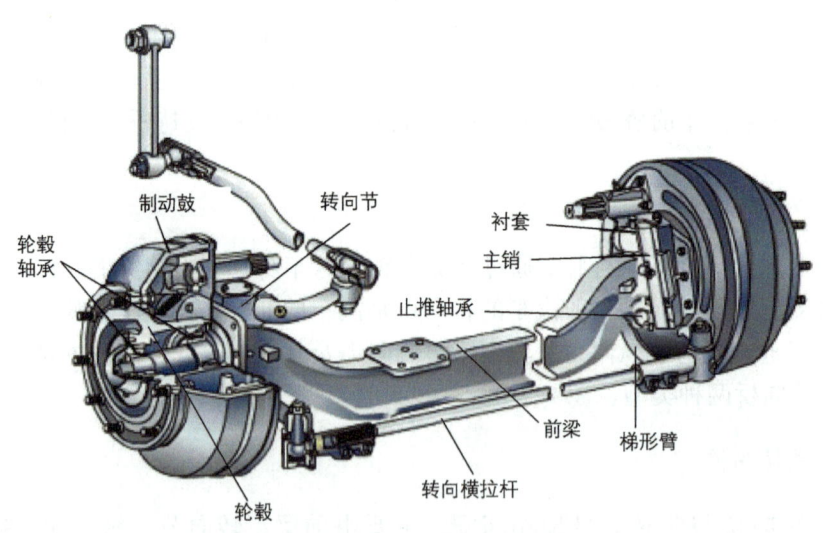

图 9.14　整体式转向桥

2. 断开式转向桥

断开式转向桥与独立悬架相匹配，其组成与非断开式相比有比较大的不同，主要由转向节、悬臂等组成，如图 9.15 所示。断开式转向桥广泛应用于轿车或者轻型车辆的前桥。

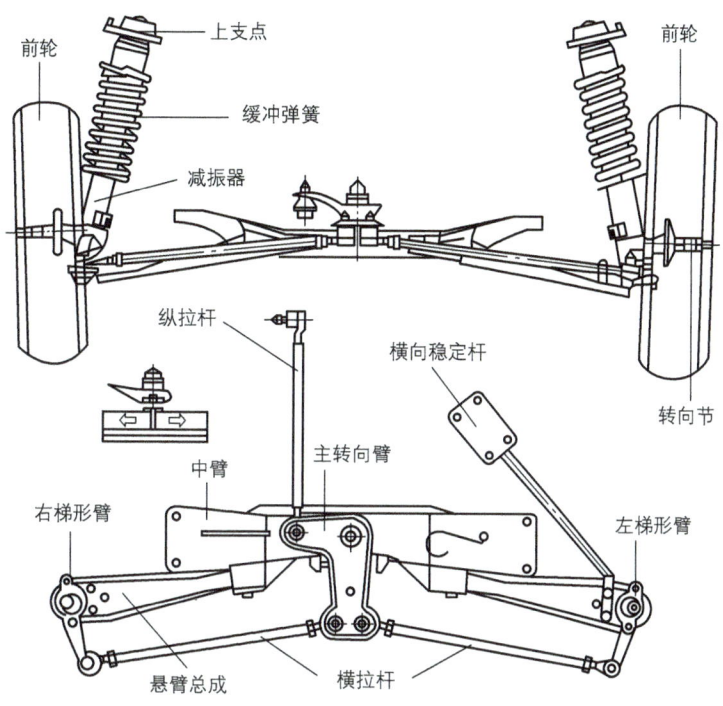

图 9.15 断开式转向桥

9.3.2 转向驱动桥

转向驱动桥的前桥除了作为转向桥外，还是驱动桥，用在前置前驱轿车和全轮驱动的越野车上。如图 9.16 所示，转向驱动桥主要由主减速器、差速器、万向节、转向节、主销等组成。图 9.17 为转向驱动桥的结构，其半轴分成内半轴、外半轴两段，中间用万向节连接。主销分成上下两段，且轴线必通过万向节中心，以确保不发生运动干涉。转向节轴颈部分做成中空，以便外半轴穿过。

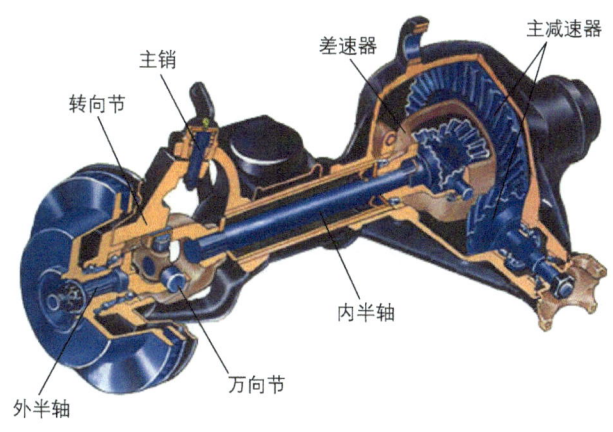

图 9.16 转向驱动桥

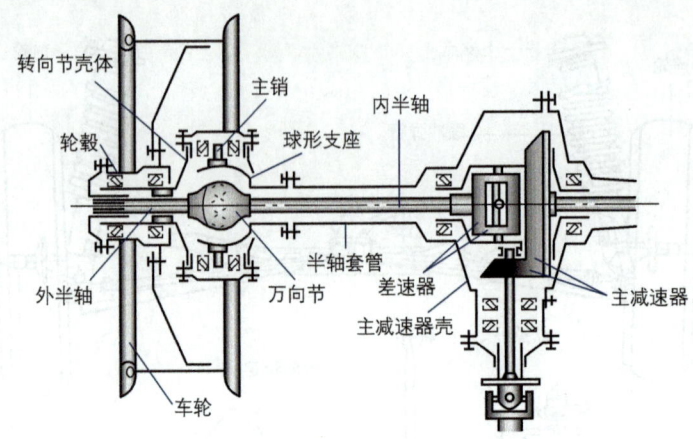

图 9.17 转向驱动桥结构示意图

9.3.3 支持桥

支持桥是既无转向功能又无驱动功能的桥，前置前驱车的后桥是支持桥，支持桥结构比较简单，如图 9.18 所示。

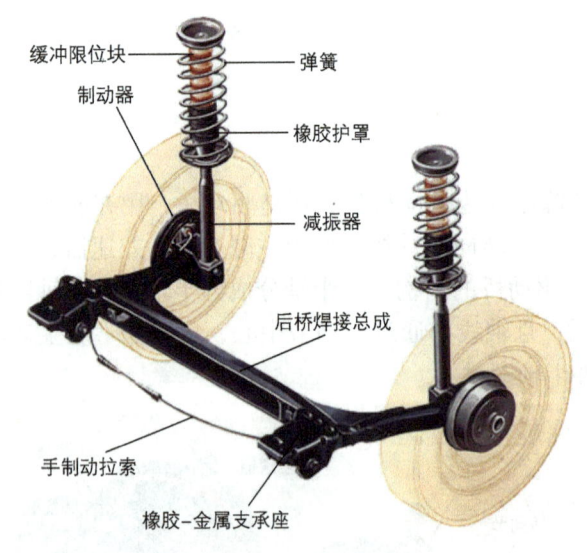

图 9.18 支持桥

交互测验题

一、选择题

1. 车桥的主要功用是（　　）。

A. 连接汽车左右车轮，并传递车架与车轮之间的作用力和力矩
B. 提高汽车的行驶速度
C. 增强汽车的载重能力
D. 改善汽车的操控性能

2. 汽车采用独立悬架时适用于下列哪种车桥类型？（　　）
A. 整体式车桥　　　　B. 断开式车桥　　　　C. 转向桥　　　　D. 支持桥

二、判断题

1. 转向驱动桥既具有转向功能，又具有驱动功能，通常用在前置前驱轿车和全轮驱动的越野车上。　　　　　　　　　　　　　　　　　　　　　　　　　　　　（　　）

2. 支持桥是既无转向功能又无驱动功能的桥，其结构简单，通常用于前置前驱轿车的后桥。　　　　　　　　　　　　　　　　　　　　　　　　　　　　　　（　　）

9.4　车轮定位

为了保证汽车直线行驶的稳定性和操纵的轻便性，减少轮胎与其他部件间的磨损，车轮、转向节和前轴相对于车架（或承载式车身）应保持一定的相对位置关系，这种位置关系称为车轮定位。车轮定位参数包括主销后倾角、主销内倾角、车轮外倾角和前束。

前轮定位也称为转向轮定位，其功用是保证转向后转向轮（前）轮可以自动回正，并避免或减少轮胎的磨损。自动回正是指车轮偏转后能自动回到直线行驶位置的能力。

对于整体式转向桥，其主销部件的中心轴即为主销轴线，如图9.19所示。对于无主销的断开式转向桥，前轮同样也绕一个轴线旋转。图9.20a所示为双横臂式悬架，其主销轴线为上、下球头销的中心连线，图9.20b所示为麦弗逊悬架，其主销轴线位于上、下球铰链中心的连线上。

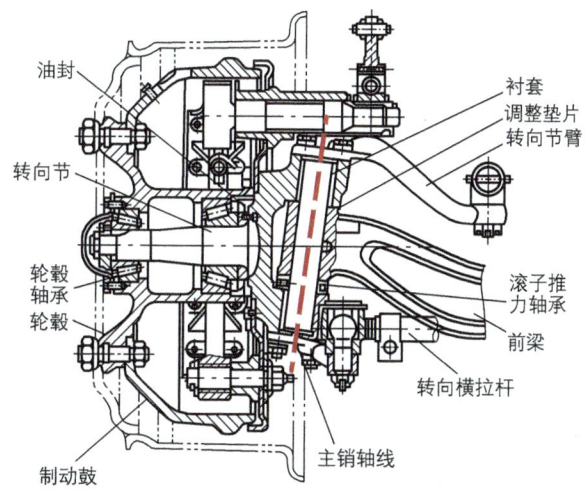

图9.19　整体式转向驱动桥的主销轴线

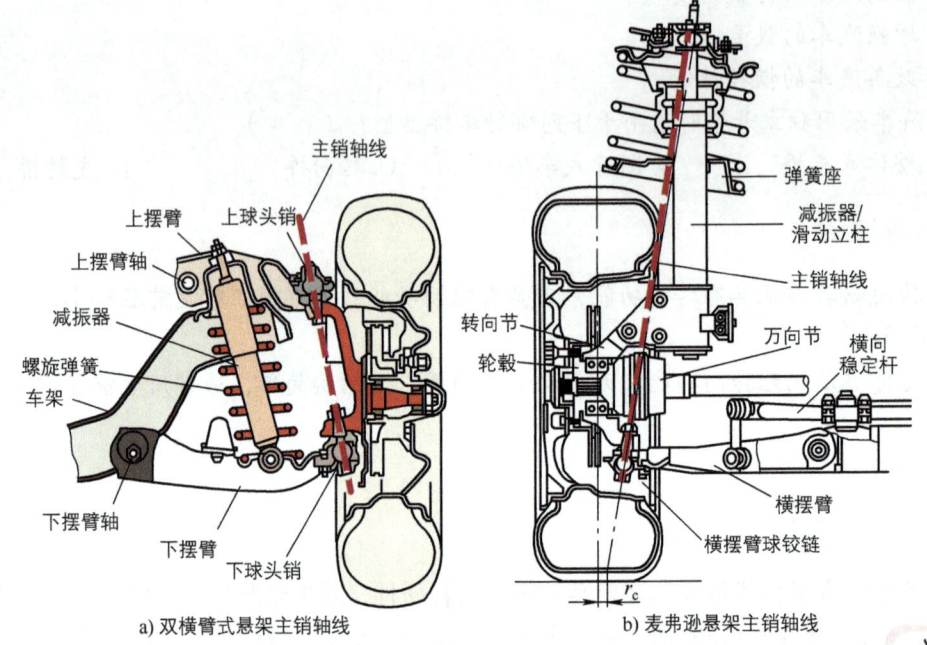

a) 双横臂式悬架主销轴线　　b) 麦弗逊悬架主销轴线

图 9.20　无主销的断开式转向桥的主销轴线

1. 主销后倾角

主销后倾角是指主销在汽车的纵向平面向后的倾角，即主销轴线与地面垂线在汽车纵向平面内的夹角，如图 9.21 所示。主销后倾角 γ 作用是产生回正的稳定力矩 $F_Y l$，ab 称为主销后倾拖距。回正的稳定力矩不能太大，否则将导致转向沉重。主销后倾角的大小是可调整的，主销后倾角的范围通常为 2°～3°。采用低压轮胎的汽车的稳定力矩增加，主销后倾角较小甚至为负。

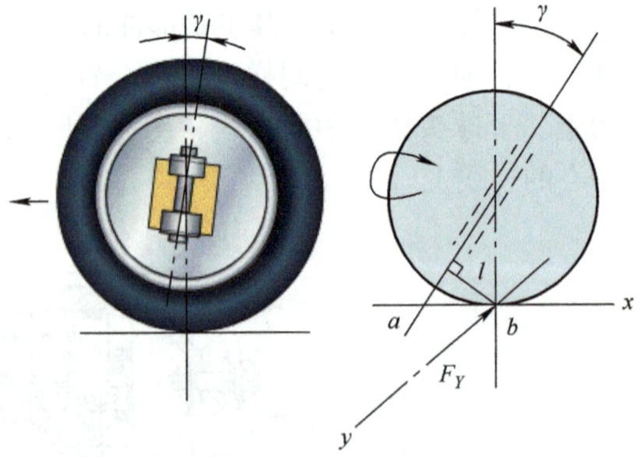

主销后倾角示意图

图 9.21　主销后倾角

2. 主销内倾角

主销内倾角是指主销在汽车横向平面的向内倾斜的角度，即主销轴线与地面垂线在汽车横向平面内的夹角，如图 9.22 所示 β 角。主销内倾角的作用是使车轮自动回正，并使转向操纵轻便，减小转向盘上的冲击力。对于整体式桥，主销内倾角通过机加工前梁两端的主销孔倾斜角度实现，该角度在制造阶段固定，通常不可调整。对于断开式桥，主销内倾角通过悬架系统的几何参数设计实现（如上、下控制臂的安装位置、角度或衬套偏移量），通过更换悬架衬套、调整控制臂安装点或使用可调式控制臂（如改装件），可改变虚拟主销的几何位置，但需专业设备且可能影响其他悬架参数。主销内倾角 β 的范围为 $0°\sim8°$，主销偏置 c 的范围是 $40\sim60\mathrm{mm}$。

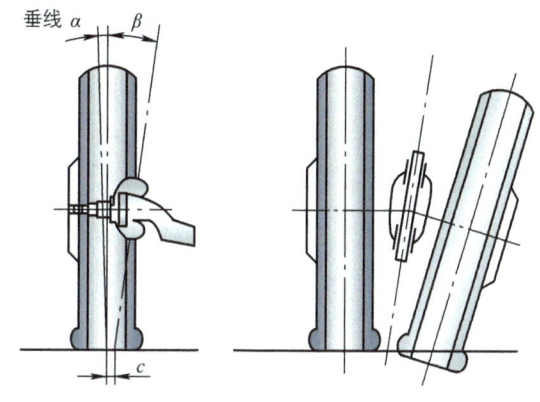

图 9.22　主销内倾角

前轮外倾角

3. 前轮外倾角

前轮外倾角是指前轮中心平面与地面垂直平面在汽车横向平面内的夹角，如图 9.23 所示，角 α 为前轮外倾角。大前轮外倾角主要用在早期装有大直径、窄胎面宽度轮胎的汽车上，其功用是避免汽车满载时车轮内倾而引起车轮的偏磨，并防止轮毂外端的轴承和紧固螺母承受过大的载荷，提高车辆的安全性。

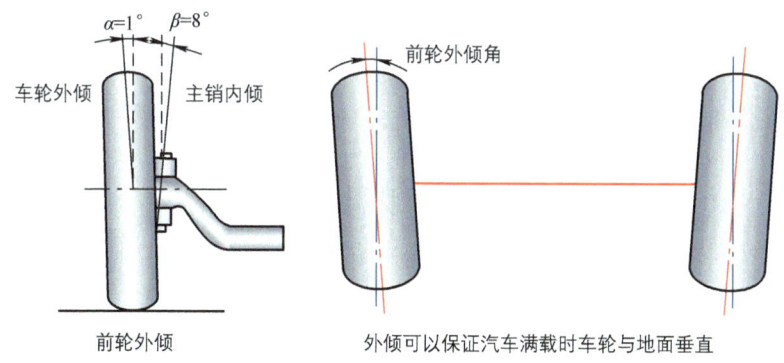

图 9.23　前轮外倾角

4. 前轮前束

前轮后端边缘距离与前端边缘距离的差值称为前轮前束。如图 9.24 所示，前轮前束（$A\text{-}B$）的范围是 $0\sim12\mathrm{mm}$，前轮前束可通过调整转向横拉杆的长度来实现。

前轮前束的作用是消除因前轮外倾引起的前轮边滚边滑的现象。由于前轮外倾角存在，因此车轮滚动时会向外滚开，但又因为转向横拉杆和车桥的约束，所以车轮将在地面上出现边滚边滑的现象，这将加剧轮胎的磨损。前束是为使每一瞬间滚动方向接近于向着正前方，可较大程度减轻和消除由于车轮外倾角引起的不良后果，保证车轮往正前方旋转，减少轮胎磨损。

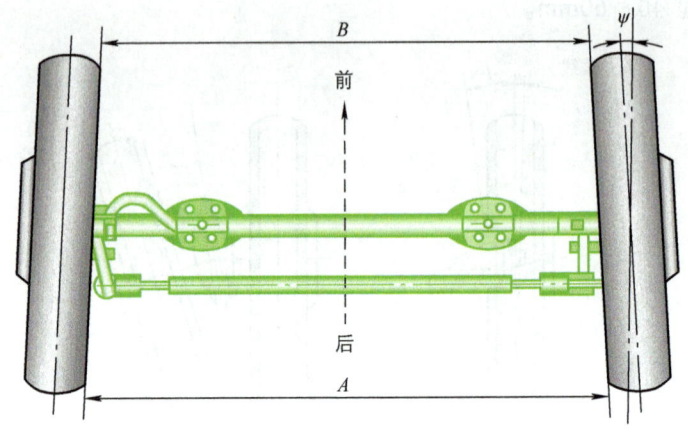

图 9.24　前轮前束（俯视图）

5. 后轮外倾与后轮前束

后轮外倾是指后轮中心平面与地面垂直平面在汽车横向平面内的夹角。如图 9.25 所示，后轮一般采用负外倾，可增加车轮接地点的跨度，增加汽车的横向稳定性，也可以抵消汽车高速行驶且驱动力较大时，车轮出现的负前束。后轮前束和前轮前束定义一样，可抵消汽车高速行驶且驱动力 F 较大时车轮出现的负前束（前张），减少轮胎的磨损。

后轮负外倾

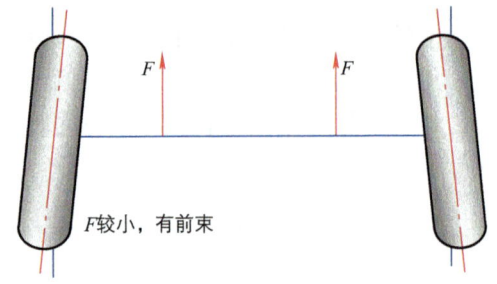

图 9.25　后轮负外倾

交互测验题

一、选择题

1. 主销后倾角的主要作用是（　　）。
A. 增加车辆的驱动力　　　　　　　　B. 产生回正的稳定力矩
C. 提高车辆的燃油经济性　　　　　　D. 减少轮胎的磨损
2. 整体式转向桥主销内倾角靠（　　）来保证。
A. 转向节的轴颈与水平面的角度　　　B. 前梁两端主销孔的倾斜
C. 车轮外倾角的设计　　　　　　　　D. 后轮前束的调整
3. 前轮前束的主要作用是（　　）。
A. 增加车辆的横向稳定性　　　　　　B. 消除因前轮外倾引起的边滚边滑现象
C. 提高车辆的转向操纵轻便性　　　　D. 减少车辆的燃油消耗

二、判断题

1. 设计前轮外倾角的目的主要是避免汽车满载时车轮内倾而引起的偏磨。（ ）
2. 后轮一般采用负外倾，这是为了增加车轮接地点的跨度，提高汽车的横向稳定性。
（ ）

9.5 车轮与轮胎

9.5.1 车轮

微课：车轮

车轮是介于轮胎和车轴之间承受负荷的旋转组件，主要由轮辋、轮辐等组成。轮辋用于安装轮胎，轮辐是介于车轴和轮辋之间的支承部分。车轮和轮辋规格代号是有国家标准可查的，设计时要参照标准选择。

1. 车轮的分类

车轮按轮辐的构造可分为辐板式和辐条式。辐板式车轮由挡圈、辐板、轮辋和气门嘴孔等组成，如图9.26所示。辐板用来连接轮毂和轮辋，有时也和轮毂制造成一体。辐条式车轮的结构组成如图9.27所示。常见的辐条有钢丝辐条和铸造辐条，前者用于赛车和高级轿车上，后者用于装载质量较大的货车。

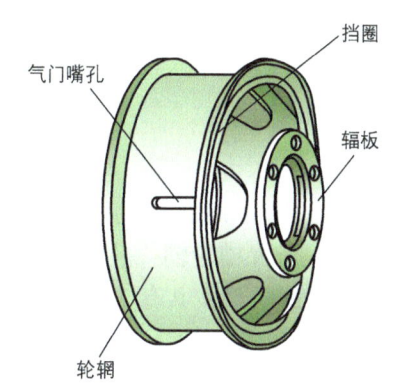

图9.26 辐板式车轮

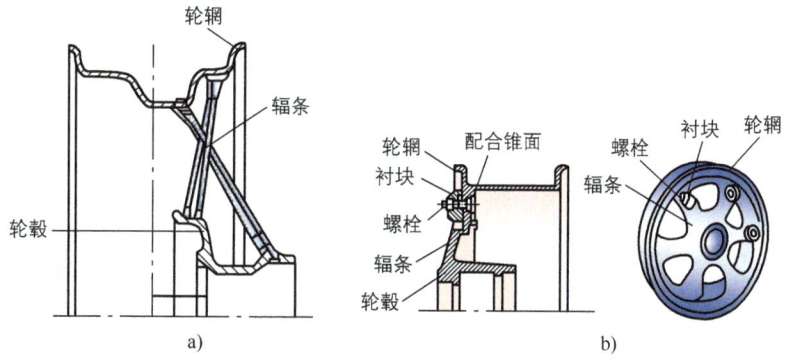

图9.27 辐条式车轮

按照车轮上轮胎数量，可分为单式车轮和双式车轮，单式车轮是一个轮毂安装一套轮辐和轮辋，如图9.28a所示；双式车轮如图9.28b所示，在同一轮毂上安装两套轮辐和轮辋。

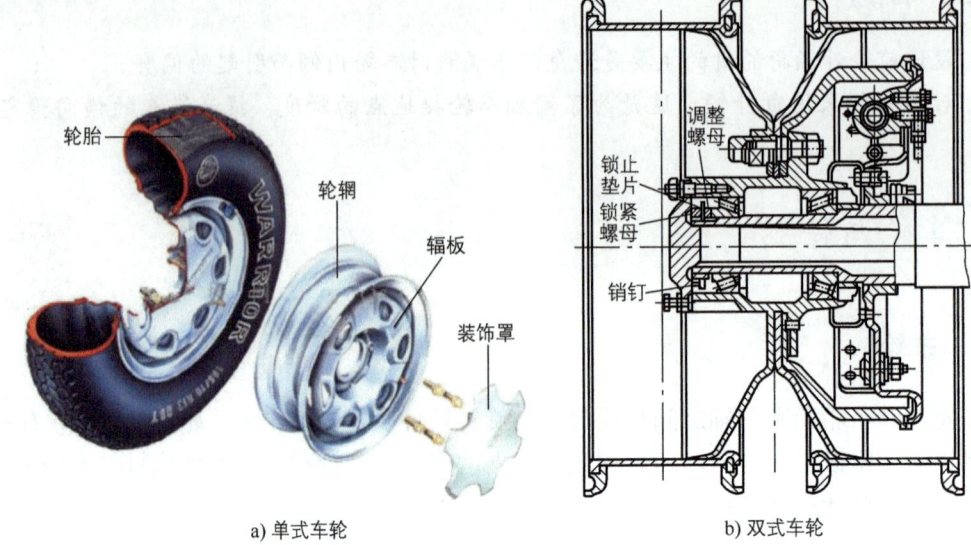

a) 单式车轮　　　　　　　　　　　　b) 双式车轮

图 9.28　单式车轮和双式车轮

2. 轮辋

轮辋用于安装和固定轮胎。常见轮辋类型主要有深槽轮辋和平底轮辋两种,此外还有深槽宽轮辋、半深槽轮辋、平底宽轮辋、全斜底轮辋和对开式轮辋等其他类型。图 9.29 所示为轮辋的轮廓类型,共有 7 种,每种类型对应一个代号。

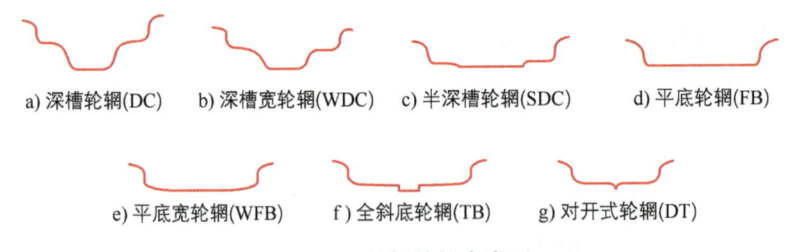

a) 深槽轮辋(DC)　　b) 深槽宽轮辋(WDC)　　c) 半深槽轮辋(SDC)　　d) 平底轮辋(FB)

e) 平底宽轮辋(WFB)　　f) 全斜底轮辋(TB)　　g) 对开式轮辋(DT)

图 9.29　轮辋的轮廓类型

深槽轮辋结构简单、刚度大、质量小、适于安装小尺寸、弹性较大的轮胎,尺寸大,弹性小的轮胎难以装入,主要用于轿车及越野汽车。平底轮辋克服了深槽轮辋的缺点,适合安装较硬的轮胎,主要用于货车。

9.5.2　轮胎

轮胎安装在轮辋上,直接与路面接触,轮胎的规格标记有相应的国家标准定义,本书不作介绍。

轮胎的功用主要包括:①缓冲减振;②与路面相互作用产生各方向作用力,如驱动力、制动力和侧向力等;③保证汽车通过性;④承受汽车重力。

对轮胎的要求有：

① 汽车轮胎是大宗的消耗性产品，保证互换性可提高其维修与更换的效率；②轮胎与轮辋之间结合要紧密，没有相对转动；轮胎与地面附着良好，不易打滑爆胎，适合高速行驶；③承载能力强；④气密性高；⑤价格便宜、滚动阻力小，胎面具备相当的耐磨性；⑥有良好的弹性和阻尼特性，能够缓和路面冲击，同时确保在行驶中产生的噪声小；⑦转向响应快，弹性滞后小，转向阻力要小。

轮胎按用途不同可分为载货汽车轮胎和乘用车轮胎，载货汽车轮胎又可分为重型、中型、轻型载货汽车轮胎。按胎体结构，可分为充气轮胎和实心轮胎，充气轮胎按组成结构又可分为有内胎轮胎和无内胎轮胎。现代汽车上使用的主要轮胎形式为充气轮胎。按充气气压大小，有高压轮胎、低压轮胎和超低压轮胎。按帘线排列方向，可分为普通斜交轮胎和子午线轮胎。

图 9.30 所示为普通斜交轮胎，其帘布层和缓冲层的各相邻层帘线交叉，且与胎面中心线呈小于 90° 角排列的充气轮胎。其轮胎噪声小，外胎面柔软，制造工艺简单。但转向行驶时，接地面积变小，胎冠滑移大，抗侧向力能力差，高速行驶时稳定性差，滚动阻力较大，油耗偏高，承载能力不如子午线轮胎。

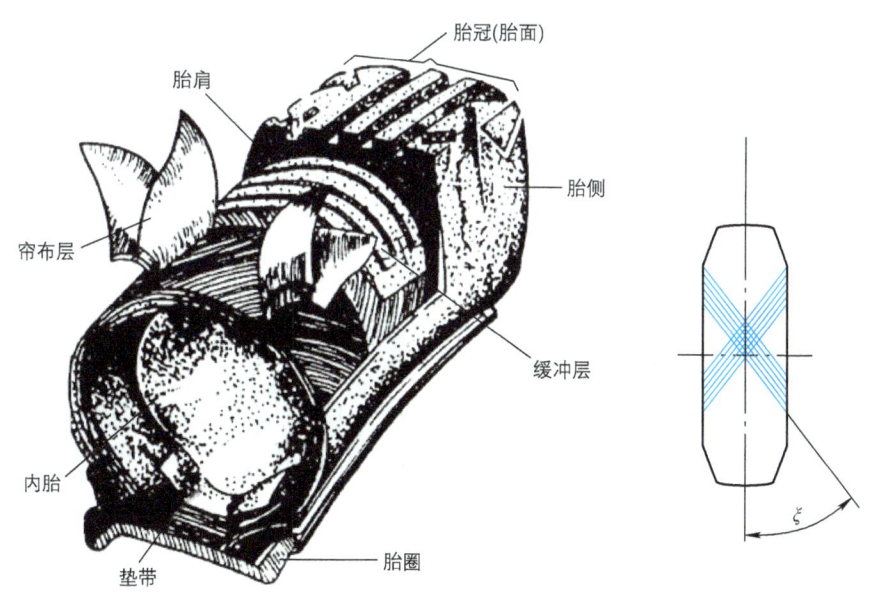

图 9.30 普通斜交轮胎

子午线轮胎是帘布层线与胎面中心线呈 90° 角或约 90° 角排列的充气轮胎，其结构如图 9.31 所示。子午线轮胎接地面积大，附着性能好，胎面滑移小，对地面单位压力也小，因而滚动阻力小，使用寿命长。其胎冠较厚且有坚硬带束层，不易刺穿，行驶时变形小，可将油耗降低 3%～8%。子午线轮胎帘布层数少，胎侧薄，散热性能好；径向弹性大，缓冲性能好，负荷能力较大。承受侧向力时，接地面积基本不变，故转向行驶和高速行驶时稳定性好。其缺点是胎侧较薄且柔软，胎冠较厚，在胎冠与胎侧过渡区易产生裂口；且吸振能力弱，胎面噪声大；制造技术要求高，成本高。

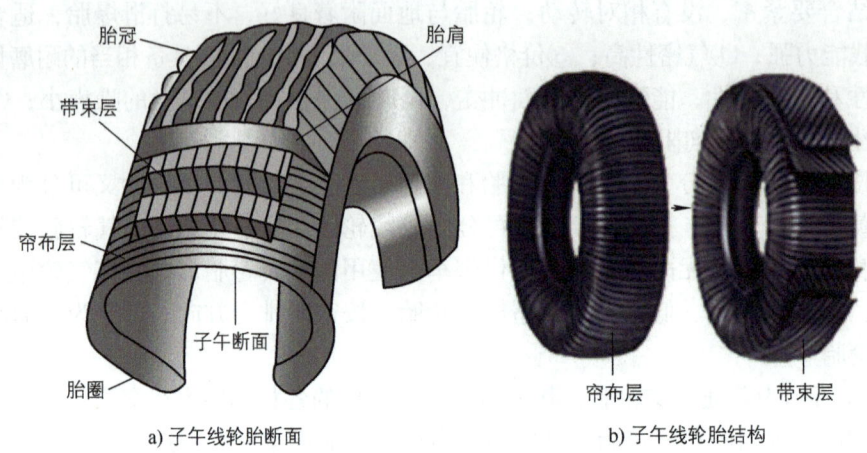

a) 子午线轮胎断面　　　　b) 子午线轮胎结构

图 9.31　子午线轮胎

轮胎的花纹对轮胎性能有显著的影响，花纹使得轮胎在地面轮胎上作用有纵向力和横向力，帮助轮胎能较好地"咬住"地面。按花纹的形状，可分为纵沟型花纹、横沟型花纹、混合型花纹和块状型花纹，如图9.32所示。纵沟型花纹轮胎操纵性和稳定性较出色，滚动阻力较小，轮胎噪声较小。横沟型花纹轮胎驱动力和制动力较出色，在非沥青路面的牵引力较出色。混合型花纹轮胎通过纵沟型和横沟型的混用，把双方的特点结合到一起。块状型花纹轮胎多用于积雪及泥泞的路面，驱动力和制动力较出色。

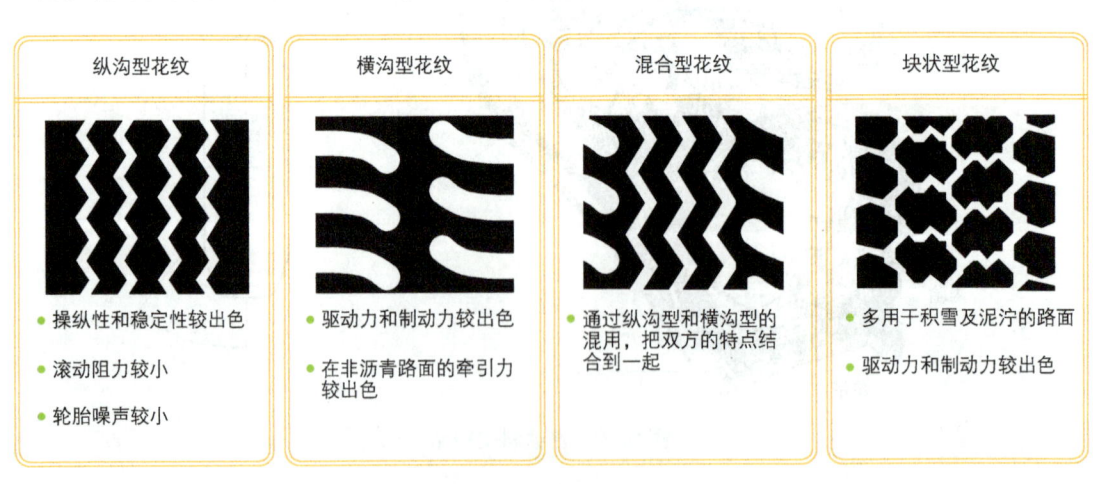

图 9.32　不同形状花纹轮胎

随着智能汽车、无人驾驶汽车技术的发展，轮胎作为唯一与地面接触的承载整车质量、提供附着力的部件，其智能化可使轮胎从传统的被动部件变成可感知路面和轮胎本身受力变形的主动部件，并将其融合到智能汽车发展中，可促进汽车智能化，尤其是自动驾驶技术的发展。

智能轮胎通过内置传感器实时监测胎压和温度，提供轮胎状态的即时反馈，有效预防交通事故，提升了车辆的安全性能。智能轮胎还能自我诊断磨损情况，预测剩余寿命，并通过智能互联技术将信息传递给车辆控制系统，增强了驾驶的便捷性和车辆的智能化水平。

目前智能轮胎技术还处于发展阶段，主要集中在轮胎信息识别、胎压和温度监控等初级领域，未来智能轮胎可以大量地从仿生触角概念和原理中获得创新来源，在传感机制、数据处理算法等方面对触觉感知过程进行模拟、实现对路面状态和轮胎自身状态的实时、精确感知，可用于车辆安全预警和驾驶过程动力学优化，从而减少因道路识别能力、轮胎状态感知能力不足带来的驾驶风险，如图 9.33 所示。

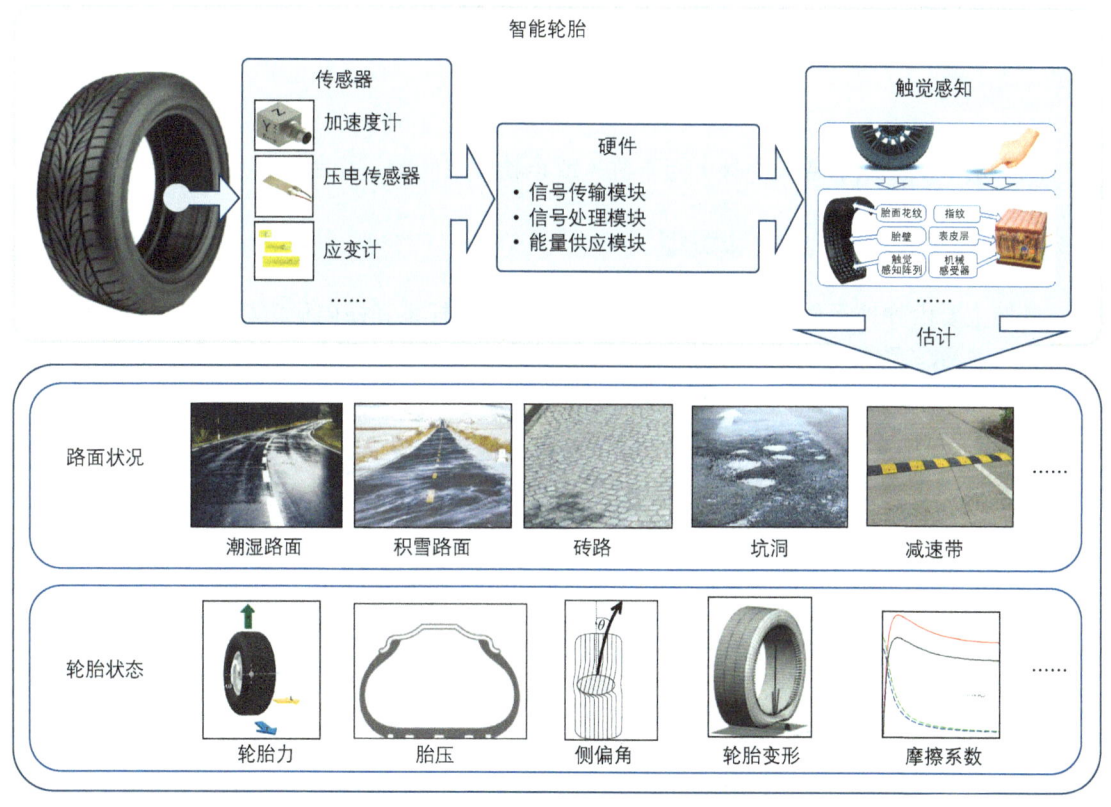

图 9.33　仿生触角启发的智能轮胎原理

交互测验题

一、选择题

1. 车轮按轮辐的构造可分为（　　）。
A. 辐板式和辐条式　　　　　　　　B. 单式和双式
C. 深槽轮辋和平底轮辋　　　　　　D. 有内胎和无内胎

2. （　　）主要用于轿车及越野汽车。
   A. 深槽轮辋　　　B. 平底轮辋　　　C. 对开式轮辋　　　D. 半深槽轮辋
3. 轮胎按帘线排列方向可分为（　　）。
   A. 载货汽车轮胎和轿车轮胎　　　　B. 普通斜交轮胎和子午线轮胎
   C. 高压轮胎和低压轮胎　　　　　　D. 有内胎轮胎和无内胎轮胎

二、判断题

1. 子午线轮胎的胎冠较厚且有坚硬带束层，不易刺穿，行驶时变形小。（　　）
2. 轮胎的扁平率是指轮胎断面高度与轮胎外径之比。（　　）

9.6 悬架

悬架是车架（或承载式车身）与车桥（或车轮）之间的一切传力连接装置的总称。

9.6.1 悬架的功用、组成和类型

悬架主要由弹性元件、阻尼元件（减振器）、导向杆系和横向稳定杆组成，如图 9.34 所示。弹性元件作用是使车架与车桥的连接具有弹性，吸收、缓和路面的冲击和振动。阻尼元件减振器用于衰减弹性元件的振动，吸收并散发振动能量。导向杆系起传力和导向作用。多数轿车和客车上装配有横向稳定杆，其功用是防止车身产生过大侧倾和横向角振动。

悬架的主要功用包括以下几类。

1）缓冲：缓和汽车行驶中由于路面不平所造成的冲击。

2）减振：迅速衰减弹簧受到冲击后产生的振动，持续的振动将使乘员舒适性降低。

3）导向：车轮相对于车身和车架跳动时，车轮（特别是转向轮）的运动轨迹应符合一定的要求，否则对汽车的某些行驶性能（特别是操纵稳定性）有不利的影响。

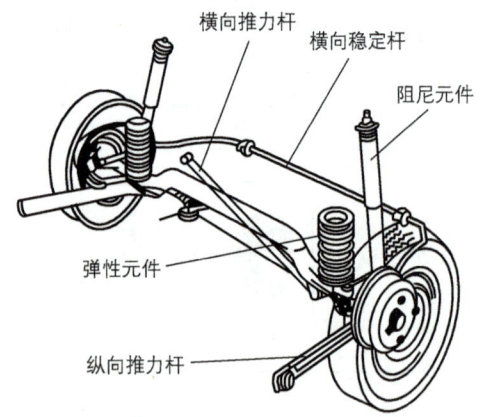

图 9.34 悬架组成元件

4）传力：把路面作用于车轮上的垂直反力、纵向反力和侧向反力以及这些反力所造成的力矩传递到车架（或承载式车身）上，保证车辆的正常行驶。

根据汽车悬架的结构特点，悬架可分为非独立悬架和独立悬架。如图 9.35 所示，非独立悬架的两侧车轮刚性连接在一起，只能共同运动，主要应用于货车、客车和轿车的后桥。独立悬架的两侧车轮由断开式车桥连接，每个车轮单独通过悬架与车架连接，可以单独跳动，广泛应用于轿车前悬架。

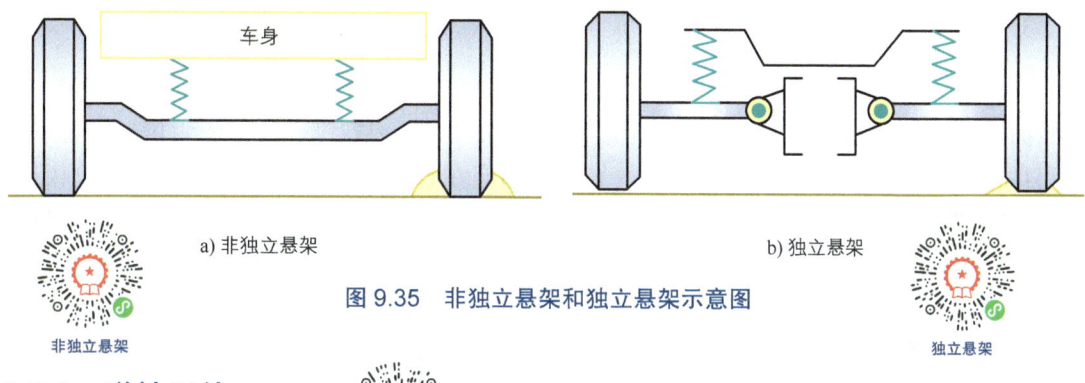

图 9.35 非独立悬架和独立悬架示意图

9.6.2 弹性元件

1. 钢板弹簧

钢板弹簧主要用在非独立悬架中,是由若干片等宽但不等长的合金弹簧片组合而成的近似等强度的弹性梁,如图 9.36 所示。钢板弹簧可以传递 3 个方向作用力,通过固定支架纵向安装到车架上时还能起到导向机构的作用。多片簧各片之间的摩擦有减振作用,在舒适性要求不高的重型载货汽车上,可以不再另外安装减振器。

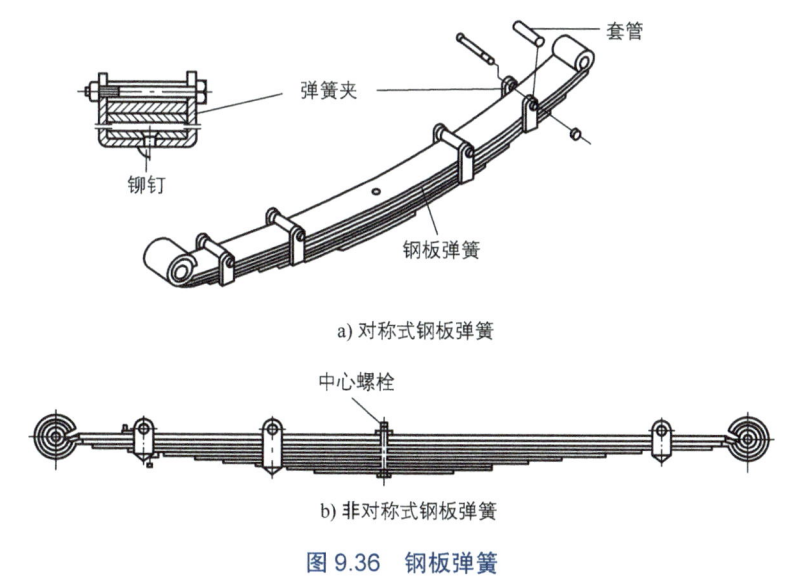

图 9.36 钢板弹簧

2. 螺旋弹簧

螺旋弹簧广泛应用于前轮独立悬架上,如图 9.37 所示。它的优点是不需要润滑、不怕泥污、纵向布置空间较小、质量小。然而,螺旋弹簧只能承受垂直载荷,因此需装设导向机构。另外,螺旋弹簧变形时没有钢板弹簧那样的片间摩擦,无减振作用,因此需另装减振器。

3. 扭杆弹簧

扭杆弹簧是由弹簧钢制成的杆，通过沿轴向扭转变形来缓冲冲击。如图 9.38 所示，扭杆断面通常为圆形，少数为矩形或管形。两端形状可以做成花键、方形、六角形或带平面的圆柱形等，以便一端固定在车架上，另一端固定在悬架的摆臂上。摆臂还与车轮相连，当车轮跳动时，摆臂便绕着扭杆轴线摆动，使扭杆产生扭转弹性变形，借以保证车轮与车架的弹性联接。

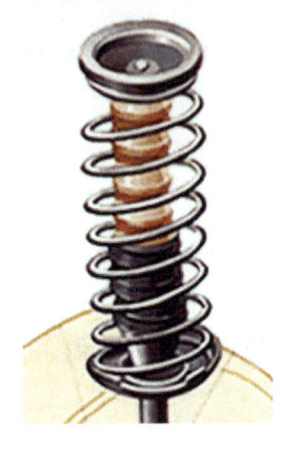

图 9.37　螺旋弹簧

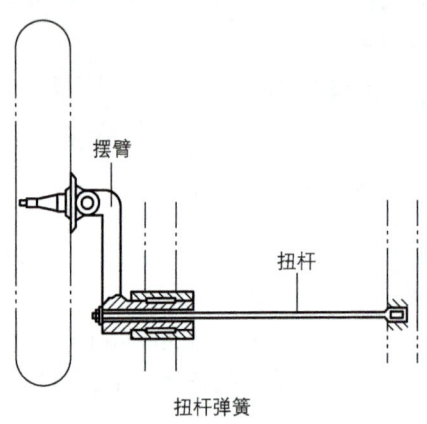

图 9.38　扭杆弹簧

4. 气体弹簧

气体弹簧是在一个密闭的容器中充入压缩气体，利用气体的可压缩性实现弹性作用，其刚度是可变的，主要有空气弹簧和油气弹簧两种。气体弹簧只承受轴向载荷，必须设计纵向和横向推力杆等导向机构，空气弹簧还必须设有减振器。

空气弹簧以空气作弹性介质，在一个密闭的容器内装入压缩空气。随着载荷的增加，容器内的压缩空气压力升高，其刚度也随之增加；载荷减少，刚度也随空气压力的降低而下降，因而具有较好的变刚度特性，此外，还可调节车身离地间隙，如图 9.39 所示。空气弹簧的质量比其他弹簧小，寿命相对较长，但高度尺寸大，适合在大型车上布置。

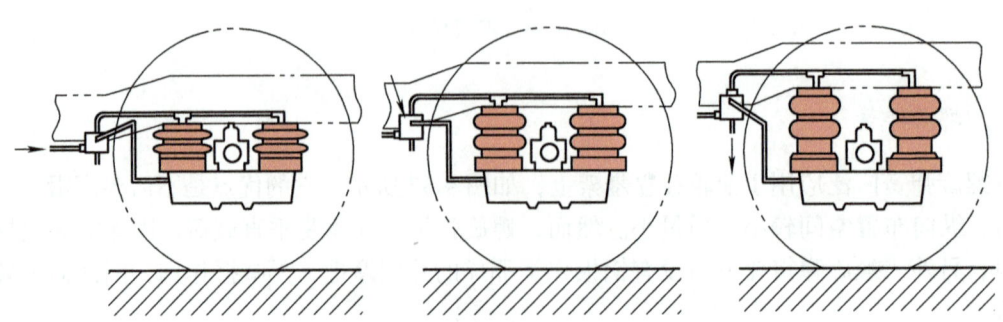

图 9.39　空气弹簧刚度可变、车身离地间隙可调

油气弹簧是以惰性气体（一般为氮气）作为弹性介质，以油液作为传力介质的气体弹簧，如图 9.40 所示。由于气体压力很高，因此其体积要比空气弹簧小。油气弹簧带有阻尼阀，兼起减振作用。

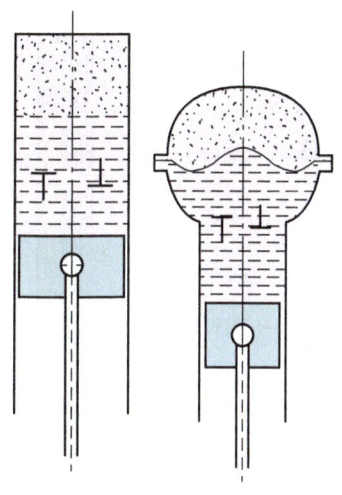

图 9.40　油气弹簧示意图

微课：减振器和
横向稳定器

9.6.3　减振器和横向稳定器

目前汽车上广泛采用的是双向筒式液压减振器，也有一些汽车上采用磁流变减振器和电磁阀减振器等其他类型减振器。

1. 双向筒式液压减振器

双向筒式液压减振器与弹性元件并联安装（同心或不同心），如图 9.41 所示。当车架与车桥相对往复运动时，减振器活塞在缸筒内往复运动，使油液通过窄小孔隙在减振器内腔间反复流动，产生摩擦阻尼力，将车身和车架的振动能量转化为热能，由油液和减振器壳体吸收后散入大气，从而衰减振动。

双向筒式减振器是在压缩和伸张两行程内均能起减振作用的减振器，其结构如图 9.42 所示，流通阀和补偿阀是一般的单向阀，且弹簧比较弱；伸张阀和压缩阀弹簧较强，预紧力大，是卸载阀。当油压和簧力同向时，单向阀会关闭；当油压和簧力反向时，单向阀会开启。只有当油压增加到一定程度，卸载阀才能开启，而当油压减低到一定

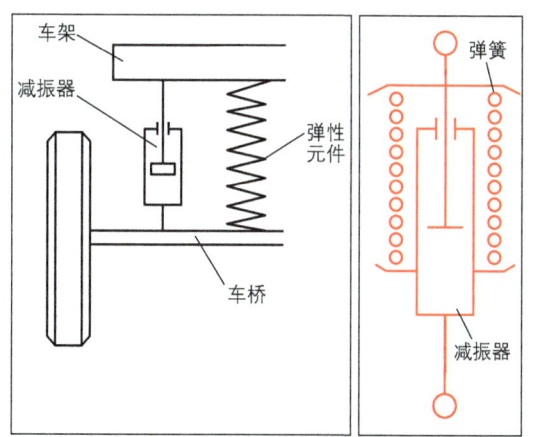

图 9.41　双向筒式液压减振器布置形式

程度，卸载阀自动关闭。

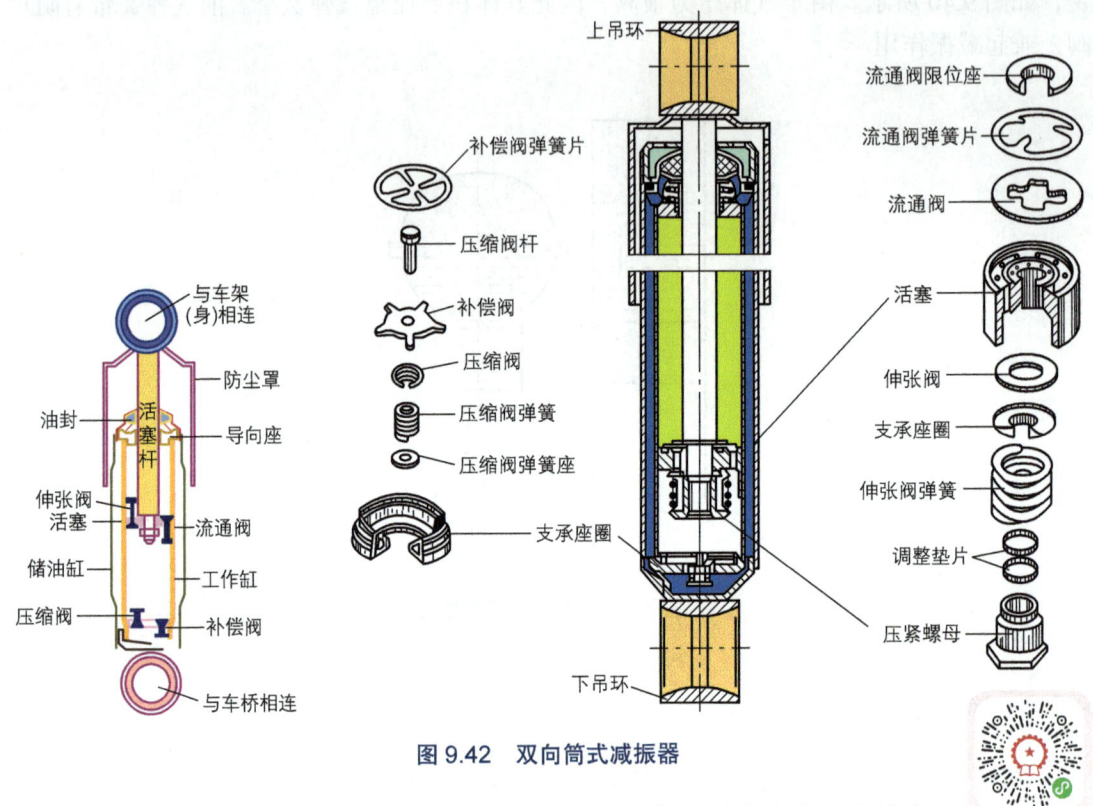

图 9.42 双向筒式减振器

在压缩行程中，活塞杆和活塞一起向下运动，工作缸下腔油液压力增高。伸张阀和补偿阀关闭，下腔油压力打开流通阀。液体自压缩阀的常通孔流到储油缸筒，阻尼力逐渐增大。阀对油液的节流作用产生阻尼作用，当活塞运动速度很快，下腔油压很大，克服压缩阀压紧弹簧，压缩阀完全打开，阻尼力不再增加，起到泄载作用。

在伸张行程中，活塞杆和活塞一起向上运动，工作缸上腔油液压力增高。流通阀关闭，压缩阀关闭，伸张阀打开，油液自上腔流向下腔。下腔压力低于储油筒压力，补偿阀开启，储油筒中油液流入下腔。当活塞运动速度很快时，上腔油压很大，克服伸张阀的压紧弹簧压力，伸张阀完全打开，阻尼力不再增加，起到泄载作用。

双向筒式减振器的压缩阀和伸张阀上开有常通小孔隙，当振动速度较小时，只靠这些小孔工作，当振动速度较大时，才打开阀门工作。这一结构特点使得减振器的阻尼力可随振动速度变化。

双向筒式减振器的伸张阀弹簧刚度比压缩阀的大，而且伸张阀上的常通孔隙的直径也比压缩阀的小。这一结构特点实现了减振器在伸张行程内产生的阻尼力比在压缩行程内产生的阻尼力大。

2. 磁流变减振器

磁流变减振器利用磁流变液在磁场作用下改变其流变特性以实现减振目的。如图 9.43

所示，在减振器中安装电磁线圈，减振器中的油液加入带有磁性的物质，当电磁线圈电流变化时，磁场力也发生变化，流经电磁线圈的磁性液体受到的阻力也会发生改变，达到改变阻尼值大小的目的。当电磁线圈未通电时，磁流变液呈现低黏度牛顿流体特性；而通电后，磁场使磁性颗粒沿磁感线形成链状结构，液体黏度瞬间跃升为类固体状态，从而改变油液流动阻力。调节机制通过ECU实时调控电磁线圈的电流，可实现磁场强度的连续变化，进而动态调节磁流变液的流变特性。在弱磁场下，液体保持低黏度，提供柔和的振动缓冲；在强磁场下，液体高黏度特性产生强剪切应力，有效抑制车身运动。这种阻尼力调节具有毫秒级响应速度，且调节范围宽泛，可同时满足舒适性与操控性需求。磁流变减振器通过电磁场非接触式控制，显著提升了系统耐久性，其阻尼系数可实现100:1以上的连续变化。该技术已广泛应用于豪华车型（如凯迪拉克MRC系列、奥迪A8）及特种设备领域，成为智能底盘系统的重要组成部分。

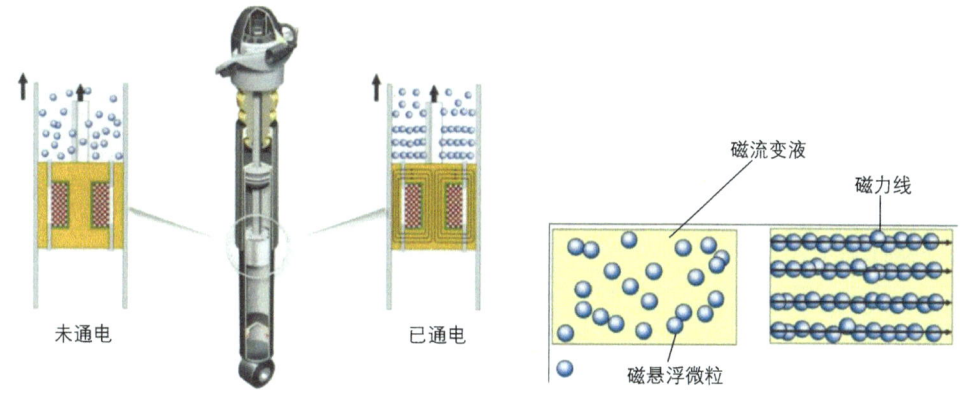

图9.43 磁流变减振器

3. 电磁阀减振器

电磁阀减振器在传统减振器的基础上增加电磁阀，基于电磁阀对油液流动的控制实现减振器阻尼值的变化，如图9.44所示。电磁阀减振器通过电磁阀控制阻尼通道的开启程度来调节阻尼力。在低阻尼模式（舒适模式）下，电磁阀开启，增加阻尼通道的有效截面积，使油液流动更加顺畅，减少节流作用，从而降低阻尼力，提升乘坐舒适性。而在高阻尼模式（运动模式）下，电磁阀关闭，减小阻尼通道截面积，使油液受阻，仅能通过固定孔隙流动，增强节流作用，从而增大阻尼力，提升操控稳定性。此外，电磁阀减振器还具备连续可变阻尼技术，通过脉冲宽度调制（Pulse Width Modulation，PWM）技术精确控制电磁阀的开启程度，实现阻尼力的无级调节。

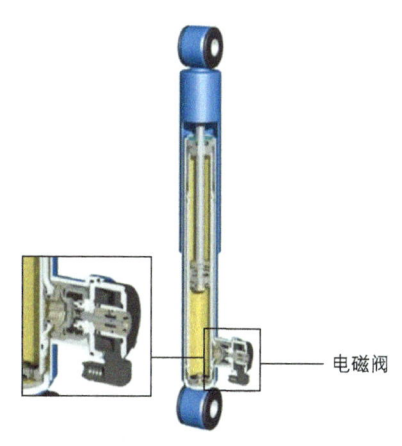

图9.44 电磁阀减振器

电磁阀减振器通过动态调节阻尼力可以实现多场景智能适配。在城市道路行驶时，电磁阀保持部分开启以提供柔和阻尼，有效过滤细碎振动；在高速行驶或激烈驾驶场景下，电磁阀完全关闭以提升阻尼力，显著抑制车身俯仰和侧倾；更先进的自适应模式则整合导航与摄像头数据，可预判减速带、弯道等路况并提前调整阻尼特性。其技术优势体现在毫秒级响应速度与连续阻尼调节能力，配合软件算法优化可适配不同车型及驾驶风格，同时仅在需求时输出高阻尼力的设计，既保障车辆动态性能又降低能耗，延长了减振器的使用寿命。

4. 横向稳定器

现在轿车悬架弹簧的刚性一般都不高，在车辆高速转向时会产生很大的横向倾斜和横向角振动。横向稳定器能够减少车身的侧倾角和横向角振动，改善汽车平顺性和操纵稳定性。如图 9.45 所示，横向稳定器由横向稳定杆、连接杆和支座组成，支座固定在车身上，稳定杆通过连接杆与下摆臂相连。

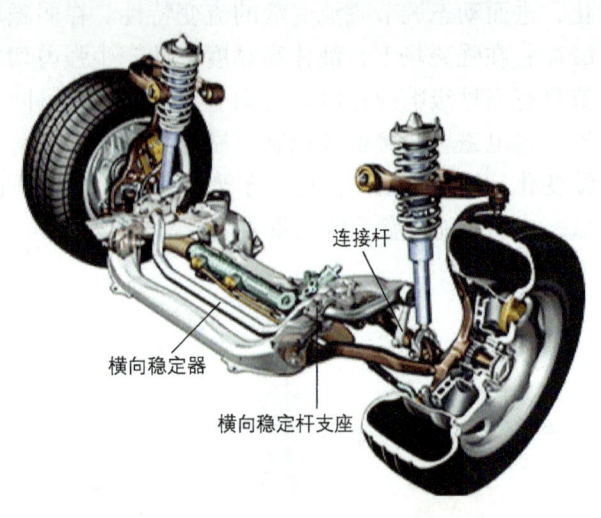

图 9.45　横向稳定器

交互测验题

一、选择题

1. 减振器的主要作用是将车身和车架的振动能量转化为（　　）并耗散掉。
   A. 热能　　　　B. 动能　　　　C. 势能　　　　D. 以上均不是
2. 悬架的主要功能不包括（　　）。
   A. 缓冲　　　　B. 减振　　　　C. 导向　　　　D. 增加车身重量
3. 下列（　　）具有变刚度特性。
   A. 钢板弹簧　　B. 螺旋弹簧　　C. 空气弹簧　　D. 橡胶弹簧
4. 下列（　　）不是悬架的组成部分。
   A. 弹性元件　　B. 阻尼元件　　C. 导向杆系　　D. 制动系统

二、判断题

1. 悬架系统中的弹性元件主要作用是使车架与车桥的连接具有弹性，吸收、缓和路面的冲击和振动。（　　）
2. 横向稳定器在汽车转向时，能防止车身产生过大侧倾和横向角振动。（　　）
3. 螺旋弹簧只能承受垂直载荷，因此无须安装导向机构。（　　）
4. 油气弹簧的密封要求较低，加工和装配精度也不高。（　　）

9.6.4 非独立悬架

非独立悬架根据采用的弹簧类型不同,可分为钢板弹簧非独立悬架、螺旋弹簧非独立悬架等。

微课:非独立悬架

1. 钢板弹簧非独立悬架

钢板弹簧非独立悬架主要由钢板弹簧和减振器组成,如图 9.46 所示。钢板弹簧通常纵向安装,一端为固定铰链,另一端为活动铰链,中部用 U 形螺栓与车桥连接。钢板弹簧销轴向和径向钻有油道,用来润滑铰链的运动部分;钢板弹簧和车架上装有缓冲块和限位块,限制弹簧的变形量。

2. 螺旋弹簧非独立悬架

螺旋弹簧非独立悬架一般只用作轿车的后悬架,具有纵向布置方便、便于维护和保养等特点。螺旋弹簧只能承受垂直载荷,因此需要加装横向推力杆和纵向推力杆,如图 9.47 所示。加强杆的作用是加强横向推力杆的强度,使车身受力均匀。

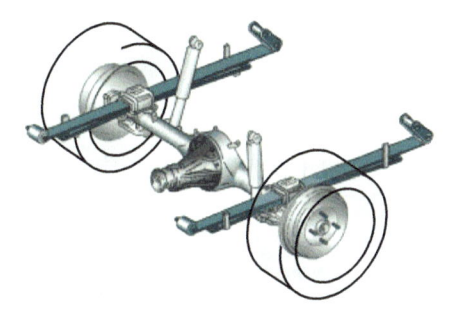

图 9.46 钢板弹簧非独立悬架

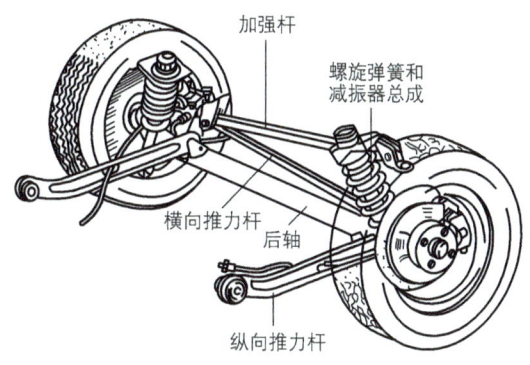

图 9.47 螺旋弹簧非独立悬架

9.6.5 独立悬架

独立悬架两侧车轮独立地与车架或车身弹性连接,采用的弹性元件多是螺旋弹簧和扭杆弹簧。

微课:独立悬架

根据车轮的运动形式,独立悬架可分为横臂式独立悬架、纵臂式独立悬架、单斜臂式独立悬架、烛式独立悬架和麦弗逊式悬架、多连杆悬架等,下面介绍几种常用的独立悬架。

1. 双横臂式独立悬架

采用横臂式独立悬架的汽车,车轮在汽车的横向平面内跳动。根据横臂的数量,有单横臂独立悬架和双横臂独立悬架,如图 9.48 所示为双横臂独立悬架,其上横臂和下横臂可以做成等长或不等长的。

等臂式双横臂悬架如图 9.49a 所示,当车轮跳动时,车轮不倾斜但轮距变化较大。不等臂式双横臂悬架如图 9.49b 所示，车轮跳动时车轮倾斜但轮距变化较小、横向刚度大、抗侧倾性能优异、轮胎贴地性能好、路感清晰；缺点是制造成本高、悬架定位参数设定复杂。不等臂式双横臂悬架多用作运动型轿车、超级跑车以及高档 SUV 等车型的前后悬架。

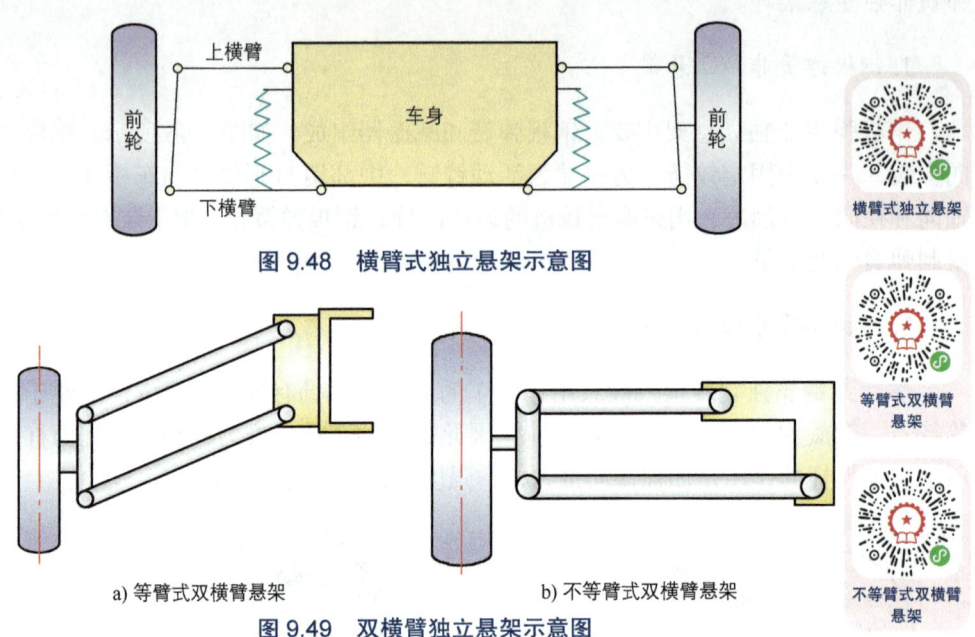

图 9.48　横臂式独立悬架示意图

a) 等臂式双横臂悬架　　　b) 不等臂式双横臂悬架

图 9.49　双横臂独立悬架示意图

双横臂悬架属于无主销式悬架，上、下球头销球心连线为主销的虚拟轴心线。上、下摆臂一般为叉形结构以提高刚度，如图 9.50 所示。

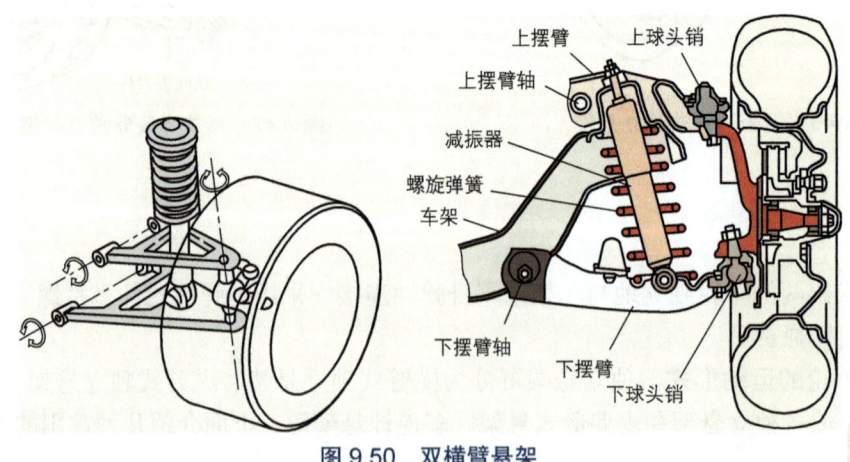

图 9.50　双横臂悬架

2. 双纵臂式独立悬架

采用纵臂式独立悬架的汽车，车轮在汽车的纵向平面内跳动。根据纵臂数量，分为单纵臂式和双纵臂式。双纵臂式独立悬架的结构如图 9.51 所示，通常将两个纵臂长度设计相等，形成平行四连杆机构；在车轮上下跳动时，主销的后倾角保持不变，这种形式的悬架适用于转向轮。

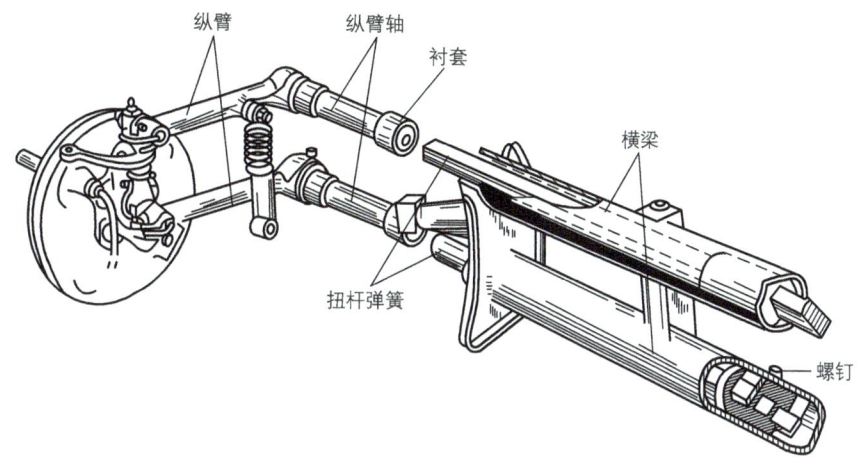

图 9.51 双纵臂式独立悬架

3. 车轮沿主销移动的独立悬架

（1）烛式悬架

烛式悬架是车轮沿固定不动的主销轴线移动的独立悬架。如图 9.52 所示，主销刚性地固定在车架上。当悬架变形时，主销的定位角不会发生变化，仅轮距、轴距稍有改变，有利于汽车的转向操纵性和行驶稳定性。车轮转向时，侧向力全部由主销和其外部的套筒承受，二者间的摩擦阻力大，磨损严重，因此，这种结构形式目前很少采用。

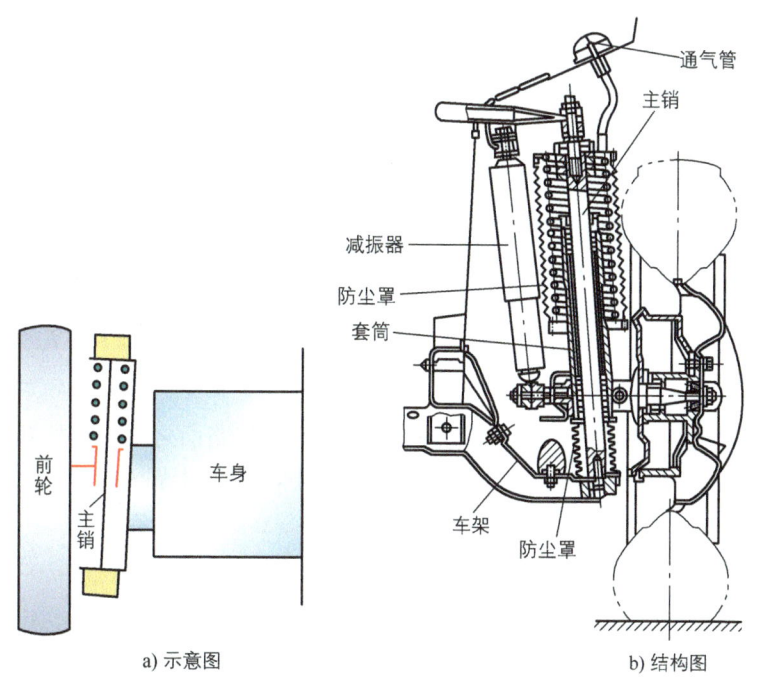

图 9.52 烛式悬架

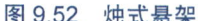

（2）麦弗逊式悬架

麦弗逊式悬架是车轮沿摆动主销轴线移动的独立悬架，也称为滑柱连杆式悬架，其结构如图9.53所示。

麦弗逊式悬架是烛式悬架的改进，增加了横摆臂，改善滑动立柱的受力状况，侧向力大部分由横摆臂承受。麦弗逊式悬架属于无主销悬架，筒式减振器为滑动立柱，上端与车身相连，下端与转向节相连，起减振作用同时有导向作用。在悬架变形时，主销定位角和轮距有变化，可通过适当调整杆系的布置改善；前轮内侧布置空间较大，方便前置前驱动结构布置。滑动立柱上支点和横摆臂外端的球铰中心构成主销轴线，如图9.53中红色虚线所示。

4. 多连杆独立悬架

传统的麦弗逊悬架连杆数量少，可调参数少。多连杆独立悬架由多个连杆组成，早期主要是3根连杆，现在一般有4根或5根连杆，如图9.54所示，这些连杆通过铰链点连接车轮与车身。每个连杆都承担着不同的运动和力的传递任务，共同控制车轮的运动轨迹。

多连杆独立悬架通过多个连杆的相互作用，控制车轮在各个方向上的运动，包括上下跳动、左右摆动和前后移动确保车辆在各种路况下保持稳定性和操控性，提升响应速度。同时，它能提升乘坐舒适性，降低车身振动。而且多连杆悬架设计灵活，能适应不同车型和驾驶需求，保持轮胎与路面之间最佳接触状态，提高抓地力。多连杆悬架目前在中高档汽车后悬架中得到普遍应用。

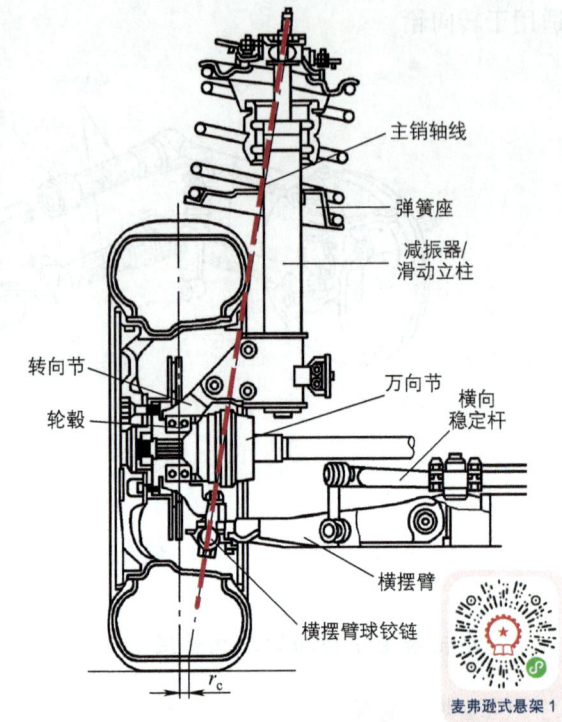

图9.53 麦弗逊式悬架

图9.54 多连杆独立悬架

9.6.6 电控悬架

汽车的发展对悬架提出了更高的要求，具体表现在以下两方面。

1）改善行驶平顺性：在良好路况下，汽车匀速行驶时，悬架应"软"一些,以提升乘坐舒适性;而在路况较差或车辆起步、制动过程中,悬架应相应变"硬",以提供更好的支撑。在低速行驶时,悬架应"软"一些,以过滤细微颠簸;而在高速行驶时,悬架则需要提升刚度,以确保车辆稳定。

2)提高行驶稳定性:在高速行驶状态下,悬架刚度应高一些,以提升行驶稳定性。当车身垂直振动幅度过大时,悬架系统应及时调整,增加刚度和阻尼,从而有效控制车身姿态,保障行车安全。

传统悬架通过弹簧和减振器的组合,在一定程度上满足了车辆行驶的平顺性和稳定性需求,但其固定的刚度和阻尼特性限制了其对复杂路况的适应能力,也就很难达到上述两方面要求。电控悬架通过引入传感器、控制器和执行机构,实现了悬架系统的智能化调节。它能够根据不同的路面状况和驾驶模式,实时调整悬架的刚度和阻尼,从而在保持车辆良好行驶性能的同时,提升乘坐舒适性和操纵稳定性。

电控悬架主要由传感器、执行器和 ECU 组成。传感器包括车高传感器、车速传感器、加速度传感器、转向盘转角传感器、节气门位置传感器等;执行器包括可变阻尼力减振器、可调节弹簧高度和弹性大小的弹性元件等。电控悬架利用传感器检测汽车行驶时路面的状况和车身的状态,输入 ECU 后进行处理,然后通过驱动电路控制悬架系统的执行器动作,完成悬架特性参数(如车身高度、减振器阻尼力和弹簧刚度)的调整。

根据控制理论,电控悬架可分为半主动悬架和主动悬架。按控制介质,有油气式主动悬架和空气式主动悬架。按驱动机构,主动悬架通常有电磁阀驱动和步进电机驱动等类型。

图 9.55 所示为一种电控悬架原理,车速传感器、车门传感器、车身高度传感器、节气门位置传感器、转向盘转角传感器、悬架控制开关、制动灯开关等接收车辆信息及驾驶员指令,传递到 ECU 中,ECU 处理信息并发送控制指令到电磁阀、气泵电机、调压器等,达到适时调节的需求。

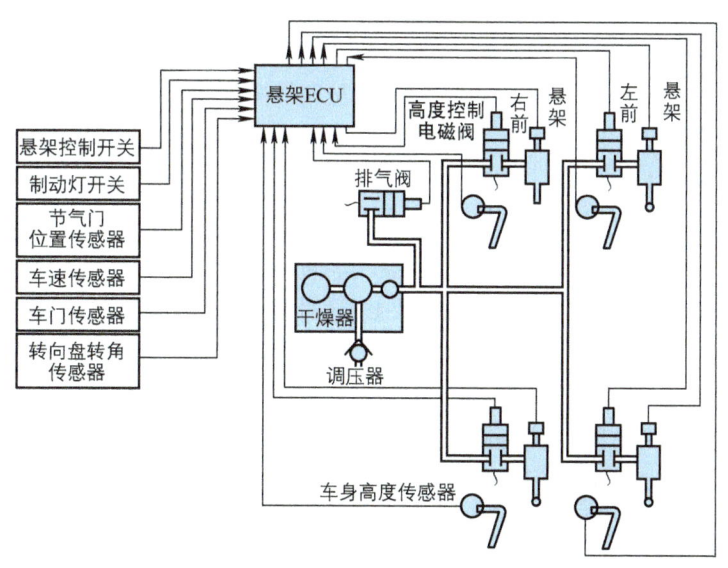

图 9.55 电控悬架原理

图9.56所示为雷克萨斯LS400的电控空气悬架系统，它可根据需要控制弹簧硬度和减振器阻尼力，还能控制车身高度。

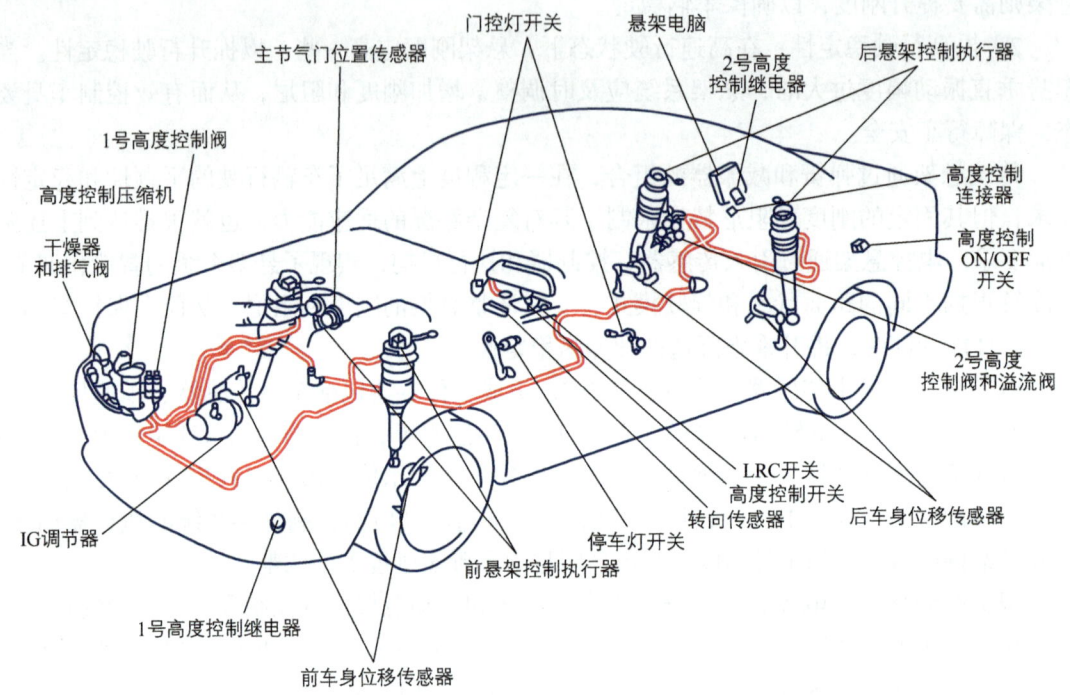

图9.56　雷克萨斯LS400空气弹簧电控悬架系统

电控悬架系统作为现代汽车工程中的重要技术创新，正逐渐成为提升车辆性能、优化驾驶体验的关键配置。在国外，以奥迪、奔驰、宝马为代表的汽车制造商率先在其高端车型上搭载了先进的电控悬架系统。奥迪的AI主动悬架、奔驰的E-ABC主动车身控制系统以及宝马的魔毯智能空气悬架等，均通过高精度传感器、先进算法和精密机械结构的结合，实现了对悬架参数的动态调节，从而在不同路况和驾驶模式下都能提供出色的乘坐舒适性和操控稳定性。这些技术的应用，不仅提升了车辆的整体性能，也为消费者带来了更加智能化、个性化的驾驶体验。

比亚迪也推出了自主研发的云辇C智能电控主动悬架系统，如图9.57所示，它由传感器、控制器、执行元件等组成。速度感应器、车高传感器、车身惯性传感器、高频采集车速、加速度等车辆姿态信息，经过主动悬架ECU计算，向四轮减振器输出软硬不同的阻尼控制，最后通过控制四个减振器内部的电磁阀来动态调整悬架刚性。

云辇C采用的是电磁阀式减振器，其内部是一个可双向移动的密封油泵，活塞在液压油里上下活动，通过调整阻尼控制阀开口的大小，控制减振器阻尼阀门内部油液流量，实现对阻尼的控制。活塞上的阀门允许液压油往两个方向喷出，阀门越小就让液压油的流动越困难，减振的硬度也越高，如图9.58所示。

汉EV四驱和汉DM-p上都有搭载云辇C智能电控主动悬架。在车辆通过颠簸或粗糙路面，输出较软的阻尼；车头经过减速带时迅速降低车尾阻尼，提升后排乘客的舒适性；

转弯或变道时,输出较硬的阻尼,让车辆倾角更小,收敛更迅速,从而提升驾驶乐趣;当车辆高速制动或急加速时,会分别出现"点头"和"抬头"的情况,通过主动调硬悬架,车辆能始终保持平稳姿态,操控极限更高。DiSus 系统作为比亚迪全新一代智能悬架系统,除了云辇 C 智能电控主动悬架,还有云辇 A 空气悬架和云辇 P 全主动油气悬架两个方向。

图 9.57 比亚迪云辇 C 智能电控主动悬架系统

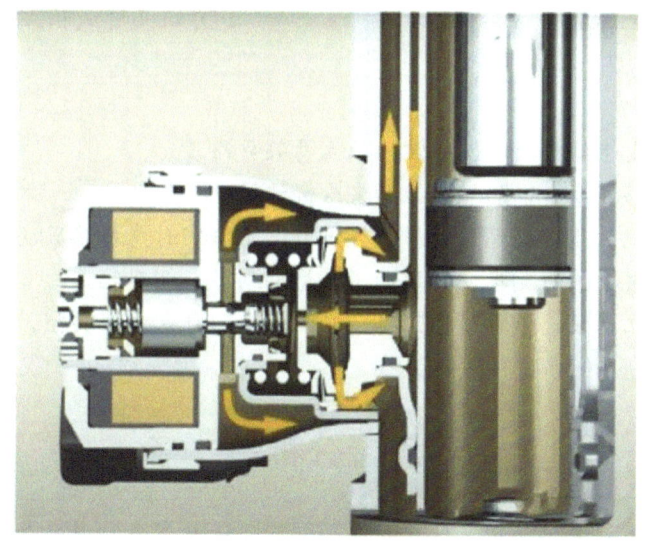

图 9.58 云辇 C 电磁阀式减振器

新势力品牌如蔚来、理想、小鹏等,在高端智能汽车上也广泛采用空气悬架系统,并通过自主研发或与供应商合作的方式,不断提升悬架系统的性能和可靠性。同时,传统车企如吉利、一汽红旗、长城等也在积极跟进,通过技术创新和与国际知名供应商的合作,推动电控悬架系统在国内市场的应用和发展。未来,随着智能网联汽车的兴起和消费者对汽车性能要求的日益提高,电控悬架系统有望在更多车型上得到应用,实现市场普及,以满足消费者对更加智能、舒适、安全的驾驶体验的需求。

交互测验题

一、选择题

1. 下列（　　）类型中，左、右车轮通过一根整体式车桥相连，跳动时会相互影响。
 A. 非独立悬架　　　　B. 独立悬架　　　　C. 电控悬架　　　　D. 液压悬架
2. 独立悬架的主要优点是（　　）。
 A. 结构简单，成本低　　　　　　　　　B. 维修方便
 C. 两侧车轮相互独立，提高操控性和舒适性　　D. 适用于所有车型
3. 电控悬架系统主要通过（　　）来实现悬架参数的动态调节。
 A. 手动调节　　　　　　　　　　　　　B. 固定参数
 C. 传感器、控制单元和执行机构　　　　D. 驾驶员经验
4. 下列（　　）不是非独立悬架的缺点。
 A. 操控性差　　　　　　　　　　　　　B. 舒适性低
 C. 成本高　　　　　　　　　　　　　　D. 两侧车轮跳动时相互影响
5. 独立悬架中，（　　）常用于前轮驱动车辆。
 A. 横臂式独立悬架　　　　　　　　　　B. 纵臂式独立悬架
 C. 麦弗逊式独立悬架　　　　　　　　　D. 双叉臂式独立悬架

二、判断题

1. 非独立悬架由于结构简单，通常比独立悬架更昂贵。　　　　　　　　　　（　　）
2. 独立悬架能够提高车辆的操控性和乘坐舒适性。　　　　　　　　　　　　（　　）
3. 电控悬架系统只能根据预设程序进行调节，无法实时感知路况变化。　　　（　　）
4. 在非独立悬架中，一侧车轮的跳动不会影响到另一侧车轮。　　　　　　　（　　）
5. 麦弗逊式独立悬架是一种结构紧凑、成本较低的独立悬架类型，常用于经济型轿车。
　　　　　　　　　　　　　　　　　　　　　　　　　　　　　　　　　　（　　）

思考分析题

1. 汽车行驶系统的主要功用是什么？它如何确保汽车在各种道路条件下的平稳行驶？
2. 车架作为汽车行驶系统的重要组成部分，有哪些主要类型？并简述各自的特点。
3. 车桥有哪些类型？请分别说明它们的功能，并指出在哪种车型中常见。
4. 车轮定位参数对汽车的操控性和轮胎磨损有何重要影响？请列举几个关键的车轮定位参数。
5. 轮胎的选用原则是什么？不同的轮胎类型（如普通轮胎、越野轮胎）如何影响汽车的行驶性能？
6. 悬架系统主要由哪些部分组成？它们各自在悬架系统中扮演什么角色？

7. 独立悬架与非独立悬架的主要区别是什么？它们对汽车的操控性和乘坐舒适性有何不同影响？

8. 电控悬架相比传统悬架有哪些显著优势？它是如何实现对悬架参数的动态调节的？

9. 在分析汽车行驶系统时，为何需要考虑车轮与地面的接触情况？它对汽车的操控性和制动性有何影响？

10. 悬架系统的刚度和阻尼特性如何影响汽车的乘坐舒适性和操控性？在电控悬架中，这些特性是如何实现动态调整的？

第 10 章　汽车转向系统

汽车转向系统从昔日的机械式转向,到液压助力转向、电动助力转向,再到前沿的线控转向,每一次技术的飞跃都是人类智慧与创造力的结晶,旨在让驾驶体验更加轻松愉悦,操控更加精准无误,行驶更加安全可靠。

10.1　汽车转向系统概述

在汽车构造中,为什么需要转向系统?

首先,汽车的行驶方向需要经常改变。汽车在行驶过程中,无论是遵循蜿蜒曲折的行驶路线,还是应对突如其来的道路方向变化,乃至为了礼貌且安全地避让行人及各类障碍物,其行驶方向都需频繁而灵活地调整。

其次,需要对行驶方向不断进行修正,即便汽车在直线行驶时,转向轮也难免会受到各种侧向干扰的影响,从而不自觉地发生偏转,进而改变汽车的既定行驶方向。为了保持行驶的稳定性与准确性,汽车必须依赖转向系统,对行驶方向进行持续的修正。

10.1.1　汽车转向系统的定义和功用

汽车转向系统是用来改变或者恢复汽车行驶方向的专设机构的总称,包括图 10.1 所示的从转向盘到转向节的所有部件。汽车转向系统的功用是用来改变汽车行驶方向,同时可以为驾驶员提供合适的转向路感。

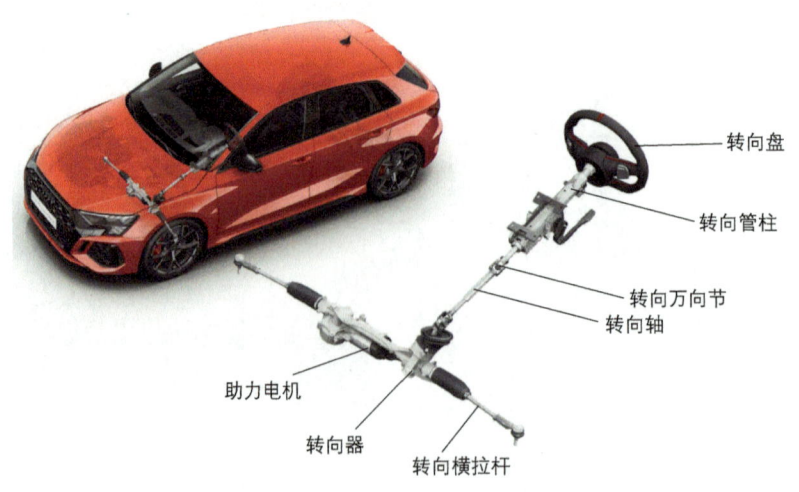

图 10.1　汽车转向系统结构

汽车转向路感是指轮胎与地面的接触状态通过转向系统反馈到驾驶员手上的力感。这种感知是转向系统通过机械或电子装置传递至驾驶员手中的力感与反馈信息的综合体现。包括汽车低速行驶转向时的轻便感，高速行驶转向的稳定感以及转向操纵过程中的平顺感等。汽车转向路感是驾驶员与车辆之间的重要沟通桥梁，它不仅能够提升驾驶的安全性，还能提升驾驶的乐趣和舒适度。

10.1.2　汽车转向系统的类型及组成

根据助力方式的不同，汽车转向系统可以分为机械转向系统和动力转向系统。

1. 机械转向系统

机械转向系统完全依靠驾驶员的体力作为转向能源，其中所有的传力部件都是机械的。这种系统主要由转向操纵机构、转向器和转向传动机构三大部分组成。机械转向系统操作起来比较沉重。

2. 动力转向系统

动力转向系统兼用驾驶员体力和发动机（或电动机）的动力为转向能源，通过在机械转向系统上增加一套转向助力装置而形成。正常情况下，汽车转向所需能量小部分由驾驶员提供，大部分由发动机或电机提供，当转向助力装置失效时，还能由驾驶员独立完成转向任务。

根据动力来源不同，动力转向系统又可分为液压助力转向系统和电动助力转向系统。

（1）液压助力转向系统

液压助力转向系统以驾驶员的体力作为转向能量的一部分，同时通过液压助力来增强转向效果。这种系统在机械转向系统基础上增加了转向液压泵、油管、转向控制阀、储油罐等部件构成。图10.2所示为液压助力转向系统的结构。

（2）电动助力转向系统

电动助力转向系统利用电动机产生的动力进行转向助力，其组成如图10.3所示。电动助力转向系统可以根据车速和转向角度调整助力大小，能耗更低，且转向助力响应更快、更精准。

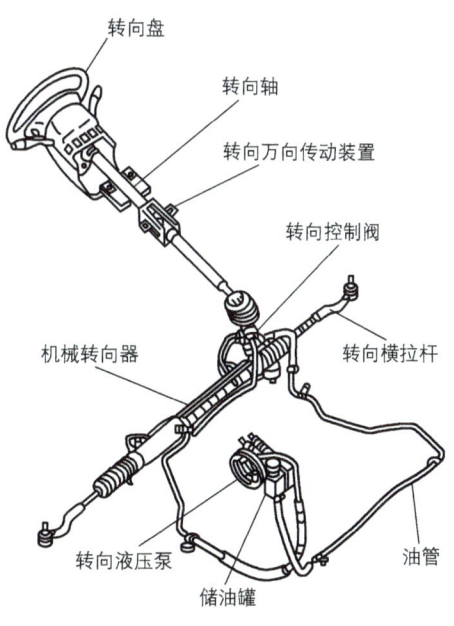

图 10.2　液压助力转向系统

随着汽车电控技术的飞速发展，人们对汽车转向系统的灵活性和智能化提出了更高要求，这促使了主动转向和线控转向系统的诞生。线控转向系统作为动力转向领域的一项前沿技术，在设计理念和工作原理上实现了对传统转向系统的重大突破。它不再依赖传统的机械连接，而旨在通过先进的传感器、电机和控制器等电子元件，令转向盘与车轮之间实现了无直接物理连接。这一创新为汽车的智能化、自动化驾驶奠定了基础。

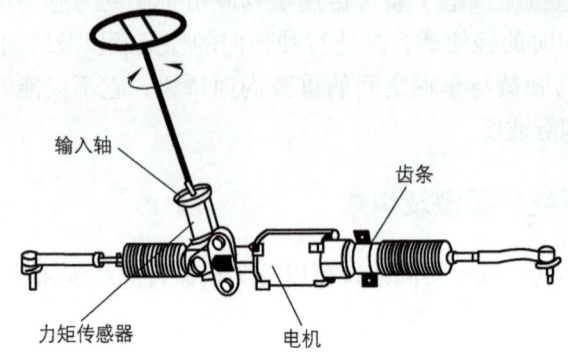

图 10.3　电动助力转向系统

10.1.3　两侧车轮偏转角之间的理想关系

为了确保汽车在转向过程中减少轮胎的磨损并优化其运动状态，希望每个车轮在转向时均能实现纯滚动。纯滚动的理想状态要求所有车轮的轴线必须交汇于同一点，这一几何关系被视作两侧车轮偏转角之间的理想配置，如图 10.4 所示。通过满足这一条件，可以有效减少因转向而产生的额外摩擦和损耗，从而提升车辆的操控性能和轮胎的使用寿命。

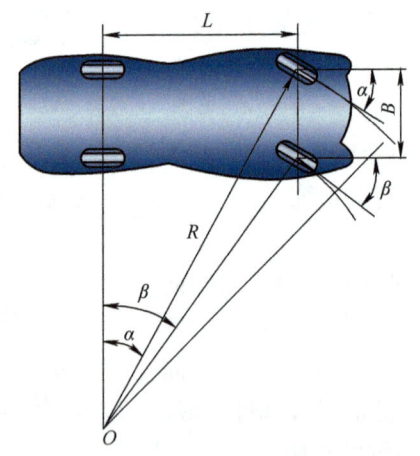

双轴汽车转向时转向轮偏转角的理想关系

图 10.4　双轴汽车转向时转向轮偏转角的理想关系

R—汽车转弯半径　O—汽车转向中心　B—两侧主销轴线与地面相交点的距离　L—汽车的轴距
α—外转向轮偏转角　β—内转向轮偏转角

由图 10.4 可推导得出汽车转弯半径 R 为

$$R = \frac{L}{\sin \alpha} \tag{10.1}$$

当外转向轮偏转角 α 达到最大值 $\alpha_{\max}$ 时，汽车转弯半径最小，其值为

$$R_{\min} = \frac{L}{\sin\alpha_{\max}} \qquad (10.2)$$

10.1.4　转向系的角传动比

转向系角传动比是指转向盘转角的增量与同侧转向节转角的相应增量之比。这个参数反映了驾驶员转动转向盘所需的动作与实际转向效果之间的关系。转向系角传动比通常由两部分组成，即转向器角传动比 $i_{\omega 1}$ 与转向传动机构角传动比 $i_{\omega 2}$ 的乘积。

$$i_{\omega} = i_{\omega 1} i_{\omega 2} \qquad (10.3)$$

式中，$i_{\omega 1}$ 为转向盘转角与转向器输出端运动（如转向摇臂摆角、齿轮齿条式转向器的齿条位移等）之比，$i_{\omega 2}$ 为转向器输出端运动与同侧转向轮偏转角之比。$i_{\omega 1}$ 较大，货车为 16~32，轿车为 12~20；$i_{\omega 2}$ 较小，一般为 1；转向系角传动比越大，转向越省力，但转向灵敏度越低。

10.1.5　转向盘的自由行程

转向盘的自由行程是指转向盘在空转阶段所经历的角行程。转向系统中传动件之间的安装间隙是产生转向盘自由行程的主要原因，这些间隙包括转向器内部的齿轮与齿条之间的间隙、转向传动机构中各部件之间的间隙等。由于这些间隙的存在，当驾驶员开始转动转向盘时，转向系统并不会立即响应，而是需要经历一段空转行程，直到这些间隙被完全消除，转向系统才开始真正工作。

转向盘自由行程的存在主要有以下两个作用。

1）缓和路面冲击：当车辆行驶在不平坦的路面上时，路面冲击会通过车轮传递到转向系统。转向盘自由行程可以吸收部分冲击，减少传递给驾驶员的冲击力，从而提高驾驶的舒适性。

2）避免驾驶员过分紧张和疲劳：由于转向盘自由行程的存在，可减少驾驶员调节转向盘的次数，缓解疲劳。

虽然转向盘自由行程具有一定的积极作用，但过大的自由行程会降低转向灵敏度，影响车辆的操控性能。因此，转向盘自由行程的大小需要控制在合理范围内。一般来说，比较理想的转向盘自由行程不超过 10°~15°。当零件磨损导致转向盘自由行程超过 25°~30° 时，必须进行调整以确保转向系统的正常工作。

交互测验题

一、选择题

1.（多选）以下（　　）属于转向系的功能。
A. 改变或恢复汽车行驶方向　　　　　　B. 向驾驶员提供合适的路感

C. 缓和路面对车身的冲击　　　　　　D. 传递发动机转矩
2. 关于转向系自由行程的描述，以下（　　）是正确的。
A. 转向系自由行程是转向盘转动时无任何响应的角行程
B. 转向系自由行程是由于转向系统中传动件无间隙而产生的
C. 转向系自由行程可以缓和路面冲击，提高驾驶舒适性
D. 转向系自由行程越大，转向灵敏度越高
3. 转向器角传动比与转向传动机构角传动比的乘积代表（　　）。
A. 转向系传动效率　　　　　　　　　B. 转向系角传动比
C. 转向盘转角大小　　　　　　　　　D. 转向轮偏转角速度

二、判断题

1. 转向系自由行程越大，对驾驶员来说越省力。（　　）
2. 转向系角传动比的大小对汽车的转向性能没有影响。（　　）

10.2　转向操纵机构

转向操纵机构是转向盘到转向器之间的所有零部件总称。转向操纵机构由转向盘、转向管柱、转向轴、转向传动轴、转向万向节等组成，如图10.5所示，转向操纵机构的作用是将驾驶员施加在转向盘的力传给转向器。

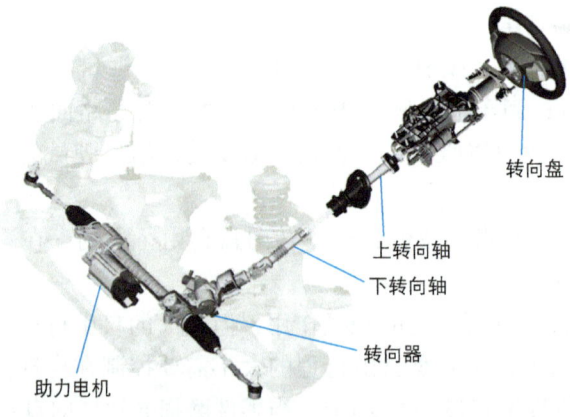

图 10.5　转向操纵机构

由于驾驶员与转向操纵机构紧密接触，因此转向操纵机构在结构设计上更多地从人机工程及驾驶安全两方面考虑，现代汽车转向操纵机构带有各种调整机构及安全保护装置，以方便不同体形驾驶员的操纵及保证驾驶员的安全。

1. 转向盘

转向盘由轮缘、轮辐和轮毂组成，轮辐一般为3根辐条（图10.6a）或4根辐条（图10.6b），转向盘内部构造坚固，由成形的金属骨架支撑，其外覆柔软材质，旨在提升握

持舒适度，如图 10.6c 所示。

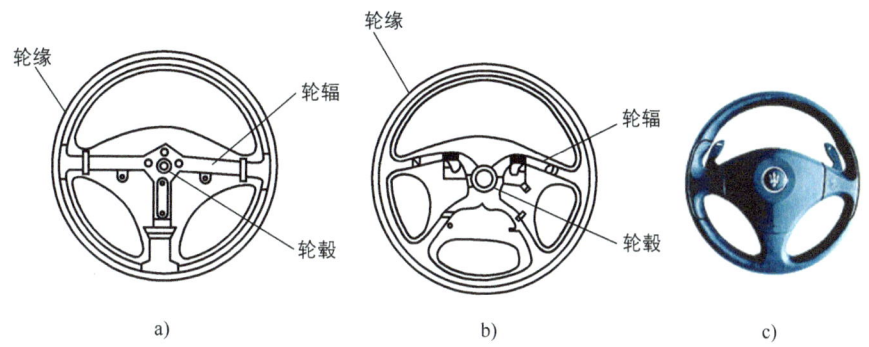

图 10.6　转向盘构造

为了适应不同体型驾驶员的操作习惯，现代汽车设计充分融入了"以人为本"的理念，特别配备了能够灵活调节转向盘倾角与高度的机构。这些调节机构既可通过手动操作实现，也可通过便捷的电动调节来实现，以满足多样化需求。图 10.7 所示为手动式的调整机构。现在很多汽车上只需轻轻一按调节开关，转向轴的倾角便能连续平滑地调整；当松开开关时，转向轴即刻停止移动，并智能记忆当前位置。当车辆熄火后，转向盘会自动移动，为驾驶员上下车提供宽敞的空间；而车辆一旦重新上电，转向盘又会自动恢复至原先设定的位置，既便捷又智能。

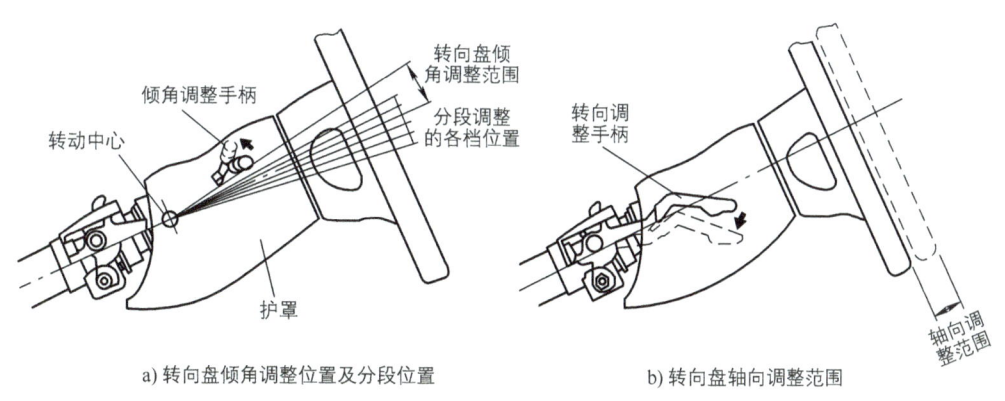

图 10.7　转向盘的智能倾角调整机构

2. 转向柱管、转向轴及其吸能装置

转向柱管支承着转向盘，一般通过橡胶垫固定于驾驶室的前围板上。转向轴是连接转向盘与转向器的传动部件，从转向柱管中穿过。转向轴与转向器之间的连接采用双万向节结构，这一设计不仅保证了转向的平顺与灵活，更在复杂路况下提供了快速的操控响应。

为了在车辆碰撞事故中更好地保护驾驶员，转向轴与转向柱管内部设计有吸能装置。其工作原理是，转向轴一旦受到巨大的冲击力并产生轴向位移，便能通过转向柱管或支架的塑性变形、转向轴的错位等，来高效地吸收并分散冲击能量，从而减轻对驾驶员的伤害。

转向柱管和转向轴的吸能装置有多种形式，图10.8所示为转向轴错位缓冲结构，这种结构将转向轴分成两段，在中间错位连接。在遭遇剧烈撞击时，车身及车架会发生严重形变，导致转向轴、转向盘等关键部件向后位移。同时，在惯性力的作用下，驾驶员身体会向前冲撞，此时，转向轴上下凸缘盘的销子与销孔会设计性地脱离，即转向轴上的上、下凸缘盘的销子与销孔脱开，以缓和冲击、吸收能量，从而降低驾驶员的受伤风险。

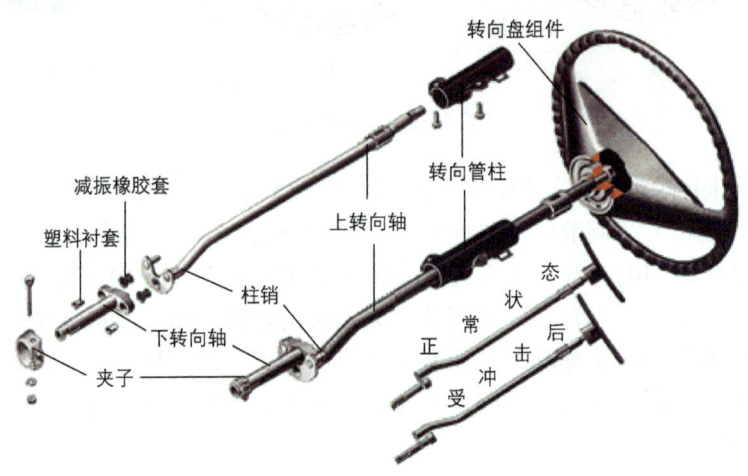

图10.8 转向轴两端错位缓冲结构

交互测验题

一、选择题

1.汽车转向操纵机构中的转向轴主要作用是（　　）。
A.传递驾驶员的转向力矩至转向器　　B.承受并传递车辆行驶过程中的振动
C.调整车辆的高度以适应不同路况　　D.作为车辆外观装饰的一部分
2.汽车在发生碰撞时，转向柱管上的吸能装置主要起到的作用是（　　）。
A.增加转向系统的刚度以防止变形　　B.通过吸收碰撞能量保护驾驶者
C.提高车辆的行驶稳定性　　D.减少转向时的摩擦力

二、判断题

1.转向柱管是转向操纵机构中的一个重要部件，它主要起到支撑和导向转向轴的作用。　　（　　）
2.转向柱管吸能装置通常设计为在碰撞时能够立即断裂，以最大限度地吸收冲击能量。
　　（　　）

10.3　转向器

转向器是转向系统中的减速传动装置，通常配置有 1 或 2 个减速传动副。它的功能是有效增大驾驶员施加的转向力矩，并改变转向力的传递路径。转向器类型主要有齿轮齿条式转向器、循环球式转向器以及蜗杆曲柄指销式转向器等，前两种是汽车上常用的类型。

转向器的传动效率定义为转向器输出功率与其输入功率之间的比值，是衡量转向系统性能的关键指标之一。转向器的正效率指功率由转向轴输入，由转向传动机构（如转向横拉杆或摇臂）输出的传动效率。而转向器的逆效率则是指由转向传动机构输入，由转向轴输出的传动效率。

根据逆效率的不同，转向器可细分为 3 大类：可逆式、不可逆式以及极限可逆式转向器。可逆式转向器具有高逆效率，能够充分将路面阻力反馈至转向盘，为驾驶员提供清晰的路感，并实现转向盘的自动回正功能，但也可能因反馈过于强烈而产生"打手"现象。

相比之下，不可逆转向器的逆效率极低，这导致驾驶员几乎无法感知到路面阻力的变化，从而难以根据实际情况调整转向盘的转矩，且转向盘不会自动回正，影响了驾驶的便捷性和安全性。

极限可逆式转向器则位于这两者之间，其逆效率略高于不可逆式，既能为驾驶员提供一定的路感反馈，又能实现转向盘的自动回正。

在汽车应用中，理想的转向器应具备较高的正效率，以确保转向操作的轻松与高效，同时，也应具备适当的逆效率，以兼顾驾驶员的路感需求及转向盘的自动回正功能，从而提供更加安全、舒适的驾驶体验。

10.3.1　齿轮齿条式转向器

齿轮齿条式转向器是线位移输出式转向器，具有一级传动副。传动副主动件是转向齿轮，从动件是指转向齿条，如图 10.9 所示。齿轮齿条式转向器一般采用螺旋转向齿轮与斜齿转向齿条啮合，可以提高啮合重叠度，保证传动平稳。在汽车上布置时，小齿轮轴线与齿条轴线可以不垂直，以满足转向系统总布置要求。

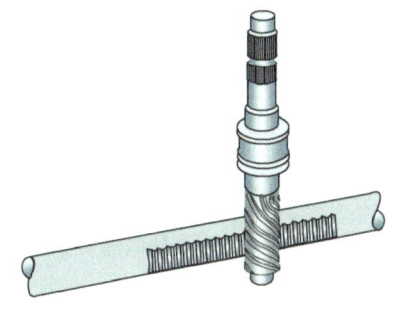

图 10.9　齿轮齿条式转向器

图 10.10 所示为捷达轿车齿轮齿条式转向器，转向齿条通过两点支承在壳体上，分别

是橡胶支承套和齿轮齿条啮合点。为了保证齿轮齿条无间隙啮合，通过弹簧、垫片、压块将齿条压靠在齿轮上，弹簧预紧力用调整螺钉调节，螺钉端部起到限位作用，防止跳齿。

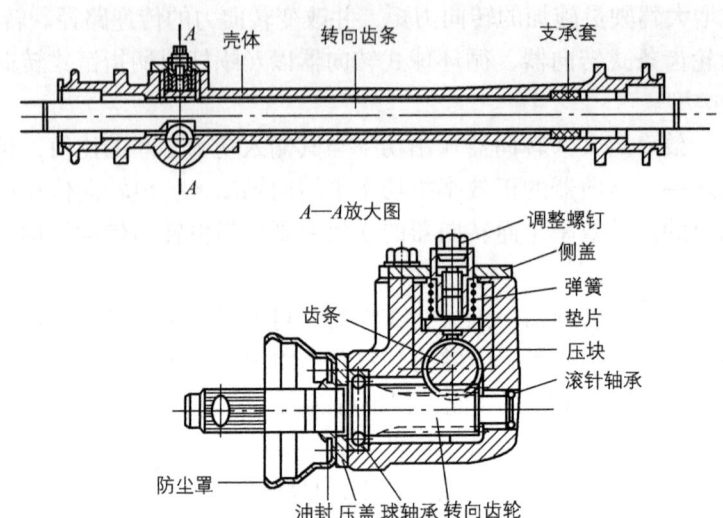

图 10.10　捷达轿车齿轮齿条式转向器

齿轮齿条式转向器在汽车上有 4 种布置形式，如图 10.11 所示。

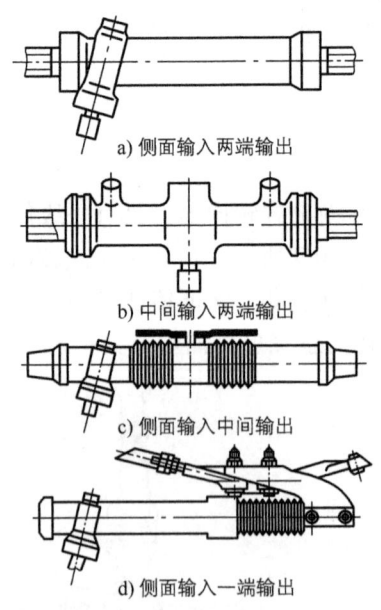

图 10.11　齿轮齿条式转向器布置形式

4 种结构形式在汽车上都有应用，具体要根据整车总布置需求选用。两端输出式的转向横拉杆通过球铰链与齿条轴端部连接。中间输出式是指横拉杆用螺栓固定在转向齿条中部，齿条移动带动左右横拉杆移动，实现转向，如图 10.12 所示。

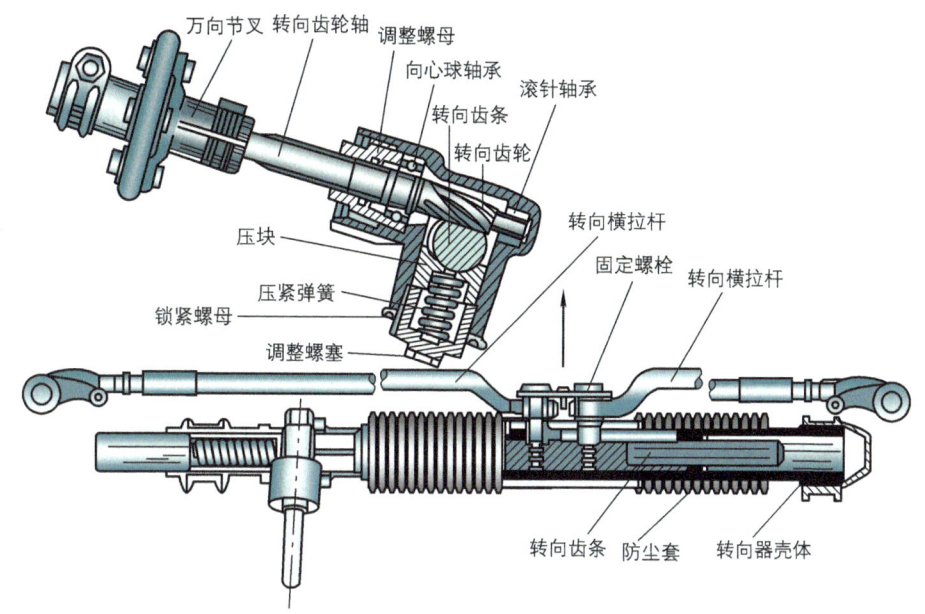

图 10.12 中间输出式的齿轮齿条转向器

齿轮齿条式转向器结构简单紧凑、质量小、刚性大，而且其转向灵敏，正、逆效率都较高，制造工艺简单、成本相对低。采用齿轮齿条式转向器，还可省略转向摇臂和转向直拉杆，简化了转向传动机构，齿轮齿条式转向器适合与麦弗逊式独立悬架配用，常用于轿车、微型货车和轻型货车中。

10.3.2 循环球式转向器

循环球式转向器是角位移输出式转向器，具有两级传动：第一级为螺杆螺母传动副；第二级为齿条齿扇传动副。

图 10.13 所示为循环球式转向器示意图。在转向操作过程中，首先通过旋转转向螺杆，借助内部钢球将力顺畅地传递给转向螺母。这些钢球在螺旋槽内灵活滚动，将滑动摩擦转化为滚动摩擦，极大地降低了阻力。随后，螺母沿着转向轴进行轴向移动，进而驱动扇形齿轮旋转，最终带动转向拉杆实现车辆的转向动作。

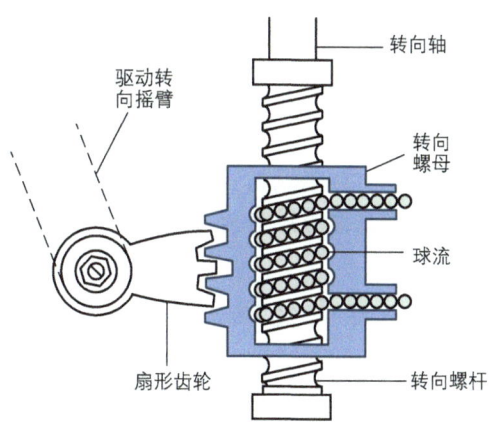

图 10.13 循环球式转向器

为了优化摩擦性能，转向螺杆与螺母均被加工出由多段不同心圆弧构成的特殊断面，这些断面组合形成了近似半圆形的螺旋槽。当两者紧密配合时，便构成了一个近似圆形断面的螺旋管状通道，其中填充了钢球，将滑动摩擦转化为更为顺畅的滚动摩擦。

循环球式转向器正传动效率高达 90%～95%，使得操纵轻便，转向省力。

循环球式转向器的组成及工作原理

它的逆效率也很高，这一特点使得驾驶员在完成转向动作后，能够迅速感受到清晰的反馈，即所谓的"容易打手"，从而提升了驾驶的精准度和安全性。循环球式转向器还有寿命长、工作平稳可靠的特点。但由于循环球式转向器是角位移输出式转向器，因此在汽车上应用循环球式转向器时，其转向传动机构会比较复杂。循环球式转向器主要用在中、大型商用车上。

交互测验题

一、选择题

1. 关于齿轮齿条式转向器的特点，下列（　　）描述不正确。
A. 结构简单紧凑，制造成本低　　　　　B. 转向灵敏，正逆效率均较高
C. 需要转向摇臂和转向直拉杆辅助传动　D. 适用于轿车和轻型货车

2. 循环球式转向器中的关键传动部件不包括（　　）。
A. 螺杆螺母传动副　　　　　　　　　　B. 齿条齿扇传动副
C. 液压助力装置　　　　　　　　　　　D. 钢球和螺旋槽

3. 转向器的正效率主要描述的是（　　）。
A. 路面阻力反馈到转向盘的能力
B. 转向盘自动回正的速度
C. 从转向轴输入到转向传动机构的功率转换效率
D. 驾驶员感受到的路面振动程度

二、判断题

1. 可逆式转向器能够实现转向盘的自动回正，并且逆效率高，因此驾驶员在行驶过程中总能清晰感受到路面阻力的变化。（　　）

2. 不可逆转向器由于逆效率很低，使得驾驶员几乎无法根据路面阻力调整转向盘转矩，这有助于提高驾驶的安全性。（　　）

10.4　转向传动机构

从转向器到转向节之间的所有传动杆件（不含转向节）总称为转向传动机构。转向传动机构的功用是将转向器输出的力和运动传到转向桥两侧的转向节，使两侧转向轮偏转，并使两转向轮偏转角按一定关系变化，以保证汽车转向时车轮与地面的相对滑动尽可能小，保障转向的平稳性与操控性。转向传动机构的组成和布置因转向器和悬架类型不同而异。当独立悬架配套的是循环球式转向器时，其转向传动机构会比较复杂。

轿车的独立悬架多数配用的是齿轮齿条式转向器，此时转向传动机构相对比较简单，主要包含转向梯形。转向梯形由转向横拉杆和梯形臂组成，为了满足转向轮独立运动的需要，转向桥是断开式的，转向传动机构中的转向梯形也必须断开，如图10.14所示。

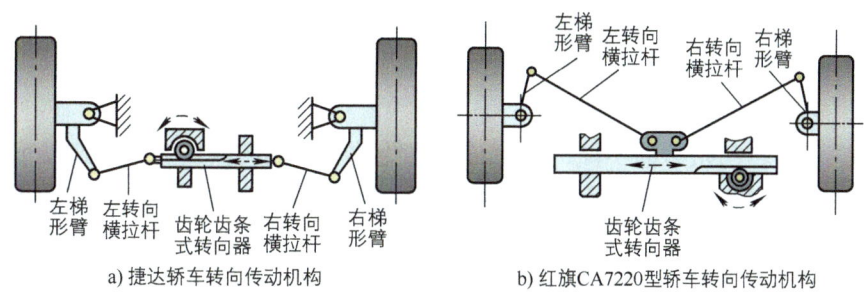

a) 捷达轿车转向传动机构　　b) 红旗CA7220型轿车转向传动机构

图 10.14　与齿轮齿条式转向器相配合的转向传动机构

10.5　动力转向系统

动力转向系统是将发动机输出的部分机械能转化为压力能（或电能），或者由电机助力，在驾驶员控制下，对转向传动机构或转向器中某一传动件施加辅助作用力，使转向轮偏转，以实现汽车转向的一系列装置。其功用是减轻驾驶员的转向操纵力，提高驾驶舒适性。助力转向系统按照助力能源可分为液压助力、气压助力和电动助力。目前汽车上用得最广泛的是液压助力和电动助力。气压助力转向系统主要应用于一些前轴最大轴载质量为 3~7t 并采用气压制动系统的大型车上。本节主要介绍液压助力转向和电动助力转向技术。

10.5.1　液压助力转向系统

液压助力转向系统（Hydraulic Power Steering，HPS）是利用液压系统来助力车辆转向的系统，其主要结构如图 10.15 所示。

微课：液压助力转向系统

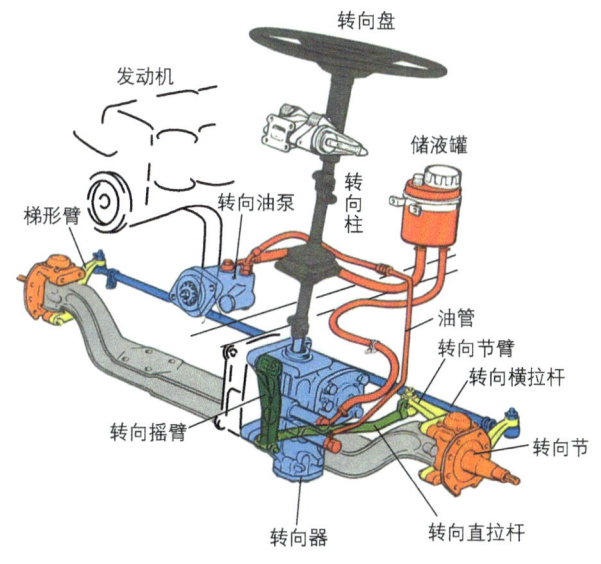

图 10.15　液压助力转向系统结构示意

汽车对液压助力转向系统的要求有以下4点。

1）助力转向系统只有在汽车转向时才提供转向力。

2）助力转向系统的响应要迅速。

3）根据汽车转向阻力的不同，助力转向系统应有不同的输出力。车速低或路面条件不好时，助力转向系统的输出力要大，要提供大部分的转向力；车速高时，助力转向系统的输出力要小，以避免驾驶员失去转向路感。

4）助力转向系统密封要好，避免漏油。

整体式动力转向器是将机械转向器、转向动力缸、转向控制阀三合一的部件，汽车上常用的主要有齿轮齿条式整体式动力转向器和循环球式整体式动力转向器。

现代轿车普遍采用转阀式液压助力转向系统，转向器为齿轮齿条式转向器。转向动力缸活塞与转向齿条制成一体，活塞将转向动力缸（即转向器壳体）分成左、右两个腔，转向动力缸的助力直接作用在齿条上，如图10.16所示。图10.17和图10.18分别为桑塔纳2000轿车整体式动力转向器及其零件分解图。

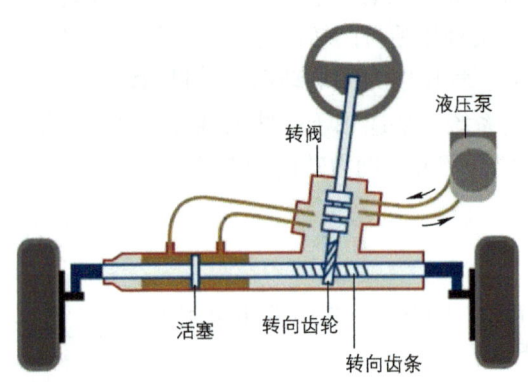

图 10.16 齿轮齿条式整体式动力转向器

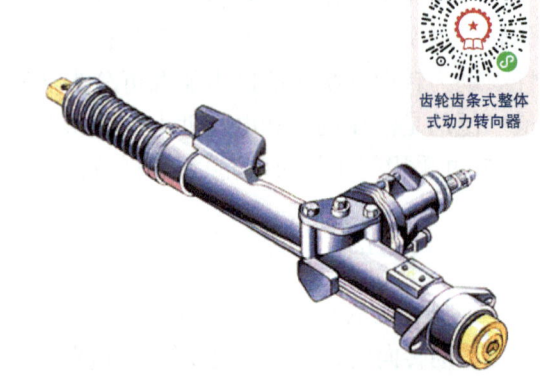

图 10.17 桑塔纳2000轿车整体式动力转向器

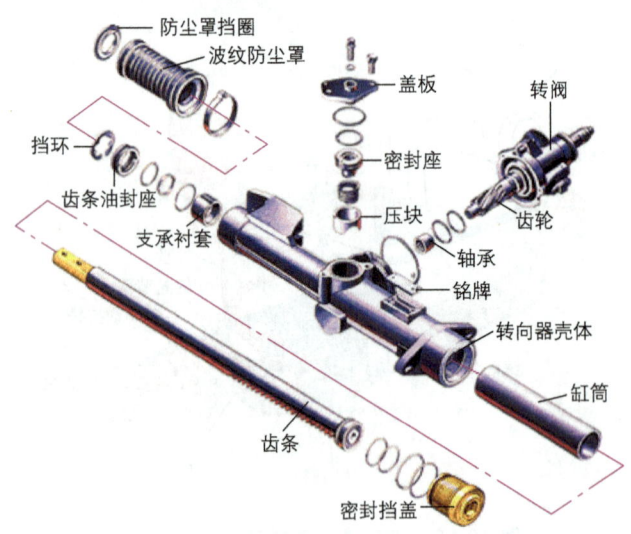

图 10.18 桑塔纳2000轿车整体式动力转向器零件分解图

图 10.19 为桑塔纳 2000 轿车动力转向器转阀工作原理。当汽车直线行驶时，转阀处于中立位置，使动力缸左右两腔相通，输入阀体的油液，经回油管路流回转向油罐。一旦转动转向盘，转向轴就会带动阀芯相对阀套转动，进而切断动力缸左右腔的通道，使动力缸一侧进高压油，一侧连通油罐，动力缸两侧产生压差，实现转向助力。

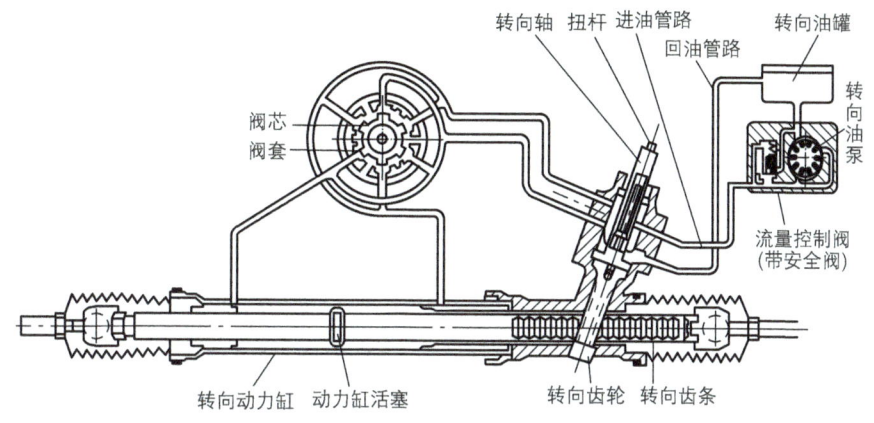

图 10.19　桑塔纳 2000 轿车动力转向器转阀工作原理

转阀全称是转阀式转向控制阀，其结构如图 10.20 所示，阀芯上端通过细牙花键与转向轴的万向节叉连接；扭杆上端用销 1 与阀芯连接，下端用销 2 与转向齿轮松配合（二者可相对转动约 ±6°），阀套和转向齿轮固连在一起。这样转向轴通过扭杆带动转向齿轮转动，同时又使得转向轴和转向齿轮之间可以有一定的相对扭转角度，这个扭转角度可以控制转向阀的关闭和开启。

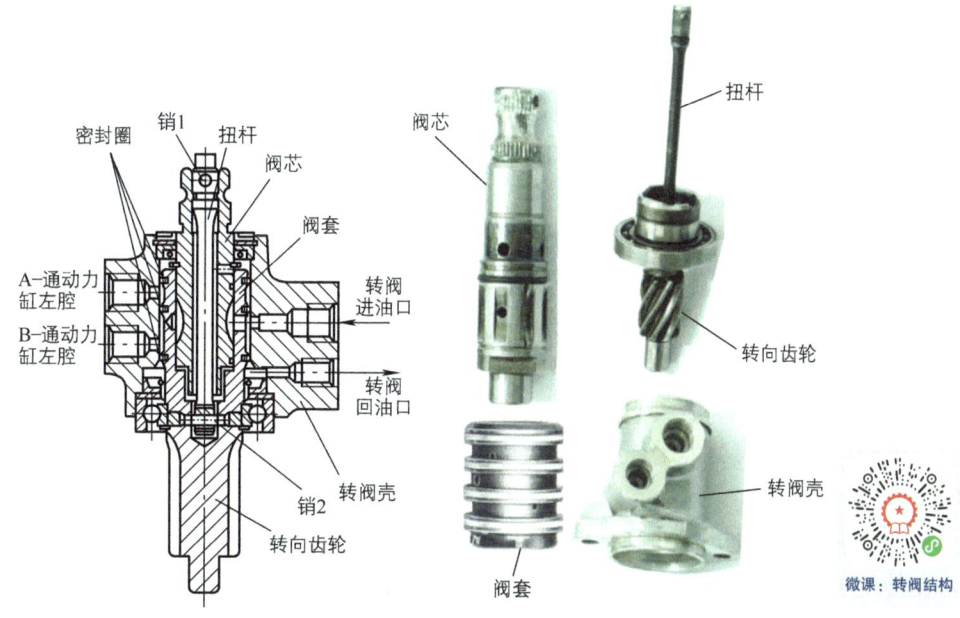

图 10.20　转阀结构

转阀的阀芯呈长筒形，如图 10.21 所示，中部外表面均布 6 或 8 条不贯通纵向油槽。阀套呈圆筒形，其外圆柱面上有三道油环槽和四道密封环槽；每道油槽的底部都有与内壁相通的油孔，中间油环槽的孔直径较大，是进油道，另两个油环槽的油孔直径较小，分别与动力缸的左、右腔相通。阀套的内表面与阀芯的外表面配合工作，阀套纵向油槽分别与阀芯的纵向槽脊相对，阀套上的槽比阀芯上的槽脊略宽。

阀芯中有 4 个连通的进油通道 A，还有 4 个分别与动力缸的左或右腔相连的通道 B 和 C，以及 4 个回油道 D，图 10.22 所示为阀芯和阀体配合的剖切面图。图示为转向盘不转动时的情况，转阀处于中间位置，所有油道都是相通的，也就是动力缸的左右腔油压相等。一旦转动转向盘，阀芯就会相对阀套转动，从而切断 B 和 C 两个通道，使得动力缸一侧进高压油，一侧连通油罐。汽车向右转弯时，动力缸左腔通高压油；汽车向左转弯时，动力缸右腔通高压油；产生转向助力。

转阀的工作原理

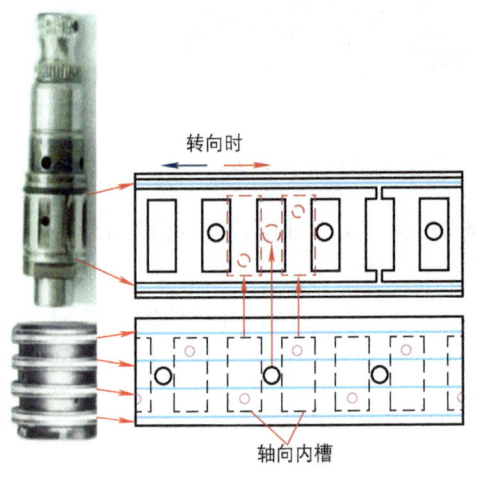

图 10.21　阀芯和阀套展开图

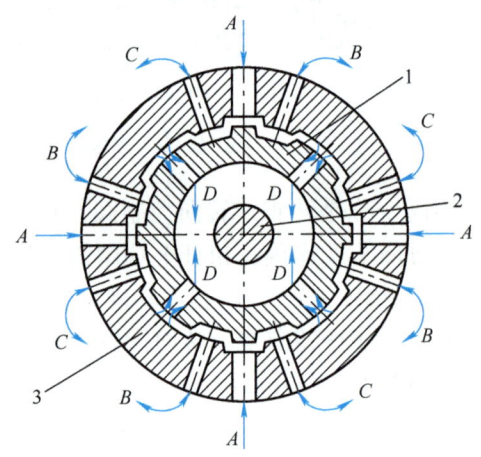

图 10.22　阀芯和阀体配合的剖切面图

10.5.2　电控液压助力转向系统

传统的液压助力转向系统尽管在一定程度上减轻了驾驶员的转向负担，但该系统仅依据转向盘转角提供助力，忽略了车速这一关键因素，导致在高速行驶时缺乏足够的稳定感，而在低速行驶时又难以达到理想的轻便性。此外，发动机怠速时助力转向系统仍需输出额定流量，以及常流式系统在不转向时油泵的持续工作，增加了不必要的燃油消耗。扭杆的应用虽然实现了助力的传递，却降低了转向系统的扭转刚度，使得车辆在中间位置时的路感变得模糊。为了克服这些不足，电控液压助力转向系统通过引入电子控制技术，实现了助力与车速、转向盘转角等多因素的匹配。

微课：电控液压助力转向系统

电控液压助力转向系统（Electronically Controlled Hydraulic Power Steering，ECHPS）是在传统的液压助力转向系统上加装电控系统，如图 10.23 所示，新增了液压反力活塞 8、控制杆 9、液压反力腔 10、液流分配阀柱塞 14、液流分配阀弹簧 15、电磁阀线圈 16、电磁阀滑阀 17、电磁阀弹簧 18 等系列部件，同时还配备了动力转向 ECU19 和车速传感器

20。车速传感器实时捕捉车辆速度信息,送入动力转向 ECU 中。经过计算与分析,ECU 随即发出指令,调控电磁阀等关键部件的运作,进而控制转阀的转动幅度。通过这套电控系统,将车速信息纳入了转向助力大小的控制逻辑之中,从而实现辅助转向力随车速而变化的助力特性。

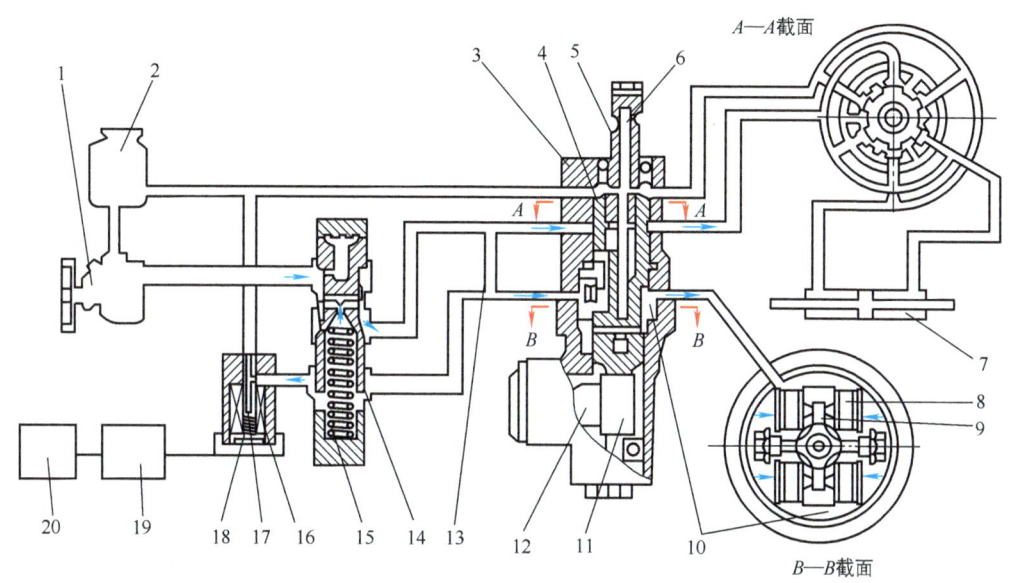

图 10.23 雷克萨斯电控液压助力转向系统示意图

1—转向油泵 2—储油罐 3—转向器壳 4—阀套 5—阀芯 6—扭杆 7—转向动力缸 8—液压反力活塞 9—控制杆 10—液压反力腔 11—转向齿轮 12—转向齿条 13—节流孔 14—液流分配阀柱塞 15—液流分配阀弹簧 16—电磁阀线圈 17—电磁阀滑阀 18—电磁阀弹簧 19—动力转向 ECU 20—车速传感器

在车辆高速行驶时,电控液压助力转向系统智能地减少助力输出,使得驾驶员需施加更大的操纵力,从而确保清晰的路面反馈,增强了驾驶的稳定性和安全性;而在低速行驶时,则显著增大助力效果,使驾驶操作变得轻松自如。这一智能化调节机制,不仅兼顾了转向操纵的舒适性与灵活性,更在高速行驶中有效提升了转向的稳定性和驾驶员的安全感,充分满足了车辆低速转向灵敏、高速转向稳定的需求。

尽管电控液压助力转向系统相较于传统系统得到较大的性能提升,但也存在一些问题,如整个液压系统的体积相对较大,占用了一定的车内空间,且存在潜在的泄漏风险和较高的噪声水平。此外,为了实现对车速的精准检测与控制,系统增设了相应的传感装置,增加了复杂性。所以电控液压助力转向系统主要应用于高端轿车及运动型乘用车中。

10.5.3 电动液压助力转向系统

在电控液压助力转向系统(ECHPS)中,转向油泵通常由发动机直接驱动,无论车辆是否处于转向状态,只要发动机在运转,转向油泵就会持续工作。但在非转向状态下,会造成燃油经济性的下降。因此,电动液压助力转向系统(EHPS)采用电动泵替代发动机驱动,实现了按需供油,显著提高了燃

微课:电动液压助力转向系统

油效率。

图 10.24 所示的电动液压助力转向系统由动力转向器、电动泵、转矩传感器等组成。转向油泵不由发动机驱动，而由电机驱动，电机、齿轮泵、储油罐集成在一起，称为电动液压泵。电动泵与发动机在机械上无关联，助力效果只与转向盘角速度和行驶速度有关。

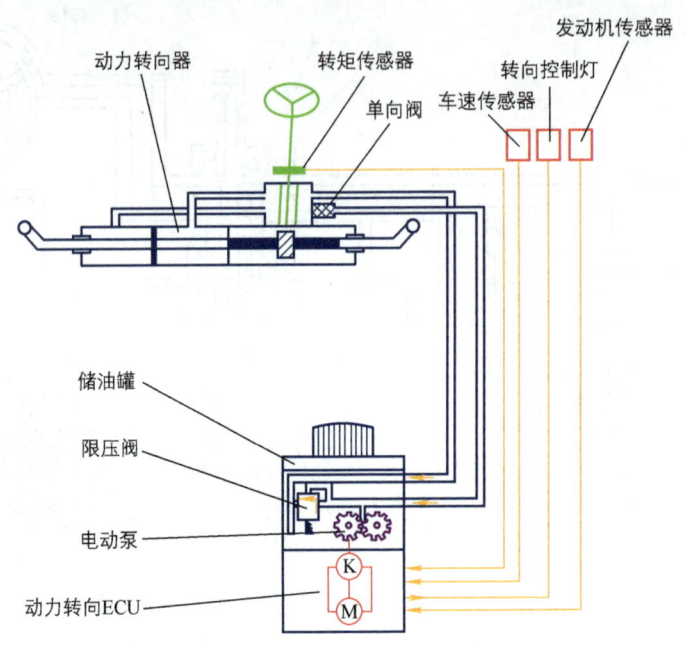

图 10.24　电动液压助力转向系统示意图

该系统通过 ECU（电子控制单元）智能调控，依据车速与转向盘转速调整电机转速而控制油泵的输出油量，实现了助力大小的动态调节，是典型的可变助力转向系统。此系统不仅能让驾驶员根据车速变化感受到路面反馈，还有效降低了助力转向系统的功率损耗。在车辆低速行驶时，系统提供较大的助力，使得车辆操纵更为轻便灵活；而在高速行驶时，助力则适度减弱，操纵力相应增加，让驾驶员能清晰感知路面状况，既确保了转向操纵的舒适性与灵活性，又显著提升了高速行驶中的转向稳定性和安全性。

EHPS 作为机电液一体化的复杂系统，其结构相对复杂，成本较高，且在发动机舱内占用了一定空间。另外，转向助力仍然是通过液压实现的，仍需关注并解决潜在的漏油问题。

10.5.4　电动助力转向系统

各类型液压助力转向系统（包括 HPS、ECHPS 和 EHPS）都需要依靠液压来实现助力，都需要增加油泵、油罐、油管等部件，因此都存在漏油风险，而且控制阀等部件结构还比较复杂。

电动助力转向系统（Electric Power Steering，EPS）依靠电动机直接提供转向助力转矩，由机械转向器、转矩传感器、减速机构、离合器、电动机、电子控制单元和车速传感器等组成，如图10.25所示。当转动转向盘时，安装在转向轴上的转矩传感器不断测出转向盘上的转矩信号，该信号与车速信号同时传给ECU。

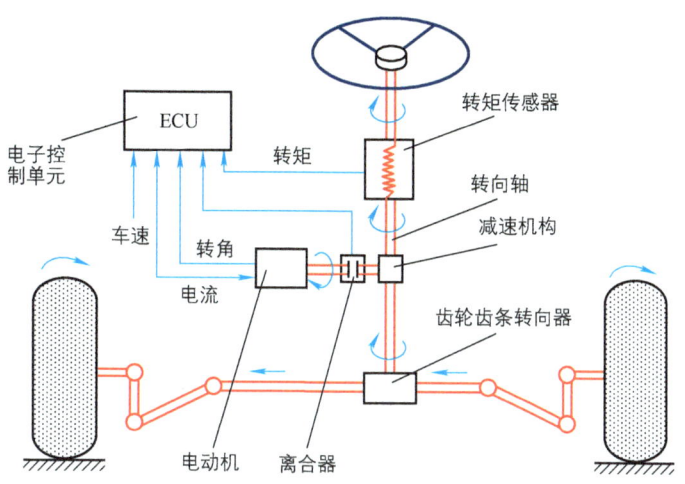

图10.25　直接助力式电动转向系统示意图

ECU根据车速传感器和转矩传感器的信号决定电动机的旋转方向和助力电流的大小，并将指令传递给电动机，通过离合器和减速机构将辅助动力施加到转向系统中，完成助力转向，可方便其在不同的车速下提供不同的助力效果，保证汽车在低速转向行驶时轻便灵活，高速时稳定可靠。

依据电动机安装位置的不同，电动助力转向系统可分为三类，转向轴助力式EPS（C-EPS）、齿轮助力式EPS（P-EPS）和齿条助力式EPS（R-EPS），如图10.26所示。其中转向轴助力式占用空间小，但距离驾驶员位置较近，其振动与噪声较大。齿轮助力式能提供较大的转向助力。齿条助力式刚度大，传动力也大，适用于前轴承载负荷较大的车辆。

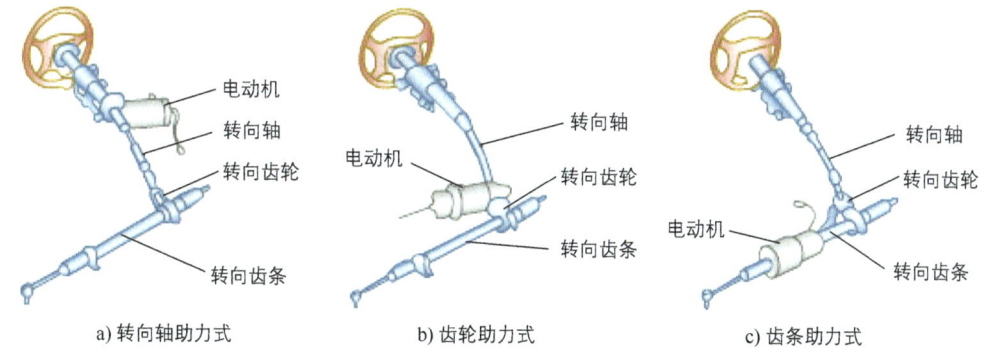

图10.26　直接助力式电动转向系统的类型

比亚迪E5纯电动汽车采用的是R-EPS，如图10.27所示，其由传感器（转矩及转角传感器、车速传感器）、控制器（EPS电子控制单元）、执行器（EPS电机）以及相关机械部件组成。转向系统的传动机构采用电机驱动，取代了传统液压机构，图10.28为其电机及减速器，减速器由带轮传动实现。比亚迪E5纯电动汽车R-EPS的工作原理如图10.29所示。

图 10.27　比亚迪 E5 纯电动汽车 R-EPS

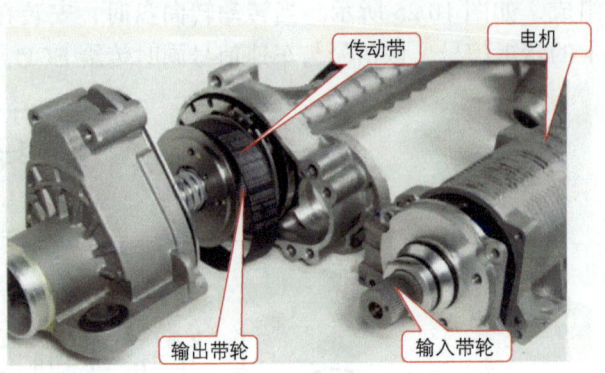

图 10.28　比亚迪 E5 纯电动汽车 R-EPS 的电机及减速器

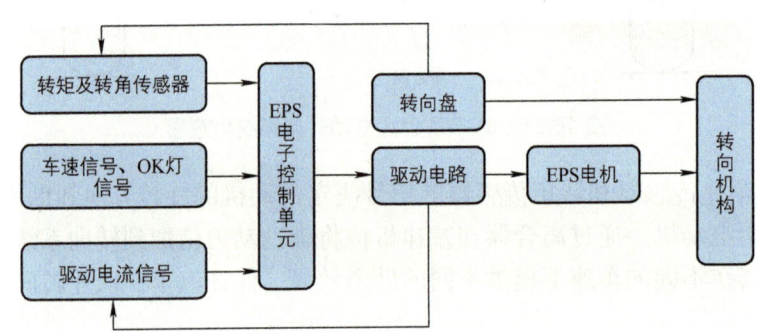

图 10.29　比亚迪 E5 纯电动汽车 R-EPS 的工作原理

按照电机轴和齿条的位置关系齿条助力式又分为三种：齿条同轴助力式、齿条交叉助力式和齿条平行助力式，分别如图 10.30～图 10.32 所示。

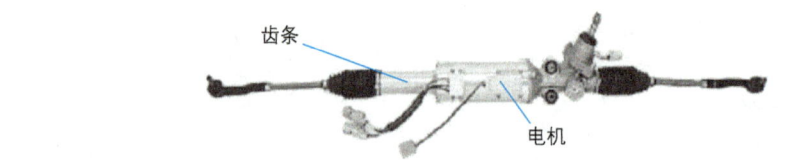

图 10.30　齿条同轴助力式

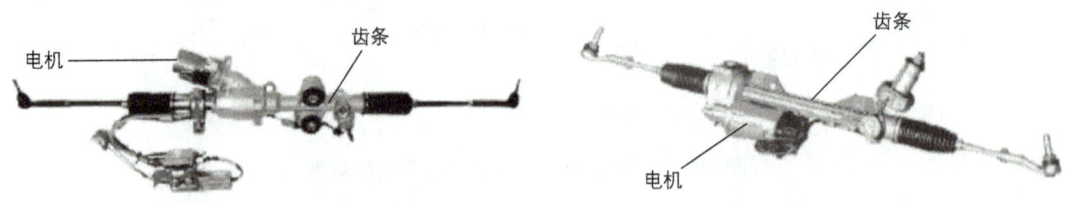

图 10.31　齿条交叉助力式　　　　　图 10.32　齿条平行助力式

图 10.33 所示为本田雅阁轿车采用的电动助力转向系统。该系统采用了齿条同轴式电机助力。其中，电动机轴设计为中空结构，巧妙地允许转向齿条穿越其中。在车辆转向过

程中，电动机轴驱动螺母进行旋转运动，而螺母仅作旋转并不发生移动，通过滚珠驱动螺杆移动，有效实现转向助力。此设计使得整体结构紧凑，体积显著减小。

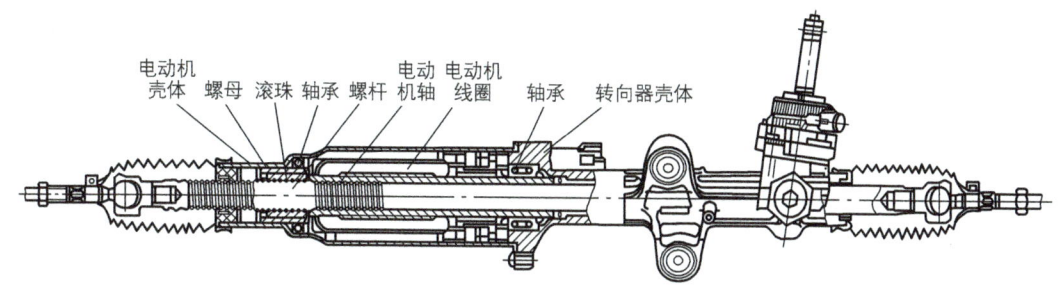

图 10.33 本田雅阁轿车电动助力转向系统

然而，该系统也存在一定的局限性：对于燃油车而言，由于电源电压较低，所能提供的助力相对有限，所以它更适用于混动或电动汽车。另外，由于增加了电动机、减速机构和转矩传感器等部件，系统的成本也相应提升。

交互测验题

一、选择题

1. 液压助力转向系统主要由（　　）组成。
A. 转向盘、轮胎
B. 储油罐、助力转向控制单元、电动泵、转向机
C. 制动系统、悬架系统
D. 变速器、发动机

2. 转阀式转向控制阀的核心部件不包括（　　）。
A. 阀套　　　　　B. 电磁铁　　　　　C. 阀芯　　　　　D. 扭杆

3. 电控液压助力转向系统相比传统液压助力系统的主要优势是（　　）。
A. 转向力完全依赖发动机动力
B. 转向助力不可调节
C. 能根据车速和转向角度调节助力大小
D. 结构更复杂，成本更高

4. 电动液压助力转向系统与传统液压助力系统的主要区别在于（　　）。
A. 转向油泵的驱动方式　　　　　B. 转向盘材质
C. 轮胎类型　　　　　　　　　　D. 悬架系统

5. 电动助力转向系统（EPS）中，电动机的安装位置不包括（　　）。
A. 转向轴助力式　　　　　　　　B. 制动系统助力式
C. 齿轮助力式　　　　　　　　　D. 齿条助力式

二、判断题

1. 液压助力转向系统是在机械式转向系统的基础上加设一套转向加力装置构成的。（ ）

2. 转阀式转向控制阀的工作原理是通过阀芯的旋转来控制液压油的流动方向和压力，从而实现转向控制。（ ）

3. 电控液压助力转向系统通过车速传感器监控车速，电控单元获取数据后控制转向控制阀的开启程度，从而改变油液压力，实现转向助力力度的大小调节。（ ）

4. 电动助力转向系统（EPS）中，电动机仅在需要助力时工作，不转向时不消耗能量，因此能降低燃油消耗。（ ）

10.6 主动转向和线控转向

汽车助力转向系统经历了从传统的液压助力转向系统（HPS）到电控液压助力转向系统（ECHPS），再到电动液压助力转向系统（EHPS）以及电动助力转向系统（EPS）的发展历程。这些技术革新减轻了驾驶员的操纵负担，提升了驾驶的舒适性与安全性。

然而，技术的进步从未停歇。上述助力转向系统尽管在助力效果方面取得了进步，但其转向传动比固定、响应速度受限等问题仍难以满足未来智能驾驶的全方位需求。在此背景下，主动转向与线控转向技术作为转向系统领域的两项前沿科技，不仅突破了传统转向系统的固有局限，更为汽车转向技术的发展开辟了全新的道路。

10.6.1 主动前轮转向系统

微课：主动前轮转向系统

主动转向技术通过集成高精度传感器、先进的电子控制单元及智能算法，实现对车辆转向过程的主动干预与优化，并能够根据车速、路况及驾驶员意图动态调整转向传动比，提升车辆的操控精度与行驶稳定性。

在车辆低速行驶或泊车场景下，驾驶员往往期望以较小的转向盘转角即可实现较大的车轮转向，即追求较大的转向传动比；而在高速行驶时，则希望转向响应相对平缓，即需要较小的转向传动比以确保行车安全。然而，传统转向系统因其固定的转向传动比设计，难以同时满足低速时的灵活性与高速时的稳定性需求。

主动转向系统可以很好地解决这个问题，它能够独立于驾驶员的转向操作，主动调整汽车的转向比。其原理在于能够施加一个与驾驶员转向盘输入无关的附加转向角至车轮。值得注意的是，主动转向并非指车辆能够自主转向，而是指系统能够根据车速的变化，实时调整转向系统中的传动比，使得在低速行驶时，驾驶员仅需小幅转动转向盘即可实现大角度转向，而在高速行驶时则相反，确保转向反应既灵敏又安全。

未配备主动转向系统的车辆，通常需要驾驶员转动转向盘三圈或更多才能将车轮从一侧锁死位置转至另一侧；而装备了主动转向系统的车辆，在低速时，这一操作过程可缩减至仅一圈，极大减轻了驾驶员在停车、掉头或急转弯时的操作负担，使驾驶更加轻松自如。

主动前轮转向技术在汽车产品中的应用包括宝马的 AFS 主动转向系统（Active-Front-Steering，AFS）、奥迪的动态转向系统（Audi Dynamic Steering，ADS）、丰田的可变齿比转向系统（Variable Gear Ratio Steering，VGRS）以及奔驰的直接转向系统等。这些系统均代表了该领域的先进技术成果。

宝马的 AFS 主动前轮转向系统工作原理如图 10.34 所示，包含如下两大部件。

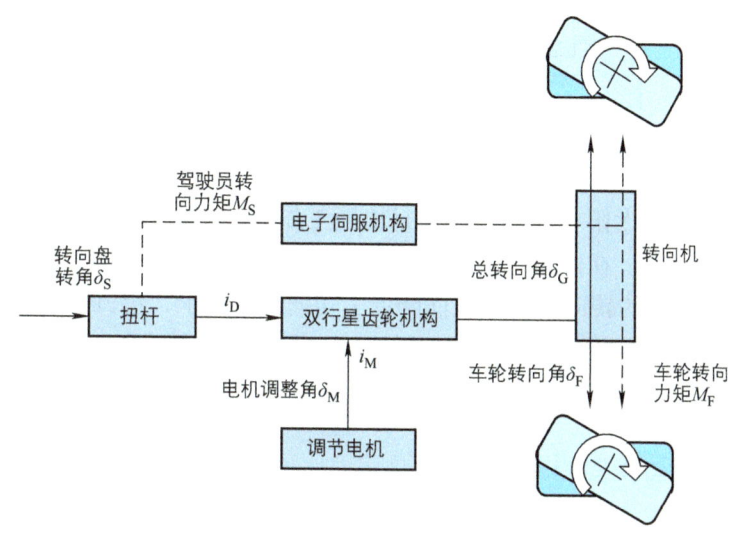

图 10.34　宝马 AFS 主动前轮转向系统工作原理

1）一套双行星齿轮机构。该机构巧妙地集成于转向柱上，通过电机驱动实现转向角的叠加。叠加后的总转向角，是最终传递给齿轮齿条转向机构的实际转角。

2）一套高效的电子伺服机构。该机构能够根据车速和转向角度的变化，智能地提供助力。

与常规转向系统相比，宝马的 AFS 主动转向系统不仅能够对转向力矩进行调节，更能够对转向角度进行动态调整，使其与当前车速达到最佳匹配，从而实现转向性能的全面优化。同时，主动转向系统在设计上充分考虑了安全性，即使电子系统完全失效，转向盘与前轮之间的直接连接也不会受到妨碍，确保了车辆在任何情况下都保持完全可控。

图 10.35 所示为宝马 AFS 的双行星齿轮机构，它采用了共用的行星架设计，左侧的主动太阳轮与转向盘紧密相连，转向盘输入的转向角通过行星架传递给右侧的行星齿轮，而右侧的行星齿轮则拥有两个转向输入，一个是行星架传递的转向盘转角，另一个则是由伺服电机通过自锁式蜗轮蜗杆驱动的齿圈输入，即所谓的叠加转角输入。右侧的太阳轮作为输出轴，其输出的转向角度是转向盘转向角度与伺服电机驱动的转向角度的叠加，实现了转向角度的灵活调节。

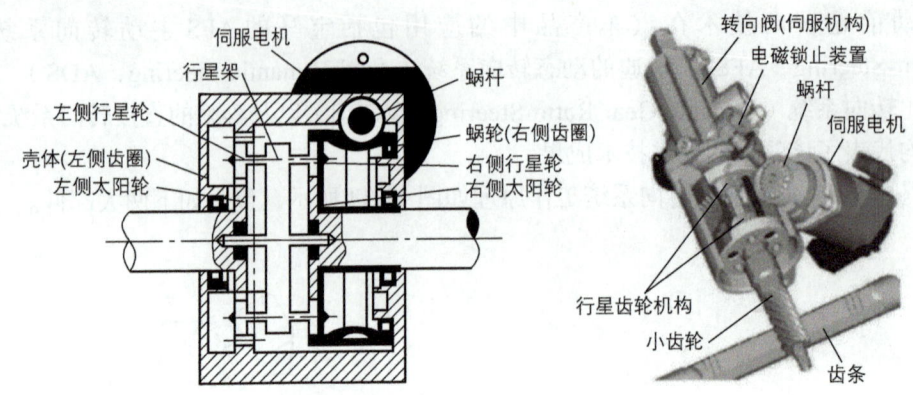

图 10.35 宝马 AFS 双行星齿轮机构

通常情况下，主动太阳轮和伺服电机是协同工作的，车轮转角是驾驶员转向角和伺服电机调节转向角的叠加。在低速行驶时，伺服电机驱动的行星架转动方向与转向盘转动相同，叠加后增加了实际的转向角度，从而降低了转向力的需求，提升了低速行驶的灵活性。而在高速行驶时，伺服电机驱动的行星架转动方向与转向盘转动相反，叠加后减少了实际的转向角度，有效提高了汽车的稳定性和安全性。

10.6.2 整体式主动转向系统

整体式主动转向技术作为主动前轮转向的"进阶版"，它不仅仅局限于前轮的主动转向，而是通过后轮的小范围主动偏转，与前轮形成协同或独立的转向动作，进一步优化了车辆的操控响应与行驶稳定性。

整体式主动转向系统是一种四轮转向系统。汽车的四轮转向（4WS）是指汽车在转向时，4个车轮都可相对车身偏转，以改善汽车的转向机动性能。根据后轮转向机构控制和驱动方式的不同，4WS 可分为被动四轮转向系统和整体式主动转向系统。被动四轮转向系统可分为机械式和液压式。整体式主动转向系统可分为电控液压式和电控电动式。

整体式主动转向系统低速行驶时，为了提高车辆的灵活性，系统可能仅使用前轮进行转向，后轮保持在中间位置。当车速达到一定程度时，后轮开始参与转向，与前轮同向偏转，可减小车身的横摆角速度，降低侧偏倾向。

图 10.36 所示为一种电控液压式整体转向系统，包括前轮动力转向器、前后轮转向油泵与油缸、控制阀以及电子控制单元（ECU）等。当驾驶员转动转向盘时，前轮动力转向器开始工作，同时前轮转向油泵提供液压动力。前轮动力油缸的油压变化会驱动控制阀，控制阀内的柱塞会根据油压差移动，从而改变后轮转向动力油缸的油压和流量，实现后轮的转向控制。

宝马的整体式主动转向系统，其后轮转向机构一套丝杠螺母机构，电机驱动螺母带动丝杠产生轴向移动，丝杠轴向移动带动后轮产生小幅度的转向。后轮转向的角度虽然小，但效果显著。在高速行驶时，后轮与前轮同向偏转，有助于降低车辆过弯时的侧倾，提高稳定性；而在低速行驶或泊车时，后轮则可能反向偏转，以减小转弯半径，提高灵活性，如图 10.37 所示。宝马的整体式主动转向系统目前在部分高端车型上得到应用，如宝马 7 系、5 系 GT 等。

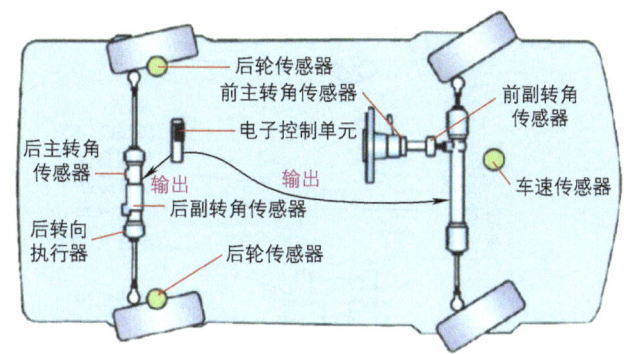

图 10.36　电控液压式整体转向系统示意图

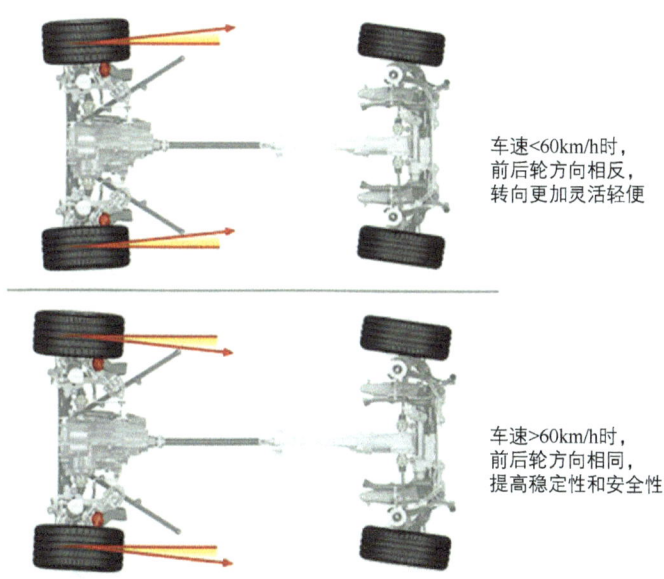

图 10.37　宝马的整体式主动转向系统示意图

电控电动式整体转向系统是一种集电子控制与电机助力技术于一体的先进转向系统。在此系统中，前后轮的转向器均采用了电动助力设计，两者在结构上完全独立，摒弃了传统的机械连接装置及液压管道等复杂部件。这种设计不仅简化了系统结构，还显著提升了系统的灵活性与可靠性。

如图 10.38 所示，典型的电控电动式整体转向系统主要由以下几部分组成：前轮转向机构与后轮转向机构作为执行器，负责实现转向动作；传感器则包括主、副后轮转向传感器、后轮转速传感器、车速传感器以及主、副前轮转向传感器等，它们负责实时监测车辆状态与转向需求，为 ECU 提供准确的数据支持；电控单元（ECU）作为系统的核心，负责处理传感器信号，并根据预设的控制策略向步进电动机发出指令；步进电动机与减速器协同工作，将电信号转化为机械动作，驱动后轮转向机构实现转向。

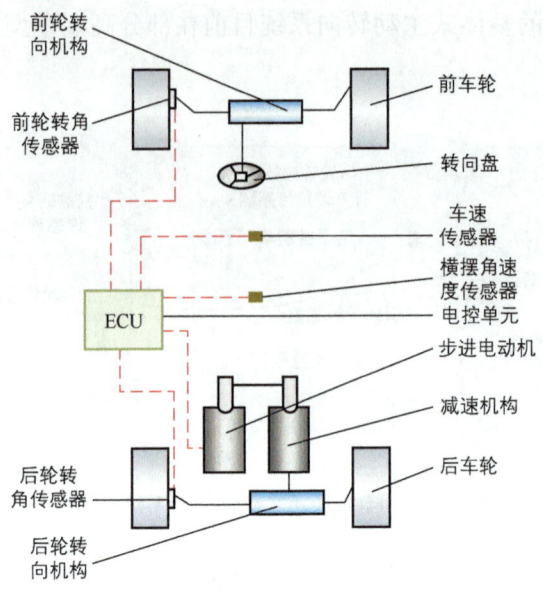

图 10.38 电控电动式整体转向系统示意图

比亚迪的主动转向技术不仅限于前轮，还包括后轮主动转向。例如，在其高端品牌腾势 Z9GT 车型中，就具有后轮主动转向的能力。这一功能主要通过比亚迪"易三方"技术实现，易三方技术采用三电机独立驱动，后轴两个永磁同步电机独立驱动，后轮双电机的设计还允许两个后轮独立转向，最大后轮转向角可达 20°，这意味着后轮可以实现"内八字"或"外八字"的转向，从而使整车在特定场景下能近似以一个前轮为圆心进行极限转向，如图 10.39 所示。

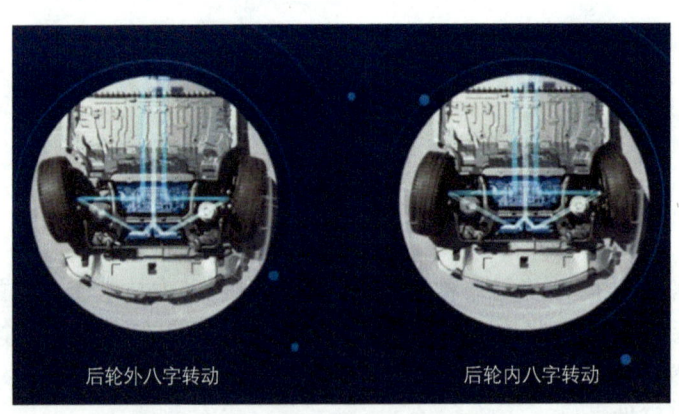

图 10.39 易三方后轮双电机独立转向角技术

微课：线控转向系统

10.6.3 线控转向系统

线控转向技术（Steer-by-Wire，SBW）颠覆了传统机械或液压转向系统的连接方式，通过电子信号实现转向指令的传输与执行。该技术取消了转向盘与车轮之间的硬性连接，驾驶员的转向动作被转化为电信号，经由电子控制单元处理后，驱动转向执行机构（如电机）完成车轮转向。线控转向系统工作原理如图 10.40 所示，利用传感器记录驾驶员的转向意图和车辆的行驶状况，通过数据线将信号传递给 ECU，ECU 据此做出判断并控制液压激励器提供相应的转向力，使转向轮偏转相应角度实现转向。

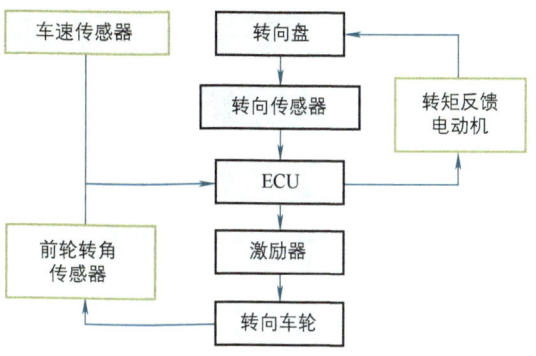

图 10.40　线控转向系统工作原理

由于取消了机械连接，因此传统的转向盘路感反馈方式已不再适用。为此，线控转向系统特别设计了转矩反馈电机，以模拟并传递真实的路感给驾驶员，确保驾驶体验的自然与舒适。

图 10.41 所示为一种线控转向系统，该系统包括两个电机，分别是反力电机 5 与电机 7。其中，电机 5 负责生成路感反馈，为驾驶员提供逼真的操控体验；而电机 7 则用于产生转向力矩，通过驱动转向器 8 来控制车辆的左右轮转向。

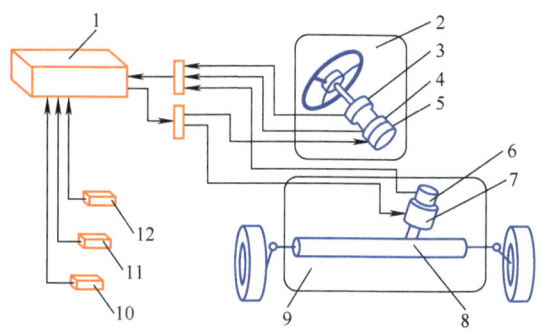

图 10.41　一种线控转向系统示意

1—控制器　2—转向盘模块　3—转向盘转角传感器　4—转向盘转矩传感器　5—反力电机　6—车轮转角传感器　7—转向电机　8—转向器　9—转向模块　10—车速传感器　11—横摆角速度传感器　12—侧向加速度传感器

为了实现对转向过程的准确控制，该系统集成了多个高精度传感器：车速传感器 10、横摆角速度传感器 11、侧向加速度传感器 12、转向盘转角传感器 3 以及转向盘转矩传感器 4。这些传感器实时捕捉车辆动态信息，并将数据传输至电子控制单元（ECU）。

ECU 作为系统的"大脑"，对接收到的信息进行全面计算与分析，从而准确确定转向电机 7 所需的驱动力大小，确保车辆能够按照驾驶员的意图平稳转向。同时，ECU 还向电机 5 发送指令，使其能够模拟出与实际路况相匹配的路感反馈，为驾驶员带来更加自然、直观的操控体验。

英菲尼迪 Q50 的线控转向系统被称为 DAS（Direct Adaptive Steering），如图 10.42 所示。该系统内置了三个电机，其中一个用于生成路感反馈，确保驾驶员能体验到与路面状况紧密相连的驾驶感受，而另外两个电机用于完成转向任务。即便其中一个转向电机遭遇故障，仅凭另一个电机也能独立维持对车辆转向的精确控制，从而提升系统的可靠性与安全性。

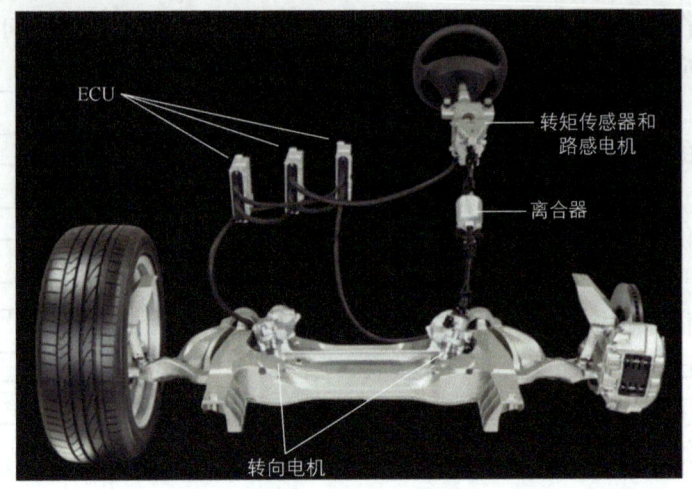

图 10.42 英菲尼迪 Q50 线控转向系统

此外，该系统还配备了三个电子控制单元（ECU），它们之间构建了高效的信息互通网络，能够相互进行实时监控。即使其中一个 ECU 发生故障，其余两个 ECU 仍能凭借它们的处理结果确保对车辆的准确控制，进一步提升了系统的容错能力与稳定性。

考虑到电子系统可能完全失效，该系统设计了一个机械转向备份，一旦电子系统无法正常工作，离合器将自动接合，迅速恢复转向盘与转向柱下半部分之间的机械连接。这一设计保障了驾驶员在任何情况下都能对汽车进行转向操控。

特斯拉 Cybertruck 的线控转向系统则更加彻底，直接将转向轴拿掉，实现了转向盘和转向器之间的硬件解耦。也就是在车辆起动前，转向盘的转动并不会驱动车轮转动。

特斯拉 Cybertruck 线控转向系统的实现依赖于先进的传感器和算法。这些传感器能够实时感知车辆状态和驾驶员的意图，并将这些信息传递给控制系统。控制系统根据这些信息计算出最佳的转向角度和力度，并通过线控系统驱动转向器动作实现转向，如图 10.43 所示。

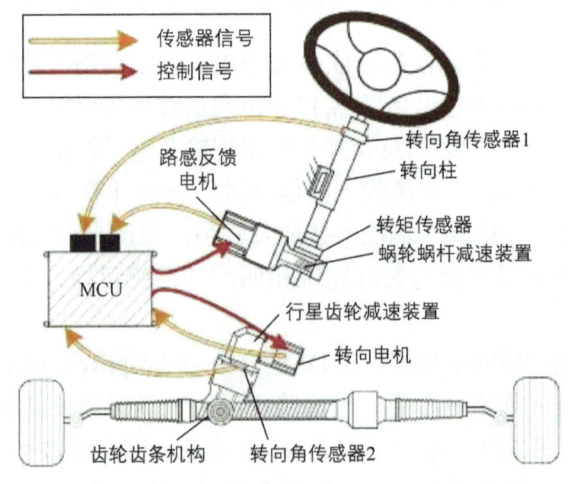

图 10.43 特斯拉 Cybertruck 线控转向系统

此外，特斯拉 Cybertruck 线控转向系统还采用了先进的力矩传感器和转矩反馈技术，使得驾驶员能够更加直观地感受到车辆的转向动态和路况信息。Cybertruck 的前转向系统使用了双执行机构的冗余设计，包含了两套完整的机构。这两套系统从供电、控制、通信到反馈都是完全隔离的，相当于用电子冗余机构代替了机械备份。

丰田、雷克萨斯、蔚来、吉利等众多知名汽车制造商也纷纷加入线控转向技术的研发与应用行列，积极探索其在未来汽车转向系统中的潜力与价值，比如蔚来 ET9 也安装了线控转向系统。

随着线控转向技术的不断成熟与应用范围的持续扩大，它有望在未来汽车转向系统中占据主流地位，带来前所未有的精准操控、平稳行驶与舒适体验。这一技术的广泛应用，不仅将深刻改变驾驶方式，更将为自动驾驶技术的全面发展奠定坚实的基础，引领汽车行业迈向更加智能、安全的未来。

交互测验题

一、选择题

1. 关于主动前轮转向（AFS）系统的描述，下列（　　）是正确的。
A. AFS 系统仅能在高速行驶时调整前轮转角
B. AFS 系统通过改变后轮转角来提升车辆操控性
C. AFS 系统能根据车速和转向角度自动调整前轮转角，以优化转向响应和稳定性
D. AFS 系统仅适用于后轮驱动车辆

2. 整体式主动转向与传统转向系统的主要区别在于（　　）。
A. 仅控制前轮转角，而传统转向系统同时控制前后轮
B. 能够根据驾驶条件同时调整前后轮的转角，提高操控性和稳定性
C. 仅适用于电动车辆，传统转向系统则适用于燃油车
D. 完全取消了机械连接，全靠电子信号控制转向

3. 线控转向系统相比传统转向系统的最大优势是（　　）。
A. 更高的燃油效率
B. 更低的制造成本
C. 更好的路感反馈
D. 更大的设计灵活性和潜在的自动驾驶集成能力

二、判断题

1. 主动前轮转向（AFS）系统能够在低速行驶时增大前轮转角，以减小转弯半径，提高车辆灵活性。　　　　　　　　　　　　　　　　　　　　　　　　（　　）

2. 整体式主动转向系统通过增加后轮转角与前轮转角的比例，可以在高速行驶时提高车辆的稳定性和安全性。　　　　　　　　　　　　　　　　　　　（　　）

3. 线控转向系统中，转向盘与转向轮之间没有直接的机械连接，而是通过电子信号传递转向指令。（ ）

思考分析题

1. 转向系统的基本定义和主要功能是什么？
2. 为什么两侧车轮在转向时需要有不同的偏转角？理想的关系是怎样的？
3. 转向系的角传动比是如何定义的？它对车辆的操控性有何影响？
4. 转向系的自由行程是什么？为什么需要设置自由行程？
5. 分析转向操纵机构中转向盘、转向柱管和转向轴的设计要求，并讨论吸能装置的重要性。
6. 比较齿轮齿条式转向器和循环球式转向器的工作原理、结构特点和应用场景。
7. 设计一个简单的转向传动机构，并说明其工作原理和主要部件的作用。
8. 对比不同类型的动力转向系统（HPS、ECHPS、EHPS、EPS），分析它们的工作原理、优缺点和发展趋势。
9. 主动转向系统（如主动前轮转向和整体式主动转向）相比传统转向系统有哪些优势？它们是如何通过调整车轮转角来提高车辆的操控性和稳定性的？
10. 线控转向系统与传统转向系统的主要区别是什么？线控转向系统如何实现转向指令的传递？请分析其对车辆设计和自动驾驶集成的潜在影响。

第 11 章 汽车制动系统

汽车制动系统从最初的纯机械制动，到液压制动、电子辅助制动，再到线控制动系统，每一次技术的革新都是人类智慧的体现，旨在让驾驶过程更加稳定可控、制动反应更加迅速灵敏、行车安全更加有保障。

11.1 汽车制动系统概述

图 11.1 展示了汽车制动技术的发展历程。从最初的机械式驻车制动，到行车制动系统的诞生，再到气压与液压制动助力技术的应用，每一次技术革新都显著提升了制动效能。电子控制技术的兴起，更是引领了防抱死制动系统、车身电子稳定系统和线控制动系统的出现。与此同时，驻车制动系统也步入电子化时代。这一系列的技术创新与升级，不仅彻底改变了汽车制动技术的面貌，更为汽车自动驾驶技术的发展奠定了坚实基础。

微课：汽车制动系统概述

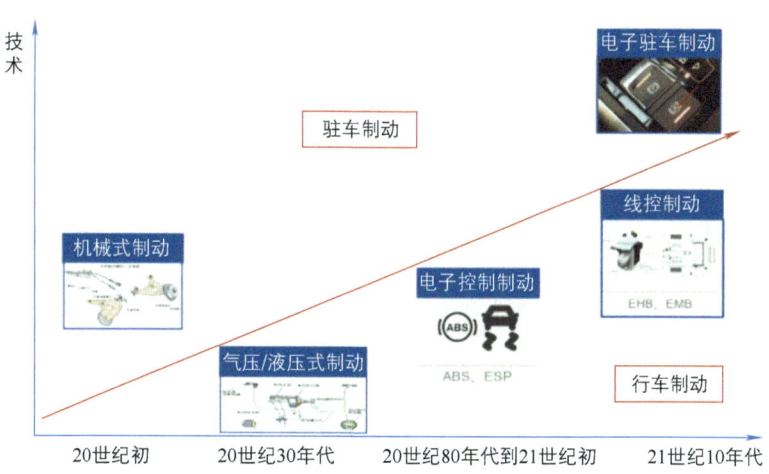

图 11.1 汽车制动技术的发展历程

11.1.1 汽车制动系统的功用和工作原理

制动系统工作原理

汽车制动系统不仅能让行驶中的汽车迅速停车或减速，让停止的汽车驻车，还能让下坡行驶的汽车保持车速稳定。它的工作原理是利用与车架（或承载式车身）相连的非旋转元件和与车轮（或传动轴）相连的旋转元件之间的相互作用，来阻止车轮的转动或转动的趋势。典型的汽车制动器结构如图 11.2 所示。

在制动过程中，汽车的制动力迫使路面在汽车车轮上施加一个与汽车行驶方向相反的外力，对汽车进行制动。这种可控的对汽车进行制动的外力，就是制动力。而滚动阻力、上坡阻力、空气阻力等，虽然也能让汽车减速，但它们不是制动力。

制动踏板感，即驾驶员踩下制动踏板时感受到的反馈力度和感觉。这种感觉不仅确保了驾驶的安全性，还影响舒适度，常被称为"路感"。通过踏板行程与地面的制动力的线性关系，帮助驾驶员在地面附着力范围内有效控制车辆。

图 11.2 典型的汽车制动器结构

对于制动系统来说，踏板力的大小和踏板行程都是有要求的。一般而言，轿车的踏板行程在 150mm 以内，踏板力小于 350N；而货车稍有不同，踏板行程一般小于 180mm，踏板力小于 550N。

11.1.2 汽车制动系统类型

汽车制动系统一般可以按制动系统的功用和能量传输方式来分类。

按制动系统的功用可分为以下 4 类。

1）行车制动系统：使行驶中的汽车减速或停止的制动系统。
2）驻车制动系统：使停止的汽车在原地驻留的制动系统。
3）第二制动系统：在行车制动失效时，使汽车减速、停车的系统。
4）辅助制动系统：汽车下长坡时稳定车速的制动系统。

按制动能量的传输方式分为以下 4 类。

1）机械制动系统：通过驾驶员的操作，利用机械装置将制动力量传递到车轮上，从而使车辆减速或停止的系统。
2）气压制动系统：利用压缩空气作为动力源，通过气压传动使制动器工作，从而实现车辆减速或停止的制动系统。
3）液压制动系统：通过制动液在管道内的压力传递来实现车轮制动器工作的制动系统。
4）线控制动系统：通过电子信号直接控制制动执行机构实现车辆减速或停车的先进制动技术，具有响应速度快、控制精度高、结构简化、节能环保及适配自动驾驶等优势。

11.1.3 典型汽车制动系统的组成

图 11.3 所示为一种典型的轿车制动系统组成，包含行车制动系统和驻车制动系统。图中的行车制动系统包含制动踏板、真空助力器、储液罐、液压泵电动机、制动压力调节阀和 ABS 控制单元、制动主缸、制动轮缸和制动器等。图中的驻车制动系统采用机械式驻车制动，包含驻车制动杆、驻车制动拉索和驻车制动器。现代轿车的制动器大都安装在车轮处，从而提高制动效率。在图示的制动系统中，行车制动系统和驻车制动系统共用后轮制动器。

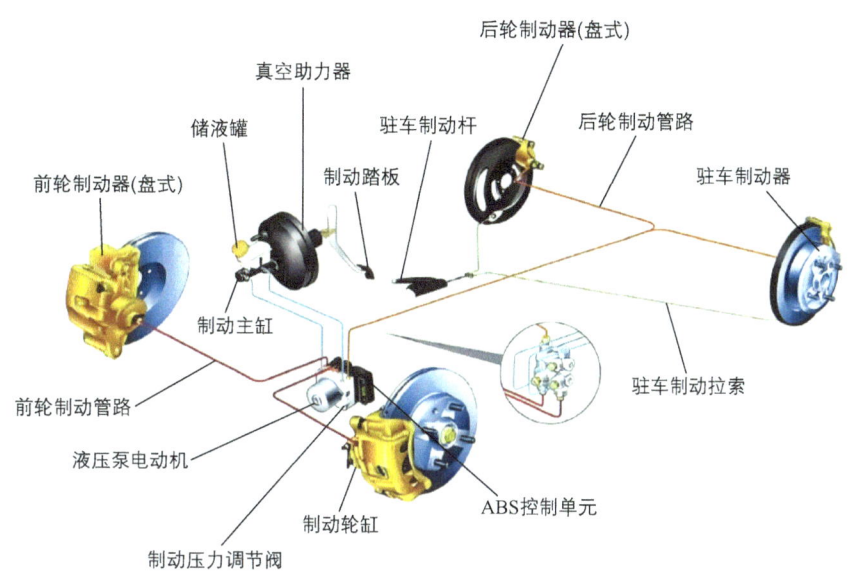

图 11.3　一种典型的轿车制动系统组成

11.2　制动器

微课：制动器

制动器是用来产生阻碍车辆运动或运动趋势的力，并且产生制动力矩的部件。目前汽车上使用的制动器主要是摩擦制动器，它们利用固定元件与旋转元件工作表面摩擦而产生制动力。摩擦制动器分为鼓式制动器和盘式制动器两大类。

11.2.1　鼓式制动器

微课：鼓式制动器

鼓式制动器由随车轮旋转的制动鼓与不随车轮旋转的制动蹄片组成摩擦副，它们的工作接触面为圆柱面，如图 11.4 所示，当制动蹄片与制动鼓接触并产生摩擦时，能够将动能转化为热能，从而使车辆减速或停止。

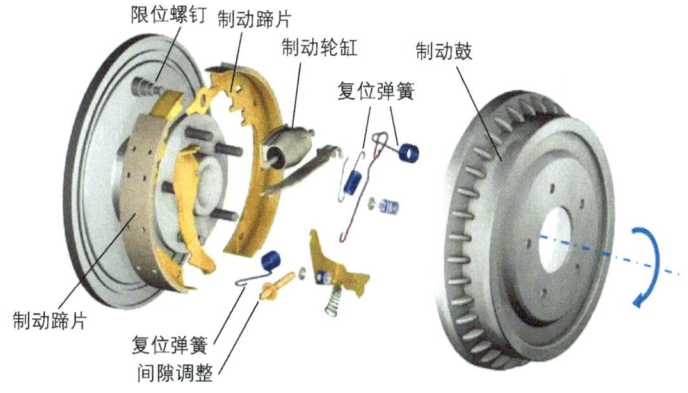

图 11.4　鼓式制动器

制动蹄的促动可以通过气压、液压和楔块实现，汽车上常用的是液压轮缸促动的鼓式制动器，按照其结构与工作特点不同，又细分为领从蹄式制动器、双领蹄式制动器、双向双领蹄式制动器、双从蹄式制动器和自增力式制动器。

（1）领从蹄式制动器

该类制动器包含一个领蹄与一个从蹄，其结构原理如图 11.5 所示，两者各自依托一个支点，并共享同一促动装置。虽然领蹄和从蹄所受促动力 F_S 相等，但制动鼓与领蹄（制动蹄1）产生的摩擦力 T_1 和制动鼓与从蹄（制动蹄2）产生的摩擦力 T_2 却不相等，制动鼓法向反力 N_1 和 N_2 也不相等。

领从蹄式制动器无论是前进制动，还是倒车制动，都是有一个蹄为领蹄，另一个蹄为从蹄。为了使前进制动时领蹄和从蹄摩擦片上作用的单位压力相等、寿命相近，有些制动器上，把前进制动时领蹄摩擦片的尺寸做得比从蹄摩擦片尺寸大一些。

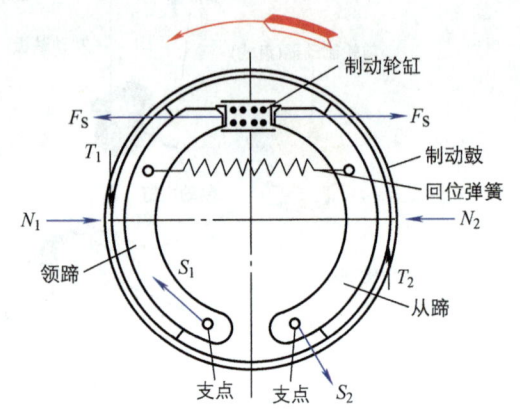

图 11.5　领从蹄式鼓式制动器结构原理

领蹄是具有增势作用的蹄，其在轮缸促动力的驱动下，展开时的旋转方向与制动鼓旋转方向相同。得益于摩擦力的作用，领蹄与制动鼓间产生了较大的正压力，从而确保了强劲的制动效果。从蹄是具有减势作用的蹄，其展开旋转方向与制动鼓旋转方向相反，在摩擦力的影响下，从蹄与制动鼓之间的正压力相对较小，因此制动作用较为温和。

领从蹄式制动器属于非平衡式制动器和等促动力制动器[○]。

北京 BJ2023 型汽车后制动器采用的是领从蹄式制动器，如图 11.6 所示。前进时前制动蹄为领蹄，摩擦片面积较大，后制动蹄为从蹄，摩擦片面积较小，安装时要注意领从蹄不可互换。

（2）双领蹄式制动器

双领蹄式制动器的每个制动蹄均独立采用一个单活塞制动轮缸进行驱动，两个轮缸通过油管相互连接，结构原理如图 11.7 所示。在车辆前进制动时，两个制动蹄均为领蹄，有效提升了车辆前进行驶时的制动效能和响应速度。而在车辆倒车制动的情况下，两个制动蹄则全部转变为从蹄。

（3）双向双领蹄式制动器

双向双领蹄式制动器无论在汽车前进行驶还是倒车行驶时制动，两个制动蹄始终保持领蹄状态，图 11.8 所示为其结构原理，该类型制动器采用两个双活塞轮缸促动，其两制动蹄的两端均采用了浮动支承设计，支点的周向位置是可浮动的，而且两蹄的支承点与促动力作用点位置是可以互换的。

　○　非平衡式制动器：两个制动蹄作用在制动鼓上的法向反力大小不等；等促动力制动器：两个制动蹄受到的轮缸促动力相等。

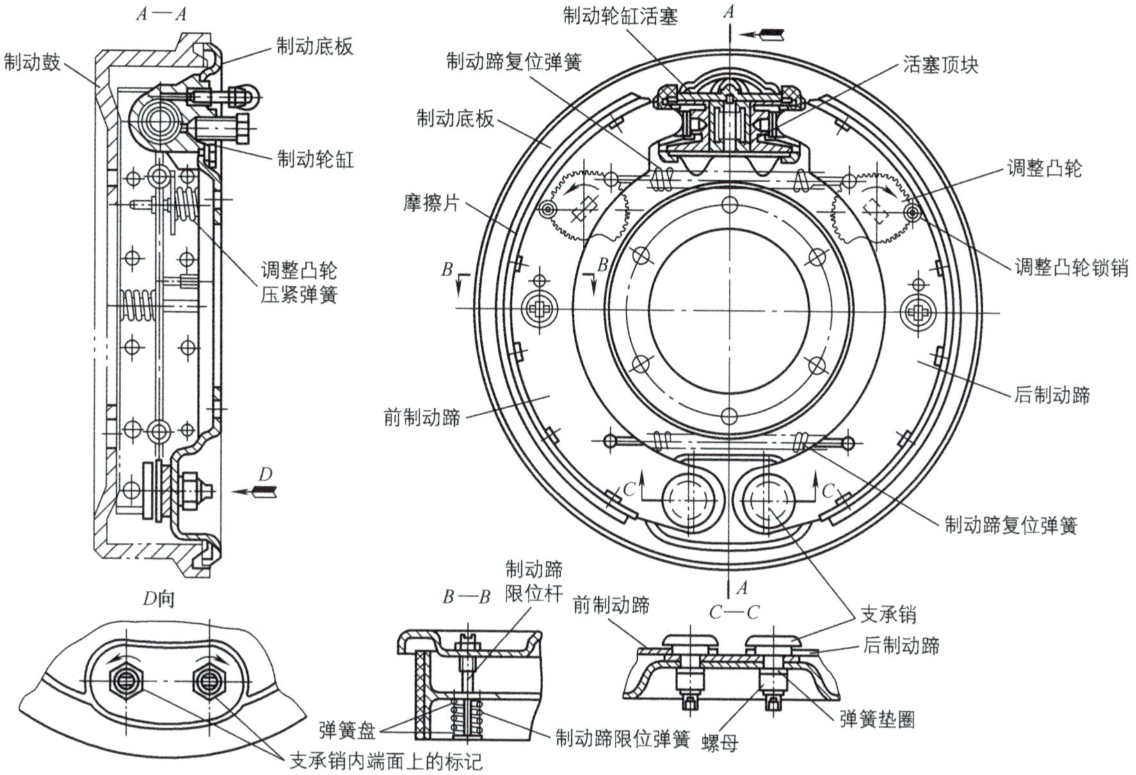

图 11.6 北京 BJ2023 型汽车后制动器

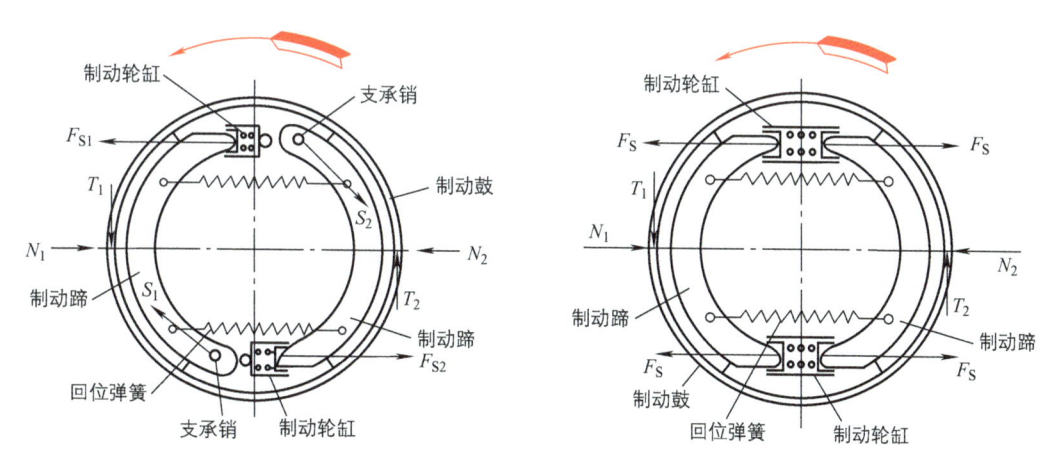

图 11.7 双领蹄式制动器结构原理　　　　图 11.8 双向双领蹄式制动器结构原理

（4）双从蹄式制动器

双从蹄式制动器在汽车前进制动时，两个制动蹄均为从蹄，图 11.9 所示为其结构原理。这种制动器与双领蹄式制动器结构很相似，二者的差异在于固定元件与旋转元件的相对运动方向不同。该类制动器前进制动效能低于双领蹄

双从蹄式制动器

217

式和领从蹄式，但它对摩擦系数变化的敏感程度显著降低，这意味着在制动过程中，即使摩擦系数发生波动，制动效能也能保持相对稳定。

（5）单向自增力式制动器

单向自增力式制动器仅配备一个单活塞制动轮缸，其结构原理如图11.10所示。两制动蹄的下端分别支撑在浮动的顶杆两端，不制动时，两制动蹄上端通过复位弹簧的拉力紧贴在支承销上。

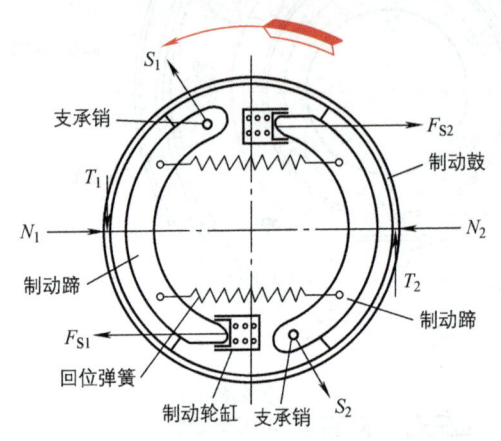

图11.9 双从蹄式制动器结构原理

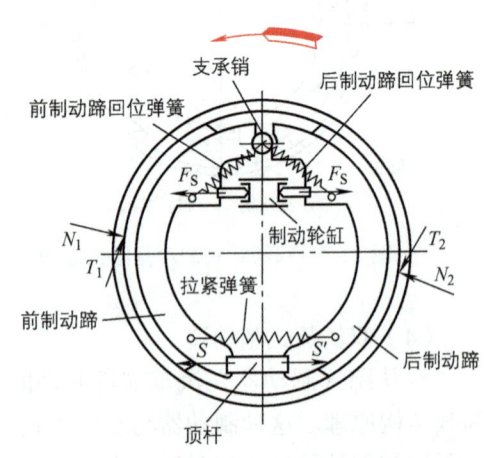

图11.10 单向自增力式制动器结构原理

在汽车前进制动过程中，单活塞式轮缸只将促动力 F_{S1} 作用在第一制动蹄，使其上端离开支承销，整个制动蹄绕顶杆左端支承点旋转，并压靠在制动鼓上。第二制动蹄的促动力来源于第一制动蹄对顶杆的推力，此时两个制动蹄均扮演领蹄的角色，且第二蹄所产生的制动力矩大于第一蹄。然而，在倒车行驶制动时，该制动器产生的制动力相对较小，此时，第一蹄压紧上端支承销而保持不动，仍然作为领蹄，但其力臂却大幅减少，而第二蹄则在此倒车行驶过程中不起作用。

单向自增力式制动器工作原理

为了承受更大的法向力，第二制动蹄的面积一般被设计得比第一蹄更大，从而使得两者的单位压力相近。在制动鼓尺寸和摩擦系数相同的条件下，这种制动器在前进制动时的效能不仅高于领从蹄式制动器，而且也优于双领蹄式制动器；然而，在倒车制动时，其效能却很低。

（6）双向自增力式制动器

双向自增力式制动器结构原理如图11.11所示，其特点是制动鼓正向和反向旋转时均能借助制动蹄与制动鼓之间的摩擦力起自增力作用。不同于单向自增力式制动器，双向自增力式制动器采用双活塞式轮缸，第一、第二蹄上端共用支承销，下端浮支在顶杆上，制

双向自增力式制动器结构原理

图11.11 双向自增力式制动器结构原理

动蹄、制动轮缸轴对称布置。

汽车前进时前制动蹄为第一蹄，后制动蹄为第二蹄，制动时第一蹄只受一个促动力 F_S，第二蹄有两个促动力 F_S 和 S'（S 的反力），倒车时情况类似，两个制动蹄仍然都是领蹄。因此无论汽车前进还是倒车行驶时制动，双向自增力式制动器制动效能都很高。

上述双领蹄式、双向双领蹄式、双从蹄式制动器固定元件的布置都是中心对称，两制动蹄作用在制动鼓上的法向反力大小相等、方向相反、相互平衡，这种形式的制动器为平衡式制动器。

鼓式制动器相对封闭的结构特性在提供稳定制动力的同时，也带来了散热性较差等问题，在长时间或高强度制动过程中，制动器内部容易积聚大量热量，从而影响制动性能和寿命。为了克服鼓式制动器的局限性，满足现代汽车对更高制动效率和更好热稳定性的需求，现代汽车更多采用盘式制动器。

11.2.2 盘式制动器

微课：盘式制动器

汽车上使用的盘式制动器主要是钳盘式制动器，旋转元件是制动盘，不旋转元件是制动钳，如图 11.12 所示。

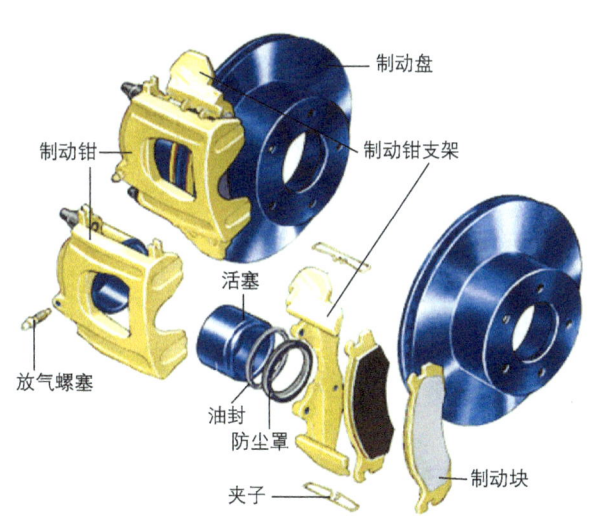

图 11.12 钳盘式制动器

钳盘式制动器有定钳盘式、滑动钳盘式、摆动钳盘式三种，如图 11.13 所示。滑动钳盘式和摆动钳盘式制动器统称为浮动钳盘式制动器。

（1）定钳盘式制动器

定钳盘式制动器的制动盘固定在轮毂上，随着轮毂旋转，在制动盘的两侧设置制动块促动活塞。制动钳为制动器的固定件，固定在转向节上，既不能旋转，也不能沿制动盘轴向移动。在制动过程中，两侧活塞同时驱动两侧的摩擦块夹紧制动盘实现制动，如图 11.14 所示。

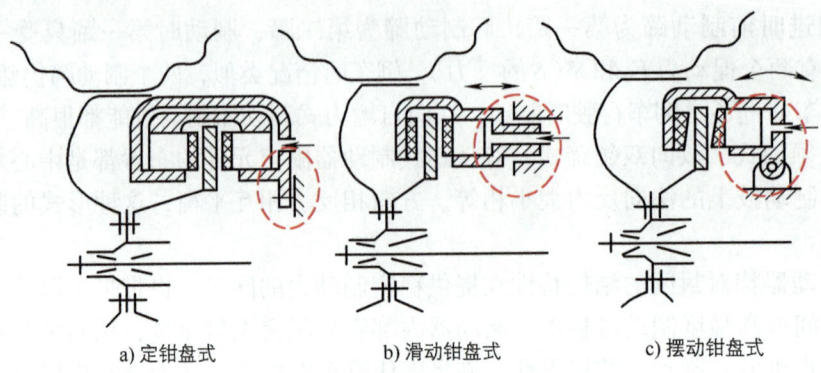

a) 定钳盘式　　　　b) 滑动钳盘式　　　　c) 摆动钳盘式

图 11.13　钳盘式制动器的三种形式

定钳盘式制动器包含两个油缸，制动钳结构相对复杂，油缸被分别安置在制动盘的两侧，这要求必须通过钳内油道或外部油管横跨制动盘以实现连通，此举不可避免地导致制动钳体积增大，难以适配现代轿车紧凑的轮辋设计；在高温负载条件下，制动液易发生热汽化现象，影响制动性能。

（2）浮动钳盘式制动器

浮动钳盘式制动器的制动钳相对于制动盘能进行轴向滑动，仅在制动盘内侧配置油缸，而外侧的制动块固定于钳体之上。在制动过程中，活塞受到液压力的驱动，将内侧制动块推向制动盘。同时，制动钳体向右移动，从而使固定于钳体上的外侧摩擦块紧密贴合制动盘。制动盘两侧的摩擦块紧紧夹住制动盘，产生与车辆运动方向相反的制动力矩，实现车辆的制动。浮动钳盘式制动器结构如图 11.15 所示。

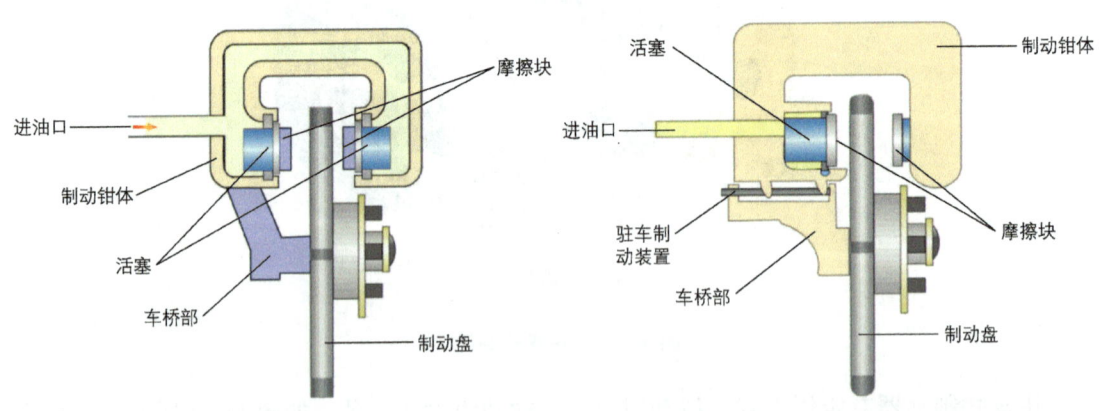

图 11.14　定钳盘式制动器结构　　　　图 11.15　浮动钳盘式制动器结构

相较于定钳盘式制动器，浮钳盘式制动器采用单侧液压缸结构，无须跨越制动盘的油道设计，因此其轴向和径向尺寸更为紧凑，且更容易贴近车轮轮毂进行布置。此外，这种设计还显著减少了制动液受热汽化的风险。另外，当浮钳盘式制动器在同时承担行车和驻车制动功能时，无须额外增设驻车制动钳。只需在行车制动钳液压缸附近增加一些驻车制动机械传动零件，即可实现驻车制动功能。这一设计使得浮钳盘式制动器在实际应用中更加灵活便捷。图 11.16 所示为桑塔纳轿车钳盘式制动器。

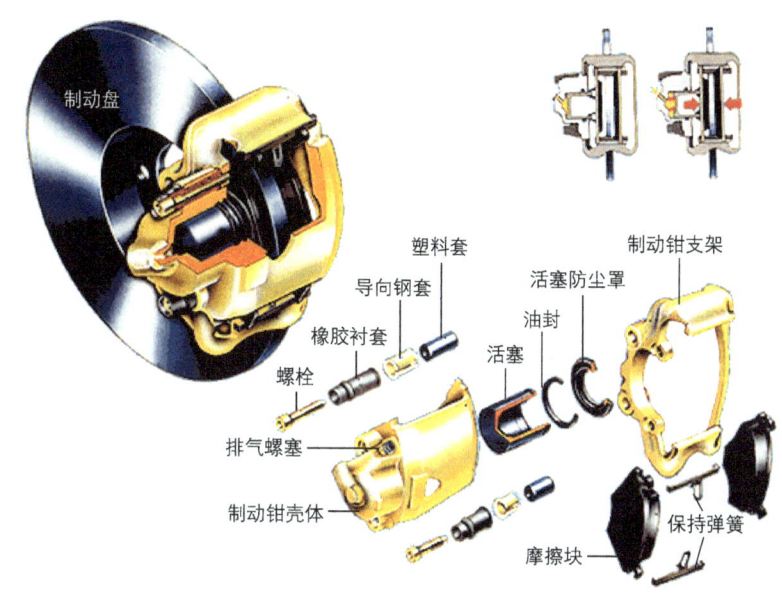

图 11.16　桑塔纳轿车钳盘式制动器

随着科技的持续进步，制动盘在结构设计与材料应用上实现了诸多创新与优化，典型代表有通风散热型制动盘及陶瓷复合制动盘等。通风散热型制动盘上开有径向螺旋槽，这一设计能够利用车轮旋转时带动的气流，实现高效散热的效果，如图 11.17 所示。陶瓷复合制动盘由碳纤维陶瓷化合物制成，重量仅为金属制动盘的一半，且多次连续制动不易发生热衰退现象，如图 11.18 所示。陶瓷也可以制作摩擦块，寿命可达 25 万 km，是常规摩擦块的 5 倍。

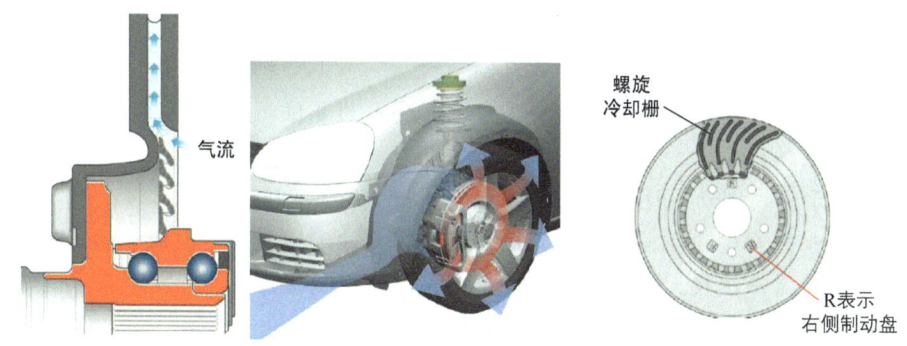

图 11.17　通风散热型制动盘

相对于鼓式制动器，盘式制动器的优点如下。
1）盘式制动器无摩擦助势作用，制动力矩受摩擦系数的影响较小，热稳定性好。
2）盘式制动器浸水后效能降低较少，而且只需经一两次制动即可恢复正常，基本不存在水衰退问题。

3）在输出相同制动力矩的情况下，盘式制动器尺寸和质量一般较小。

4）制动盘沿厚度方向的热膨胀量极小，不会像制动鼓的热膨胀那样使制动器间隙明显增加而导致制动踏板行程过大。

5）较容易实现间隙自动调整，其他维修作业也较简便。

盘式制动器的缺点主要有以下两点。

1）制动效能较低，所需制动促动管路压力较高，一般要用伺服装置。

2）兼做驻车制动时，需要加装的驻车制动传动装置，较鼓式制动器更为复杂。

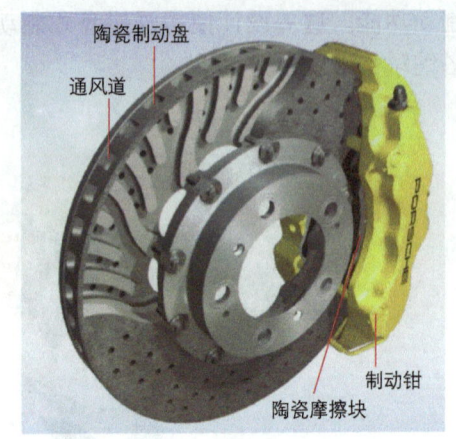

图 11.18　陶瓷复合制动盘

交互测验题

一、选择题

1. 汽车制动系统是将汽车动能转化为（　　）并耗散掉。
A. 热能　　　　　　B. 势能　　　　　　C. 动能　　　　　　D. 核能

2. 汽车制动力属于（　　）。
A. 摩擦力　　　　　B. 滚动阻力　　　　C. 上坡阻力　　　　D. 空气阻力

3. 汽车制动力是由（　　）提供的。
A. 地面　　　　　　B. 制动器　　　　　C. 驾驶员　　　　　D. 发动机

4. 下列对于浮动钳盘式制动器，说法正确的是（　　）。
A. 驻车制动时，浮动钳盘式制动器需要加装一些机械传动件以推动油缸活塞
B. 浮动钳盘式制动器制动盘两侧均有制动钳
C. 解除驻车制动时，自调螺杆不会复位，需要人为复位
D. 三种说法均错

5. 下列对于盘式制动器说法正确的是（　　）。
A. 盘式制动器在输出相同制动力矩的情况下，尺寸和质量相对鼓式制动器一般较小
B. 盘式制动器产热较大，且散热条件不好，故其热稳定性差
C. 盘式制动器间隙调整较为困难，且结构更为复杂
D. 盘式制动器效能较高，一般促动管路压力较低

二、判断题

1. 制动系统可以让汽车减速或停车，但不能使车速稳定。　　　　　　　　　　（　　）
2. 制动系统能够让汽车产生制动力，但不能直接提供制动力。　　　　　　　　（　　）

11.3 驻车制动系统

驻车制动系统的作用是保证汽车长时间可靠停驻原地，不会自动滑行。

按照在汽车上安装位置的不同，驻车制动器分为以下两类。

1）中央驻车制动器，制动装置安装在传动轴上。

2）车轮驻车制动器，一般与行车制动装置共用后轮制动器，结构简单紧凑，在汽车上得到普遍应用。

按操纵方式，驻车制动系统分为以下两类。

1）机械式驻车制动系统。

2）电子驻车制动系统。

11.3.1 机械式驻车制动系统

机械式驻车制动系统依据其操作模式，主要分为手柄与踏板两大类。手柄通常安置于变速杆附近，便于驾驶员操作。手柄设计多样，既有采用拉索式的，也有利用机械杆件传力的类型。手柄通过直接作用于传动轴或后轮实现驻车制动，如图 11.19 所示，其操作相对需要较大的力量。

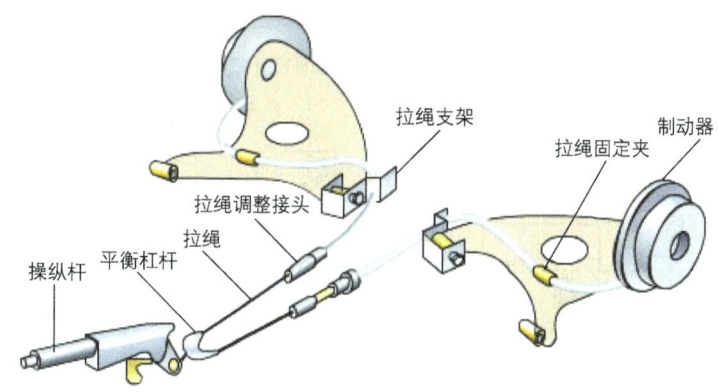

图 11.19 机械式驻车制动器结构示意图

相比之下，驻车制动踏板虽在工作原理上与驻车制动手柄相似，却显著改进了操作体验，弥补了手柄费力的不足。驻车制动踏板的设计使得驾驶员只需用左脚将踏板踩至底部即可完成驻车动作，再次轻踩即可轻松释放制动。

驻车制动器通常与行车制动器实现一体化设计，常用主要有如下两种。

（1）鼓式制动器中的驻车制动装置

在鼓式行车制动器的基础上，增设了驻车制动促动机构，包括驻车制动杠杆、驻车制动推杆、拉绳以及回位弹簧等关键部件，具体结构如图 11.20 所示。当执行驻车制动操作时，拉绳通过驻车制动杠杆与驻车制动推杆协同作用，一方面将行车制动器的前制动蹄紧密贴合至制动鼓上，另一方面则借助驻车制动杠杆与支承销的配合，将后制动蹄同样压向制动鼓，从而实现驻车制动。

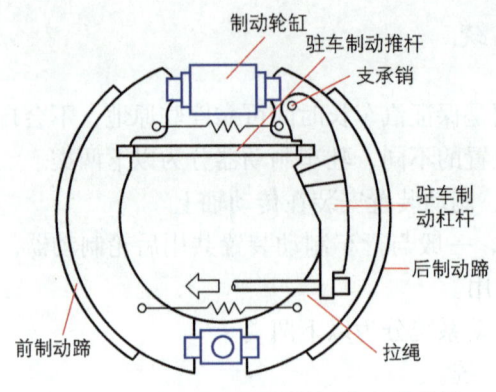

图 11.20 鼓式制动器中的驻车制动装置

（2）盘式制动器中的驻车制动装置

在浮动钳盘式制动器中，驻车制动与行车制动共用制动盘和制动钳，如图 11.21 所示。在执行驻车制动任务时，驻车制动杠杆上的凸轮发挥作用，它驱动自调螺杆携同自调螺母稳步向左移动，直至螺母贴合活塞缸体底部，并将轴向推力顺次经由自调螺杆、自调螺母传递至活塞，并最终作用于制动块上，从而可靠实现驻车制动。螺母外部设计有扭簧，其一端固定于活塞底部，另一端抵靠在自调螺母凸缘。扭簧有效防止了螺母的逆向旋转，确保了轴向推力能够传递至制动块，保证了制动过程的稳定性。

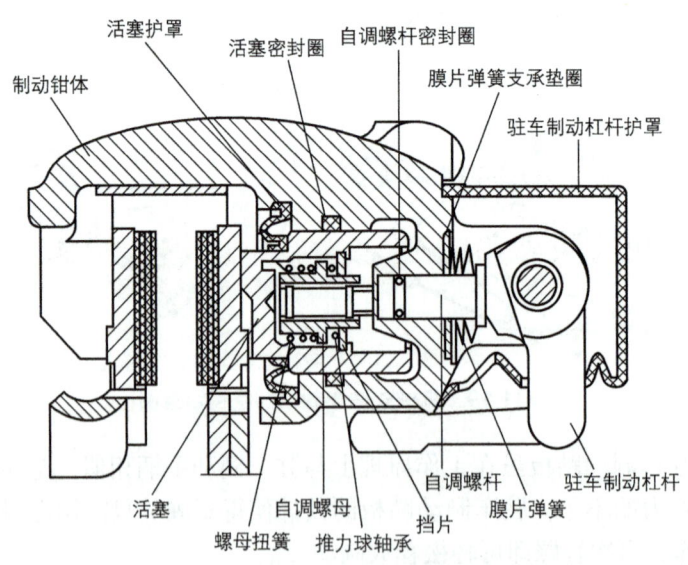

图 11.21 驻车制动与行车制动共用制动装置

11.3.2 电子驻车制动系统

电子驻车制动系统（Electrical-Park-Brake，EPB）依靠电子控制技术，实现驻车制动的智能化操作。当需要驻车时，驾驶员只需轻触 EPB 按钮，如图 11.22 所示，该操作信号便会迅速反馈给电控单元。随后，电控单元发送指令给执行机构（包括电机与行星减速齿轮机构），对车辆左右两侧的后制动器施加制动力。

图 11.22　EPB 电子按钮

EPB 后轮的驻车制动装置是由电机驱动的，当驾驶员操作电子驻车制动按钮后，电子控制单元将控制集成在左右后制动钳中的电机动作，并带动制动钳活塞产生机械夹紧力而完成驻车。电子机械制动钳通过中心轴将旋转运动改为往复直线运动以驱动制动活塞，通过电机驱动夹紧制动盘达到停车制动目的，如图 11.23 所示。

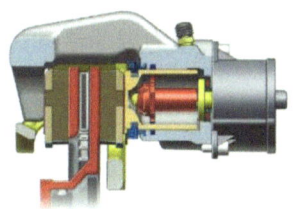 

图 11.23　电子机械制动钳

当前，许多乘用车已标配了先进的自动驻车功能。在车辆启动后，驾驶员通过按下控制面板上的"A"键，如图 11.24 所示，即可启动自动驻车功能。该功能启动后，在驾驶员踩下制动踏板使车辆停稳后，大约 2s 后，系统会自动介入并完成驻车动作，此时即便松开制动踏板，车辆也不会前进；当需要起动时，驾驶员只需再次轻踩加速踏板，自动驻车功能便会解锁。自动驻车得益于电子车身稳定系统的拓展应用，可精准地控制车辆四轮的制动，确保了驻车与解除驻车的平滑过渡。

图 11.24　自动驻车按钮

交互测验题

选择题

1. 电子驻车制动器简称为（　　）。
A. ESP　　　　　　　B. EPB　　　　　　　C. EPS　　　　　　　D. EBP

2. EPB 系统通常不包括（　　）。
A. 真空助力器　　　B. 电子机械制动钳　　C. 行星减速机构　　D. 盘式制动器

11.4 液压制动系统

动力制动技术的发展，对汽车安全性能和驾驶体验的提升起到了至关重要的作用。气压制动系统早期在重型车辆和商用车中得到较多应用，但因响应滞后和制动力调节不细腻等局限，逐渐被液压制动系统所取代。液压制动系统凭借其快速响应、高精度控制和良好的环境适应性，不仅提高了制动安全性，也为智能驾驶技术发展打下基础。本书将重点分析液压制动系统的构造和工作原理。

11.4.1 液压制动系统工作原理及布置形式

传统燃油车上常用的是液压伺服制动系统，其兼用人力和动力装置作为制动能源。按伺服形式分为真空伺服式、气压伺服式、液压伺服式。本书主要介绍真空伺服式制动系统，其结构如图 11.25 所示，在制动踏板和制动主缸之间增加了真空助力器，利用发动机工作时产生的真空与大气之间的压力差为制动过程提供助力。

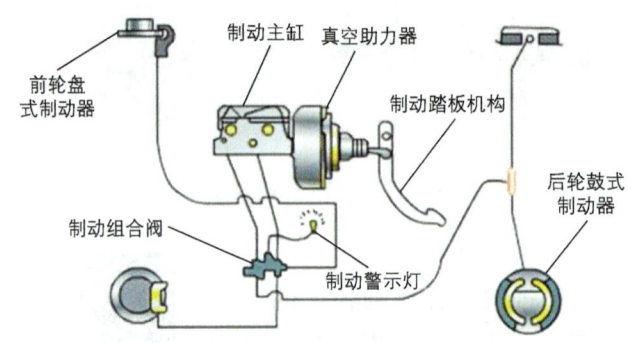

图 11.25 真空伺服式液压制动系统示意图

真空伺服液压制动系统其结构如图 11.26 所示，实物如图 11.27 所示。在正常情况下，它依赖动力伺服系统来产生所需的工作压力，确保制动效能的稳定与高效。同时该系统还具备高度的安全冗余设计，即便在动力伺服系统发生故障或失效的极端情况下，仍可通过人力直接驱动液压系统，以产生必要的制动力，从而有效保障车辆的制动安全与操控性。

主缸产生的高压油需经管路系统输送至各轮缸中，液压制动系统管路典型布置形式有 H 形、X 形与双 T 形三种。三种布置形式各具特色，但它们共同的特点在于，均配置了两条相互独立的制动管路。这样的设计确保了在一条管路发生漏油等故障时，另一条管路能够继续工作，从而保障了制动系统的可靠性与安全性。

1）H 形布置：该布置方式中，前后轮各用一条制动管路，分别连接前后轮缸，形似大写字母 H，如图 11.28 所示。该方案使得任一条管路出现故障时，两侧车轮的制动力也可以保持均衡，有效防止了制动过程中可能出现的车辆跑偏现象。然而，当前轮管路发生泄漏时，由于前轮管路承载着主要的制动压力，因此整车制动力将会显著下降。所以，H 形布置更适用于载重汽车，这类车辆往往对制动系统的稳定性和耐久性有着更高要求，而对于制动力的变化不太敏感。

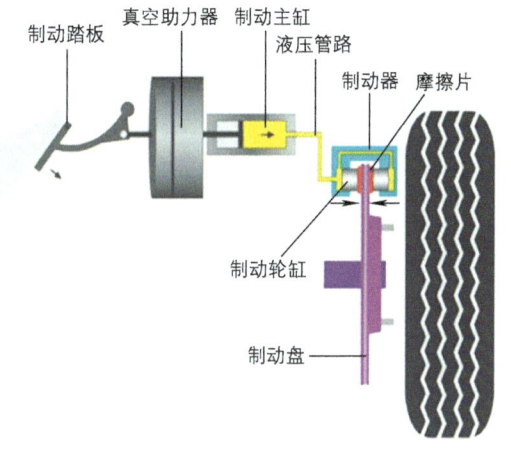
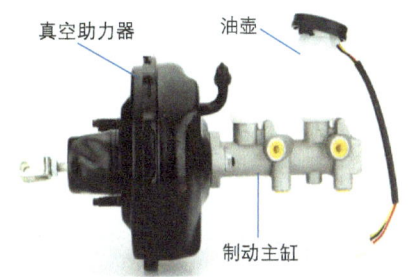

图 11.26　真空伺服液压制动系统示意图　　　图 11.27　真空助力式液压制动系统实物图

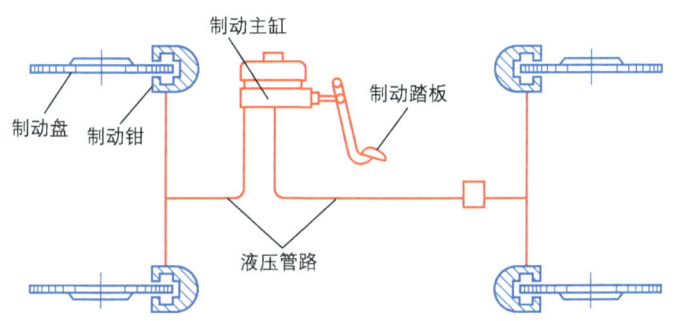

图 11.28　H 形布置

2）X 形布置：对角线上的前轮与后轮通过同一条管路相连，形成了交叉布局形式，如图 11.29 所示。在任一条管路出现故障时，车辆的制动力虽会减少至原先的一半，但仍能维持一定的制动效能。X 形布置方案均衡的制动力分配特性使得其在轿车中得到广泛应用。

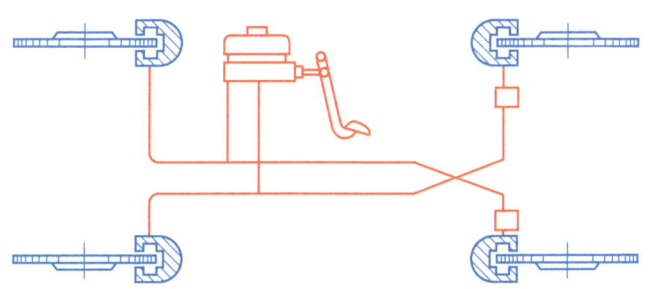

图 11.29　X 形布置

3）双 T 形布置：两前轮与一后轮共用一条制动管路，而且两条管路是独立的，如图 11.30 所示。前轮制动轮缸采用双腔结构设计。双 T 形布置制动响应更为迅速，制动力分配更为合理。然而，双 T 形布置具有相对复杂的系统结构与较高的制造成本。

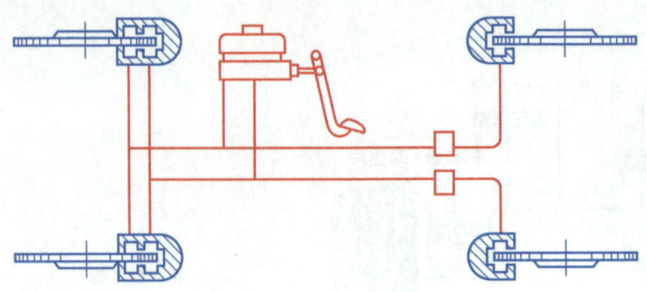

图 11.30 双 T 形布置

11.4.2 制动主缸和轮缸

（1）制动主缸

制动主缸实现了将踏板的机械力转换为液压力的作用，完成了从机械能到液压能的转换。液压制动系统中广泛采用串列双腔式制动主缸，如图 11.31 所示。

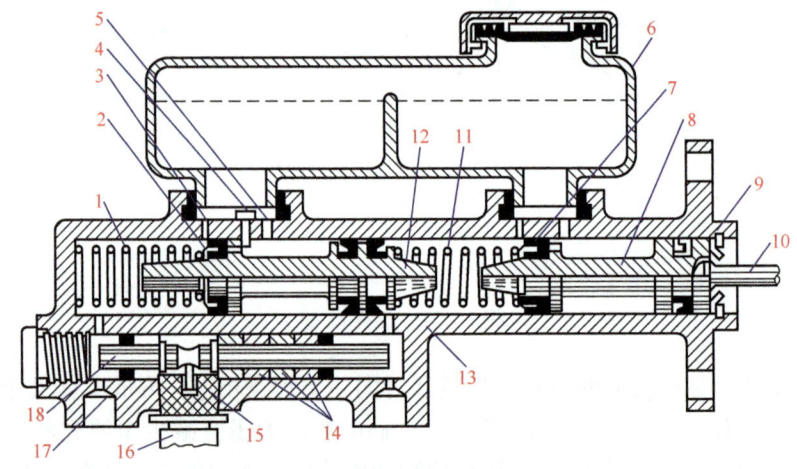

图 11.31 串列双腔式制动主缸

1—第二活塞弹簧 2、7—皮碗 3—补偿孔 4—限位销 5—进油孔 6—储液罐 8—第一活塞
9—限位环 10—推杆 11—第一活塞弹簧 12—第二活塞 13—缸体 14—套筒环
15—滑动销 16—报警开关 17—O 形圈 18—平衡活塞

采用串列双腔式制动主缸，当制动系统中一个回路遭遇故障时，另一个回路仍能维持正常工作状态。主缸内部配置有两个活塞，分别为第一活塞 8 和第二活塞 12，其中活塞 12 将主缸划分为左右两个独立的工作腔室，每个工作腔内的液压油通过专属管路输送至车辆的前后制动器。同时，在车辆未进行制动操作时，两个工作腔各自通过补偿孔 3 与进油孔 5 与储液罐 6 保持连通，维持了系统内部的压力平衡与制动液的储备。

当驾驶员踩下制动踏板时，推杆驱动第一活塞向左移动，直至皮碗完全覆盖补偿孔，此时，右工作腔内的液压升高，油液一方面通过腔内出油口涌入第一制动管路，另一方面则推动第二活塞向左移动。在右腔液压与弹簧力的双重作用下，第二活塞左移，导致左工作腔室压力同步升高，油液经由腔内出油口进入第二制动管路。随着制动踏板的持续下压，左、右两腔的液压不断升高，从而驱动前后制动器产生制动效果。当制动解除时，活塞在弹簧力的作用下迅速回位。

此外，该制动主缸还具备故障诊断与警示功能，如图 11.32 所示。当任一管路发生损坏时，会触发警示开关，及时提醒驾驶员制动管路可能存在泄漏。即便任一回路失效，主缸仍能保持正常工作状态，只是所需的踏板行程会有所增加、汽车的制动距离延长、制动效能相应降低。

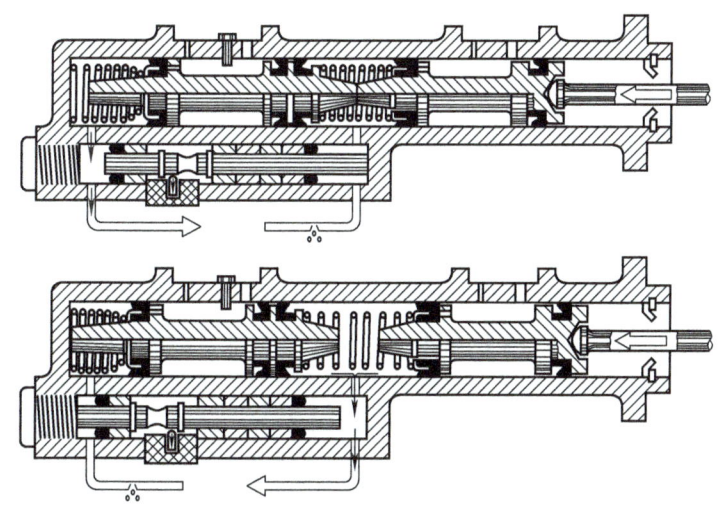

图 11.32　串列双腔等径制动主缸漏油警示装置示意图

（2）制动轮缸

制动轮缸的功用是把制动主缸传来的液压能转化为机械能，有单活塞和双活塞两种。

单活塞式制动轮缸活塞的端面与缸底形成轮缸内腔，其结构如图 11.33 所示。该设计广泛应用于双领蹄式、双从蹄式鼓式制动器中。

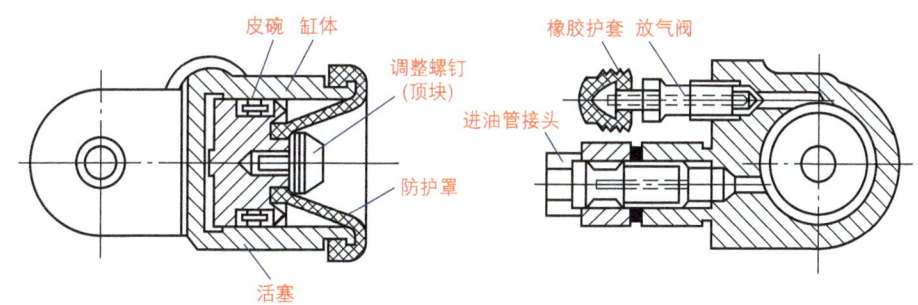

图 11.33　单活塞式制动轮缸结构

双活塞式制动轮缸两活塞间的间隙构成了轮缸的内腔，其结构如图 11.34 所示。双活塞式制动轮缸适用于领从蹄式、双向双领蹄式以及双向自增力式鼓式制动器。在汽车制动时，高压油进入轮缸内腔，随即驱动两个活塞向外移，进而推动制动蹄，实现制动。

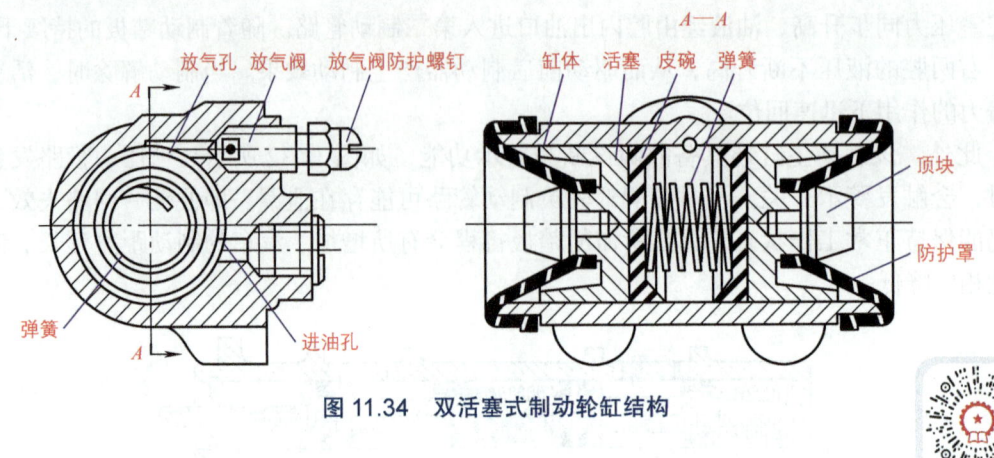

图 11.34 双活塞式制动轮缸结构

11.4.3 真空助力器

真空助力器是由真空伺服气室和控制阀组合成的一个整体部件，装在制动踏板和制动主缸之间，通过大气压和真空之间的压力差将踏板力放大。

如图 11.35 所示，真空助力器是一个直径较大的腔体，内部有一个膜片（或活塞），将助力器内腔分为前后两个腔室；前腔通过单向阀通真空，真空由发动机或泵提供；膜片座上有通路 A 和通路 B，膜片座上还安装有真空/空气控制阀及柱塞，三者协同可实现空气阀和真空阀的开关。真空助力器失效或真空管路无真空度时，控制阀推杆将通过空气阀直接推动膜片座和制动主缸推杆移动，使制动主缸产生制动压力，但作用在踏板上的力要增大。图 11.35 所示为不制动状态，真空阀开启，空气阀关闭，前后腔通过 A、B 通道连通，前后腔压力相等。

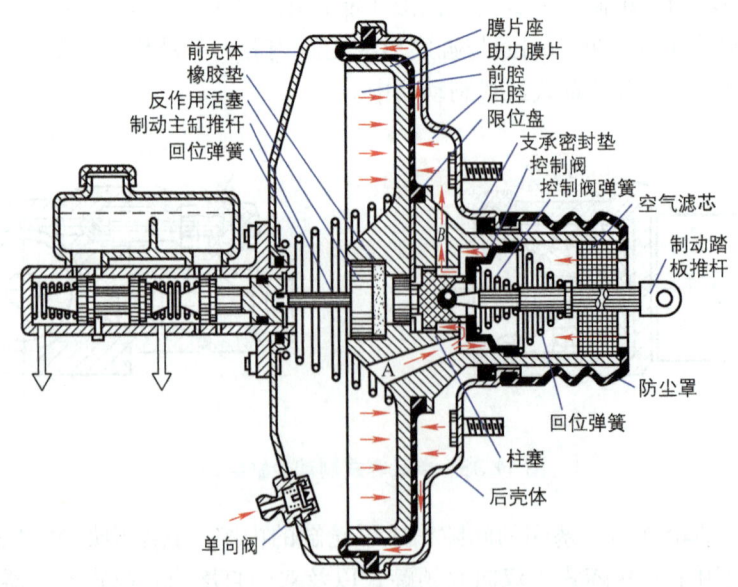

图 11.35 真空助力伺服制动系统结构示意图

图 11.36 所示为不同制动状态下的空气阀和真空阀状态。图 11.36a 是施加制动状态下空气阀和真空阀情况，当驾驶员踩下制动踏板时，制动推杆推动制动柱塞移动，使得空气阀开启，真空阀关闭，大气进入右腔，前后腔形成压差，产生制动助力。图 11.36b 是制动保持状态下，空气阀和真空阀都关闭，制动助力大小保持不变。

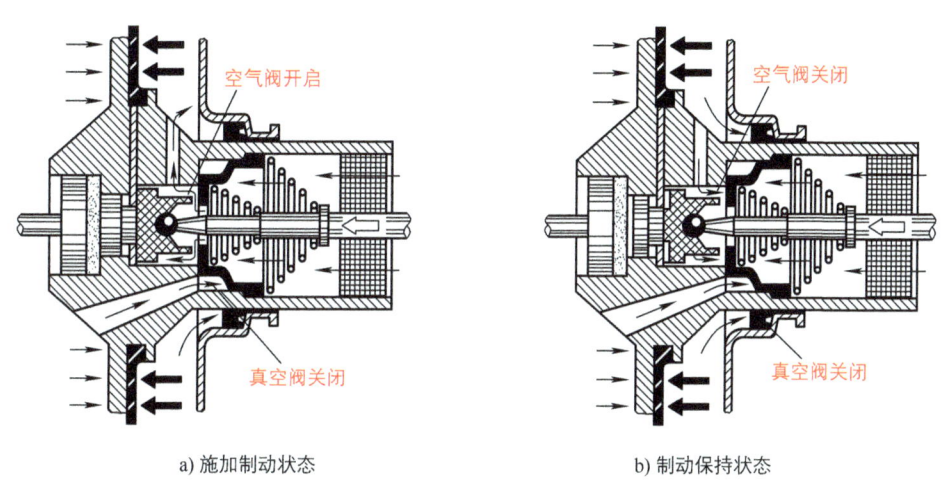

a) 施加制动状态　　　　　　　　b) 制动保持状态

图 11.36　不同制动状态下的空气阀和真空阀状态

交互测验题

一、选择题

下列对于真空助力器描述不正确的是（　　　）。
A. 由真空伺服气室和控制阀组合而成
B. 真空助力器的助力直接作用于制动轮缸
C. 安装于制动踏板和制动主缸之间
D. 利用大气压和真空腔的压力差产生助力

二、判断题

1. 制动主缸的作用是将踏板力转化为液压力。　　　　　　　　　　　　（　　　）
2. 一般而言，任一液压制动回路失效，主缸即无法正常工作。　　　　　（　　　）
3. 制动液要求高温下不易汽化，低温流动性好，且不会对相接触的金属和橡胶有腐蚀破坏作用。　　　　　　　　　　　　　　　　　　　　　　　　　　　　　　（　　　）
4. X 形液压制动管路布置形式，对角线上的前、后轮共用一条管路，任一条管路出现故障时，制动力减半。　　　　　　　　　　　　　　　　　　　　　　　　（　　　）
5. 助力式液压制动系统在正常情况下只采用驾驶员体力作为制动能源。（　　　）

11.5 制动力调节装置

制动时车轮受力分析如图 11.37 所示,制动蹄对制动鼓施加摩擦力矩 M_μ 使车轮对路面产生向前的力 F_μ。根据牛顿第三定律,路面会对车轮施加一个大小相等、方向相反的反作用力 F_B。制动力 F_B 必须满足

$$F_B \leq F_\varphi = G\varphi \quad (11.1)$$

式中,F_φ 为车轮与地面的附着力;G 为汽车对路面的垂直载荷;φ 为轮胎与路面的附着系数,指轮胎在不同路面的附着能力大小。若 F_B 大于附着力 F_φ,车轮将抱死并发生纯滑移运动,此时即使增加制动力矩,F_B 也不会增大,因为车轮已无法再提供更多的摩擦力。因此,制动系统设计必须考虑轮胎与路面的附着条件,以确保 F_B 能够在安全有效范围内。

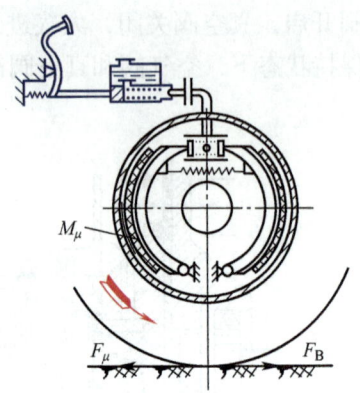

图 11.37 制动时车轮受力分析

为防止车辆在紧急制动时因前轮或后轮单独抱死而失控(如侧滑或甩尾),需调节车轮制动力以实现前后轮的同步滑移,确保前后制动轮的制动力接近最大值。实现同步滑移的条件是保持前后制动力与前后车轮对路面垂直载荷的比例相等。

要实现前后轮同步滑移,就是要满足如下公式:

$$\frac{F_{B_1}}{F_{B_2}} = \frac{G_1\varphi}{G_2\varphi} = \frac{G_1}{G_2} \quad (11.2)$$

式中,F_{B_1} 为前轮制动力;F_{B_2} 为后轮制动力;G_1 为前轮对路面的垂直载荷;G_2 为后轮对路面的垂直载荷;φ 为轮胎与路面的附着系数。

实际上,要实现前后轮同步滑移几乎不可能,在行车制动时,由于汽车惯性力的作用,前轮载荷增加,后轮载荷减少,前后轮载荷之比发生变化,同步滑移条件亦发生变化,如图 11.38 所示。图中 G_a 为汽车总重力;m_a 为汽车总质量;F_j 为作用于汽车质心上的惯性力($F_j = m_a a_b$);a_b 为制动减速度;g 为重力加速度;L_1 为质心至前轮中心线的距离;L_2 为质心至后轮中心线的距离;h_g 为汽车质心高度;在汽车制动过程中,重心会往前移,也就是前轮垂直载荷会增加 ΔG,而后轮垂直载荷会减少 ΔG。

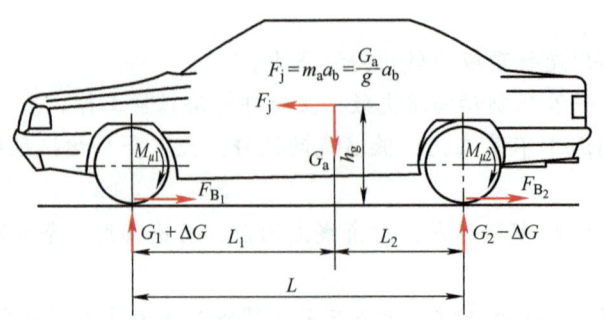

图 11.38 行车制动时汽车受力分析

理想状态下，汽车前后轮制动力矩的比值应能动态适应车轮载荷的变化。在制动器参数固定的前提下，汽车制动力矩的强度直接取决于制动管路的压力。理想的前后制动管路压力分配曲线并非一成不变，而是受汽车的负载情况变化的。如图 11.39 所示，绿色曲线为满载情况下理想的制动力特性曲线，而橙色为空载时理想的制动力特性曲线。如果不对各管路压力进行调节的话，前后轮实际的制动力如图中虚直线所示。因此，需要在管路中加入油压调节装置，使得前后轮制动力特性尽量接近理想的制动力特性曲线。

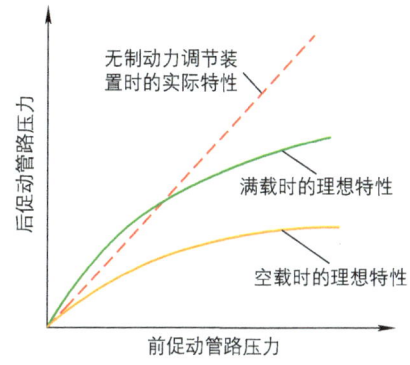

图 11.39　前后促动管路压力分配特性

11.5.1　制动力调节阀

制动力调节阀主要是基于机械结构设计，根据其设计原理与功能特性，可划分为多种类型，典型的有限压阀、比例阀、感载阀和惯性阀等，每种阀均能在一定程度上调节车轮制动力，而且主要是调节后轮制动力。本书主要介绍限压阀和比例阀两种典型的制动力调节阀。

微课：制动力调节阀

（1）限压阀

限压阀结构如图 11.40 所示，阀门和活塞做成一体，阀门上开有若干个通油切口，p_1 为前轮管路压力，p_2 为后轮管路压力。限压阀串联在后促动管路中，油压低时，阀门保持开启，$p_1 = p_2$；当油压达到一定值时，活塞上所受到的液压作用力将弹簧压缩，使阀门关闭，后轮缸与主缸隔绝，p_2 保持定值 p_S，自动限制后促动管路压力不再升高，从而有效防止了后轮因压力过大而抱死的情况发生。

设计限压阀时，一般按照满载情况设计参数，使满载情况下前后轮制动压力比接近理想特性曲线，如图 11.41 所示。

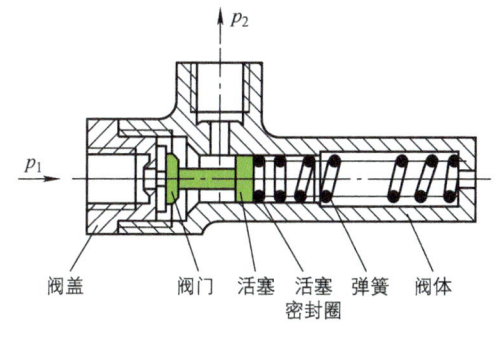

图 11.40　限压阀结构

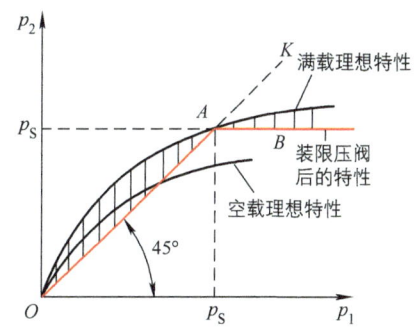

图 11.41　限压阀特性曲线

（2）比例阀

比例阀采用承压面积不等的差径 T 形结构活塞，如图 11.42 所示，串联在后促动管路中，通过参数设计使得作用在活塞上方的液压作用力大于下方，当压力差达到克服弹簧预紧力时，活塞开始下移。

随着前后促动管路的压力 p_1 与 p_2 同步增长到一定值 p_S 后，活塞与阀门接触，上下腔隔绝，对 p_2 的增长加以限制，减小其增量。若 p_1 进一步提高，活塞将回升，阀门再度开启，油液继续流入出油腔，使 p_2 升高，但由于活塞上部承压面积大于活塞下部承压面积，p_2 尚没增加到新的 p_1，活塞又下降到新的平衡位置，阀门关闭，如此反复，p_2 增长率要慢于 p_1，安装比例阀以后的制动力调节曲线如图 11.43 所示。

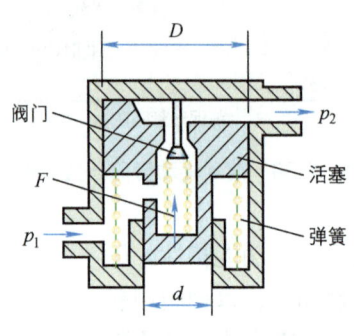

图 11.42　比例阀结构示意

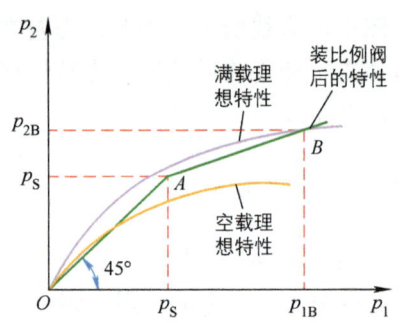

图 11.43　比例阀的特性曲线

11.5.2　防抱死制动系统

防抱死制动系统（Antilock-Brake-System，ABS）的作用是在汽车制动时，自动控制制动力的大小，使车轮不被抱死，而是处于边滚边滑（滑移率在 20% 左右）的状态，以保证车轮与地面的附着力最大。

附着系数作为量化轮胎在不同路面条件下附着能力大小的指标，其数值深受多种因素的综合影响，包括但不限于道路材料、路面状况、轮胎结构设计、胎面花纹、轮胎材料以及车辆行驶速度等。具体而言，干燥且状况良好的沥青或混凝土路面通常能提供高达 0.7～0.8 的附着系数，可确保车辆平稳可控。相反，冰雪覆盖的路面则因附着系数极低，而成为滑行的高风险区域。

在车辆行驶过程中，车轮与地面的相互作用涉及滚动与滑动两种运动模式的复合，其中滑动成分所占的比例常用滑移率来表征。图 11.44 显示了附着系数随滑移率变化的趋势。图中 φ_z 代表纵向附着系数，它反映了轮胎在法向压力下所能提供的最大纵向附着力与法向压力之比；而 φ_c 则代表侧向附着系数，它衡量了轮胎在侧向力作用下所能提供的最大侧向附着力与法向压力之比，这一参数对于车辆的操纵稳定性、转向响应以及抗侧滑能力具有至关重要的影响。

根据图示分析，随着滑移率的增加，纵向附着系

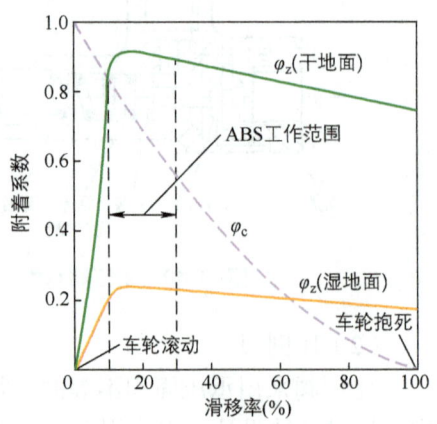

图 11.44　滑移率与附着系数的关系

数呈现出先迅速增长至最大值，随后逐渐减小的趋势；而侧向附着系数则随滑移率的增大而急剧下降。特别地，当滑移率达到100%时，侧向附着系数降为零，意味着车轮无法抵御任何侧向干扰力，车辆的可控制性将严重下降。

因此，在汽车行驶过程中，控制车轮的滑移率保持在较低水平至关重要。制动时，理想的滑移率范围应维持在10%~30%之间，此时轮胎与路面之间的纵向附着系数达到最大，同时侧向附着系数也保持在一个较高的水平。

ABS就是用来确保车辆在制动过程中既能获得较大的纵向制动力，又能保持良好的侧向稳定性。ABS系统主要由车轮转速传感器、ABS电子控制单元（ECU）以及制动压力调节器等部件构成。ABS以串联方式安装于制动管路之中，如图11.45所示，来自主缸的高压油首先流入ABS装置，经过压力调节处理后，再被分配至各个轮缸。

ABS工作原理：当车辆进行制动操作时，车轮转速传感器将信号即时传输至电子控制单元（ECU）。随后，ECU内部的计算模块会根据接收到的信号，

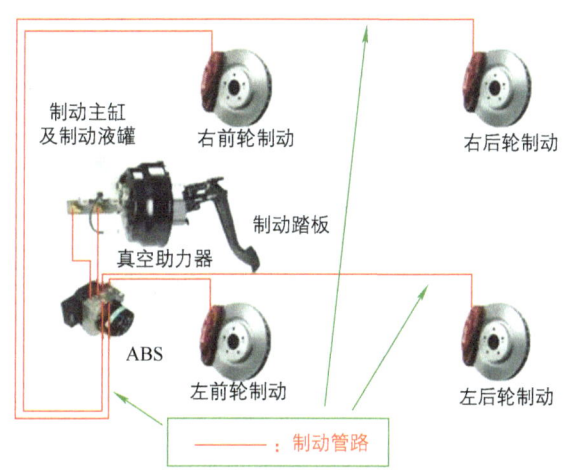

图 11.45　加入 ABS 的制动系统

计算出车轮的实时速度、滑移率以及车轮的加速度与减速度。基于这些关键数据，ECU中的控制模块会进行综合分析比较，向制动压力调节器发出控制指令。这些指令指挥着压力调节器内部的电磁阀等组件，调节制动压力的大小，从而实现对制动力的调控，确保制动力与路面附着条件相匹配，有效防止制动过程中车轮抱死。

磁电式轮速传感器与霍尔式轮速传感器是两种最为常见的轮速传感器。轮速传感器既可以直接安装在车轮上，以便直接获取车轮的实时转速数据，也可以设置于主减速器或变速器内部，如图11.46所示。

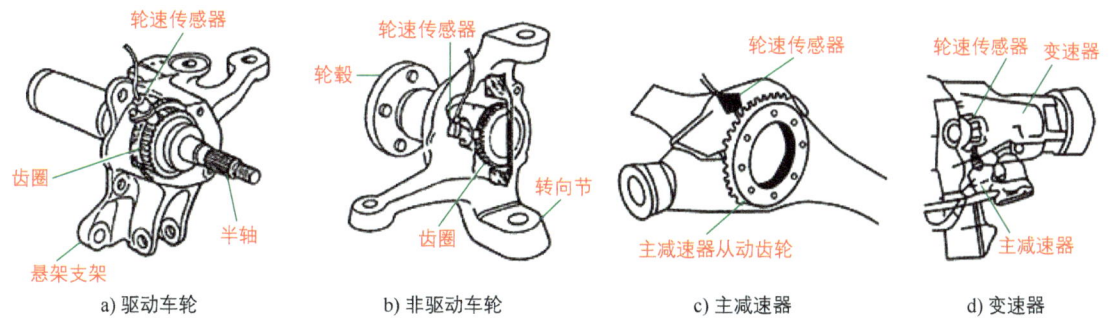

图 11.46　轮速传感器的安装位置

电子控制单元（ECU）是一个集成了传感器信号处理模块、输入输出模块等多个关键组件的复杂系统，图11.47为其原理示意图。ECU的功能在于接收来自轮速传感器的信号，

通过计算程序解析出车轮的实时速度，进一步推导出滑移率及加速度/减速度等重要参数，并基于这些分析的结果，向制动压力调节器发送控制指令。

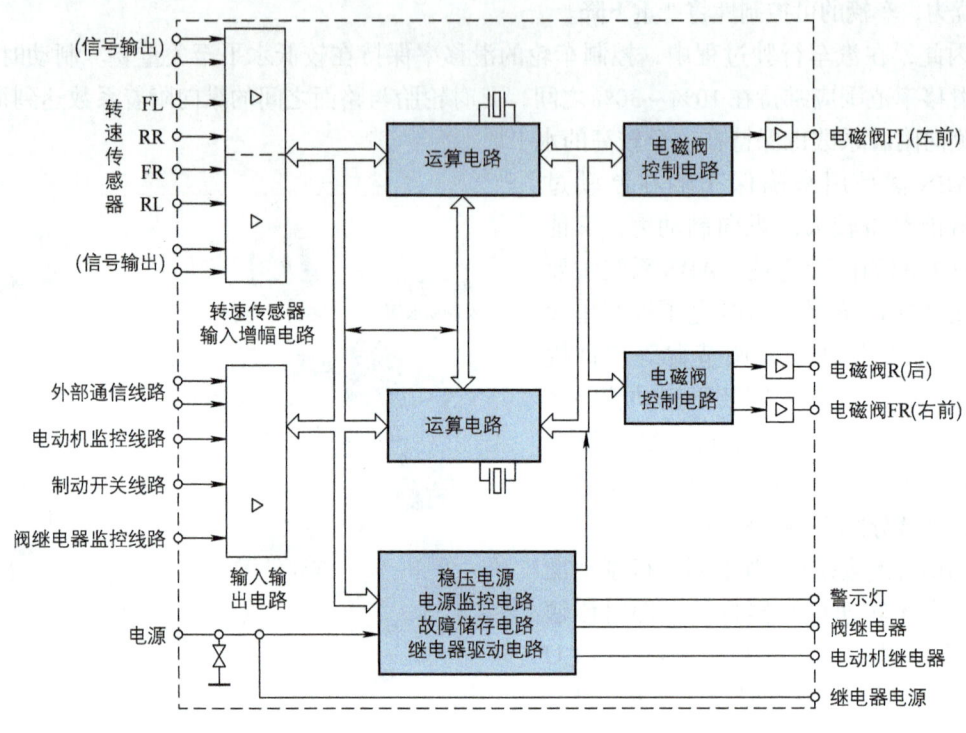

图 11.47　ECU 原理

从构造上来看，ECU 通常由输入级电路、运算电路、输出级电路以及安全保护电路等几个部分组成。输入级电路作为信号处理的起点，负责将轮速传感器传入的原始信号转换为规则的脉冲方波，经过整形与放大处理后，再送入运算电路进行进一步处理。

运算电路则是 ECU 的"大脑"，它不仅负责计算车轮的线速度、初始速度、滑移率、加速度及减速度等关键指标，还承担着控制参数运算和系统监控运算的重任，确保所有数据的准确性和实时性。

输出级电路则作为 ECU 与制动系统之间的"桥梁"，接收来自微控制器的控制参数信号，并准确无误地控制制动压力调节器执行相应的动作，实现对车辆制动性能的精准调控。

而安全保护电路则是 ECU 稳定运行的"坚实后盾"，它首先将汽车电源提供的 12V 或 14V 电压转换为 ECU 内部所需的标准稳定电压，同时严密监控电源电路的电压稳定性，确保其在规定范围内波动。此外，该电路还对速度传感器输入放大电路、运算电路及输出级的工作状态进行实时监控，一旦发现故障信号就迅速响应，保障整个系统的安全可靠运行。

制动压力调节器作为防抱死制动系统（ABS）中的执行机构，其任务是响应来自电子 ECU 的控制指令，调节制动压力的大小。其结构如图 11.48 所示，集成了电磁阀、液压泵等。制动压力调节器通过将电磁阀串联于制动主缸与制动轮缸之间，能够实现对轮缸压力的直接控制，使得轮缸能够根据驾驶需求灵活切换至常规工作状态、增压状态、减压状态或保压状态，从而提升车辆在制动时的可控性。

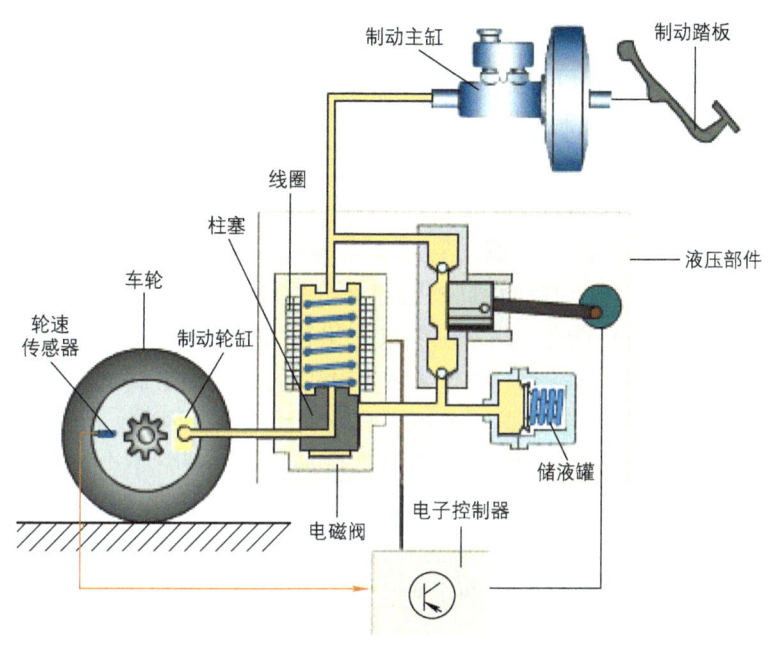

图 11.48　制动压力调节器示意图

ABS 中采用的电磁阀为三位三通类型，"三位"特性指的是电磁阀拥有三个独立的工作位置，分别对应着轮缸制动压力的增压、降压或保压，这一特性确保了制动系统能够迅速且准确地适应不同的路面状况与驾驶需求，提供最优化的制动响应。而"三通"设计指的是电磁阀有三个通道，分别与制动主缸、制动轮缸及储液器相连。这样的布局优化了制动液的流动路径，减少了不必要的阻力与损耗。

在制动时，ABS 的 ECU 持续不断地从车轮速度传感器中采集车轮的实时速度信号，并对其进行分析处理，以准确判断车轮是否即将进入抱死状态。一旦检测到车轮有抱死倾向，ECU 会立即发出指令，通过制动压力调节装置减小制动力，从而有效防止车轮抱死现象的发生。

制动压力调节器的工作过程划分为常规制动、减压阶段、保压阶段及增压阶段四个环节。

1）常规制动阶段：在此阶段，ABS 系统处于非激活状态，电磁阀保持断电，制动油压的增减完全由主缸进行控制，确保基础制动功能的平稳实现。

2）减压阶段：当需要降低制动压力时，电磁阀通入较大的电流，促使柱塞迅速移动至最高位置。这一动作切断了主缸与轮缸之间的通道，同时使轮缸与储液器相连通，导致轮缸内压力下降。此时，驱动电动机启动，带动液压泵开始工作，将制动液加压后重新送入主缸，为下一阶段的制动准备。

3）保压阶段：电磁线圈会接收到较小的电流，使柱塞定位在保压位置。此时，制动主缸、轮缸与储液器之间形成相互隔离的密封状态，确保制动轮缸中保持恒定的制动压力。

4）增压阶段：当车轮的滑转率接近零时，电磁阀会断电，柱塞随即返回至下限位置，使得制动轮缸与主缸重新相通，从而对轮缸进行加压，增强制动效果。

在制动过程中，这四个阶段会循环往复，直至制动完全解除。

各个车轮制动压力的调节直接受到 ABS 通道布置的影响。ABS 的通道布置为制动管路和控制通道的配置方式，控制管路（通道）数目可分为单通道 ABS、双通道 ABS、三通道 ABS 和四通道 ABS 四类。

（1）四通道 ABS

如图 11.49 所示，四通道 ABS 制动管路布置有 H 形和 X 形两种，每个车轮均装有一个转速传感器，并在通往各个制动轮缸的管路上分别设置制动压力调节装置，也就是说，有四个独立的制动压力调节通道。此系统能最大化利用每一个车轮附着力进行制动，确保汽车制动效能达到最佳。但需注意，在附着系数不均匀的路面上制动时，若同一轴上制动力不均，则可能导致汽车产生较大偏转力矩，引发制动跑偏。因此，虽然四通道 ABS 系统具备独立控制四个车轮制动压力的能力，但在实际应用中，通常不会对四个车轮进行完全独立的制动压力调节，系统会根据具体情况进行智能调节，以确保制动过程的安全和稳定。

（2）三通道 ABS

如图 11.50 所示，三通道 ABS 由两个独立控制的前轮通道和一个共同控制两个后轮的低选原则通道组成。

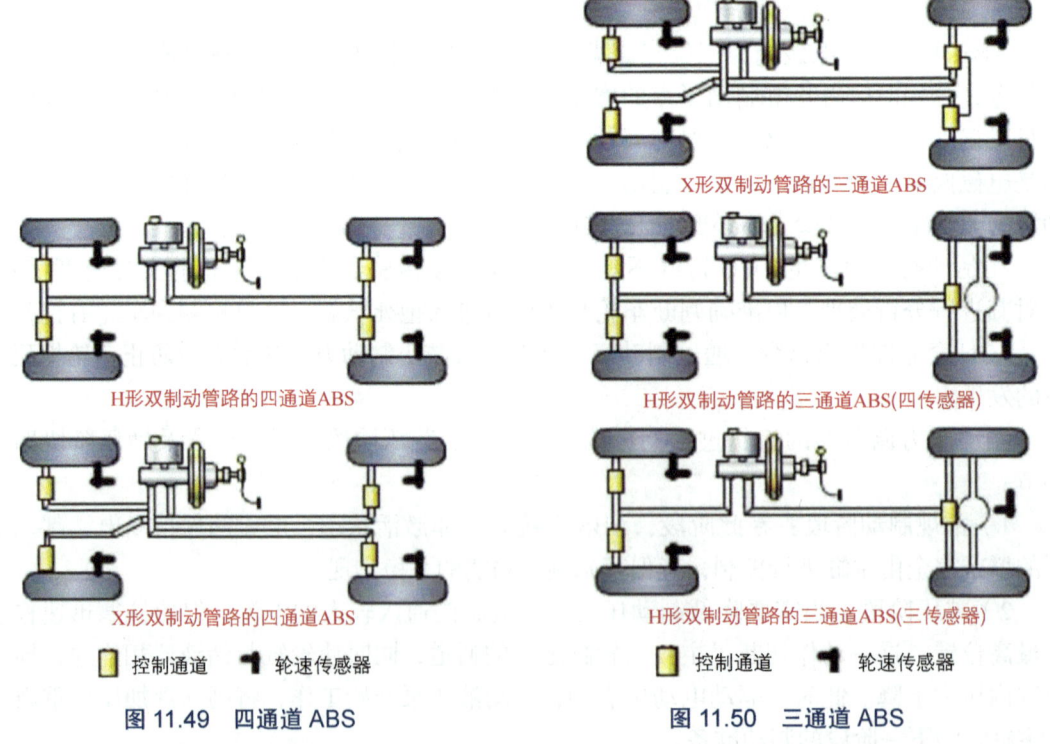

图 11.49　四通道 ABS　　　　　图 11.50　三通道 ABS

三通道 ABS 的性能特点十分突出。首先，两后轮按低选原则进行一同控制，保证了汽车在各种路面条件下左右两后轮的制动力相等，提高了可控性。其次，两前轮进行独立控制，能够充分利用两前轮的附着力，使汽车具有较大的总制动力，有利于缩短制动距离。此外，前轮独立控制还能使前轮在制动过程中始终保持较大的横向附着力，有利于汽车保持良好的转向控制能力。

三通道 ABS 也存在一定局限性。在特定条件下，如平滑的干路或由有经验的驾驶员直接进行制动时，ABS 系统可能无法提供最短的制动距离。

（3）双通道 ABS

双通道 ABS 有 H 形和 X 形两种，如图 11.51 所示。H 形双制动管路的双通道 ABS 是在前后制动管路中各设置一个制动压力调节装置分别对两前轮和两后轮进行一同控制。X 形双制动管路对角布置是两前轮独立控制，前管路压力通过比例阀按一定比例减压后传给对角后轮。双通道 ABS 系统难以在方向稳定性、转向操纵能力和制动距离等方面得到兼顾，因而很少被采用。

（4）单通道 ABS

在前后布置的双管路制动系统的后制动管路中设置一个制动压力调节器，对于后轮驱动的汽车只需在传动系中安装一个转速传感器，如图 11.52 所示。单通道 ABS 不能保障汽车的转向操纵能力，但能提高汽车制动时的方向稳定性，且结构简单、成本低，主要用于轻型货车。

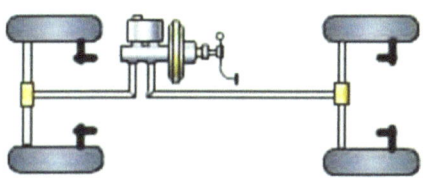

H形双制动管路的双通道ABS(四传感器)

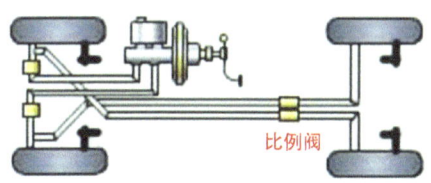

X形双制动管路的双通道ABS(四传感器)

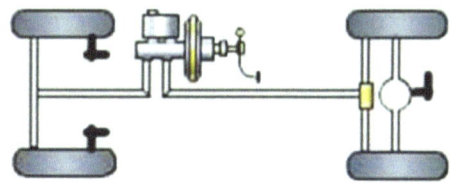

H形双制动管路的单通道ABS(三传感器)

图 11.51　双通道 ABS　　　　　　　　图 11.52　单通道 ABS

11.5.3　电子制动力分配系统

ABS 在制动过程中通过调节制动压力防止车轮抱死，确保车轮与路面稳定接触，避免滑移，显著提升了汽车制动时的稳定性和转向操纵能力。然而在紧急制动时，ABS 的高频调节可能导致振噪和制动踏板弹脚反应，且在某些情况下，如高速转向时，ABS 无法对所有车轮的制动力进行最佳分配。电子制动力分配系统（EBD）能够根据车辆和路面状况，对车轮制动力进行更精确和及时的分配，进一步优化制动性能，提升驾驶安全性。

微课：电子制动力分配系统

在汽车制动的瞬间，EBD通过传感器实时监测车轮转速、车辆动态等参数，快速评估各轮胎与路面间的附着状态差异。基于预设算法，系统自动调整制动压力调节器，在动态环境中实时优化各车轮的制动力，确保制动力与轮胎-路面实际附着力相匹配。通过与ABS协同工作，EBD有效防止车轮抱死，提升制动效率及方向稳定性，从而保障车辆行驶的平稳性与安全性。

当车辆配备EBD后，其制动力调节曲线能够在不同载荷条件下接近理想的制动力调节曲线，显著提升制动效率，如图11.53所示。EBD从制动初始阶段便介入控制制动力在各车轮间的分配，在紧急制动工况下，若车轮面临抱死风险，EBD能在ABS启动前预先平衡每个车轮的有效地面附着力，有效减少甩尾和侧移现象，同时缩短汽车的制动距离。

EBD依托先进的软件算法实现制动力的智能分配，因此能够无缝集成于ABS系统中，无须增设额外硬件。搭载EBD的ABS，通常被标识为ABS+，意味着它是在原有ABS基础上的软件升级与性能提升。

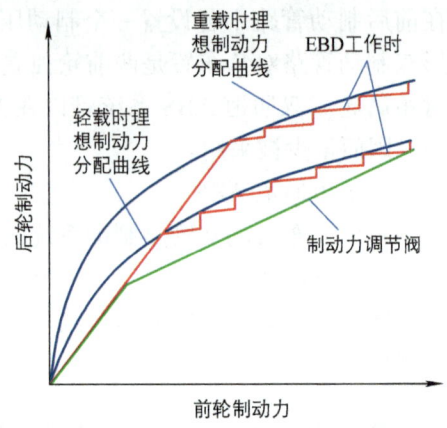

图 11.53　配备 EBD 后的制动力调节曲线

交互测验题

一、选择题

1. 汽车制动力的极限由（　　）决定。
   A. 地面附着力　　B. 制动器制动力矩　　C. 驱动力　　D. 侧向力

2. 汽车前后轮在制动时保持同步滑移的条件是（　　）。
   A. 前后制动力之比等于前后车轮对路面的垂直载荷之比
   B. 前后制动力相等
   C. 前后制动力之和与汽车重力之比等于地面附着率
   D. 前后轮地面附着力相等

3. 在汽车制动时，由于汽车惯性，会发生载荷转移，对应同步滑移条件应（　　）。
   A. 前轮制动力占比减少
   B. 后轮制动力占比增加
   C. 前后轮制动力之比保持不变
   D. 三项均不对

4. 下列对于EBD系统说法不正确的是（　　）。
   A. EBD是独立于ABS的另一套系统，利用独立于ABS系统的另一套制动力分配组件实现制动力的分配
   B. EBD可以在制动一开始就控制制动力在各轮间的分配，提高汽车制动时的稳定性和

操纵性

C.紧急制动时,EBD 在 ABS 动作之前就已经平衡了每一个轮的有效地面抓地力,可以防止甩尾和侧移,缩短制动距离

D.EBD 能使四个车轮趋于同时抱死,使制动系统有效地利用地面制动力,更好地发挥 ABS 系统的作用

5.进行一同控制时,以保证附着力较小的车轮不发生抱死为原则进行制动压力调节的控制模式叫作(　　)。

A.低选原则控制　　　B.独立控制　　　C.一同控制　　　D.高选原则控制

二、判断题

1.汽车前轮单独抱死滑移,将使得汽车失去稳定,发生甩尾现象。(　　)
2.促动管路压力调节装置作用是让实际的促动管路压力分配曲线更接近理想分配曲线。(　　)
3.在制动器形式确定的条件下,如果不增加任何制动压力调节装置,汽车制动力矩的大小取决于制动管路的压力。(　　)
4.控制通道是指 ABS 系统中能够独立进行制动压力调节的制动管路。(　　)

11.6　车身电子稳定系统

微课:车身电子稳定系统

11.6.1　车身电子稳定系统的功用

ABS 通过防止车轮在紧急制动时抱锁死,提高了车辆的制动性能和转向可控性。EBD 则根据车辆负载和行驶状态,动态调整前后轴的制动力分配比例,确保制动效率并减少后轮抱死风险。车身电子稳定系统(如 ESP)集成了 ABS、EBD 及 ASR(驱动防滑系统)的功能,通过协同工作进一步提升安全性。该系统实时监测车辆动态,一旦发现失控迹象(如转向不足或过度),便通过制动单个车轮或调整动力装置输出转矩介入干预,使车辆恢复稳定,从而有效预防事故。

不同车企的车身电子稳定系统名称见表 11.1,它们的功能基本相同,工作原理也类似,是 ABS、ASR(TCS)、EBD(EBV)功能的综合与延伸。

表 11.1　不同车企的车身电子稳定系统名称

公司	产品简称	全称
博世	ESP	Electronic Stability Program,车身电子稳定系统
本田	VSA	Vehicle Stability Assist,车辆稳定性控制系统
宝马	DSC	Dynamic Stability Control,动态稳定控制
日产	VDC	Vehicle Dynamic Control,车辆动态控制系统
沃尔沃	DSTC	Dynamic Stability Tracing Control,动态稳定循迹控制系统
丰田	VSC	Vehicle Stability Control,车辆稳定控制
其他叫法	ESC	Electronic Stability Control,电子稳定控制

11.6.2 汽车驱动防滑系统

汽车驱动防滑系统（Acceleration Slip Regulation，ASR 或 Traction Control System，TCS），作为车身电子稳定系统的重要组成部分，其作用是在车辆加速或行驶过程中，防止驱动轮因过度打滑而丧失牵引力，确保动力能够高效、稳定地传递，从而进一步提升车辆的操控响应性和行驶安全性。

ASR 系统与 ABS 在设计与功能上存在诸多共通之处，其核心组件往往能够实现通用或共享。ASR 系统融合了多种传感器技术，包括与 ABS 系统共享的轮速传感器以及与发动机电控系统共用的节气门位置传感器。此外，ASR 还配备了专属的信号输入装置——ASR 选择开关，以及作为智能控制核心的电控单元（ECU）。在信号处理层面，ASR 与 ABS 共享部分输入与处理逻辑，为了优化电子器件的布局并减少数量，ASR 的控制器通常与 ABS 的电控单元集成在一体。

在执行机构方面，ABS 包含了制动压力调节器和节气门驱动装置，ASR 的制动压力调节器可以和 ABS 共用，也可以单设一套。

具体到工作原理，ASR 的车速传感器负责实时监测驱动车轮的转速，并将这些信息传递给 ECU。ECU 基于车速传感器的数据计算出驱动车轮的滑转率，一旦滑转率超出预设阈值，控制器就会综合考虑节气门开度、发动机转速、转向信号等多种因素，确定最佳的控制策略，并输出相应的控制信号，驱动执行机构动作，确保驱动车轮的滑转率维持在理想范围内。

对比 ASR 与 ABS，两者的共通性在于均致力于调控车轮与路面间的滑移率，以确保车轮与地面之间的附着力不降低。不同的是，ABS 侧重于制动过程中的车轮防抱死控制，对所有车轮实施滑移率管理，确保制动安全。ASR 则几乎在整个行驶过程中都处于活跃状态，专门针对驱动车轮进行控制，有效防止驱动轮滑转，显著提升了车辆在起步、加速及湿滑路面行驶时的牵引力和稳定性。

11.6.3 ESP 组成部件及工作原理

ESP 系统由电控单元、液压调节器、转向盘转角传感器、车轮轮速传感器、横摆角速度传感器（监测车体绕纵轴线转动的角度）、侧向加速度传感器等组成，如图 11.54 所示。液压调节器用于调节油压，四根油管分别通向四个制动轮缸，使系统可以对四个车轮进行独立控制。

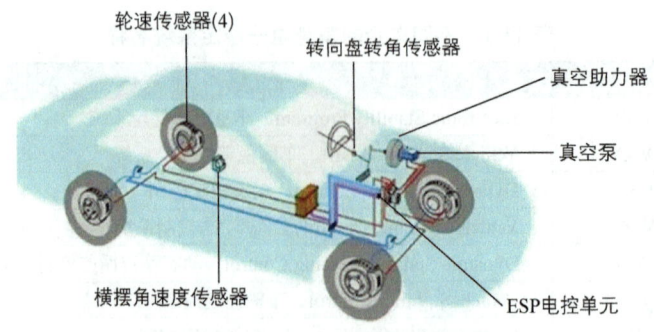

图 11.54　ESP 组成示意图

ESP 通过集成转向盘转角传感器与轮速传感器的数据捕捉驾驶员的操控意图。转向盘转角传感器实时监测转向盘的转动角度,反映驾驶员期望的行驶方向;而轮速传感器则记录各车轮的转速,为系统提供车辆动态的直接反馈。同时,利用横摆角传感器用于识别车辆围绕垂直轴(Z轴)的旋转角度,以及侧向加速度传感器用于提供车辆在侧向的加速度信号,全面监测车辆的实际运动状态。

ESP 的电控单元接收到上述传感器的信息后,立即进行数据处理与分析。通过将驾驶员意图与实际驾驶状态进行比对,ECU 能够迅速判断车辆是否偏离了预期行驶轨迹。

当驾驶员意图与车辆实际状态完全吻合时,表明车辆正按照驾驶员的预期平稳行驶,此时 ESP 处于监测状态,无须主动介入。若出现偏差,ESP 系统会根据偏差的性质迅速做出反应。

当车辆处于转向不足状态时,ESP 系统会迅速响应,通过对内侧后轮施加制动或与驱动系统紧密配合,引导车辆更紧密地跟随驾驶员的转弯意图,从而稳定车辆姿态。

相反,当车辆处于转向过度状态时,会有甩尾风险。此时,ESP 系统会对外侧前轮实施制动或调整驱动力分配,以减缓过度转向的趋势,确保车辆稳定行驶。

值得注意的是,若单独制动某个车轮仍不足以完全稳定车辆,ESP 系统会进一步采取策略,通过制动其他车轮来增强控制效果。图 11.55 展示了 ESP 系统在不同工况下的工作原理与介入机制。

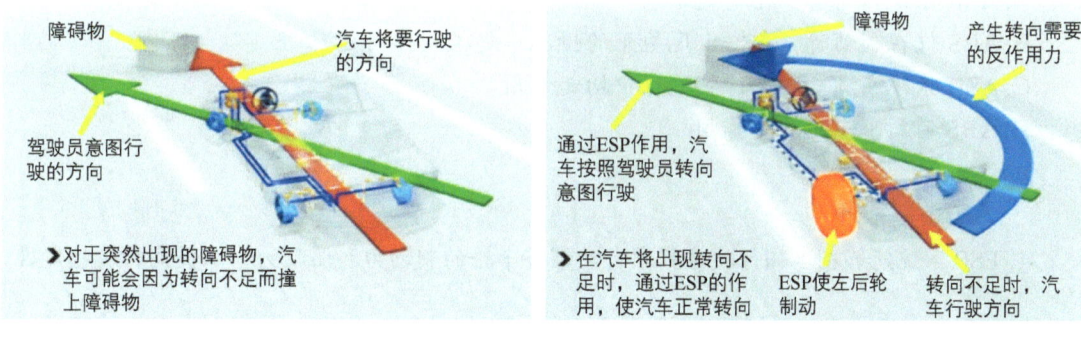

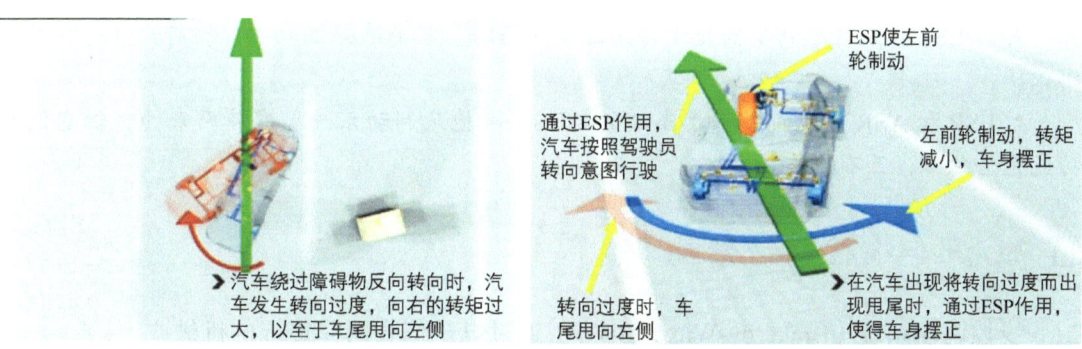

图 11.55　ESP 工作原理

交互测验题

一、选择题

1. 关于 ESP 系统的主要功能，下列（　　）描述最为准确。
A. 仅用于提高车辆加速性能
B. 主要用于监测轮胎压力
C. 负责在车辆行驶中提供动态稳定性控制
D. 专注于优化车辆燃油经济性

2. ESP 系统中的（　　）用于识别车辆绕垂直轴（Z 轴）的旋转角度。
A. 轮速传感器（WSS）　　　　　　　　B. 转向盘转角传感器（SAS）
C. 横摆角传感器（Yaw-Rate Sensor）　　D. 侧向加速度传感器

3. 在 ESP 系统检测到车辆转向不足时，它会采取（　　）措施来纠正。
A. 对外侧前轮进行制动
B. 增加转向助力
C. 对内侧后轮进行制动或与驱动系统协同工作
D. 降低车速

4. 下列关于 ASR 与 ABS 说法不正确的是（　　）。
A. ASR 系统对所有车轮均起作用
B. ABS 仅在制动时，车轮出现抱死的情况下起控制作用
C. ASR 系统在汽车整个行驶过程中均起作用
D. ABS 对所有车轮均起作用

二、判断题

1. ESP 系统能够在车辆行驶过程中自动调整车轮的制动力和驱动力，以提高行驶稳定性。（　　）

2. ASR 系统仅适用于前驱车辆，对于后驱或四驱车辆无效。（　　）

3. 当 ESP 系统检测到车辆处于转向过度状态时，它会选择性地对外侧前轮进行制动来纠正。（　　）

4. ESP 和 ASR 系统都是基于车辆的 ABS（防抱死制动系统）发展而来的，但它们的功能完全独立，互不相关。（　　）

11.7　汽车线控制动系统

线控制动系统（Brake-by-Wire，BBW）通过电子信号而非传统的机械或液压连接来传递制动指令，实现了制动系统的电子化控制。

电动汽车的再生制动策略与智能汽车的运动控制，均对制动系统提出了更高的要求，即实现制动力的主动、精确调控。线控制动系统摒弃了踏板与制动回路间的刚性或液压直

接连接，转而依赖电子信号传输制动指令。根据技术实现方式的不同，线控制动系统可分为两种。

1）电子液压制动系统（Electro-Hydraulic-Brake，EHB）：作为传统液压制动系统的现代化升级，EHB以电子制动踏板取代传统液压踏板，并去除了真空助力器，通过集成电子元件部分替代机械部件，同时保留制动液作为动力传输媒介，并配备有液压制动备份系统，确保了系统的可靠性与安全性。

2）电子机械制动系统（Electro-Mechanical-Brake，EMB）：相较于EHB，EMB实现了更为彻底的革新，完全摒弃了制动液及液压组件，转而采用电子机械装置直接驱动位于四个车轮上的执行机构，通过电机产生制动力矩。此系统虽未配备液压制动备份，但其高效、轻量化的设计预示着未来制动技术的发展方向。

11.7.1 电子液压制动系统

EHB集成了电子踏板、电子控制单元（ECU）及执行机构（包括压力建立单元）等。该系统采用了制动踏板解耦设计，使得压力建立过程与制动踏板的操作相互独立，还配备了踏板感模拟器与电子传感器。这些配置不仅增强了驾驶的舒适性，还实现了制动意图的精准识别。

在图11.56所示的电子液压制动系统中，ECU作为系统的"大脑"，通过解析传感器传递的信号，精确捕捉并理解驾驶员的制动需求。随后，ECU控制电机驱动液压泵高效工作，不仅实现了车辆的平稳制动，还可以实现制动能量回收，提升了车辆的能源利用效率。此外，集成的电子踏板传感器拥有超高的灵敏度，能够准确感知驾驶员操控踏板的力度与速度，并将这些信息转化为电信号，迅速传递给ECU进行处理。而压力建立单元则根据实时的驾驶工况，智能调节车轮的制动压力，确保制动效果既安全又高效。

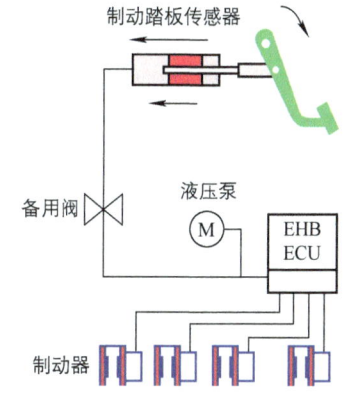

图11.56 电子液压制动系统示意图

在正常工作状态下，EHB系统中的备用阀保持关闭，切断了制动踏板与制动器之间的液压联系。一旦电子系统遭遇故障，备用阀就会立即开启，使EHB系统迅速转换为传统的液压系统，确保车辆在任何情况下都能实现可靠制动。这一设计极大地提升了制动系统的安全性。

EHB系统的制动踏板单元、液压驱动单元、液压调节单元及控制器等关键部件，通过灵活的组合、互联与重构，能够衍生出多种多样的构型方案，为不同车型和驾驶需求提供了广泛的适应性选择。接下来将介绍几种典型的EHB系统。

（1）本田伺服电液制动系统

如图11.57所示，该系统包含融合了制动行程传感器的制动踏板、踏板感模拟器、制动主缸，以及串联电机制动从缸与电控单元。其中，制动踏板不仅与踏板行程传感器紧密相连，还通过液压回路（以黄色标识）与装备有切断阀的制动主缸及行程模拟器相连。

该系统的电控单元控制直流无刷电机，通过减速齿轮与滚珠丝杠机构，对制动从缸及与车身电子稳定系统（VSA）相连的液压回路（以红色标识）进行调控。这一过程中，压力传感器实时反馈液压状态，决定主缸与从缸液压回路是切断以保持独立，还是连通以协同工作。

（2）大陆 MKC1

MKC1 采用了 ONEBOX 设计方案，也就是把 ESP 和 EHB 功能集成一体，以高性能电机替代了传统的真空助力器、电子真空泵、液压泵及蓄能器等组件，其结构如图 11.58 所示。不仅显著优化了系统结构，还实现了体积的大幅缩减与重量的轻量化，减重比例高达 30%，节省了布置空间。得益于其紧凑高效的设计，MKC1 可以用于各类高级驾驶辅助系统（ADAS）、自适应巡航控制（ACC）以及自动紧急制动（AEB）。更为重要的是，MKC1 定位于支持 L3 级别及以上的自动驾驶系统，为未来智能网联汽车的安全、高效行驶提供了技术支撑。

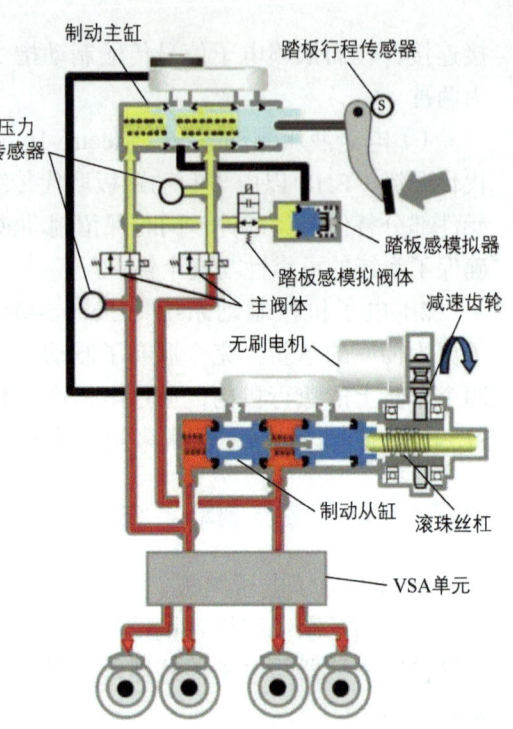

图 11.57　本田伺服电液制动系统结构示意图

（3）亚太机电 IEMB（Integrated-Electronic-Hydraulic-Brake-System）

如图 11.59 所示，IEMB 也是采用 ONEBOX 方案。该方案不仅简化了系统结构，更通过机电液一体化控制技术，确保了对各轮缸制动力的独立调控。IEMB 还具备制动能量回收功能，有效提升了能源利用效率。

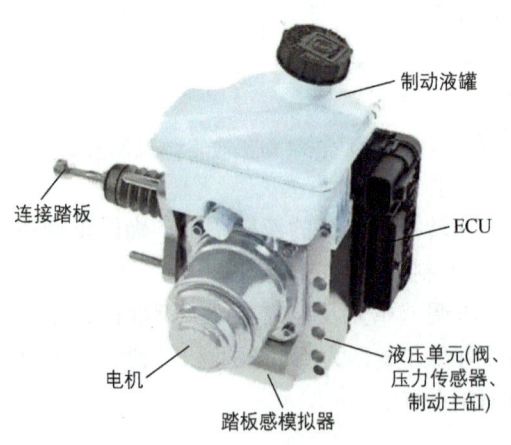

图 11.58　大陆 MKC1 结构

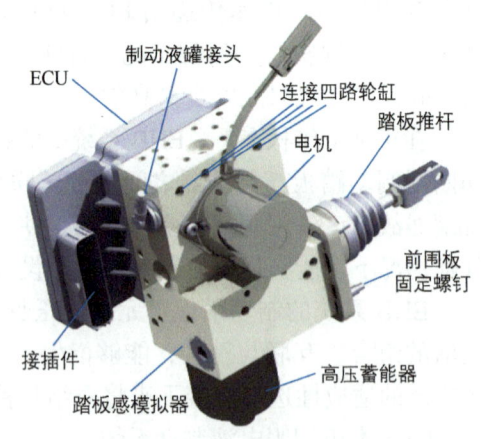

图 11.59　亚太机电 IEMB 踏板集成一体化设计

IEMB 的电机泵与高压蓄能器的组合，为系统提供了稳定可靠的高压供液源，通过电磁阀的控制，为四个轮缸建立所需压力，确保制动响应的迅速与准确。此外，ESC 模块的集成化设计,将压力建立单元与调节单元融为一体,不仅大幅度减小了系统体积,而且优化了布置空间,为车辆设计提供了更多可能性。而踏板感模拟器的末端特设有预置弹簧,可根据预紧程度灵活调节踏板感,为驾驶员带来更加个性化、舒适的制动体验。

(4)博世 iBooster

博世第一代 iBooster 如图 11.60 所示,采用两级传动副减速,分别是蜗轮蜗杆与齿轮齿条的二级减速机构。

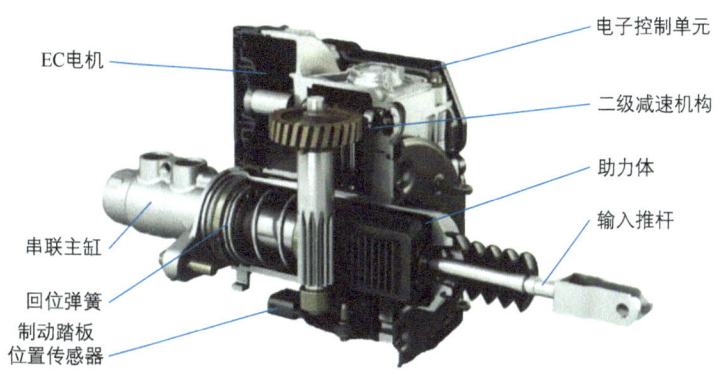

图 11.60 博世第一代 iBooster

随着技术的不断进步,博世推出了第二代 iBooster,如图 11.61 所示,这一代产品采用了单级滚珠丝杠减速机构,不仅体积大幅缩小,控制精度也得到了显著提升。

针对 L3 和 L4 级别的自动驾驶需求,博世推出了第三代 IPB(集成动力制动系统)与 RBU(冗余制动单元)的组合方案。如图 11.62 所示,IPB 实质上是 iBooster 与 ESP 的融合,实现了体积与重量的双重缩减,同时成本也大幅降低。

图 11.61 博世第二代 iBooster

图 11.62 博世 IPB

(5)比亚迪 BSC

比亚迪线控制动系统集成也采用了 ONEBOX 方案,并命名为弗迪动力制动安全控制系统(FinDreams Powertrain Braking Safety Control System,BSC)。比亚迪 BSC 系统外观如图 11.63 所示,由主缸、制动液罐、液压单元组件、电机、活塞泵、电控单元、模拟器以及电路板等零部件组成,其爆炸图如图 11.64 所示。BSC 总成质量仅 6.5kg,具有体积紧凑、重量轻的特征。

BSC 制动安全控制系统具有多项显著优势。首先,它采用全解耦的线控制动设计,使得制动响应速度极快,能在 140ms 内建立最大制动力,相比传统燃油车制动响应速度提升 4 倍以上,从而有效缩短制动距离。其次,BSC 系统支持优先电机制动,以液压制动作为补偿,实现高效的能量回收,提升续驶里程。此外,BSC 系统还提供定制化的驾驶感受,可以根据客户需求设定不同的"制动脚感",从舒适制动到运动感更强的制动体验都可以个性化选择。同时,它集成了 ABS、EBD、TCS、VDC 等多项基础功能,以及 HDC 陡坡缓降、AVH 自动驻车等辅助制动功能,为车辆提供全面的安全保障。

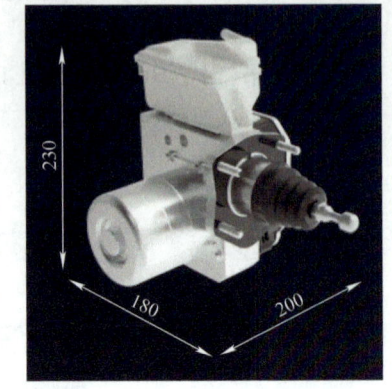

图 11.63 比亚迪 BSC 外观

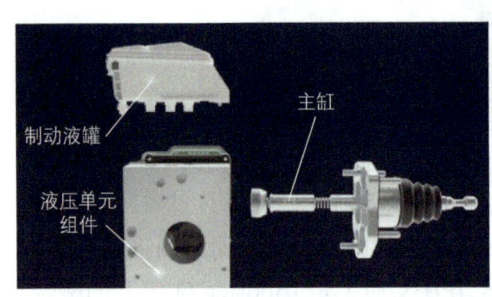
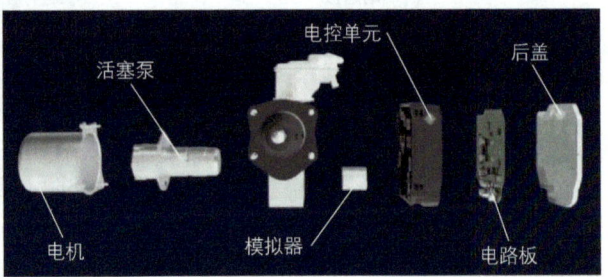

图 11.64 比亚迪 BSC 爆炸图

11.7.2 电子机械制动系统

电子机械制动系统(EMB)作为一种纯粹的线控制动系统,彻底摒弃了传统的液压部件。它依靠电线传递能量、数据和控制信号,通过高精度传感器精准感知驾驶员的制动意图,依靠电机产生制动力。当制动指令发出时,电机驱动传动机构,推动制动摩擦块紧密贴合制动盘,产生所需的制动力矩。

EMB 与传统液压制动以及电控液压制动之间的最大差异在于它完全摆脱了制动液和液压部件的束缚。取而代之的是安装在四个车轮上的电机驱动执行机构,直接产生制动力矩,如图 11.65 所示。

在 EMB 系统中,供能装置由电机与电源构成,电机紧邻四个轮胎安装,为制动提供驱动力矩。控制装置则化繁为简,仅相当于一个开关按钮,负责接收驾驶员的制动指令,并瞬间启动整个制动系统。传动装置则采

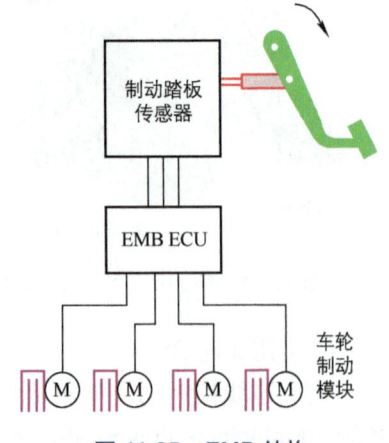

图 11.65 EMB 结构

用电信号传输，确保制动能量能够迅速、准确地传递到轮边的电机，并直接作用于制动器。

制动器方面，EMB 沿用了传统制动系统的基本设计，确保了制动的可靠性和稳定性。

此外，EMB 系统还集成了 ESP、EPB 等功能，无须再额外配置复杂的液压管路和机械配件。通过传感器实时获取汽车信息，ECU 能够智能地分配制动力矩，使得制动效能理论上接近物理极限，同时保证了最佳的稳定性与安全性。

电控单元是 EMB 系统的核心所在，它负责接收传感器与制动踏板传递的信号，并经过算法处理，对电机输出控制信号，从而精确控制制动力的大小。EMB 系统还具备与卫星定位导航、图像采集与处理装置以及高精度地图等技术的融合能力，共同构成 ADAS（高级驾驶辅助系统），并实现自动驾驶功能。

然而，EMB 系统的推广与应用也面临着诸多挑战。由于去除了备用制动系统，EMB 系统必须具备极高的可靠性，并采用比 EHB 更可靠的总线协议。同时，制动器也需要具备更好的安全和可靠性（如耐高温性能等）。此外，EMB 系统还需要具备更强的抗干扰能力，以抵制车辆运行中遇到的各种干扰信号。

自 20 世纪 90 年代以来，国外众多著名汽车零部件制造商如博世、大陆、德尔福、天合、SKF、Haldex 等公司都相继投入了 EMB 的研发工作，并取得了显著的研究成果。然而，由于关键技术的突破难度较大，因此目前国内市场上还没有批量装车的 EMB 产品，但多个企业和集团正在积极推进其研发和量产计划，预计在未来几年内会有更多进展。

交互测验题

1. 线控制动系统中，EHB 与 EMB 的主要区别在于（　　）。
 A. EHB 采用液压部件，而 EMB 则完全摒弃液压
 B. EHB 响应速度更快，EMB 则更注重精确控制
 C. EHB 仅适用于传统燃油车，EMB 专为新能源车设计
 D. EHB 无须电机驱动，EMB 则依赖电机产生制动力

2. 关于 EHB（电控液压制动）系统的描述，下列（　　）不正确。
 A. EHB 结合了传统液压制动与电子控制的优点
 B. EHB 通过电子信号控制液压阀的开闭，实现制动
 C. EHB 系统通常不包含备用制动机构
 D. EHB 相比纯机械制动系统，响应更快，控制更精确

3. EMB（电子机械制动）系统的核心部件是（　　）。
 A. 液压泵　　　　　　　　　　　　B. 电磁阀
 C. 电机及其驱动装置　　　　　　　D. 真空助力器

4. 下列（　　）不是 EMB 系统相比传统制动系统的优势。
 A. 显著降低了车重和节省了安装空间
 B. 提高了制动响应速度和控制精度
 C. 易于实现与 ADAS 及自动驾驶系统的集成
 D. 增加了制动液的使用，提高了制动效率

思考分析题

1. 解释汽车制动系统的基本工作原理，并说明其类型和组成。
2. 制动器在汽车制动系统中扮演什么角色？请列举并解释制动器的几种主要分类。
3. 轮缸式鼓式制动器的工作原理是什么？它有哪些主要组成部分？
4. 盘式制动器相比鼓式制动器有哪些优势？请列举并解释。
5. 驻车制动系统的作用是什么？机械式驻车制动系统和电子驻车制动系统有何异同？
6. 液压制动系统是如何工作的？请简要说明其工作原理，并指出制动主缸和轮缸的作用。
7. 真空助力器在液压制动系统中起什么作用？它是如何工作的？
8. 制动力调节装置的作用是什么？请解释其如何实现对制动力的调节。
9. 制动防抱死系统（ABS）是如何防止车轮抱死的？请详细说明其工作原理。
10. 电子制动力分配系统（EBD）是如何实现制动力在不同车轮之间的合理分配的？
11. 车身电子稳定系统（ESP）的主要功用是什么？它是如何帮助提高车辆稳定性的？
12. 电子液压制动系统（EHB）相比传统液压制动系统有哪些优势？请列举并解释。
13. 电子机械制动系统（EMB）的工作原理是什么？它相比电子液压制动系统有哪些不同？未来汽车制动系统的发展趋势可能如何？

附录　汽车自动驾驶系统

汽车自动驾驶技术日新月异，从最初的辅助驾驶功能，逐步实现完全自动驾驶的愿景，每一次技术的突破都是人类对未来出行方式的探索与革新，旨在让驾驶行为更加智能便捷，行车安全更加无懈可击，交通效率得到显著提升。

1.汽车自动驾驶技术概述

（1）自动驾驶汽车的发展历程

自动驾驶汽车的发展历程体现了科技与汽车工业的深度融合。汽车自动驾驶技术依赖于传感器技术、人工智能、自动化控制、通信系统等多领域的技术进步，逐渐从实验室走向实际应用。从最初的辅助驾驶系统到未来的自动驾驶车辆，其发展历程不仅代表了汽车工业的未来方向，也深刻影响了人类的出行方式和智慧交通系统的构建。

1）辅助驾驶系统的初步探索：智能车的概念最早可以追溯到20世纪初期，随着电子控制技术的逐步发展，简单的辅助驾驶功能开始进入量产车的系统中。20世纪80年代，防抱死制动系统（ABS）和电子稳定控制系统（ESC）等基本的辅助驾驶系统被广泛采用，标志着智能车技术的雏形。ABS通过电子控制避免制动时车轮抱死，从而增加车辆在紧急制动情况下的稳定性；而ESC通过感应车辆的行驶轨迹，控制车轮转速，从而避免车辆在转弯时失控。

尽管这些技术只能算作初级的智能化，但它们为日后更复杂的高级驾驶辅助系统（ADAS）奠定了基础。随着ECU（电子控制单元）的广泛应用，汽车逐渐从纯粹的机械装置转变为电子化的智能设备。

2）DARPA挑战赛与初步突破：21世纪初，"美国国防高级研究计划局（DARPA）"举办的智能车挑战赛是智能车发展的关键起点。2004年，首届挑战赛推动了汽车自动驾驶技术的实地测试，虽然当年没有车完成比赛，但它为智能无人车的感知、决策和执行系统奠定了基础。2005年，斯坦福大学团队赢得了比赛，展示了无人车在复杂环境中自主驾驶的潜力，这一突破为汽车自动驾驶技术的进一步发展铺平了道路。

与此同时，高级驾驶辅助系统（ADAS）开始成为量产车的重要配置。ADAS通过传感器（如摄像头、雷达、超声波传感器等）实时感知周围环境，并为驾驶员提供如自适应巡航控制（ACC）、车道保持辅助（LKA）、自动紧急制动（AEB）等功能。这些功能极大地提高了驾驶的安全性和舒适性，减少了因驾驶员疲劳或注意力不集中而导致的事故。

在这一时期，自动驾驶技术的核心在于通过感知系统收集外部数据，并对这些数据进行处理和响应。尽管ADAS功能使得汽车智能化水平有了显著提升，但它们依然属于辅助驾驶系统，驾驶员仍然需要全程控制车辆，智能化水平较低。

3）传感器与人工智能的崛起：21世纪初，随着激光雷达、毫米波雷达、摄像头等传感器技术的迅速进步，以及人工智能特别是深度学习技术的成熟，自动驾驶的发展迎来了爆发期。无人车通过传感器感知周围环境，并依托先进的算法进行实时分析、决策与控制，实现了对车辆行驶路径、障碍物、交通信号的精准处理。谷歌在2010年宣布成功测试了全自动驾驶汽车，在没有驾驶员干预的情况下完成了多项复杂路况的驾驶任务。

4）自动驾驶汽车的测试与应用：2010年后，各大汽车制造商和科技公司纷纷投入智能无人车研发，特斯拉推出了基于Autopilot的半自动驾驶系统，具备自适应巡航、车道保持等功能。Waymo、Uber、百度等公司则专注于全自动无人车技术的测试与商用化。多个国家和城市开始对自动驾驶汽车进行公开道路测试。2020年，Waymo成为首个在亚利桑那州公开提供全自动驾驶出租车服务的公司，这标志着无人车技术从实验室走向实际应用的重大进展。

5）车联网与5G通信的融合：自动驾驶汽车的发展离不开车联网（V2X）技术的支持。随着5G通信技术的普及，无人车能够通过与其他车辆、交通基础设施以及云端服务器的实时信息交互，提升行车安全性与效率。车联网与自动驾驶技术的结合，推动了智慧交通系统的形成，未来无人车将与智能道路、信号灯等设施协同工作，实现更高效的交通管理。

未来，随着人工智能、物联网、区块链和云计算技术的进一步发展，自动驾驶汽车将从测试应用走向大规模商业化。完全自动化的无人车不仅将应用于乘用车领域，还将在物流、公共交通、农业和工业等多个领域发挥重要作用。无人车的普及有望提高交通效率、减少交通事故、降低碳排放，并重塑未来的城市交通格局。总的来说，自动驾驶技术的发展历程展示了从最初的概念到如今逐步实现商用化的过程，未来的无人车将成为智慧城市的重要组成部分。

（2）汽车驾驶自动化分级

随着自动驾驶技术的飞速发展，行业内逐渐形成了一个通用的分类标准，即由SAE International（国际汽车工程师学会）提出的SAE J3016标准。我国针对自动驾驶功能也颁布了类似的标准，如GB/T 40429—2021《汽车驾驶自动化分级》。该标准根据驾驶自动化等级与划分要素的关系（附表1）将自动驾驶技术分为从L0~L5的6个级别，描述了从完全由驾驶员控制到完全自动化驾驶的不同阶段。

附表1 驾驶自动化等级与划分要素的关系

分级	名称	车辆横、纵向运动控制	目标和事件探测与响应	动态驾驶任务接管	设计运行条件
0级	应急辅助	驾驶员	驾驶员及系统	驾驶员	有限制
1级	部分驾驶辅助	驾驶员	驾驶员及系统	驾驶员	有限制
2级	组合驾驶辅助	驾驶员及系统	驾驶员及系统	驾驶员	有限制
3级	有条件自动驾驶	系统	系统	动态驾驶任务接管用户（接管后为驾驶员）	有限制
4级	高度自动驾驶	系统	系统	系统	有限制
5级	完全自动驾驶	系统	系统	系统	无限制

每个级别根据车辆的自动化程度和驾驶员参与的需求有所不同,以下是对这些级别的具体介绍。

1)L0级(应急辅助):L0级驾驶自动化(应急辅助,Emergency Aassistance)系统不能持续执行动态驾驶任务中的车辆横向或纵向运动控制,但具备持续执行动态驾驶任务中的部分目标和事件探测与响应的能力。L0级驾驶自动化不是无人驾驶自动化,L0级驾驶自动化系统可感知环境,并提供提示信息或短暂介入车辆控制以辅助驾驶员避险(如车道偏离预警、前向碰撞预警、自动紧急制动、车道偏离抑制等紧急情况下提供的辅助功能)。但不具备目标和事件探测与响应能力的功能,如定速巡航、电子稳定性控制等不在驾驶自动化功能的范围内。

2)L1级(部分驾驶辅助):L1级驾驶自动化(部分驾驶辅助,Partial Driver Assistance)系统在其运行条件下持续地执行动态驾驶任务中的车辆横向或纵向运动控制,且具备与所执行的车辆横向或纵向运动控制相适应的部分目标和事件探测与响应的能力。L1级是自动驾驶的初始阶段,车辆具备一定的辅助驾驶功能。在这一阶段,系统可以通过如自适应巡航控制(ACC)或车道保持辅助(LKA)来协助驾驶员,但驾驶员仍需全面控制车辆,监控驾驶环境,并随时准备接管。

3)L2级(组合驾驶辅助):L2级驾驶自动化(组合驾驶辅助,Combined Driver Assistance)系统在其设计运行条件下持续地执行动态驾驶任务中的车辆横向和纵向运动控制,且具备与所执行的车辆横向和纵向运动控制相适应的部分目标和事件探测与响应的能力。在L2级别,车辆能够同时在纵向(加速和制动)与横向(转向)提供驾驶支持。这意味着车辆在特定条件下可以独立执行一些驾驶任务,如保持车道或调整车速。然而,驾驶员必须始终关注路况,并在必要时立即接管车辆。这一阶段的系统不能完全自主,应视为增强的驾驶辅助。

4)L3级(有条件自动驾驶):L3级驾驶自动化(有条件自动驾驶,Conditionally Automated Driving)系统在其设计运行条件下持续地执行全部动态驾驶任务。L3级别代表了自动化的关键转折点。车辆在特定环境下(如高速公路或交通拥堵的情况下)可以自行承担驾驶任务,驾驶员在这些情况下无须主动监控。然而,如果遇到系统无法处理的情况,车辆会发出接管请求,驾驶员需要在限定时间内接管控制。该级别依赖车辆的环境感知能力和自动化决策能力。

5)L4级(高度自动驾驶):L4级驾驶自动化(高度自动驾驶,Highly Automated Driving)系统在其设计运行条件下持续地执行全部动态驾驶任务并自动执行最小风险策略。在L4级,车辆几乎可以在所有环境下实现自动驾驶,且在规定的操作区域内不需要驾驶员干预。例如,在设定的地理围栏内(如城市中的特定区域),车辆可以完全自主运行。如果出现复杂情况而车辆无法应对,系统将自动做出安全停靠的决策。尽管驾驶员不需要随时接管,L4级自动驾驶仍有操作条件的限制。

6)L5级(完全自动驾驶):L5级驾驶自动化(完全自动驾驶,Fully Automated Driving)系统在任何可行驶条件下持续地执行全部动态驾驶任务并自动执行最小风险策略。L5级代表了自动驾驶技术的最终形态。在任何道路和环境下,车辆都能够独立完成所有驾驶任务,完全不需要驾驶员的参与。在这个阶段,车辆甚至可能不再配备方向盘或踏板，无论是城市交通、乡村小路还是恶劣的天气条件，L5级车辆都能够安全可靠地自主行驶。

自动驾驶是一个复杂的软硬件结合的系统，一般将其分为感知、决策、控制三大技术模块。附图1所示为一个典型的自动驾驶系统框架。感知模块主要是通过摄像头、雷达等高精度传感器，为自动驾驶提供环境信息；决策模块是依据感知系统提供的车辆定位和周边环境数据，在平台中根据适当的模型进行路径规划等决策；控制模块是以自适应控制和协同控制方式，驱动车辆执行相应命令动作。

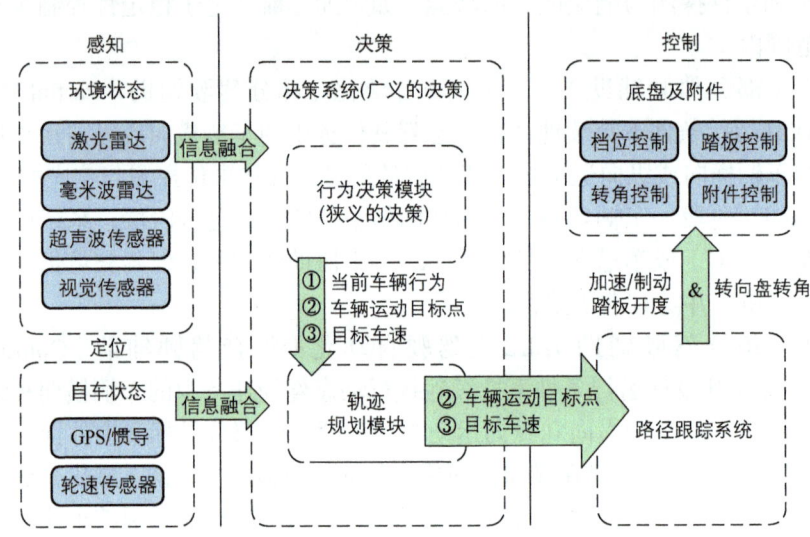

附图1　典型的自动驾驶系统框架

2. 感知与定位系统

在自动驾驶系统中，感知定位系统是实现车辆自主行驶的基石之一。它赋予车辆"看"和"理解"外界环境的能力，确保车辆能够在复杂、多变的道路和交通条件下，精准识别物体并进行自主决策和导航。感知定位系统通过多种传感器和算法的协同工作，为自动驾驶车辆提供实时的环境感知、障碍物检测、路径规划等核心功能。可以说，感知定位系统是车辆实现从部分自动驾驶（如L2、L3级）到完全自主驾驶（L5级）的关键技术之一。

（1）环境感知系统

环境感知系统是自动驾驶技术的核心组成部分之一，旨在使车辆能够"看见"并"理解"其周围环境。这一系统通过多种传感器（如激光雷达、摄像头、毫米波雷达、超声波传感器以及GPS/IMU传感器等），实时捕捉车辆行驶过程中周围环境的物理信息，并将这些数据传递给计算系统进行分析处理，从而实现自动驾驶车辆的智能决策和路径规划。

在自动驾驶过程中，环境感知系统承担着对道路、交通参与者、障碍物等关键元素的识别和分类工作。其核心目标是确保车辆能够对动态和静态环境做出准确的判断，并根据感知数据调整车辆行驶策略,从而保证行车安全和效率。随着传感器技术、人工智能和数据处理能力的不断进步,环境感知系统在提高自动驾驶安全性、可靠性和适应复杂道路环境方面扮演着至关重要的角色。

不同的传感器各有优劣,几种典型传感器的性能对比见附表2。一般很难在使用单传感器的情况下实现对无人驾驶功能性与安全性的全面覆盖,在感知系统中采用多传感器融合技术是必要的。通过将多种传感器的数据进行融合,可获得更为全面、精确的环境信息,避免单一传感器存在的局限性。例如,激光雷达在物体距离测量上精度高、范围广,但在雨雾天气中性能会下降;而摄像头可以捕捉物体的视觉信息,补充激光雷达的不足,但在低光环境中效果不佳。通过多传感器协同工作,环境感知系统能够确保车辆在各种天气和复杂场景下都能保持对环境的高精度感知。

附表2 典型传感器性能对比

	激光雷达	毫米波雷达	摄像头	GNSS/IMU
远距离测量能力	优	优	优	优
分辨率	良	优	优	优
低误报率	良	优	一般	优
温度适应性	优	优	优	优
不良天气适应性	较差	优	较差	优
灰尘/潮湿适应性	较差	优	较差	较差
低成本硬件	较差	优	优	良
低成本信号处理	较差	优	较差	良

整体而言,环境感知系统是自动驾驶车辆决策能力的基础,为车辆提供了理解和预测周围环境变化的能力,也是实现自动驾驶从辅助驾驶到完全无人驾驶发展的重要推动力。

典型感知传感器有摄像头、激光雷达、毫米波雷达、GPS和IMU等。

1)摄像头:摄像头是自动驾驶环境感知系统中的关键组成部分,附图2所示为某车载摄像头,其负责捕捉周围环境的视觉信息。与其他传感器(如激光雷达和毫米波雷达)相比,摄像头能够提供丰富的颜色、纹理、形状等视觉细节,使自动驾驶系统能够识别交通标志、车道线、行人、车辆等多种交通元素。

摄像头在自动驾驶系统中的应用日益广泛,不仅用于感知道路和交通状况,还在行人识别、交通信号灯检测、障碍物分类等任务中发挥重要作用。通过计算机视觉算法的支持,摄像头可以将采集到的图像数据转换为系统可解读的有意义信息,从而帮助自动驾驶车辆做出准确的决策。

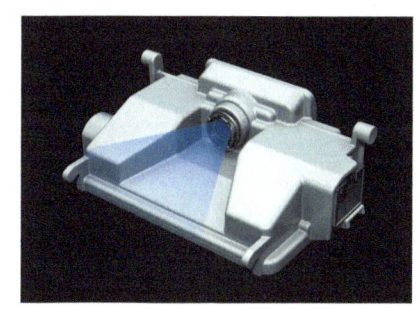

附图2 车载摄像头

摄像头的工作原理:摄像头的工作原理类似于人眼,通过镜头捕捉光线并将其转化为数字信号。光线进入摄像头后,传感器芯片(如CMOS或CCD)将其转换为电信号,进而生成图像数据。这些图像数据通过计算机视觉算法进行处理和分析,识别出图像中的不同对象及其属性。摄像头主要依赖两类信息：第一类信息是二维图像数据，摄像头捕捉的图像是二维的，包含了物体的颜色、纹理和轮廓等信息。通过图像识别算法，自动驾驶系统可以对图像中的物体进行分类，例如识别出车辆、行人、交通标志等；第二类信息是深度信息，虽然传统摄像头无法直接提供深度信息，但通过双目立体相机（附图3）可以计算物体的相对距离。双目立体相机通过两个相机从不同视角拍摄相同场景，利用视差来推算物体的深度信息。

附图3 车载双目立体相机

在自动驾驶系统中，摄像头具有丰富的视觉信息，可以捕捉环境中的颜色、形状、纹理等细节信息，为自动驾驶系统提供了对场景的详细理解。同时，摄像头的成本相对较低。但是，摄像头的性能受环境光照影响较大，在强光、阴影、夜间等条件下，摄像头的感知能力可能下降，导致检测精度降低。

2）激光雷达：激光雷达（Light Detection and Ranging，LiDAR）通过发射激光脉冲并测量反射光的返回时间来精确计算物体的距离、形状和位置，从而生成三维点云数据。激光雷达以其高精度和远距离测量能力，在复杂交通环境和高精度需求的自动驾驶场景中发挥着关键作用。

与其他传感器（如摄像头和毫米波雷达）相比，激光雷达能够在光照条件变化或复杂天气情况下保持稳定的性能，提供高精度的空间测量和深度信息。这使得激光雷达成为自动驾驶车辆定位、障碍物检测、路径规划等任务的核心工具。

激光雷达根据其工作方式和性能特点可以分为机械旋转式激光雷达和固态激光雷达。机械旋转式激光雷达如附图4a所示，采用机械旋转来覆盖360°视野。虽然这种激光雷达可以提供全面的环境信息，但其机械部分较为复杂，耐用性相对较低。固态激光雷达如附图4b所示，它没有机械旋转部件，采用电子扫描方式。相比于机械式，固态激光雷达更加可靠且成本较低，被认为是未来激光雷达的主流发展方向。

a）机械旋转式激光雷达　　　　　　　　b）固态激光雷达

附图4 激光雷达

激光雷达的工作原理是基于"时间飞行法"（Time of Flight，ToF），即激光雷达发射一个短脉冲激光，激光打到物体后反射回接收器。通过精确计算激光从发射到接收到反射光的时间，激光雷达可以精确测量目标物体的距离。激光雷达每秒发射成千上万个激光脉冲，获得大量的距离信息,并将这些数据转换为三维点云图来复现车辆周围环境的三维模型,如附图5所示。

附图5 激光点云

激光雷达传感器还可以精确测量物体的距离和尺寸,从而检测前方道路上的障碍物,并辅助车辆调整行驶路径或执行避障操作。激光雷达可以通过与高精度地图的匹配来实现车辆的精确定位(如SLAM技术),尤其是在GPS信号不稳定的环境中,激光雷达的定位功能至关重要,激光雷达还能够检测并跟踪移动的物体(如行人、车辆、自行车等)。它通过对这些物体的速度和运动方向进行分析,帮助车辆做出合理的驾驶决策。

随着激光雷达制造技术的改进和生产规模的扩大,激光雷达的成本未来将大幅下降,使其在汽车行业中得以普及。激光雷达与摄像头、毫米波雷达等传感器的融合,将为自动驾驶系统提供更丰富的感知信息。通过多传感器数据融合,车辆可以在更广泛的环境条件下实现高精度的环境感知和路径规划。

3)毫米波雷达:毫米波雷达(Millimeter Wave Radar)能够探测物体的距离、速度和角度。该传感器的波长在1~10mm之间,因而得名"毫米波"。它的工作频率一般为24GHz和77GHz;毫米波雷达利用电磁波的反射原理,不仅能在较远的距离上感知物体,还能够穿透雨雾、尘土等恶劣天气环境,是自动驾驶车辆实现全天候安全感知的核心传感器之一。

与激光雷达和摄像头相比,毫米波雷达的最大优势在于它能够在复杂天气条件下保持较为稳定的性能,并且在检测物体的运动特征(速度和距离)方面具有独特的优势。因此,毫米波雷达通常用于车距监控、自适应巡航控制(ACC)以及碰撞预警系统中。

毫米波雷达通过发射高频电磁波并接收其反射信号来探测环境中的物体。根据电磁波传播与反射的时间差和频率偏移,毫米波雷达能够测量物体的距离、速度及相对运动方向。

毫米波雷达的测量结果通常是三维的,包括物体的距离(range)、速度(velocity)和角度(angle),这使其能够对周围环境进行多维感知。毫米波雷达的技术类型主要根据工作频段来区分,常见的毫米波雷达包括24GHz和77GHz两种主要频段。24GHz雷达具有较长的感知距离和较好的穿透能力,但其分辨率较低,适合基本的车距监控和低速环境下的物体感知。77GHz雷达具有更高的分辨率和更短的波长,能够精确感知物体的位置、速度和角度,适合高速驾驶环境中的感知任务。随着技术的发展,越来越多的自动驾驶系统采用77GHz毫米波雷达，以提升车辆感知的精度和可靠性。

毫米波雷达不受光照条件影响，能够在夜间、雨雪天气以及雾霾等恶劣环境中稳定工作，通过多普勒效应，毫米波雷达能够精确测量物体的速度，适用于动态物体的追踪和识别，如前车距离监控；此外，毫米波电磁波能够穿透雨滴、雾霾等空气悬浮物，减少恶劣天气对感知效果的影响。但是，毫米波雷达的空间分辨率相较于激光雷达和摄像头较低，无法提供物体的详细形状或纹理信息，难以进行精细的环境建模；同时，毫米波雷达的角度分辨率有限，对于物体的方位判断不如其他传感器精确，因此通常需要与其他传感器配合使用；毫米波雷达对静态物体的识别能力相对较弱，容易出现误报或漏报情况，尤其是复杂环境中静止的障碍物。

毫米波雷达与摄像头、激光雷达等其他传感器的融合将是未来发展的重要方向。通过将不同类型传感器的数据结合，自动驾驶系统可以弥补单一传感器的局限性，实现更全面、准确的环境感知。

4）GPS和IMU：全球定位系统（Global Positioning System，GPS）和惯性测量单元（Inertial Measurement Unit，IMU）是自动驾驶车辆中常用的两种定位与导航传感器，附图6所示为一套GPS和IMU传感器设备。GPS通过接收卫星信号为智能驾驶系统提供全球范围内的位置和时间信息，而IMU则利用加速度计和陀螺仪等设备测量车辆的加速度和角速度。二者结合能够实现高精度的车辆定位和运动状态监测，是自动驾驶系统中重要的组成部分。

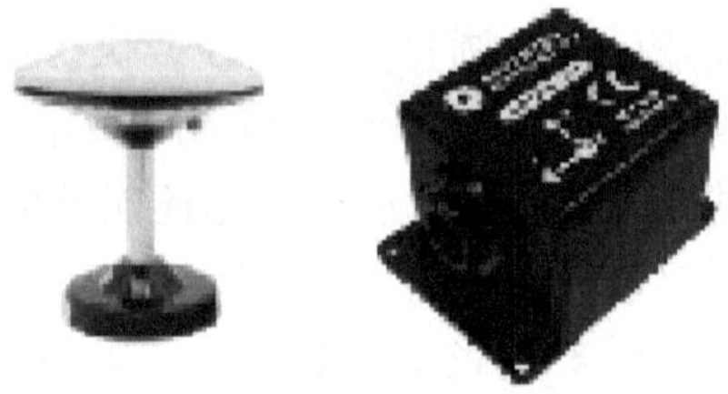

附图6 GPS和IMU传感器

GPS是由多个卫星组成的导航系统，通过接收至少4颗卫星的信号，车辆可以计算出其在三维空间中的准确位置。GPS的定位精度通常在几米范围内，但受到信号遮挡、反射等环境因素的影响，在城市高楼或隧道等复杂场景中表现可能不佳。

IMU通过集成的传感器（如加速度计、陀螺仪和磁力计）实时测量物体的运动状态。通过对这些传感器数据的融合，IMU能够提供高频率的运动状态信息，即使在GPS信号失效的情况下，也能维持对车辆位置的估计。

GPS和IMU的结合使用能够弥补单一传感器的不足，提高定位精度和稳定性。在高精度定位应用方面，IMU在GPS信号弱或丢失的情况下提供运动估计，使车辆能够在复杂环境中保持较高的定位精度；进行路径规划与导航时，融合后的数据可为自动驾驶系统提供准确的运动信息，有助于路径规划和导航决策；同时，IMU还可以进行动态状态监测，实时监测车辆的速度、加速度和姿态，为控制算法提供重要的动态信息。GPS与IMU的融合将进一步提高自动驾驶的安全性和可靠性，推动未来智能交通系统的发展。

（2）导航与定位系统

导航与定位系统是自动驾驶技术的重要组成部分，负责确定车辆在环境中的位置并规划行驶路径。这一系统不仅是导航的工具，更是实现安全、智能驾驶的核心技术之一。随着自动驾驶技术的迅速发展，导航与定位系统的功能不断扩展，其准确性和可靠性也在持续提高。

导航与定位系统的核心功能包括实时定位、路径规划、环境感知和导航引导。导航定位系统通常采用多种方式组合完成，如下是几种常用的组合定位技术。

1）GPS与IMU组合惯导定位技术：GPS与IMU（惯性测量单元）组合惯导定位系统（附图7）结合了两者的优点，以实现更高精度和更可靠的定位。GPS提供全局定位信息，但在信号不良的环境（如城市峡谷或隧道）中精度可能下降。IMU则利用加速度计和陀螺仪监测车辆的加速度和角速度，计算出相对位置和方向。组合时，GPS提供绝对位置信息，而IMU负责补偿GPS信号的延迟和漂移。通过卡尔曼滤波等数据融合算法，将GPS与IMU数据结合，系统能够实现短期内的高精度定位，并在GPS信号弱时保持定位的连续性和可靠性。

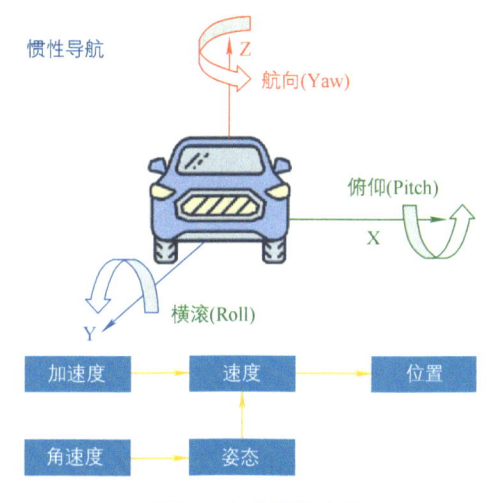

附图7 组合惯导定位

2）激光点云与高精度地图匹配定位：激光点云与高精度地图匹配定位技术利用激光雷达获取的环境点云数据与预先构建的高精度地图进行比对。激光雷达通过发射激光束，测量反射信号的时间，从而生成周围环境的三维点云图。在定位时，系统会实时采集点云数据，并与高精度地图中的地理特征进行匹配。常用的匹配算法包括迭代最近点（ICP）算法，通过最小化点云数据与地图特征之间的距离，精准确定车辆的位置和姿态。这种技术在复杂环境中表现出色，能够实现高精度定位。

3）视觉里程计定位技术：视觉里程计定位技术主要依赖于摄像头捕捉的图像序列，通过分析连续图像之间的变化来估计摄像头的运动。该技术利用特征点提取和匹配算法（如SIFT、ORB等）识别出图像中的关键特征点，并通过三维重建方法计算摄像头的运动轨迹。视觉里程计通常结合其他传感器（如IMU）进行数据融合，以提高定位精度和鲁棒性。通过连续的图像帧分析，视觉里程计能够提供相对位置信息，适用于室内和城市环境，但在光照变化和快速运动时可能受到影响。

导航与定位系统在自动驾驶技术中具有重要意义。通过结合实时传感器数据和高精度地图，系统能够为车辆提供准确的定位和智能的路径规划，从而提升行驶安全性和效率。随着技术的不断进步，未来的导航与定位系统将更加智能化，能更好地适应复杂交通环境，为自动驾驶的发展提供强有力的支持。面对日益增长的自动驾驶需求，导航与定位系统将继续向更高的精度、更低的延迟和更好的用户体验迈进。

（3）高精度地图技术

高精度地图技术旨在提供比传统地图更详尽和精确的地理信息。这类地图不仅包含道路的几何形状和位置信息，还涵盖交通标识、车道线、坡度、路面特征及其他环境元素。高精度地图为自动驾驶车辆在复杂环境中提供支持，确保其安全、智能地导航和定位。

高精度地图的数据采集通常采用多种传感器技术，如激光雷达、摄像头和GPS等。激光雷达能够获取高精度的三维点云数据，而摄像头则用于捕捉环境的视觉信息。这些数据经过后处理和融合，生成准确的地图模型，确保数据的准确性和全面性。

构建高精度地图首先需要进行数据采集，利用多种传感器（如激光雷达、高清摄像头、GPS和IMU）进行环境数据的获取。激光雷达提供高精度的三维点云数据，而摄像头用于捕捉图像信息，GPS和IMU则为车辆提供位置信息和运动状态。接下来是数据预处理，对采集的数据进行噪声过滤和校正，以确保数据的准确性。这一过程还包括对点云数据的采样和特征提取，为后续处理做好准备。随后进行点云配准与融合，使用算法（如迭代最近点算法ICP）将不同时间和位置采集的点云数据进行配准，以生成完整的三维环境模型。此过程通常涉及多帧数据的融合，以提升模型的精度和完整性。在完成配准后，利用专业的地图构建软件生成高精度地图。此步骤将不同类型的数据整合，创建出包含地理特征、交通标识和道路属性的综合地图，附图8所示为构建的高精度地图。为了保持地图的准确性和时效性，需要定期更新地图信息。实时数据反馈机制能够帮助检测地图中的偏差，确保高精度地图的持续有效性。

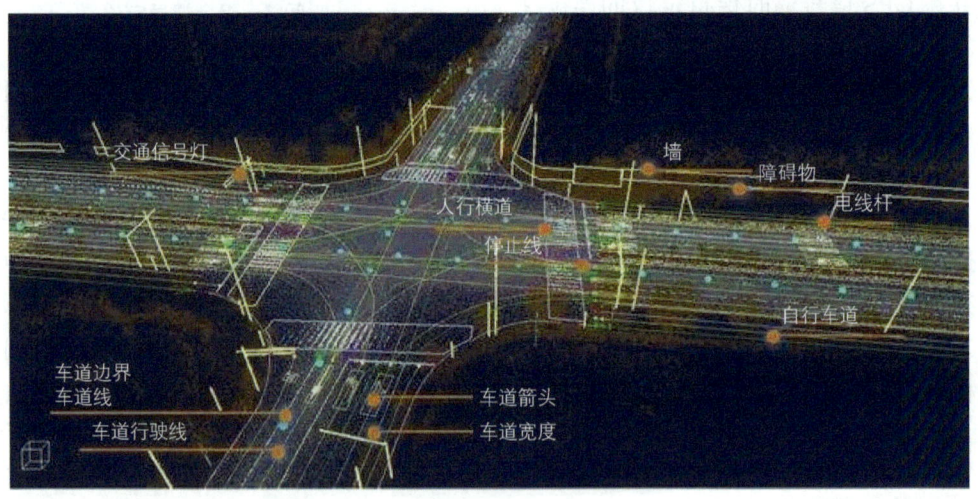

附图8　高精度地图

3. 决策与控制系统

（1）决策系统概述

决策系统负责根据车辆感知系统提供的实时数据和高精度地图的信息，制定出安全、有效的行驶策略和操作指令。决策系统的主要目标是在复杂的交通环境中，确保自动驾驶车辆能够顺利、安全地完成行驶任务。决策系统的功能主要包括路径规划、行为预测、动态决策和风险评估。路径规划是根据实时交通状况和地图信息，计算出从起点到终点的最佳行驶路线。行为预测分析周围交通参与者的行为，以预判其可能的动作，从而提高决策的准确性。动态决策则是在行驶过程中，实时调整行驶策略以应对突发情况，而风险评估功能则用于识别和评估潜在的安全风险，确保车辆在复杂环境中安全行驶。

决策系统还必须具备高度的可靠性，能够在各种环境和条件下持续稳定地工作。这要求系统能够处理不同场景的复杂性，避免因环境变化导致的决策失误，从而增强用户的信任感。决策系统还要求能够适应多变的交通环境和各种突发情况，灵活响应交通规则、行驶模式及周围环境变化，以确保车辆能够在复杂场景中顺利行驶。

决策系统算法可以根据其决策方式和实现机制进行分类，主要包括基于规则的算法、基于模型的算法、基于学习的算法和混合型算法。这些分类反映了不同算法在自动驾驶决策过程中的应用及其优缺点。

基于规则的算法是最早应用于决策系统的方法，依赖于预先定义的规则和逻辑来指导车辆的行驶决策。这些规则通常基于交通法规、驾驶经验和安全标准，系统根据特定的环境条件和状态来应用相应的规则进行决策。这种方法的优点在于实现简单、易于理解，适合在结构化、可预测的环境中使用。然而，基于规则的算法在面对复杂和动态的交通场景时，往往缺乏足够的灵活性，无法适应突发情况或未预见的环境变化。

基于模型的算法利用数学模型来描述和预测系统的行为。常见的模型包括状态机、马尔可夫决策过程（MDP）以及博弈论模型。通过分析系统状态与环境的动态变化，这些模型能够帮助系统在已知条件下做出最优决策。其优点在于能够处理较复杂的环境并提供明确的决策路径，适合在相对稳定的情境中使用。然而，这类算法对模型的准确性要求较高，若模型出现失效，可能导致决策错误。同时计算复杂度较高，对于实时决策中的应用可能面临性能瓶颈。

基于学习的算法，特别是机器学习和深度学习技术，近年来在自动驾驶领域取得了显著进展。此类算法通过训练数据进行学习，以提高决策过程的准确性和适应能力。常用的方法包括监督学习、无监督学习和强化学习。在强化学习中，系统通过与环境的不断交互，优化决策策略。基于学习的算法能够灵活应对复杂和动态的环境，具有较强的自适应能力。然而，它们的训练过程通常需要大量的数据和时间，模型的不确定性和不可解释性可能会影响决策的安全性。

混合型算法结合了多种算法的优点，旨在提升决策系统的整体性能。这种方法不仅可以利用基于规则的算法的稳定性和可解释性，还能结合基于学习算法的自适应能力和灵活性。混合型算法通过综合不同策略，能够在多样化的交通场景中提供更准确和灵活的决策，从而适应更复杂的环境和情况。然而，这种算法的实现相对复杂，对技术要求较高，系统的整合与调试可能需要更多的时间和资源。

（2）控制系统概述

运动控制是智能车辆研究领域中的核心问题之一。运动控制是指根据当前周围环境和车体位移、姿态、车速等信息，按照一定的逻辑做出决策，并分别向加速、制动及转向等执行系统发出控制指令。运动控制作为智能车辆实现自主行驶的关键环节，车辆的横向运动和纵向运动存在耦合关系，通常将横向运动和纵向运动进行解耦，分别进行控制。

自动驾驶控制系统由多个关键组成部分构成，以实现对车辆动态行为的实时监测和调节。首先，输入模块负责接收来自各种传感器的数据，这些传感器包括 GPS、IMU、激光雷达和摄像头等。通过获取车辆的当前状态和周围环境信息，输入模块为控制算法提供必要的基础数据。接着，控制算法作为系统的核心，利用这些输入数据以及决策系统的指令，

采用不同的控制理论进行计算,生成相应的控制信号。常用的控制算法包括PID控制、模型预测控制(MPC)和鲁棒控制等。其中,PID控制通过比例、积分和微分三项的结合实现对车辆行为的调节,而MPC则基于车辆动态模型进行预测和优化,适应复杂的环境。最后,输出模块将生成的控制信号传递给车辆的执行器(如转向、加速和制动系统),以确保车辆按照预定轨迹平稳行驶。这些组成部分和控制算法共同协作,确保自动驾驶系统的高效、安全运行。

参 考 文 献

[1] 中国汽车工程学会. 电动汽车智能底盘技术路线图 [M]. 北京：机械工业出版社，2023.
[2] 陈新亚. 汽车为什么会跑：图解汽车构造与原理（精装典藏版）[M]. 5 版. 北京：机械工业出版社，2024.
[3] 李春明. 汽车构造 [M]. 3 版. 北京：机械工业出版社，2024.
[4] 何洪文，熊瑞，闫梅，等. 电动汽车原理与构造 [M]. 3 版. 北京：机械工业出版社，2024.
[5] 陈家瑞. 汽车构造 上册 [M]. 3 版. 北京：机械工业出版社，2011.
[6] 徐石安，季学武，仇斌，等. 汽车构造–底盘工程 [M]. 北京：清华出版社，2011.
[7] 王建，徐国艳，陈竞凯，等. 自动驾驶技术概论 [M]. 北京：清华出版社，2019.